W0061738

Beck'sche Sonderausgaben

Michael Grant

Das Römische Reich am Wendepunkt

Die Zeit von Mark Aurel bis Konstantin

Verlag C. H. Beck München

Aus dem Englischen übertragen von Ernst Cahn (Kapitel 1 bis 8)
und Lotte Stylow (Kapitel 9)
Titel der Originalausgabe: The Climax of Rome
(Weidenfeld and Nicolson, London 1968)
© 1968 Michael Grant

Mit 9 Abbildungen auf 4 Tafeln

ISBN 3 406 02507 2

© C. H. Beck'sche Verlagsbuchhandlung (Oscar Beck) München 1972
Umschlagentwurf von Wolfgang Taube, München
Satz und Druck: Georg Appl, Wemding
Printed in Germany

Steven Runciman
gewidmet

Inhalt

Anhang

Verzeichnis der Abbildungen

Die Tafeln befinden sich zwischen den Seiten 146 und 163

1. Kurzlebige hellenistische Renaissance. Gallienus (253–68) versuchte eine Welt im Zusammenbruch neu aufzubauen; besondere Förderung ließ er den Philosophen zuteil werden.
   Foto: Deutsches Archäologisches Institut München

2. Frauenporträt mit goldener Brosche. Eines der ungewöhnlichen Mumienporträts, die aus dem graeco-römischen Ägypten stammen.
   Foto: M. Chuzeville, Louvre, Paris

3. Die ersten christlichen Sarkophage stellen nicht die Leidensgeschichte Christi dar, sondern sehr häufig Erlösungsszenen aus dem Alten Testament, so etwa die Geschichte von Jonas und dem Walfisch.
   Foto: Deutsches Archäologisches Institut Rom

4. Diokletian und Maximian oder ihre Nachfolger. Dieser spätrömische Stil hat mit seiner alptraumhaften Pseudonaivität die Zeit der Klassik schon weit hinter sich gelassen.
   Foto: Deutsches Archäologisches Institut Rom

5. Probus (276–282) ist zusammen mit Aurelian der Initiator der militärischen Erneuerung Roms. Die Münze zeigt ihn in prunkvollen Gewändern zusammen mit dem Wagen des Sonnengottes Sol.
   Foto: Staatliche Münzsammlung München

6. Konstantin der Große erließ, als er in die Hauptstadt seines Vaters Augusta Treverorum (Trier) kam, eine Münzemission, die ihn selbst als Sieger über alle Völker (Victor Omnium Gentium) darstellt.
   Foto: Staatliche Münzsammlung München

7. Schapur I. (ca. 229–70), die Geißel Roms, nahm den römischen Kaiser Valerian gefangen. Die Rückseite der Münze zeigt den Feueraltar der zoroastrischen Staatsreligion.
   Foto: Staatliche Münzsammlung München

8. Die Basilica Nova in Rom, das Werk des Maxentius († 312) und Konstantin. Die gewaltigen Gewölbe erhielten ihr Licht durch hohe Bogenfenster, die bereits romanische Stilelemente vorwegnehmen.
   Foto: Alinari, Rom

9. Salonae (Split/Jugoslawien), der Diokletianpalast. Unter dem Bogen des Haupt-portals, das in die Audienzhalle führt, pflegte Diokletian Huldigungen entgegenzu-nehmen.
Foto: Radio Times Hulton Picture Library. Nach einer Zeichnung von Adam

Umschlagfoto:
Auf den Sarkophagen des 3. Jahrhunderts werden oft, neben Dichtern und Musen auch Philosophen dargestellt. Sie verkörpern die Harmonie der Weisheit oder jene Unsterblichkeit, die durch den Umgang mit geistigen Dingen erworben wird.
Foto: Deutsches Archäologisches Institut Rom

Zitate

Die Zitate aus ‹Daphnis und Chloe› wurden entnommen dem Band ‹Longos, Daphnis und Chloe›. Ins Deutsche übertragen von E. R. Lehmann, Verlag Emil Vollmer, Wies-baden-Berlin, o. J.

Die Heliodor-Zitate wurden entnommen dem Werk ‹Heliodor, Aithiopika. Die Aben-teuer der schönen Chariklea›. Ins Deutsche übertragen von R. Reymer. Rowohlts Klassiker der Literatur und der Wissenschaft. Griechische Literatur Bd. 5. Verlag Rowohlt, Reinbek 1962.

Mark Aurel wurde zitiert nach der Ausgabe ‹Marc Aurel. Selbstbetrachtungen›. In der Übersetzung von Wilhelm Capelle. Verlag Kröner, Stuttgart. 9. Auflage 1957.

Das ‹Pervigilium Veneris› wurde zitiert nach der Ausgabe ‹Die Nachtfeier der Venus›, übertragen von Ernst Robert Curtius, Merkur 2, 1948.

Vorwort

Dieses Buch ist eine Darstellung Roms und der von Rom beherrschten Länder vom Regierungsantritt Mark Aurels bis zum Tode Konstantins des Großen (161–337 n. Chr.). Meine Absicht war, eine Erörterung der wichtigsten politischen und wirtschaftlichen Vorgänge und der bedeutendsten kulturellen und religiösen Entwicklungen sowie einiger ihrer Hintergründe und Nachwirkungen in einem Bande zu vereinigen.

Während dieser Epoche wurde das Römische Reich nicht nur zum Christentum bekehrt, sondern auch von einer Fülle anderer Geschehnisse betroffen. Viele davon wurden jedoch – wenn man von den Spezialisten absieht – allzu wenig gewürdigt, weil die Originalquellen oft unklar und schwierig zu deuten sind, vor allem aber, weil diese Periode weder zur Antike noch zum Mittelalter zu gehören scheint. Gerade darin freilich liegt einer ihrer besonderen Reize. Sie überbrückt die Kluft zwischen zwei Welten und ist eine Zeit des raschen Übergangs; in dieser Zeit vollzogen sich Veränderungen, die kaum weitreichender und entscheidender hätten sein können. Aber die Vorstellung, es handele sich deshalb um ein bloßes Niemandsland, ein Wellental zwischen den Zeitaltern, wäre völlig verfehlt. Die Charakterisierung dieser Periode als ein etwas nebuloses Übergangsstadium wurde von Edward Gibbon betont; seiner Meinung nach hatte die glücklichste Zeit der Menschheit mit dem Tode Mark Aurels geendet und danach seien Niedergang und Verfall eingetreten.

Eine solche Auffassung, von Gibbon mit unvergleichlicher Brillanz dargestellt, hatte klassische Sanktion. Schon seit dem Beginn der Kaiserzeit hatten römische Schriftsteller die Ansicht geäußert, daß Rom altere. Als der Historiker Cassius Dio in seiner Darstellung bis zum Ende der Regierungszeit Mark Aurels gelangt war, hielt er inne, um festzustellen, daß sein Werk «nun von einem goldenen Reich zu einem aus Eisen und Rost herabsteigt, ebenso wie damals das Staatswesen der Römer». Und ein Jahrhundert später äußerte der heilige Cyprian, er spüre überall den kühlen Hauch des nahe bevorstehenden Todes – und Gibbon stimmte darin mit ihm überein, obwohl Cyprian einer der Christen war, die er nicht leiden konnte. Eine derartige Sicht der Periode ist jedoch zu unvollständig und negativ. Im Hinblick auf Politik und Wirtschaft war die düstere

Stimmung allerdings berechtigt, denn Unsicherheit und Angst waren damals akuter und verzweifelter als je zuvor, und immer stärker übte die
Regierung unbeschränkte Zwangsmaßnahmen aus. Freilich verhindert
politische und wirtschaftliche Not nicht immer kulturelle und geistige
Glanzleistungen, sondern bringt sie manchmal sogar hervor. In der späteren römischen Kaiserzeit gingen große individuelle Leistungen geistiger
und künstlerischer Art mit diesen Schwierigkeiten und der staatlichen
Unterdrückung einher, ja erwuchsen oft sogar daraus. In der Tat waren
diese Leistungen auf den verschiedensten Gebieten so hervorragend, daß
die Epoche, der sie zugehören, eine der bedeutendsten der Weltgeschichte
ist, auch weil sie zeigt, was Menschen unter widrigen Umständen zu leisten
vermögen.

Die Männer, die diese Zeit prägten, waren Römer in dem Sinne, daß
sie im Römischen Reich lebten. Aber die größten unter ihnen kamen nicht
aus der Stadt Rom selbst, ja nicht einmal aus Italien. Insbesondere hat
mein Buch viel über den Osten zu sagen; dieser Schwerpunkt der Darstellung, so ungewöhnlich er für einen westlichen Historiker sein mag, entspricht dennoch, wie mir scheint, der Bedeutung, die jenem Raum im
dritten und vierten Jahrhundert zukam. Das ewige Rom war mehr als
ein geographischer Begriff; es war zu einer Idee oder einem Komplex
von Ideen geworden, zum gefühlsmäßig empfundenen Symbol einer
großen Gemeinschaft, die viele Rassen und Kulturen umfaßte. Das
also ist das Rom, dessen Höhe- und Wendepunkt dieses Zeitalter
bildet.

Für die Abdruckserlaubnis von Zitaten spreche ich meinen Dank aus;
Dank schulde ich auch dem ehemaligen Professor A. H. M Jones und Professor F. W. Walbank dafür, daß sie mir erlaubt haben, ihre Werke vor
der Veröffentlichung zu studieren und auszuwerten. Aber weder sie noch
irgend jemand sonst, außer mir selbst, ist für die zahlreichen Unzulänglichkeiten verantwortlich zu machen, die mein Versuch, ein so weit ge-
spanntes Thema zu behandeln, notwendigerweise mit sich bringt. Meinen
Dank möchte ich weiterhin den Mitarbeitern an der Queens University
Belfast, Herrn Anthony Burton, Herrn Julian Shuckburgh und Frau Patri-
cia Vanags von Weidenfeld & Nicolson, Ltd. und Frau W. Bernstein,
die die Illustrationen besorgte, aussprechen.

Schließlich gebührt mein besonderer Dank meiner Frau für die un-
schätzbare Hilfe, die sie mir bei meiner Arbeit gewährt hat. Daß nunmehr
eine durchgesehene deutsche Ausgabe vorgelegt werden kann, danke ich
nicht zuletzt den Übersetzern Ernst Cahn und Lotte Stylow, die nach

dem Tod von Ernst Cahn die Übersetzung zum Abschluß brachte, sowie Dr. Ursula Pietsch vom Verlag C. H. Beck für ihre sorgfältige und kritische Redaktion.

Gattaiola, 1972   Michael Grant

Erster Teil

Die Verwandlung der römischen Welt

Erstes Kapitel

Die Geschichte der späteren Kaiserzeit

Historischer Abriß

Das Römische Reich erstreckte sich von England im Norden bis zur Wüste Sahara im Süden. Aber seine wichtigsten und am meisten gefährdeten Grenzen waren die, welche sich über Tausende von Meilen an Rhein, Donau und Euphrat hinzogen und einige vorgeschobene Territorien jenseits bestimmter Abschnitte dieser drei großen Ströme mit einschlossen. Zu der Zeit, mit der dieses Buch einsetzt, hatte der größte Teil des geeinten Reiches lange Zeit Frieden gehabt. Augustus († 14 n. Chr.), der das unzulängliche Regierungssystem der Republik durch eine unter traditionellen Formen sorgfältig verborgene Autokratie ersetzt hatte, gab der Pax Romana eine feste Grundlage durch eine gründliche Reform der gesamten Verwaltung; seitdem war diese imstande, die annähernd dreißig (später nahezu fünfzig) Provinzen wirksam, unbestechlich und mit zunehmender Milde zu kontrollieren. Angesichts der rückständigen Sozialstruktur des Reiches ist es freilich schwer, Gibbon darin zuzustimmen, daß die Menschheit in diesen Gebieten nie wieder das Glück und den Wohlstand des zweiten Jahrhunderts n. Chr. genossen habe (S. IX). Und doch brachten die Kaiser jener Zeit all diesen Völkern die Segnungen eines tiefen, dauerhaften Friedens, wie man ihn in einem so großen Gebiet weder zuvor noch danach jemals erlebt hat.

Obwohl der Frieden einen gewissen Schwund an Originalität mit sich brachte, zeichnete sich die Regierungszeit Mark Aurels durch vier Autoren aus, deren Talent beweist, wie irreführend es ist, diese Periode herablassend (wie es zum Beispiel in unserem Bildungswesen geschieht) als nachklassisch abzutun. Es sind der funkelnde lateinische Romancier Apuleius aus Nordafrika, unter den griechischen Schriftstellern der messerscharfe Spötter Lukian aus dem Euphratgebiet, Galen aus Kleinasien, «der medizinische Papst des Mittelalters», und der Kaiser selbst, dessen ‹Selbstbetrachtungen› ihn als einen der vielseitigsten und gedankenreichsten Männer erweisen, die je einen Thron bestiegen. Und doch kam es gerade in der Regierungszeit Mark Aurels und seines Mitregenten Lucius Verus zu einer starken und fortdauernden Verschlechterung der militärischen Lage, deren Auswirkungen den Römischen Frieden für immer zerstörten. Dem Wiederaufleben der üblichen aufwendigen militärischen Operationen gegen Roms östlichen Nachbarn am Euphrat, die Parther, folgten Bedrohungen in einem bis dahin nicht erlebten Ausmaß durch germanische und sarmatische Völkerschaften, die jenseits von Rhein und Donau saßen. Diese aneinander anschließenden Feldzüge, die von einer Pestepidemie begleitet waren und denen noch viele weitere Kriege während der nächsten hundert Jahre folgten, sind mit einem neuen Gefühl des Schauderns und mit Pathos auf der Markussäule dargestellt. Die Kriegskosten waren so hoch, daß ihre Eintreibung bei den Untertanen des Reiches dem relativ sorglosen Wohlstand der Mittelklassen ein Ende setzte. Ein zweiter Faktor, der wesentlich zu ihrer Verarmung beitrug, war nach einer mehr als hundertjährigen Unterbrechung das Wiederaufleben von ständigen Bürgerkriegen. Verursacht durch die umstrittene Thronfolge, führten sie dazu, daß ein Kaiser nach dem anderen ermordet wurde. Auf den Tod von Mark Aurels unkonventionellem, wahnsinnigem Sohn Commodus (180–192), unter dessen Herrschaft östliche religiöse Strömungen stark an Einfluß gewannen und Gladiatorenspiele sich kaiserlicher Teilnahme erfreuten, folgten vier verheerende Bürgerkriegsjahre; von fünf Anwärtern auf den kaiserlichen Thron überlebte nur Septimius Severus (193–211).[1]

Trajan († 117), von römisch-spanischer Herkunft, war der erste *nicht-italische* Kaiser gewesen, und das war bereits ein Hinweis auf die Zukunft, in der sehr wenige Herrscher aus Italien kamen; dieses Land verlor seine politische und wirtschaftliche Bedeutung und wurde zum bloßen Rahmen für das Prestige des ewigen, auf Subventionen angewiesenen Rom. Septimius wiederum war der erste einer Reihe von *nicht-europäischen* Kaisern, denn seine Heimat war Nordafrika, das einzige Gebiet, das noch eine bemerkenswerte lateinische Literatur hervorbrachte. Seine einflußreiche Gattin, Julia Domna, kam aus Syrien, das durch seine hellenisierten Schriftsteller und Künstler in noch größerem Maße zu den Talenten und Leistungen des Reiches beitrug. Tatsächlich begannen nun syrische und andere orientalische Motive in Literatur, Kunst und Religion mehr und mehr auf die Traditionen Griechenlands und Roms überzugreifen und formten dadurch jene eigentümliche Mischkultur, die für diese spätere Kaiserzeit charakteristisch ist. Obwohl Septimius die Fiktion aufrechterhielt, daß er (durch Adoption seitens Mark Aurels) zur Tradition des antoninischen Goldenen Zeitalters gehöre, qualifizierten ihn schon seine außergewöhnliche Fähigkeit und zielbewußte Kompromißlosigkeit hervorragend für die Aufgabe – bei der er die Unterstützung der berühmtesten Juristen der Rechtsgeschichte fand –, seine Herrschaft zu einer absoluten Autokratie weiterzuentwickeln. Es mußten nun schmerzliche Anpassungen erfolgen an eine neue, schlimmere Zeit mit verschärfter, zwangsweise eingetriebener Besteuerung, sowohl in Naturalien wie in Geld; doch vergaßen die Leute diese Sorgen, wenn sie konnten, indem sie die besten Romanzenautoren der Antike lasen, Longus und Heliodor.

Septimius' krankhaft ehrgeiziger, ungeschliffener Sohn Caracalla (211–217) beseitigte seinen Schwiegervater, den Prätorianerpräfekten,[2] und darauf seinen eigenen Bruder Geta, den er aber nur um fünf Jahre überlebte. Sein Nachfolger Macrinus war ein Mauretanier, dessen Erhebung auf den Thron die zunehmende Schwäche des Senats offenbarte, denn er war der erste Kaiser, der dieser Körperschaft nicht angehört hatte. Er unterlag bald dem ersten Syrer auf dem Thron, Elagabal (218–222), einem vierzehnjährigen Sonnenpriester und Homosexuellen, der zu Julia Domnas Familie gehörte. Elagabals Versuch, Rom in religiöser Hinsicht durchgreifend zu orientalisieren, war taktlos und verfrüht; und doch gewannen unter seinem jüngeren Vetter Severus Alexander (222–235), dessen Mutter Julia Mammaea als Regentin auftrat, die religiösen Strömungen der vorangegangenen Regierungszeit weiter an Einfluß, freilich in weniger extremen und aufdringlichen Formen. Im Gegensatz zu seinem Vorgänger versuchte Severus Alexander, als Bewahrer römischer Traditionen aufzutreten, der den Senat respektierte. Aber es war nicht möglich, zu einer veralteten konstitutionellen Regierungsform zurückzukehren, denn die finanziellen Bedürfnisse des Reiches waren plötzlich sehr viel größer geworden als bisher. Das war darauf zurückzuführen, daß Roms östlicher Gegner Parthien – das einzige größere politische Gebilde an den Grenzen des Reiches – von einem viel gefährlicheren Feind, den persischen Sassaniden, abgelöst wurde.

Das Auftauchen dieser fremden Großmacht traf unglücklicherweise zusammen mit dem Absinken Roms von einer Militärmonarchie zu einer militärischen Anarchie. Während des folgenden halben Jahrhunderts wurde das Reich fast ununterbrochen durch innere Kämpfe um die Thronfolge erschüttert. Diese Schwäche wurde sowohl von Persien als auch von den immer mehr Furcht erregenden Germanen und anderen Völkern, deren Operationsbasis jenseits der Donaugrenze lag, ausgenutzt. Der hochgewachsene, von Bauern abstammende Thraker Maximinus I. wäre dieser letztgenannten Angriffe an der Donau vielleicht Herr geworden, aber er behandelte seine eigenen Untertanen mit äußerster Strenge, und das führte zu seinem Tode (238).

In diesem einen Jahr sah das Reich Münzprägungen von nicht weniger als sieben Caesaren. Darunter waren drei aufeinander folgende Paare ermordeter Kaiser, die, dem alten Prinzip konsularischer Kollegialität folgend, gemeinsam herrschten, um die Bürde der Herrschaft aufzuteilen. Der einzige, der von den sieben überlebte, war Gordian III. (238–244), ein dreizehnjähriger Jüngling, dessen Prätorianerpräfekt Timesitheus zu seinem allmächtigen Minister wurde. Über die Perser herrschte damals ihr aggressivster Expansionist, Schapur I.; und während der nächsten zwanzig Jahre erlebte das Reich auch den Höhepunkt der Germaneneinfälle. Eine Reihe von Soldatenkaisern, deren sorgenzerfurchte Gesichter uns in Porträtbüsten von unvergleichlicher Qualität überliefert sind, schienen nicht fähig zu sein, die römische Welt zu retten. Philippus Arabs (244–249) lenkte die Aufmerksamkeit von diesen Gefahren ab, indem er das tausendjährige Bestehen Roms feierte; Decius (249–251) und Valerian (253-260)[3] gaben, inmitten von Pest und zunehmender Geldverschlechterung, der wachsenden Sekte der Christen die Schuld an den Katastrophen, die sie erlitten. Diese Christen, die nun auch, in Alexandria und anderswo, gebildete Apologeten hervorgebracht hatten, konnten dagegen ihrerseits bald darauf hinweisen, daß Decius im Kampfe gegen die Goten getötet wurde und daß Valerian die entsetzliche Schmach erlitt, von den Persern gefangen genommen zu werden. Während diese beispiellosen, aufeinanderfolgenden Schläge einen römischen General nach dem anderen dazu trieben, sich in den Provinzen zum Kaiser auszurufen, wurde Valerians Sohn, Mitherrscher und Nachfolger Gallienus (253–268) mit dem Abfall der westlichen Provinzen unter Postumus konfrontiert. Darüber hinaus sah sich Gallienus, angesichts von Währungszerfall, Preisinflation und erdrückenden Angriffen an beiden Hauptfronten, die den dauernden Verlust des Dreiecks zwischen Oberrhein und Donau zur Folge hatten, dazu gezwungen, einem großen Grenzreich im Osten unter Odaenathus von Palmyra faktische Unabhängigkeit zuzugestehen. Odaenathus' Witwe und Nachfolgerin Zenobia eroberte alle orientalischen Provinzen Roms; und der römische Kaiser kontrollierte jetzt nur noch den ungesicherten Mittelteil eines Reiches, das sich in voller Auflösung zu befinden schien.

Und doch hatte, unter unsäglichen Opfern an Menschen und menschlichem Glück, der langwierige Prozeß des militärischen Wiedererstarkens bereits angefangen. Trotz der furchtbaren Katastrophen während seiner

Regierungszeit – und trotz seines zweifelhaften Rufes, ein kultivierter Hellenist zu sein, der nicht genügend anti-christlich war – begann Gallienus die Flut einzudämmen, indem er eine neue, bewegliche Reiterarmee aufstellte, mit der er anscheinend einen größeren Sieg über die Goten errang. Nach ihm – in dieser Periode starben kurz nacheinander die beiden größten Lehrer des Zeitalters, Plotin, der Platoniker und Mystiker, in Kampanien und Mani, der Begründer des Manichäismus, in Persien – vollbrachten drei Kaiser aus der bäuerlichen Bevölkerung des Donauraumes, die jetzt das Rückgrat der Armee bildete, Claudius II. Gothicus (268–270), Aurelian (270–275) und Probus (276–282), geradezu unglaubliche Leistungen strategischer Geschicklichkeit und Ausdauer, die die Bedrohung an den nördlichen Grenzen beseitigten.[4]

Um dieses Ziel zu erreichen, ergriff Aurelian eine außergewöhnliche Maßnahme: er stabilisierte seine Grenze dadurch, daß er ganz bewußt eine Provinz (das nördlich der Donau gelegene Dakien) für immer aufgab. Dafür brachte er die Sonderreiche, die im Westen und im Osten abgefallen waren, wieder unter seine Herrschaft. Gleichzeitig suchte er das offizielle, von christlichen und sonstigen Konkurrenten bedrohte Heidentum auf der Grundlage des Sonnenkultes, der zu einer fast monotheistischen Religion geworden war, wiederzubeleben; aus ihr entstand auch der strenge Mithrasglaube.

Carus (282–283) stellte die Lage an der Ostgrenze wieder her. Seine Söhne übernahmen dann eine Regelung, die man schon früher manchmal angewandt hatte, nämlich das Reich nach geographischen Gesichtspunkten[5] zu teilen, und Diokletian (284–305) suchte eine dauerhafte Grundlage dafür zu schaffen. Während er selbst die östlichen Provinzen von Nikomedia (Izmit) aus regierte, erhob er Maximian, der wie er ein illyrischer Bauer war, zu seinem Mitkaiser im Westen mit Sitz in Mediolanum (Mailand); Rom war nicht mehr kaiserliche Residenz. Aus der Teilung der Herrschaft sollte eine Tetrarchie entstehen, in der jeder Kaiser einen als Erben vorgesehenen kaiserlichen Mitregenten hatte: Galerius im Osten, Constantius I. Chlorus im Westen.

Diokletian, der römischen konservativen Patriotismus mit einem unerbittlichen, skrupellosen, systematischen Sinn für Machtstrukturen und langfristige Planung verband, faßte alle Fäden, die zum Absolutismus hin führten, zusammen und gab seiner autokratischen Herrschaft eine feste Form durch ein Zeremoniell, das weniger an das Augusteische Rom als an das sassanidische Persien erinnerte. Auch die hieratische Kunst jener Zeit hatte sich weit von den klassischen Idealen entfernt. Sie war beheimatet in Palästen von bisher nicht gekanntem Glanz, architektonischem Einfallsreichtum und Aufwand. Den bereits drückend besteuerten Bürgern des Reiches wurden noch größere Lasten aufgebürdet, als Diokletian sich durch seine Analyse der kaiserlichen Aufgaben veranlaßt sah, nicht nur den Beamtenapparat stark zu vergrößern, sondern auch die Stärke des Heeres zu verdoppeln. Die Bedürfnisse dieser gewaltigen Streitmacht wurden dadurch gedeckt, daß man die Eintreibung von Steuern in Naturalien, die schon im vorausgegangenen Jahrhundert ein Rolle gespielt hatte, zu einem regelrechten System ausbaute. Die Methoden, die man bei der Eintreibung dieser Güter anwandte, waren zwar erpresserisch, aber sie zeigten wenigstens jedem, woran er war; denn die Bedürfnisse des Reiches wurden jedes Jahr öffentlich bekanntgegeben; es waren die ersten Jahreshaushaltspläne, von denen die Geschichte weiß. Aber an Diokletian, der wie seine Vorgänger mit einer galoppierenden Inflation konfrontiert wurde, zeigte sich die Schwäche der antiken Wirtschaftstheorie: Weder durch seine Währungsreform noch durch sein bis dahin beispielloses Höchstpreisedikt gelang es ihm, der ständig steigenden Preise Herr zu werden.

Diokletian entschloß sich, in rascher Fortentwicklung auf einen totalitären Staat hin, die Völker des Reiches um die traditionellen Götter zu scharen, und sein Wunsch, ihre Verehrung zu erzwingen, führte zur schärfsten aller Christenverfolgungen (303). Sie überdauerte Diokletians Abdankung (305) um acht verworrene Jahre, in denen die Tetrarchie zusammenbrach, in einem Durcheinander von Kaisern, die sich in die Herrschaft teilten, aber einander bekämpften.[6] Aber Galerius, der Diokletians Christenverfolgungen unterstützt oder angestiftet hatte, blies auf seinem Totenbett die anti-christliche Kampagne ab (311). Obwohl sein Nachfolger, Maximinus II. Daia († 313), dann einen weiteren Versuch unternahm, das Heidentum als ein Gegengewicht zum Christentum zu stärken, erklärte Konstantin der Große, bis dahin ein entschiedener Anhänger der Verehrung des Sonnengottes, daß seine Eroberung Italiens und der Sieg über Maxentius (312) unter christlichen Auspizien errungen worden seien. Daraufhin verstärkte er seine eifrigen, wenn auch theologisch etwas verworrenen Bemühungen, das Reich zu christianisieren: er machte das Christentum aus einem Staatsfeind zu einer stark subventionierten, dem Kaiser unterstehenden Staatsreligion, die prächtige neue Kirchen für ihren Gottesdienst erhielt.

Inzwischen warf Konstantin, ein Mann von ungestümer, weitreichender Energie, der von seinem göttlichen Auftrag überzeugt war, seinen

Mitregenten im Osten, Licinius, nieder und wurde so der einzige Überlebende von sechs miteinander rivalisierenden Kaisern und alleiniger Inhaber des Thrones (324–337). Er führte eine völlige Reorganisation des Heeres durch, machte es noch beweglicher als bisher, sicherte alle Grenzen und baute die Bürokratie noch weiter aus. Konstantins Festigung des autoritären, autokratischen und theokratischen Staates spiegelt sich wider in der transzendenten Starre seiner Statuen, die den Tod des Humanismus verkünden.

Da der Kaiser sich in Reichweite der Donau- und Euphratgrenzen sowie der Hilfsquellen der östlichen Provinzen, die mittlerweile jene des Westens weit überstiegen, aufhalten mußte, wählte Konstantin Byzanz am Bosporus zu seiner Hauptstadt und gab ihr den Namen Konstantinopel (324–330 ausgebaut). Nachdem das Reich durch eine Nord-Süd-Linie, die westlich von Singidunum (Belgrad) verlief, endgültig geteilt worden war (395), gingen seine westlichen Gebiete in neugebildeten Germanenreichen auf und hatten keinen eigenen Kaiser mehr (476). Aber die östlichen Territorien wurden weiter als Römisches Reich bezeichnet und setzten die Herrschaft Roms von Konstantinopel aus fort, noch fast tausend Jahre, nachdem der letzte Kaiser in Italien regiert hatte.

Die Quellen

Die antiken Quellen für diese verwickelte und verwirrende Folge der Ereignisse sind recht zahlreich, und eines der Hauptprobleme des Historikers ist es, das Wesentliche von einer Fülle unwichtiger Details zu scheiden. Und doch sind all diese Quellen zu fragmentarisch und reichen daher nicht aus. «Die Periode ist wie ein dunkler Tunnel, er wird von den beiden Enden her erhellt, dazwischen aber empfängt er nur durch einige wenige kleine Schächte Licht.» Mit diesen Worten wurde das zentrale halbe Jahrhundert (235–284) der Epoche charakterisiert, aber sogar die Beleuchtung von den beiden Enden her, obwohl vielleicht strahlend im Vergleich zu dem Dunkel in der Mitte, ist nur ungleichmäßig und flimmernd.[7] Unsere Kenntnis der Vorgänge muß daher Stück für Stück wie beim Puzzlespiel und durch Rückschlüsse gewonnen werden, in einem Prozeß, der weit schwieriger ist als die Rekonstruktion der früheren Epochen Roms oder des späteren Reiches von Konstantinopel.

Besonders schwerwiegend ist das völlige Fehlen einer zusammenfassenden Darstellung durch einen bedeutenden antiken Historiker. Die früheren Jahre sind teilweise enthalten in den überlieferten Abschnitten der griechisch geschriebenen Darstellung des Cassius Dio aus Nikäa (Iznik) in Kleinasien. Er war Senator und hoher Beamter und schrieb eine Geschichte Roms von den Anfängen bis 229 n. Chr. in achtzig Büchern. Aber für die letzten 183 Jahre (abgesehen von unvollständigen Fassungen der beiden abschließenden Bücher) besitzen wir seine Geschichte nur in der Form eines Kompendiums[8] aus dem elften Jahrhundert, und auch das weist gelegentlich Lücken auf. Cassius Dio war Zeitgenosse und Augenzeuge der Ereignisse nach 180;[9] er steckt voller Anekdoten, schwelgt in Erinnerungen und ist voreingenommen; darin liegt zugleich seine Stärke und seine Schwäche. Herodian, ein hellenisierter Syrer, schrieb eine Geschichte der Jahre 180-238 in acht Büchern. Er wiederholt sich, ist schwülstig, oberflächlich und ungenau, hat aber einigen Klatsch und Tratsch bewahrt und berichtet uns, aus der Sicht des dritten Jahrhunderts, wie das Goldene Zeitalter der Antonine dahinschwand. Es gibt noch weitere griechische Historiker aus späterer Zeit, deren Werke eine ganze Menge isolierter Fakten und Ereignisse enthalten, welche sonst verloren wären.

Die lateinische Historia Augusta, angeblich das Werk von sechs Autoren, welche die senatorische aristokratische Tradition hochhalten, ist eine Sammlung von Kaiserbiographien von Hadrian bis zum Regierungsantritt Diokletians (117–284); die Zeit von 244–253 fehlt. Manche der Biographien wollen den Eindruck erwecken, sie seien Diokletian und Konstantin gewidmet, aber innere Anzeichen sprechen dafür, daß das Werk, zumindest in der uns überlieferten Form, wohl ein halbes oder ganzes Jahrhundert oder gar zwei Jahrhunderte nach ihrer Regierungszeit entstanden ist. Obwohl diese Anzeichen, daß die vorgebliche Autorschaft fingiert ist, das ganze Werk zu einer historisch höchst unzuverlässigen Quelle machen, enthalten die größeren, das zweite Jahrhundert betreffenden Viten der Historia Augusta in ganz zufälliger Form viel Material, das sich sonst nirgends findet, welches man aber hypothetisch als authentisch betrachten mag. Wahrscheinlich geht es großenteils auf Marius Maximus zurück, den Autor einer Fortsetzung von Suetons zwölf Kaiserbiographien; man hat ihn mit einem von Septimius Severus' Generalen identifiziert. Die Historia Augusta enthält eine unverhältnismäßig lange Biographie des Severus Alexander (222–235), die eine umgeschriebene Darstellung des Lebens des Julian Apostata (361–363) sein könnte; und die meisten anderen, das dritte Jahrhundert betreffenden Biographien, besonders die der kurzlebigeren Gestalten, scheinen, nach den spärlichen zeitgenössischen Zeugnissen zu urteilen, voll von frei Erfundenem zu sein, darunter angebliche Dokumente, die offenkundig gefälscht sind. Der letzte große Arzt, Galen, spricht selbst sehr ausführlich von sich. Er schreibt griechisch; ebenso die Romanciers, wenn man von dem wunderbaren Latein des Apuleius absieht. Die hervorragenden Philosophen Mark Aurel und Plotin – der letztere in seinen ‹Enneaden›, herausgegeben von seinem Schüler Porphyrios – bedienen sich gleichfalls der griechischen Sprache. Über Religion, heidnische wie christliche, schreiben unzählige Autoren in verschiedenen Sprachen; das bedeutendste historische Werk auf christlicher Seite ist die griechisch geschriebene Kirchengeschichte des Eusebios (260–340).[10] Eine unermeßliche Fülle historischer Belehrung kann man aus den Digesten Justinians gewinnen, die zu einem großen Teil, mit oder ohne Veränderungen, auf Juristen der Severerzeit zurückgehen. Das dreizehnte Buch der sogenannten ‹Sibyllinischen Orakel› wirft Licht auf Ereignisse im Osten während des dritten Jahrhunderts.

Papyri, die unser Verständnis der Geschichte des antiken Romans revolutionierten und fast unzählige Aspekte des öffentlichen und privaten Lebens veranschaulichen, wurden in Ägypten zu Tausenden gefunden.[11] Archäologie und Kunst liefern wie immer reichliche Hilfsmittel; zu den epigraphischen Zeugnissen, die in verwirrender Fülle und Vielfalt vorhanden sind, gehören der Militärkalender von Dura Europos (Feriale Duranum), mehr als sechzig Fragmente von Diokletians Höchstpreisedikt, die man an zweiunddreißig verschiedenen Plätzen fand, und die Inschrift des Sassaniden Schapur I. in der Kaaba des Zarathustra (Naksch-i-Rustam), ein Gegenstück zu den ebenso propagandistischen römischen Darstellungen der römisch-persischen Kriege und besonders zu den Aufschriften römischer Kaisermünzen. Denn dies ist die Epoche, in der, mehr als in jeder anderen, die Entwürfe, die Verbreitung und die Prägung von Münzen (hinzu kommen die Gedenkmedaillons) in den Bereichen von Politik, Propaganda, Krieg, Wirtschaft, Religion und Kunst eine weitreichende Bedeutung haben. Gelegentlich tragen Münzen sogar Bild und Namen selbsternannter Kaiser und kaiserlicher Verwandter, von denen man sonst nicht einmal die Namen kennt.[12] «Es steht außer Zweifel, daß diese Münzen Schätze darstellen, die zum Teil gehoben sind, zum Teil aber noch weiterer Erforschung bedürfen, ehe sie in vollem Umfang ausgewertet werden können; sie eröffnen uns, falls neue Entdeckungen von Inschriften oder Handschriften ausbleiben, fast die einzige Möglichkeit, das dichte Dunkel zu durchdringen, das noch immer einen so großen Teil der Geschichte des dritten Jahrhunderts umhüllt.»[13]

Zweiter Teil

Der römische Staat der Spätzeit

Zweites Kapitel

Die militärische Leistung

Die Krise des Reiches

Zwischen dem Regierungsantritt Mark Aurels im Jahre 161 n. Chr. und dem Tode Konstantins des Großen im Jahre 337 führten rund achtzig Männer den Titel eines Kaisers (Augustus), entweder in der Hauptstadt oder in einem anderen Teil des Reiches. Allein zwischen 247 und 270 wurden dreißig Kaiser ausgerufen. Diese Zahlen spiegeln eines der drükkendsten und kostspieligsten Probleme Roms wider. Es ist irreführend, zwischen Kaisern einerseits und Usurpatoren oder Prätendenten andererseits zu unterscheiden, denn die meisten Kaiser, die ihre Ansprüche auf den Thron durchsetzen konnten, waren ebenso Usurpatoren oder Prätendenten wie jene, denen dies nicht gelang.

Die alte Sitte, nach der Kaiser durch den Senat ernannt wurden, war zu einer fadenscheinigen Farce geworden. Während der ganzen Periode machte diese Körperschaft, obwohl noch immer hoch geachtet, nur zwei- oder dreimal den Versuch, bei der Regelung der Nachfolge die Führung zu übernehmen. Allerdings waren diesen Versuchen nur äußerst kurzfristige Erfolge beschieden,[1] denn die Kaiser wurden nun fast ausnahmslos von einem der Heere erhoben. Wenn der neue Augustus von seinen Truppen zum Kaiser ausgerufen worden war, schrieb er gewöhnlich an den Senat, unterrichtete ihn von seiner Ernennung und ersuchte ihn um seine Anerkennung. Von Zwang bedroht stimmte der Senat zu, bereitwillig oder nicht, je nach den Umständen. Die Motive der Heere waren eigennützig; sie hofften auf die ungeheuren Geschenke, die bei solchen Anlässen verschwenderisch verteilt wurden (S. 59). Da sich die Heere überwiegend lokal rekrutierten, war ihr provinzieller Korpsgeist stärker als ihr Patriotismus. Demgemäß riefen sie, unterstützt von der zahlreichen Zivilbevölkerung ihrer Gebiete, nur allzuoft neue Kaiser aus; und der Herrscher, den sie absetzten, wurde fast immer getötet.

Diese völlige Unsicherheit der Nachfolge lähmte das Verteidigungssystem des Reiches und hatte entsprechend schwerwiegende Folgen für die

Wirtschaft. Unablässig wurden kostspielige Bürgerkriege geführt; wieder
und wieder mußten militärische Operationen an den Grenzen abgeblasen
werden, weil Kaiser sich gezwungen sahen, sich gegen einen rivalisierenden römischen Armeebefehlshaber zu verteidigen oder zu behaupten.
«Was nutzte», fragte Herodian, «die Vernichtung der Barbaren, wenn
noch größeres Gemetzel in Rom selbst und in den Provinzen stattfand?»
Germanen und Perser waren natürlich über diese Zustände gut informiert:
inwieweit sie ihre Aktionen untereinander abstimmten, weiß man nicht,
aber selbstverständlich nutzten sie es aus, daß Rom mit internen Auseinandersetzungen genug zu tun hatte.

Wenn gelegentlich die Initiative von den Truppen selbst ausging, hatten
die Kommandeure kaum eine andere Wahl, als den Purpur anzunehmen,
da eine Ablehnung ihre sofortige Ermordung bedeutet hätte. Manchmal
ergriff auch ein Truppenführer die Macht, um einer dringenden lokalen
Notwendigkeit entsprechend die Grenze zu sichern. Aber die eigentliche
Verlockung war doch fast immer der Kaiserthron, obwohl er doch offensichtlich ständig bedroht war. Wohin das führte, läßt sich noch heute
erkennen an der außerordentlich großen Zahl von verschiedenen Personen, die auf den Münzen abgebildet sind. Sobald nämlich ein Mann zum
Kaiser ausgerufen worden war, mußte er, wo immer er sich aufhielt, seine
Anhänger mit einer sofortigen Geldprägung belohnen.

War das geschehen, so war eine seiner ersten Aufgaben der gewöhnlich
vergebliche Versuch, eine Regelung der Thronfolge zu erreichen, in der
Hoffnung, eine Vertrauensbasis zu schaffen und den fast unvermeidlichen
Gegenschlag abzuwehren. Es gab zwei Möglichkeiten, das zu erreichen:
erstens konnte er, wie Septimius Severus, Philippus Arabs, Decius, Valerian und viele andere, rasch seinen eigenen Sohn, seine Söhne oder einen
anderen nahen Verwandten fördern und erheben, so daß, falls der Kaiser
selbst starb, eine Chance für die reibungslose Übernahme der Herrschaft
durch seine Familie bestand. Die Heere waren theoretisch für eine dyna-
stische Erbfolge dieser Art, obwohl ihre gefühlsmäßige Loyalität für den
Erben sich schnell verlor, wenn dieser sich als knauserig erwies oder als
zu jung und unerfahren, um einen fähigen Befehlshaber abzugeben. Die
Senatoren dagegen bevorzugten eine zweite Methode: der Herrscher sollte
einen geeigneten, befähigten Erben, der nicht der Familie angehörte, be-
nennen und adoptieren. In diesem Fall konnten sie nämlich konsultiert
werden, und für die Nachfolge kam ein würdiges Mitglied ihres eigenen
Standes in Frage, das sie auch weiterhin beeinflussen konnten. Diese
Adoptivlösung war für Männer, die Rebellionen an den Grenzen anführ-

ten, kaum gegeben. Aber in Rom hatte man während des stabilen zweiten Jahrhunderts diesen Weg beschritten und dadurch vier aufeinanderfolgende Kaiser von außergewöhnlichen Fähigkeiten auf den Thron gebracht, als letzten Mark Aurel. Ein Jahrhundert später war Diokletian ein überzeugter Anhänger der Doktrin, daß der Kaiser die Ansprüche der Geburt übergehen und den besten Mann, der sich finden ließ, zu seinem Erben wählen solle, und seine ausgeklügelte Regelung der Tetrarchie beruhte auf diesem Prinzip. Aber die Herrscher beider Perioden machten größtenteils aus der Not eine Tugend, da sie keine leiblichen Söhne hatten; und in beiden Perioden wiederum trafen sie die Vorsichtsmaßregel, ihre adoptierten Erben durch Heirat an die eigene Familie zu binden.

Am Ende der ersten dieser Adoptionsserien designierte Mark Aurel seinen Sohn Commodus zu seinem Nachfolger. Darüber hinaus folgte er dem eigenen Präzedenzfall – er hatte selbst einen Mitkaiser (Lucius Verus) gehabt – und erhob den jungen Mann sogar zum Mitregenten (Augustus), wobei er sich darauf verließ, daß erfahrene Gefolgsleute seinen Anspruch auf die Nachfolge unterstützten. Commodus war der erste Herrscher, dessen Legitimität und, daraus folgend, Begünstigung durch die Götter von seiner ‹Geburt im Purpur› abgeleitet wurden. Münzen und Medaillons heben seine besondere *nobilitas* hervor, und als er im Jahre 177 heiratete, ließ sein Vater ein Medaillon ausgeben, das Vater und Sohn gemeinsam als Dynastiegründern gewidmet war (*Propagatoribus Imperii*). Der junge Mann erwies sich als völlig unberechenbar oder zumindest als so antitraditionell, daß Unheil unvermeidlich war. Aber ob Mark Aurel dies hätte voraussehen müssen oder nicht, die Zurückweisung der Ansprüche seines Sohnes zugunsten eines anderen hätte höchstwahrscheinlich einen jener Bürgerkriege zur Folge gehabt, die sich auf eine so unheilvolle Weise an späteren Nachfolgestreitigkeiten entzünden sollten.

Die Ermordung des Commodus (192) schuf genau solch einen Anlaß. Die Prätorianergarde erinnerte sich ihrer Initiativen im vorangegangenen Jahrhundert und erhob nacheinander zwei Kaiser auf den Thron, die beide binnen fünf Monaten getötet wurden.[2] Aber inzwischen griffen die Provinzialarmeen in das Spiel ein, und diese Initiative der Legionen bestimmte das Verfahren für ein ganzes Jahrhundert, obwohl die Prätorianergarde gelegentlich noch ihre Kommandeure auf den Thron zu heben versuchte.[3] In den Bürgerkriegen von 68–69 n.Chr. hatten die Legionen von Spanien, Germanien und Syrien ihre rivalisierenden Prätendenten aufgestellt. Im

Jahre 193 wurden ähnliche Ansprüche von den Heeren der Donauprovinzen, Syriens und Britanniens erhoben.⁴ Nach vier Jahren, die viel Blut und Geld gekostet hatten, siegte der Kandidat der Donauheere, Septimius Severus.* Sobald er sich als Kaiser durchgesetzt hatte, traf er Vorkehrungen gegen künftige Usurpationen, wie die, der er selbst den Thron verdankte, indem er die Stärke der regulären Truppen, die dem Kommando eines einzelnen Provinzstatthalters unterstanden, auf höchstens zwei Legionen beschränkte.

Die Donauheere waren die weitaus größten im Reiche, und während der immer wiederkehrenden Streitigkeiten des dritten Jahrhunderts war es meistens ihr Kandidat, der den Thron errang. Ein Wendepunkt war im Jahre 235 erreicht, als eine aus dem Donauraum rekrutierte Einheit am Oberrhein einen thrakischen Offizier, der von der Pike auf gedient hatte, als Maximinus I. zum Kaiser ausrief. Natürlich gab es auch in den Donauheeren die übliche Quote von Thronprätendenten, die sich nicht durchsetzen konnten.⁵ Aber außerdem war eine ganze Reihe von Kaisern, die ihre Ansprüche mit Erfolg geltend machten, selbst Illyrier, die aus dem Donau- und Balkanraum stammten. Decius, der in diesem Gebiet geboren war, jedoch aus einer Familie italischer Herkunft stammte, hatte eine kurze, unheilvolle Regierungszeit. Dagegen waren Claudius II. Gothicus (268-270), Aurelian, Probus, Diokletian und Konstantin, die ausnahmslos aus bäuerlichen illyrischen Familien stammten, Männer von außergewöhnlicher Stärke und militärischer Fähigkeit, die den Zusammenbruch der Reichsverteidigung wider alle Erwartung abwenden konnten (S. 40 ff.).

Die lebenswichtigen Grenzprovinzen, die die westlichen und östlichen Teile des Reiches miteinander verbanden, waren Ober- und Unterpannonien; sie umfaßten den Osten Österreichs, West-Ungarn und Nord-Jugoslawien. Weiter östlich erstreckte sich Mösien bis zur Donaumündung. Das waren die Gebiete, die jetzt nicht nur die fähigsten römischen Kaiser, sondern auch die besten römischen Soldaten stellten; sehr viele dieser Soldaten dienten in den großen Heeren, die in ihren Heimatterritorien standen. Glücklicherweise waren sie erfüllt von dem starken italischen, römischen Patriotismus der Grenzbevölkerung. Sie trugen in ihren Herzen ein Bild von dem ewigen Rom als dem unzertrennlichen Verbündeten

---

* In diesem Buche wird er gewöhnlich Septimius genannt, um ihn leichter von Severus Alexander und anderen Kaisern mit dem Namen Severus unterscheiden zu können.

ihres eigenen Heimatlandes – ihre Verteidigung der Donaugrenze schützte
Italien und ihr eigenes Land zugleich.

In Pannonien, das die Hauptlast dieser Verantwortung trug, war der
Prozeß der Romanisierung nicht sehr weit über die städtische Oberklasse
hinausgegangen, und das Gebiet war so gut wie gar nicht hellenisiert.
Seine bescheidene wirtschaftliche Entwicklung hatte schon vor der
Römerherrschaft begonnen, und seine künstlerischen Leistungen zeigten
auch dann noch starke regionale Eigentümlichkeiten. Und doch läßt die
Münzprägung des Decius zu Ehren der beiden Pannonien und des Genius
des illyrischen Heeres erkennen, wie diese Völker und Soldaten sich ihrer
spezifisch römischen Rolle und ihres Beitrages zur Reichsverteidigung bewußt geworden waren. Dieser Menschenschlag stellte wenige Senatoren,
aber er brachte die Offiziere hervor, die das Rückgrat des Heeres bildeten,
und mit der Unterstützung ihrer Landsleute wurden einige von ihnen hervorragende Kaiser.

Die Rheinheere waren damals kleiner und weniger bedeutend als die
Heere an der Donau, aber sie mußten äußerst schweren Germaneneinfäl-
len standhalten (S. 39); dabei fühlten sie sich von Rom zugunsten der
Donaulegionen vernachlässigt und bei der Durchführung ihrer lebenswichtigen Verteidigungsaufgabe behindert. Als eine ernste Krise ausbrach,
hielten es diese Heere und Soldaten für die einzige Lösung, einen eigenen
Kaiser zu haben. Und so unterstützten sie Postumus, den Statthalter einer
der germanischen Provinzen am Rhein, bei einem Aufstand gegen Gallienus, dessen Sohn von Postumus in Colonia Agrippina (Köln) hingerichtet
wurde (259/260). Diese Revolte war nur eine von vielen, aber sie hatte
besonders weitreichende Auswirkungen. Nicht nur Gallien, sondern auch
Britannien und Spanien schlossen sich Postumus an, und zeitweise beherrschte er sogar Teile Norditaliens.[6] Vierzehn Jahre lang war West-
europa ein großer Sonderstaat und stand Rom in einem kalten Krieg gegenüber, der gelegentlich in offene Feindseligkeiten ausbrach.

Gallienus verteilte Goldmedaillons an seine eigenen Offiziere und
Freunde, und zwar ausdrücklich wegen ihrer Loyalität, die sie ihm gegen
Postumus bewahrt hatten (*Ob Fidem Reservatam*). Postumus seinerseits eröffnete seine Münzprägung damit, daß er einzelne Züge germanischer Herkulesvorstellungen besonders hervorhob – denn Herkules erklärte er zu seinem göttlichen Schutzpatron – und sich selbst als Erneuerer
der gallischen Provinzen darstellte. Das zielte auf eine Stärkung des gallischen Selbstbewußtseins ab, aber danach fehlt auf den Münzen jede Spur
einer nationalistischen Politik; eine spätere Prägung bezeichnet Postumus

als Erneuerer der Welt. Er fühlte sich selbst völlig als Römer, und in
Augusta Treverorum (Trier) – einer jener germanischen Geschäftsstädte,
die als politische Zentren an die Stelle der weiter von der Front entfernten
Städte getreten waren – setzte er seine eigenen Konsuln ein und bildete
einen Senat, unabhängig von den entsprechenden Institutionen Roms.
Von äußeren und inneren Spannungen zerrissen, drohte das Reich aus-
einanderzufallen. Gallienus' Münzprägung «Frieden überall» und Postumus' traditionelles «Glück des Zeitalters» sind beide hervorragende Beispiele von Wunschdenken.

Das beunruhigende Dilemma des Zentralkaisers zeigte sich deutlich in
den letzten Phasen seines Verhältnisses zu diesem gallischen Reich. Um
Postumus fernzuhalten und gleichzeitig gegen äußere Bedrohungen gerüstet zu sein, hatte Gallienus eine strategische Einsatztruppe geschaffen
und in Mediolanum (Mailand) stationiert (S. 48). Aber das war eine
derart kampfstarke Streitmacht, daß ihr Befehlshaber ein Sicherheitsrisiko
für den Kaiser bedeutete. Tatsächlich ging schon ihr erster Kommandeur,
der fähige Aureolus, von Gallienus zu Postumus über und wurde in der
Folge selbst zum Kaiser ausgerufen (268) und im gleichen Jahre war der
nächste Kommandeur dieser Armee, Aurelian, einer der Anführer in einem
erfolgreichen Komplott zur Ermordung des Gallienus. *Ein* Kaiser konnte
nicht überall gleichzeitig das Kommando führen, und eine schlagkräftige
militärische Einheit mußte einen gefährlichen Rivalen bedeuten. Das
Unvermögen, dieses Problem zu lösen, trug entscheidend zu dem Eindruck
bei, das Reich sei dazu verurteilt, seinen äußeren Feinden zu erliegen.

Als schließlich der letzte Nachfolger des Postumus, Tetricus, bei der
Entscheidungsschlacht zwischen seinem Heer und dem des Aurelian zu
jenem übergegangen war (274), gab es unerfreuliche Nachwirkungen dieser Wirren in Gallien. Unter Probus brachen noch einmal zwei Aufstände
aus. Außerdem rotteten sich, wie es auch ein Jahrhundert zuvor geschehen
war, Banden verarmter und verzweifelter Männer – enteignete Bauern,
entlaufene Sträflinge und Fahnenflüchtige, die es seit fast einem Jahrhundert in großen Scharen gab – unter zwei Anführern zusammen, die weiter-
gehende Ambitionen gehabt haben mögen (285/86).[7] Diese Banden
wurden von Diokletians Mitkaiser Maximian zerschlagen. Aber unmittelbar darauf kam es in eben diesen westlichen Provinzen zu einem zweiten,
noch bedrohlicheren Abspaltungsversuch, fast genau nach Postumus'
Vorbild. Carausius, ein Marineoffizier, ursprünglich einfacher Matrose
aus dem Gebiet zwischen Rhein- und Schelde-Mündung, wurde von
Maximian mit der Verteidigung Britanniens gegen germanische Seeräuber

betraut, aber stattdessen erhob er sich dort zum unabhängigen Kaiser (286/7-293/4).[8] Er schlug Maximian und erreichte ein gewisses Maß an widerstrebender offizieller Anerkennung; er feierte sie auf Münzen, welche ihn als Mitherrscher des ganzen Reiches zeigten. Carausius beherrschte zeitweise auch Nordostfrankreich, verlor aber Gesoriacum (Boulogne) an Maximians Stellvertreter Constantius I. Chlorus und wurde dann ermordet; auf ihn folgte sein bisheriger Gardepräfekt Allectus. Drei Jahre später brachte Constantius Britannien zurück in den Reichsverband.

Carausius ließ zur Förderung des Handels mit Friesland und dem Rheinland Münzen von viel besserem Silber schlagen, als man im Zentralreich seit vielen Jahren gesehen hatte, im übrigen aber bevorzugte dieser britannische Sonderstaat, ebenso wie die Regierung des Postumus, Parolen, deren Charakter betont römisch war. Carausius wurde als Erneuerer Britanniens begrüßt, aber es fehlte dabei jedes nationalistische Gefühl. Sehr viele seiner Münzen feiern den Kaiserfrieden (*Pax Aug.*); und er war zweifellos stolz darauf, daß er Angreifer von Britannien fernzuhalten vermochte. Doch selbst wenn solche lokalen Machthaber Erfolge gegen die Barbaren hatten, konnten diese internen Streitigkeiten im Reiche – da sie Vorsichtsmaßregeln erforderten und zu Schlachten römischer Heere gegeneinander führten – die enorme und beispiellose Last der Reichsverteidigung nur vergrößern.

Der Osten, in dem eine römische Streitmacht stand, die an Größe und Schlagkraft nur noch vom Donauheer übertroffen wurde, zögerte nicht, Kaiser seiner eigenen Wahl aufzustellen. Avidius Cassius, Statthalter von Syrien und faktisch Herr des Ostens, der sich zu einer Zeit, als solche Empörungen noch ungewöhnlich waren, gegen Mark Aurel auflehnte (175), hatte Rückhalt bei seinen syrischen Landsleuten in den Armeen des Ostens gefunden; nach diesem Aufstand ordnete der Kaiser an, daß in Zukunft niemand mehr die Provinz verwalten dürfe, aus der er stammte. Ein weiterer syrischer Thronanwärter war Elagabal (218–22). Danach wurden mehrere Kaiser von diesen Garnisonstruppen im Osten ausgerufen,[9] darunter Philippus, der selber der Sohn eines arabischen Scheichs war (244). Weitere Bewerber wurden von den Bogenschützen von Osrhoene (Mesopotamien) unterstützt, in deren Heimat oder an den anderen Fronten, wo sie dienten.[10]

Aber die kraftvollste, längste und gefährlichste dieser Abfallsbewegungen ging aus von jenem anderen Rekrutierungsgebiet für Bogenschützen des Ostens, der Oasenstadt Palmyra (Tadmor). Palmyra hatte eine strategische Lage, denn es verfügte über wertvolle Brunnen, hatte Zugang zu

einem Winter-Nebenfluß des Euphrat und lag an einem Schnittpunkt der
Karawanenstraßen zwischen Syrien und Mesopotamien. Bereits im ersten
Jahrhundert v. Chr. hatte es den Handel zwischen diesen beiden Ländern
an sich gezogen und unterhielt und schützte die Karawanenstraßen quer
durch die Wüste. Etwa 17. n. Chr. von Rom annektiert, erhielt die Stadt
später (75 n. Chr.) eine Straßenverbindung zum Euphrat und blühte dadurch auf, daß es die Grenzzölle einzog. Seit dem Anfang des zweiten
Jahrhunderts war sie von einer starken römischen Garnison besetzt. Septimius und seiner Familie hatte Palmyra viel zu verdanken. Der Ort wurde
zur römischen Kolonie erhoben, aber der Verlust der militärischen Unabhängigkeit, den diese Veränderung seines Status mit sich brachte, bedeutete eher mehr als weniger Macht für Palmyra; denn von nun an waren
viele seiner fast autonomen Formationen berittener Bogenschützen nicht
weit von der Stadt stationiert, als wichtige Bestandteile der Reichsstreit-
kräfte an der parthischen Grenze.

Als die Parther durch die gefährlicheren Sassaniden abgelöst worden
waren (S. 28), wurde Palmyras Beitrag zum römischen Verteidigungssystem
unentbehrlich. Psychologisch jedoch war seine Rolle zweideutig. Zwar
bevorzugte Palmyra manche griechisch-syrischen Formen in Architektur
und Kleidung, die sich nach dem Reich orientierten. Aber seine kraftvollen
künstlerischen Stilformen, die mit ihrer strengen hieratischen Frontalität
Byzanz vorausahnen lassen, zeigen eine viel natürlichere Orientierung
nach dem parthischen und sassanidischen Babylonien und den städtischen
Zentren dieses Landes, wie z. B. Seleukia (Tell Omar), das am Tigris gegenüber der Hauptstadt Ktesiphon (südöstlich von Bagdad) lag und die
drittgrößte Stadt der Welt war. Künstlerische Parallelen zu Palmyra finden
sich auch noch weiter östlich, beispielsweise in Schami, in den Bergen
Persiens nördlich von Susa.

So war Palmyra, zumindest kulturell, enger mit der östlichen als mit
der westlichen Macht verbunden. Ein weiterer Grund für gute Beziehungen zu den Sassaniden war politischer Natur: diese dominierten nämlich
nun an den Flußmündungen am Persischen Golf und gefährdeten dadurch
Palmyras Handel. Als daher Schapur I. Roms östliche Provinzen überrannte und Valerian gefangennahm (S. 30), versuchte der Machthaber
von Palmyra, Odaenathus, Verbindungen zu dem Angreifer aufzunehmen
(ca. 260), stieß aber auf verächtliche Ablehnung. Dies war einer von Schapurs Fehlern, den zu bedauern er trotz all seiner Erfolge guten Grund
hatte, denn von nun an unterstützte Odaenathus unerschütterlich die
Römer. In der verzweifelten Situation, in der Gallienus sich befand, lag

faktisch die Verteidigung der ganzen Region sehr bald in Odaenathus`
Händen. Unterstützt von seinen palmyrenischen und osrhoenischen
Bogenschützen und schwerer Kavallerie war er sogar stark genug, auf
die persische Hauptstadt vorzurücken und später diesen Angriff zu wiederholen. Das Vakuum, das durch Roms anderweitige Inanspruchnahme
entstanden war, ermöglichte es Palmyra, seine Macht vom Taurusgebirge
bis zum Roten Meer geltend zu machen. Mehr noch, Odaenathus war
faktisch der Oberbefehlshaber der gesamten römischen Armeen im Osten.
Um Persien herauszufordern, gestattete Gallienus ihm sogar, sich König
der Könige zu nennen.[11] Darüberhinaus wurden ihm auch, zum Mißver-
gnügen der römischen Provinzstatthalter, die ihn als einen Barbaren betrachteten, die Titel Korrektor des Orients, Führer der Römer und Impe-
rator verliehen.

Aber dann wurde Odaenathus ermordet (266/7), als er von Babylonien
zurückkehrte, um einem Goteneinfall in Kleinasien entgegenzutreten; und
seine begabte und gebildete Witwe Zenobia (Bat Zabbai) machte sich
daran, mit dem führenden griechisch-syrischen Gelehrten Cassius Longinus als ihrem wichtigsten Ratgeber,[12] die völlige Unabhängigkeit zu erreichen. Sie bemächtigte sich Ägyptens, wobei sie ihre Bewunderung für
Kleopatra betonte, und der größte Teil Kleinasiens fiel in ihre Hand.[13]
Zenobias Herrschaft erstreckte sich von Mesopotamien fast bis in die
Reichweite Europas. Entweder kurz vor oder unmittelbar nach dem
Regierungsantritt Aurelians (270) enthüllte sie ihre neuen Pläne. Obgleich
damals wohl anti-römische Elemente in Palmyra immer mehr Einfluß
gewannen, wurde ihr Sohn, der seines Vaters Titel geerbt hatte, nach
römischem Vorbild zum Augustus erklärt, und sie selbst wurde Augusta.
Selbst das Palmyra, das es nun, als eine neue Macht, ablehnte, Rom noch
länger zu dienen, konnte nicht loskommen von dem römischen Geleise,
in dem es so lange gefahren war.[14]

Als sich zeigte, daß Aurelian die Herausforderung annahm, versuchte
Zenobias Propaganda einen Kompromiß in letzter Minute: auf ihren
Münzen erscheint ihr Sohn nur mit seinen alten Titeln und die Rückseiten
zeigen Aurelian. Aber es war zu spät für solche Diplomatie, denn Aurelian,
der sich zum Erneuerer des Ostens erklärte, eroberte Kleinasien und
Ägypten zurück und schlug den leitenden General der Königin vor Antiochia und Emesa. Palmyra selbst fiel in seine Hand, erhob sich aufs neue
und fiel zum zweiten Mal. Zenobia wurde, zusammen mit Tetricus (dem
letzten Herrscher eines Sonderreichs im Westen), gefangengehalten und
in goldenen Ketten in Aurelians Triumph mitgeführt. Ihre Stadt wurde

verwüstet. Zum Nachteil Roms, das nun die Aufgabe der Karawanenpolizei selbst übernehmen mußte, wurde Palmyra wieder zu dem Wüstendorf, das es einst gewesen war, bis Diokletian es zu einer römischen Palaststadt machte (S. 127).

Zwischen den Jahren 266 und 274 war das Römische Reich in drei unabhängige Teile geteilt gewesen, mit Sonderherrschern für den Westen in Augusta Treverorum und für den Osten in Palmyra, während der Kaiser der Hauptstadt nur das dazwischenliegende Gebiet beherrschte. Obwohl die Herrscher des Westens und des Ostens zur äußeren Verteidigung beitrugen, schien Aurelian die Zentralmacht durch sie derart bedroht, daß er sich sogar zu einem Zeitpunkt, als alle Kräfte an den Grenzen benötigt wurden, zu seinen kostspieligen Feldzügen, zuerst gegen Zenobia und dann gegen Tetricus, entschloß. Als die Wiedervereinigung unter großen Schwierigkeiten erreicht war, brach er schließlich gegen Persien auf, das glücklicherweise mit inneren Streitigkeiten zu tun gehabt hatte und deshalb wenig unternahm, um Zenobia zu helfen. Aber auf dem Marsch fiel er, wie so viele vor und nach ihm, dem Dolch eines Mörders zum Opfer.

Es hatte schon vor dieser Zeit viele Aufstände und Usurpationen gegeben, und es gab sie auch weiterhin, besonders in Ägypten, wo griechische und hellenisierte Schriftsteller seit langem Roms Ungerechtigkeit, Tyrannei, Habgier, Schwäche und schlechte Regierung angriffen und seine Kaiser unkultivierte, geile Judenliebhaber nannten.[15] Aber auch in vielen anderen Provinzen ließen sich – und oft ohne solche antirömischen Obertöne – ähnliche Berichte von Umsturzversuchen und rasch verfliegenden Wunschträumen vom Kaiserthron verzeichnen. Es gab wenige Gebiete ohne eigene Splitterbewegungen und Kandidaten für den Thron. Diese chaotische, anarchische Situation, die Diokletian zu beheben suchte, indem er die Zahl der Provinzen verdoppelte und die Zahl der offiziellen Kaiser vervielfachte (S. 82), war eine lähmende Behinderung für die römische Regierung; sie mußte mit dieser Lage innerhalb der eigenen Grenzen fertig werden und sich gleichzeitig nach außen wenden, um die gewaltige und ständig wachsende Last der militärischen Operationen zu übernehmen, die man im Interesse der Reichsverteidigung für notwendig hielt.

Die Krise an den Grenzen

Verteidigungsmaßnahmen waren an vielen Grenzen erforderlich, aber die einzige Fremdmacht von Bedeutung unter Roms Feinden war lange sein östlicher Nachbar gewesen. Bis zum dritten Jahrhundert n. Chr. beherrschte das halb-feudale iranische Parthien unter seinem Herrscherhause der Arsakiden Irak und Persien und, in lockerer Form, einige der Länder im Norden und Osten Persiens. Die Parther hatten mit dem Römischen Reich entlang dem Euphrat eine gemeinsame Grenze, und dieser Abschnitt – zu nahe am Mittelmeer, als daß man die mögliche Gefahr hätte übersehen können – war der gefährdetste an der römischen Ostgrenze.[16]

Obwohl eigentliche Feindseligkeiten, die natürlich mit gewaltigen Kosten verbunden waren, nur etwa ein Sechstel dieses Zeitraumes ausfüllten, waren die Beziehungen zwischen den beiden Reichen doch fortwährend gespannt. Die Parther fielen in Syrien ein, und Rom, wo es immer eine militaristische Partei gab, die den Kaiser drängte, sich wie Alexander der Große zu gebärden, unternahm eine beträchtliche Anzahl von Vorstößen in parthisches Gebiet. Diese endeten manchmal mit einer Katastrophe; bei Carrhae (Haran) verlor Crassus sein Heer und sein Leben (53 v. Chr.). Manchmal jedoch schienen die Unternehmungen erfolgreich zu sein. Trajan beispielsweise eroberte Ktesiphon, die parthische Hauptstadt, und Seleukia, jenseits des Tigris (115 n. Chr.), und gab den Parthern sogar einen König (*Rex Parthis datus*, S. 26). Aber solche Erfolge waren, obwohl sie sehr viel Menschen und Geld kosteten, immer nur von kurzer Dauer in ihren Auswirkungen. Die einzige dauerhafte Lösung wäre die völlige Vernichtung einer dieser Mächte durch die andere gewesen, und das lag außerhalb der militärischen und finanziellen Möglichkeiten.

Es war immer das Bestreben der römischen Politik gewesen, die abhängigen Gebiete im Norden Parthiens unter Kontrolle zu halten. Lange Zeit war der wichtigste Zankapfel das gewaltige Gebirgsland Armenien, das sich ohne klar umrissene Grenzen im Norden Mesopotamiens bis zum Kaukasus erstreckte, während seine Westflanke am oberen Euphrat an den äußersten Rand des Römischen Reiches grenzte. Jahrhunderte hindurch fielen Parther und Römer in Armenien ein und schürten dort innere Unruhen, um einen Marionettenherrscher zu haben, der ihrer eigenen Politik und ihrem eigenen Prestige diente; und jeder der beiden Gegner glaubte nach wie vor, Armenien in der Hand des anderen sei ein auf das eigene Herz gerichteter Dolch. Aber trotz all dieser Bemühungen konnte keiner von beiden sein Ziel für längere Zeit erreichen. Diplomatische Regelungen, wie sie von Augustus und Nero versucht worden waren, mußten behutsam gehandhabt werden, da weite Kreise der Öffentlichkeit, der Aristokratie und des Militärs keinen Kompromiß wünschten, sondern Sieg forderten. Die Gestaltung der kaiserlichen Münzen zeigt deutlich, daß Ruhm schwerer wog als praktischer Nutzen. Tatsächlich konnte es geschehen, daß ein Kaiser, der sich als unfähig oder unwillig erwies, großangelegte Grenzkriege zu führen, bald von den eigenen Leuten getötet wurde, wie das Schicksal von mindestens drei Kaisern zeigte.[17] Deshalb gab es nur wenige Versuche einer behutsamen diplomatischen Lösung, und ihre Ergebnisse waren nicht von Dauer.

Allmählich wurde der römischen Führung klar, daß der Schlüssel zur Eroberung des armenischen Hochlandes und zur Ausschaltung Parthiens als einer Großmacht in Mesopotamien lag. Als Mesopotamien wurde nicht das ganze Land zwischen Euphrat und Tigris bezeichnet, sondern nur sein nordwestlicher Teil, der heute zum Irak und der Türkei gehört. Dieses Gebiet, das von den Erben Alexanders des Großen weitgehend kolonisiert worden war, bildete ein wichtiges Bindeglied zwischen Syrien und den jenseits davon gelegenen Wüsten. Seine Besetzung würde es den römischen Streitkräften zudem ermöglichen, erstens beim Vormarsch auf die wichtigsten parthischen Städte den halben Weg auf eigenem Territorium zurückzulegen, und zweitens, in Armenien von zwei Seiten einzudringen statt nur von einer. Daher annektierte Trajan das Gebiet als neue Provinz Mesopotamien und gewann auch Armenien, aber nicht, der üblichen Politik entsprechend, als Marionettenkönigreich, sondern als weitere römische Provinz. Dieser überzeugte Imperialist annektierte auch Assyrien (Adiabene) jenseits des Tigris und gab dem Südteil des Zweistromlandes einen Marionettenkönig, der den Titel ‹König der Parther› trug. Seine Absicht war es, diese Gebiete zu schützenden Außenposten vor den Hauptverteidigungslinien zu machen. Aber als Trajan starb, kam Hadrian zu dem Schluß, solche Annexionen seien keine Lösung des Problems, und kehrte zu dem alten Konzept zurück, wonach Armenien einen von einem romfreundlichen Monarchen regierten Pufferstaat bilden sollte. Ein weiterer Klientelkönig, der unterstützt werden mußte, saß auf dem Thron von Edessa (Urfa) in Mesopotamien; dies war die Hauptstadt der Osrhoene, unmittelbar östlich des Euphrat. Hadrian mag recht gehabt haben mit seiner Überzeugung, daß die ständige Beherrschung Mesopotamiens zu kostspielig gewesen wäre. Denn die Parther konnten im Schutz der

Wüste zu ihrer Rechten stromaufwärts vorrücken, um in das Gebiet einzufallen, aber für die Römer, die nicht im Besitz der östlich davon gelegenen persischen Gebirgszüge waren, war es schwierig, die Besetzung einer derartigen Provinz aufrechtzuerhalten. Freilich bedeutete Hadrians Entscheidung eine Rückkehr zu den ständigen lästigen Kriegen früherer Jahrhunderte, da er sich nicht dazu entschließen konnte, gänzlich auf dieses Gebiet zu verzichten.

Als die Parther einen ihrer regelmäßig wiederkehrenden Umsturzversuche in Armenien unternahmen, wurde der Statthalter von Mark Aurels anatolischer Grenzprovinz Kappadokien geschlagen und getötet und der Kaiser fühlte sich verpflichtet, seinen Mitkaiser Lucius Verus zu entsenden, der eine Reihe von großangelegten Feldzügen unternehmen sollte (163–66). Die parthische Hauptstadt wurde aufs neue zerstört und Edessa als Klientelstaat wiederhergestellt. In dieser Phase wurde wahrscheinlich auch Dura Europos (Salahiye), am Euphrat etwas unterhalb der Einmündung des Khabur gelegen, von den Römern erobert, befestigt und mit einer Garnison belegt. Diese ursprünglich griechische, aber nun weitgehend parthische Stadt, ein Schmelztiegel vieler Sprachen und Kunststile, wurde jetzt zum südlichen Grenzposten der römischen Provinz Mesopotamien.[18] Obwohl letztlich ergebnislos, hatten die Kämpfe doch wenigstens zu einem Frieden geführt, der annähernd dreißig Jahre dauerte.

Die Feindseligkeiten brachen aufs neue aus, als die Parther sich einen römischen Bürgerkrieg zunutzemachten und im Jahre 195 in Mesopotamien einfielen. Jedoch drei Jahre später plünderten die Römer unter Septimius wiederum die feindliche Hauptstadt und annektierten, obwohl sie die arabische Wüstenfestung Hatra nicht einnehmen konnten, erneut die Provinz Mesopotamien. Mindestens vier Veteranensiedlungen wurden angelegt, um das Gebiet in Schach zu halten. Der Historiker Cassius Dio, obwohl kein Feind des Septimius, kritisierte diese kostspieligen Eroberungsbemühungen.[19] Aber Caracalla, besessen von dem Wunsch, es Alexander dem Großen gleich zu tun, war anderer Ansicht. Diese ehrgeizigen Wünsche brachten ihn auch auf den für einen römischen Kaiser ungewöhnlichen Gedanken, um die Hand der Tochter des Partherkönigs Artabanos V. anzuhalten. Aber der König hielt nichts von diesem Vorschlag, der so zu einem «Was wäre geschehen, wenn ...?» der Geschichte wurde. Caracalla kehrte zu den üblichen Eroberungsplänen zurück, in diesem Falle begünstigt durch die Gefangennahme der beiden Könige von Edessa und Armenien. Er überschritt den Tigris und marschierte in Assyrien ein, aber bevor der Feldzug sich weiter entwickeln konnte, wurde

er ermordet (217). Sein Nachfolger Macrinus überreichte das Diadem
Armeniens dem Kandidaten der Parther; dieses so friedfertige und vernünftige Verhalten trug wahrscheinlich dazu bei, daß seine Truppen ihn
verließen und er daraufhin getötet wurde.

Aber nun trat, zum dauernden Schaden Roms, eines der entscheidenden
Ereignisse dieses Zeitalters ein. Während des vorangegangenen Jahrhun-
derts waren die Kräfte Parthiens ständig schwächer geworden. Dieser
Prozeß wurde durch seine Kriege mit Rom beschleunigt, insbesondere
durch den Angriff des Septimius.[20] Solche immer wiederkehrenden Krisen
schwächten die Herrschaft der Parther über die von ihnen abhängigen
Feudalstaaten. Zu diesen gehörte Persepolis, dessen Fürst Ardaschir
(Artaxerxes), Herrscher über ein großes Gebiet, das sich vom Persischen
Golf bis nach Isfahan erstreckte, jetzt in Parthien einfiel; er stürzte Artabanos V.[21] und errichtete im gesamten Reich die Herrschaft seiner eigenen,
nach seinem Großvater Sassan (223–26) benannten Dynastie, der Sassaniden.

Auch die Hauptstadt des neuen Regimes war Ktesiphon, aber seine
heilige Stadt war das angestammte Istakhr in der Nähe von Persepolis.
Schon nahezu acht Jahrhunderte vorher, als die ruhmreichen persischen
Achämeniden die Meder verdrängt hatten, hatte sich einmal das Macht-
zentrum von nordiranischen Stämmen auf Fürsten im Süden des Landes
verlagert, und nun wiederholte sich dieser Vorgang. Die Sassaniden waren
zwar eifrig bemüht, dieses alte Erbe zu betonen, aber in ihren Institutionen
und ihrer Kultur übernahmen sie doch ziemlich viel von ihren unmittelbaren parthischen Vorgängern. Aber der neue Staat war viel bedrohlicher
als Parthien. Trotz weiterbestehender griechischer Einflüsse war der Verzicht auf griechische Vorbilder für die neuen Reichsprägungen ein Anzeichen betont nationalistischer Politik.[22] Die Zentralisierung nahm erheblich zu, in der mächtigen, intoleranten Staatskirche ebenso wie in der
Regierung. Die sassanidischen Herrscher bauten eine zuverlässige Beamtenschaft auf und schufen, wenn sie auch die alten Familien respektierten,
ein neue mächtige Schicht niederen Adels, der unmittelbar von der Krone
abhängig war.

Indem sie engere und fruchtbarere Beziehungen zu den Völkern des
äußeren Iran herstellten, bewahrten die Sassaniden die griechisch-römische Welt vor den Nomadenhorden, die gezwungen wurden, außerhalb
der fernen Grenzen im Norden und Osten des Perserreiches zu verbleiben.
Ebenso wie die Römer waren auch die Perser dem Druck der Barbaren
an den Grenzen ausgesetzt und wurden, ebenfalls wie die Römer, von

Zeit zu Zeit durch innere Streitigkeiten gelähmt. Dennoch bedeutete ihre erhöhte Schlagkraft für die Römer eine Bedrohung, die mindestens so gefährlich war wie selbst die stärksten germanischen Heerhaufen, ja wahrscheinlich, infolge der überlegenen persischen Koordination, noch gefährlicher. Denn das Heer der Sassaniden, in dem man die herkömmlichen Panzerreiter durch Heranziehung des neuen Adels verstärkt hatte, war die modernste Offensivtruppe der damaligen Zeit. Die Römer erwiesen ihr die Ehre, sie nachzuahmen (S. 47), aber sie hatten die Chance verloren, ihren östlichen Nachbarn entweder zur Bedeutungslosigkeit herabzudrücken oder ein brauchbares Übereinkommen mit ihm zu erreichen. Roms militärische Unternehmungen im Osten, bis dahin ein gewisser Luxus, waren nun zu einer unerbittlichen und unermeßlich kostspieligen Notwendigkeit geworden.

Die Sassaniden waren nämlich nicht nur mächtig, sie waren auch angriffslustig und auf Expansion bedacht. Sie erhoben Anspruch auf die Wiederherstellung der alten persischen Grenzen, und nach ihrer Auslegung bedeutete dies die Einverleibung des ganzen römischen Territoriums nach Westen hin bis zum Ägäischen Meer. Einer solchen Bedrohung mußte der junge Severus Alexander, der von militärischen Dingen nicht viel verstand, entgegentreten. Obwohl die Wüstenfestung Hatra, die nun von römischen Truppen besetzt war,[23] den Sassaniden standhielt, überrannte Ardaschir Mesopotamien (230), und es kam zu Meutereien unter den römischen Garnisonen im Osten. Severus Alexander unternahm einen großangelegten Angriff in drei Stoßrichtungen. Da seine Heere infolge des Klimas schwere Verluste erlitten, errangen sie nicht viele Erfolge. Doch die persischen Verluste kamen den ihren gleich, und die Provinz Mesopotamien wurde vorübergehend zurückgewonnen. Aber nur sechs Jahre später, zur Zeit Maximinus' I., wurde sie erneut überrannt, und Nisibis (Nüsaybin) und Carrhae fielen wieder in persische Hand.

Die beispiellos schwere Last, die jetzt der römischen Armee aufgebürdet werden sollte, begann sich abzuzeichnen, als Schapur I. (Sapor, 239?–270), der den herausfordernden Titel ‹König der Könige von Iran und Nicht-Iran› annahm, gekrönt wurde. Nächst Hannibal war Schapur der gefährlichste Feind, den Rom je hatte. Außer alljährlichen Raubzügen in die römischen Provinzen unternahm er drei größere Feldzüge: den ersten zur Zeit Gordians III. (242–44), den zweiten zwischen 250 und 256; der dritte setzte der Herrschaft Valerians (259 oder 260) ein Ende. Schapurs Darstellung der Ereignisse, in drei Sprachen bei Naksch-i-Rustam in der Nähe von Persepolis[24] eingemeißelt, weicht ab von allem,

was wir aus den bruchstückhaften Berichten griechischer und römischer
Autoren erfahren, aber seine Behauptung, er habe siebenunddreißig Städte
eingenommen, trifft wahrscheinlich zu. Zu den mesopotamischen Städten,
die in seine Hand fielen, gehörten Carrhae, Nisibis (ca. 254?), Dura (255/
8),[25] Edessa (ca. 260) und Hatra. Schapur verzeichnete einen bedeutenden
Sieg über die Römer bei Barbalissos südöstlich von Aleppo. Aber Rom
verlor nicht nur Mesopotamien, sondern auch Armenien. Schapur eroberte selbst Antiochia, möglicherweise sogar zweimal,[26] und zur Vergel-
tung für den von Trajan «den Parthern gegebenen König» setzte er dort
einen römischen Marionettenkaiser ein. Selbst Caesarea (Kayseri) in Kappadokien nahm er ein und verwüstete Kleinasien und Syrien mit einer
Rücksichtslosigkeit, die vermuten läßt, daß er trotz seiner Ansprüche nicht
an die dauernde Annexion dieser Gebiete dachte. Solche Grausamkeit
schreckte die Feinde Roms davon ab, Schapurs Führung zu begrüßen.
Er stand in dem Ruf, tapfer, großzügig und an geistigen Dingen interessiert
zu sein, aber er machte auch Fehler; so wies er etwa das Hilfsangebot
Palmyras, seines mächtigsten potentiellen Verbündeten in dieser Region,
zurück (S. 22).

Fünf persische Reliefs, die in die Bergwände von Fars gemeißelt sind,
zeigen drei römische Kaiser in verschiedenen Stadien der Unterwerfung
und der Erniedrigung.[27] Römische Münzen dagegen berichteten weiterhin dann und wann von Siegen. Aber der junge Gordian III., der ebensowenig wie vor ihm Severus Alexander ein fähiger Heerführer war, verlor
sein Leben während eines persischen Feldzuges in Mesopotamien (244).
Schapur zeigt auf einem seiner monumentalen Reliefs Gordian zu Boden
gestreckt, was andeuten soll, er sei im Kampfe gefallen; vielleicht wurde
er jedoch von seinen eigenen Truppen erschlagen. Man hegte auch den
starken Verdacht, daß sein Gardepräfekt und Nachfolger, Philippus
Arabs, an seinem Tod schuld war. Jedenfalls kämpfte Philippus nicht
weiter. Er schloß einen Vertrag, um die Provinz Mesopotamien zu behal-
ten, gab jedoch Armenien stillschweigend preis und zahlte Schapur eine
beträchtliche Geldsumme. Obwohl dieser Kurs Vorteile bot, war Mesopotamien ohne Armenien nicht leicht zu halten, man mußte bei diesem
diplomatischen Vorgehen im Kauf nehmen, daß die Perser Philippus' Haltung als eine Anerkennung ihrer Ansprüche auszulegen beliebten; das
gleiche Relief, das Gordian zu Boden gestreckt zeigt, stellt Philippus als
demütigen Bittsteller dar. Aber weit schlimmer war das Schicksal Valerians, der in Schapurs Hände fiel. Die herkömmliche Überlieferung berichtet, er sei den Persern in die Falle gegangen, jedoch wäre es auch

denkbar, daß er bei ihnen Zuflucht vor seiner eigenen meuternden Armee suchte. Zusammen mit vielen Soldaten, die von den Persern angesiedelt wurden und für sie arbeiten mußten, blieb Valerian für immer ihr Gefangener. Dieses Ereignis, das unrühmlichste der gesamten römischen Geschichte, wird in der persischen Propaganda immer wieder hervorgehoben. Valerians Sohn Gallienus gelang es entweder nicht, ihn zu befreien, oder er versuchte es gar nicht. Seines Vaters Namen und die Erinnerung an ihn wurden aus den offiziellen Aufzeichnungen getilgt.

Nach dem Tode Schapurs behielten die Sassaniden Armenien und Mesopotamien, aber innere Wirren führten zu einer Schwächung ihrer Stoßkraft. So zogen sie beispielsweise nur wenig wirklichen Nutzen aus Palmyras Abfall von Rom (S. 23). Als Palmyra niedergeworfen worden war, eroberte der Kaiser Varus die Provinz Mesopotamien zurück und nahm die feindliche Hauptstadt ein, fiel aber bald darauf einem Blitz oder, was wahrscheinlicher ist, einer Verschwörung zum Opfer (283). Danach erklärte der persische König Narses (293–302) Rom den Krieg, schlug Diokletians Stellvertreter Galerius und gewann Mesopotamien zurück.[28] Jedoch ein späterer bedeutender Sieg des Galerius in Armenien, der zur Gefangennahme der Gemahlinnen des Narses führte, zwang die Perser, das neugewonnene Territorium aufzugeben und um Frieden zu bitten. Der Vertrag bestätigte Roms Anspruch auf diese Region, zwar nicht ganz bis zur unsicheren alten Südgrenze bei Dura, aber doch bis hinunter nach Circesium (bei Bassira), wo noch in mohammedanischer Zeit die Grenze verlief. Die Römer hatten vorübergehend ihre Überlegenheit zurückgewonnen, und Narses mußte ihre Einflußsphären in Armenien und den Kaukasusländern nördlich davon anerkennen.

Dieser Vertragszustand war jedoch nicht von Dauer. Das kriegerische Tauziehen wurde wiederaufgenommen, allerdings jetzt mit den größeren römischen Streitkräften, welche die Stärke der sassanidischen Macht erforderte. Schapur II. (310–79), ein starker Monarch nach einer Periode innerer Wirren, wurde durch Armeniens Übertritt zum Christentum zur Besetzung des Landes herausgefordert, verlor es aber bald wieder an einen jungen Verwandten Konstantins, den dieser auf den armenischen Thron setzte. Diese neue Politik, das Land der kaiserlichen Dynastie unmittelbar zu unterstellen, hatte allerdings keinen Erfolg, und so ging das Ringen um Armenien und Mesopotamien weiter. Armenien wurde geteilt (384/7), aber im siebten Jahrhundert fielen beide Teile an die muslimischen Araber, welche die Herrschaft über das sassanidische Iran und die östlichen Teile des Byzantinischen Reiches übernahmen; diese beiden Reiche waren na-

türlich erheblich geschwächt worden durch einen kalten Krieg, der gelegentlich in offene Feindseligkeiten ausgebrochen war und sieben Jahrhunderte gedauert hatte.

Die Grenze wurde schwer bewacht. Entlang der Wüstengrenze, die
durch Palmyra und Bostra nach Petra verlief, baute oder erneuerte Diokletian mächtige Befestigungswerke mit viereckigen Türmen und rückwärtigen Toren; sie wurden durch neue Straßen und Waffenfabriken versorgt.[29]
Auch weiter im Norden, wo das Zweistromland zwischen Römern und
Sassaniden geteilt war, gab es mächtige römische Verteidigungsanlagen.
Ein massiver Erdwall erstreckte sich, mit einigen Unterbrechungen, über
750 Kilometer. Auch die persische Seite verfügte über ausgedehnte Befestigungen; das Ganze war eine geschlossene Barriere zwischen zwei Welten. Und doch hatten die Völker zu beiden Seiten der Grenze viele Gemein-
samkeiten – und überall, wo diese Scheidelinie festgelegt worden wäre,
hätte das Gleiche gegolten. Sogar der Kaiser und der König selbst hätten
zugeben müssen, daß zahlreiche Ähnlichkeiten in der vollendeten Etikette
ihrer beiden Höfe bestanden, und in seltenen Momenten relativ freundli-
cher Beziehungen sprachen sie voneinander als von Brüdern. Aber beide
Seiten lehnten friedliche Beziehungen, die einen von Palmyra, Petra und
Alexandria sicherlich begrüßten Handel mit Luxuswaren ermöglicht hätten, zugunsten dieser anhaltenden Konfrontation ab.

Solange die Parther herrschten, hatte es noch Elemente von Kriegsspiel
in ihrem Verhalten zu Rom gegeben; Feldzüge drillten die römischen
Truppen und brachten den Kaisern ehrenvolle Titel und Anerkennung
ein. Als aber die sassanidischen Monarchen an die Macht kamen, wurde
aus dem Kriegsspiel tödlicher Ernst. Sogar nachdem Roms traumatische
Erfahrungen mit Schapur wieder zu dem alten Gezänk um Mesopotamien
und Armenien abgesunken waren, kostete die Tatsache, daß der Feind
so viel mächtiger geworden war, die Römer immerfort beispiellos hohe
Summen, sowohl für die normale, alltägliche Verteidigung als auch für
die viel größeren Feldheere, die Rom von Zeit zu Zeit benötigte, um seine
Grenzen zu halten und zu stabilisieren.

Das waren die größten Heere, die Rom jemals aufgestellt hat. Um eine
solche Größe zu erreichen, mußten sie durch Truppen von den nördlichen
Grenzen ergänzt werden. Aber jedesmal, wenn ein Kaiser sich gezwungen
sah, Streitkräfte von der Donau und vom Rhein abzuziehen, konnten
die Stämme jenseits dieser Ströme den Truppenabzug ausnutzen und die
Römer in einen Zweifrontenkrieg verwickeln.

Abgesehen von zwei vorgeschobenen Grenzausbuchtungen oder

Bastionen – den Agri Decumates, jenseits von und zwischen dem Oberrhein und der oberen Donau, und Dakien, am Nordufer der unteren Donau
– bildeten diese beiden Ströme den Hauptteil der Nordgrenze des Reiches.[30] Den östlichen Grenzbereichen gegenüber saßen freie Daker, ein
Volk thrakischer Herkunft, und Stämme, die zu der großen iranischen
Gruppe der Sarmaten gehörten – tüchtige Bogenschützen und Schöpfer
der herrlichen Tierdarstellungen der Steppenkunst, die in diesem Gebiet
besonders deutlich sichtbar ist. Jenseits fast aller übrigen Grenzabschnitte
wie auch in vielen Bereichen innerhalb der Grenzen bestand die Bevölkerung aus Germanen. Diese waren entlang dem ganzen westlichen Teil
der Stromgrenzen anzutreffen, von Aquincum (Budapest) bis zur Rhein-
mündung.

Die Hauptgottheiten der Germanen waren Kriegsgötter. Doch waren
diese Völker auch mit Ackerbau und Viehzucht vertraut[31] und hatten,
obwohl sie kaum städtisches Leben kannten und zu inneren Streitigkeiten
neigten, regelrechte Verwaltungssysteme geschaffen, die nach und nach
ein gewisses Ausmaß erreichten. Solche Gemeinwesen wurden von Königen oder von Gruppen führender Leute beherrscht, die jeweils mehr oder
weniger von ihrer Stammesversammlung (Thing) abhängig waren. Tacitus
äußerte die Ansicht, die Freiheit der Germanen sei ein unversöhnlicherer
Feind für Rom als der Despotismus der Parther. Aber diese Bedrohung
wurde erst im zweiten Jahrhundert n. Chr. gefährlich, als die germanischen Stämme sich allmählich fähig zeigten, ihre Unternehmungen in
größeren Bünden oder Zusammenschlüssen zu koordinieren. Eine beträchtliche Menge von Gold kam in ihre Hände, teils durch Einzelne,
die Rom gedient hatten, teils durch Handelsbeziehungen über die Grenzen
hinweg und teils auch, weil die Römer ihre Grenzen gern mit einem Sicher-
heitsgürtel halbabhängiger Staaten umsäumten, an die sie Hilfsgelder zu
zahlen bereit waren, obwohl dieses Verfahren in bestimmten Kreisen
Roms unpopulär war.

Ursprünglich war der für die Römer gefährlichste Bereich die Rheingrenze gewesen. Im zweiten Jahrhundert n. Chr. jedoch lag die Gefahren-
zone an der Donau, wo nun zehn römische Legionen standen, im Vergleich
zu vier Legionen am Rhein. Die Unruhe jenseits des Stromes erreichte
ihren Höhepunkt in der Zeit Mark Aurels und führte zu einer Reihe von
Ereignissen, die ständige Veränderungen des Reichs zur Folge hatten.
Denn während einer langen Periode relativer Stabilität waren die Bevölke-
rungszahlen bei den Germanen, gemessen an den einfachen Produktions-
methoden ihrer Landwirtschaft, zu rasch gestiegen. Die germanischen

Stämme waren landhungrig und wollten ihre sumpfigen Waldrodungen mit fruchtbarerem Land innerhalb der Reichsgrenzen vertauschen. Es war dies das erste Mal, daß sie nach römischem Gebiet strebten, um sich selbst dort anzusiedeln. Darüberhinaus standen die Grenzvölker jetzt unter Druck von der anderen Seite. In den weiten Gebieten des Nordens gingen gewaltige Bevölkerungsverschiebungen vor sich, und riesige Stammesgruppen, die rings um die Ostsee gesessen hatten, waren auf der Wanderung nach den Grenzen an der unteren Donau, wo jetzt Sarmaten und freie Daker ansässig waren.

Als um das Jahr 166 n. Chr. der Sturm zum ersten Mal losbrach, ging der Anstoß von den Markomannen in Böhmen aus, die mit der römischen Welt einen ausgedehnteren Handel betrieben und auch in ihrer Sozialstruktur stärker von Rom beeinflußt waren als alle anderen Germanen. In dem vorspringenden Winkel zwischen Donau und Theiß (heute ein Teil von Ungarn und Jugoslawien), der nicht zum Römischen Reich gehörte, ging ein Teil der Sarmaten ebenfalls zum Angriff über.[32] Diese koordinierte Offensive an mehreren Fronten kam nicht unerwartet; lange Zeit war es örtlichen römischen Beamten gelungen, den Ansturm abzuwehren. Aber die heftigen Kämpfe im Osten verhinderten rechtzeitige Gegenmaßnahmen Roms (S. 26).

Die Kämpfe in der Regierungszeit Mark Aurels waren gefährlicher als alle vorangegangenen Kriege dieser Art, und sie dauerten unter seinem persönlichen Oberbefehl fast die ganzen restlichen vierzehn Jahre seines Lebens. Die Chronologie der einzelnen Feldzüge ist unklar; auf jeden Fall ereigneten sich in dieser Zeit zwei Katastrophen, die der einen Interpretation zufolge beide in das Jahr 170 n. Chr. fielen. Erstens brachen die Germanen in die oberen Donauprovinzen (Rhätien und Noricum) ein und stießen in den mittleren Donaubereich vor, wo die Ebenen auf der römischen Seite Angreifern ein günstiges Gelände boten. Sie überschritten die Alpen, fielen in Italien ein, brannten die Stadt Opitergium (nordöstlich von Venedig) nieder und belagerten Aquileia. Zweitens und vielleicht fast gleichzeitig drang ein germanischer Stamm aus dem Karpathenraum über die untere Donau vor und stieß durch fast die ganze Balkanhalbinsel bis in die Nähe von Athen vor, denn sie plünderten sogar Eleusis.[33] Die Heere Mark Aurels, durch die aus dem Osten eingeschleppte Pest stark dezimiert, gewannen nur schrittweise und mit großer Mühe wieder die Oberhand, in einer langen Reihe von Feldzügen, die Rom in eine fast ausweglose Finanzkrise stürzten.

Für Mark Aurel gab es nun im wesentlichen zwei Möglichkeiten, um der Lage Herr zu werden. Die eine war, eine große Anzahl von Germanen als Siedler in das Reich aufzunehmen: Damit würde der Druck auf die Grenzen vermindert. Die Einwanderer könnten ferner Land bebauen, das wegen der Dezimierung der eigenen ländlichen Bevölkerung brachlag, und sie ständen als Rekruten für das Heer zur Verfügung. Diese Aufnahme von Angehörigen nördlicher Stämme ins Reich war kein neuer Gedanke; Augustus hat wohl auf die gleiche Weise an einer unruhigen Grenze friedliche Verhältnisse geschaffen, indem er 50 000 Barbaren aufnahm, und Nero scheint doppelt so viele angesiedelt zu haben. Aber von der Zeit Mark Aurels an wurde dieses Verfahren systematischer angewandt. Die Siedler, die unter der Aufsicht von Sonderbeamten standen, galten in vieler Hinsicht als Freie, aber sie wurden römischen Landbesitzern oder den Pächtern kaiserlicher Domänen zugewiesen und waren gesetzlich an ihr Stück Land gebunden. Man hat den Kaisern, die derartige Maßnahmen einleiteten, vorgeworfen, sie hätten das Reich barbarisiert. Aber diese Umsiedlungen bauten Rassenvorurteile ab und brachten dem Reich neue Landarbeiter und Soldaten, ohne die es in der späteren Kaiserzeit nicht hätte überleben können.

Mark Aurels andere Konzeption erforderte Annexionen. Er beabsichtigte, den einspringenden Winkel zwischen Donau und Theiß sowie benachbarte Gebiete zu besetzen und daraus eine neue Provinz Sarmatia zu bilden; dadurch hätte er die Grenze, die dann dem langen Bogen der Karpathen gefolgt wäre, verkürzt und verstärkt. Er plante auch, Böhmen zusammen mit Teilen von Mähren und der Slowakei als eine zweite neue Provinz namens Marcomannia zu annektieren. Auf diese Weise wäre ein langer Abschnitt der Stromgrenze durch das leichter zu verteidigende Sudeten- und Erzgebirge, als Fortsetzung der Karpathenlinie, ersetzt worden. Ein solcher Schritt hätte auch den Weg zu weiteren künftigen Annexionen geebnet, welche die Gesamtlänge der Grenze noch mehr verkürzt hätten. Mit der gleichen Absicht hatte auch Augustus Böhmen erobern wollen, als Teil eines Planes, die Rhein-Donau-Grenze durch eine kürzere Elbe-Donau-Linie zu ersetzen, welche die gefährlichsten Germanenstämme ins Reich einbezogen hätte.

Augustus war gescheitert, und auch Mark Aurel scheiterte. Sein erster Versuch, den Plan auszuführen, mußte wegen des Aufstandes im Osten (175)[34] aufgeschoben werden und ein zweiter fand durch seinen Tod ein jähes Ende. Vielleicht auf Anraten des Bithyniers Saoteros, dem diese Gebiete fremd und wenig verlockend erscheinen mußten, gab Mark Aurels junger Sohn und Nachfolger Commodus den ganzen Plan auf, sicherte sich aber durch verschiedene Vertragsbedingungen ein friedliches Verhalten der Germanen. Eine Fortsetzung der Politik seines Vaters hätte die gesamte Zukunft Mitteleuropas anders gestalten können, da sie dem Reich leichter zu verteidigende Grenzen und viele tüchtige germanische Landarbeiter und Soldaten verschafft hätte; und Mark Aurel bewies seine Romanisierungsabsichten, als er einer großen Stammesgruppe, auf deren Land er es abgesehen hatte, die Erlaubnis verweigerte, nach Gebieten im Norden auszuwandern, die außerhalb seines Einflusses lagen (179).[35] Andererseits hätten derartige Eroberungen das Reich noch weit stärker mit Organisations-, Entwicklungs- und Verteidigungsaufgaben belastet. Daher entschieden Commodus und seine Ratgeber, daß Annexionen untunlich seien. Diese Entscheidung wurde beklagt von Autoren, die den neuen Kaiser haßten und eine Expansionspolitik wünschten, aber weitere Annexionen hätten wahrscheinlich mehr neue Probleme mit sich gebracht als alte gelöst, und die Kosten wären höher gewesen als es die Hilfsmittel des Reiches erlaubten, die ohnedies schon bis zum äußersten angespannt waren.

Die Nordgrenze kam jedoch nicht zur Ruhe; so bedrängten etwa während der nächsten Jahrzehnte die freien Daker, die jenseits der unteren Donau saßen und durch Mark Aurels Umsiedlungen germanischer Stämme beunruhigt worden waren,[36] die römischen Grenzen.

Unter Caracalla erwuchs dann eine besonders ernstzunehmende Gefahr in dem weiter westlich gelegenen Gebiet der Agri Decumates, wo die obere Donau und der Oberrhein nur wenig voneinander entfernt sind. Hier waren, wiederum infolge von Mark Aurels Kriegszügen, verschiedene Stämme und Teile von Stämmen zu einem mächtigen festgefügten Bund zusammengewachsen, der als die Alemannen (Alle Männer) bekannt ist; ihr Name lebt in dem heutigen französischen Wort für Deutschland (l' Allemagne) weiter. Nachdem sie aus Brandenburg durch Stämme aus Osteuropa verdrängt worden waren, waren sie westwärts gewandert und bedrohten nun das Dreieck zwischen Oberrhein und oberer Donau. Caracalla, der hinterhältige Methoden bevorzugte und Zwistigkeiten unter germanischen Stämmen förderte, schlug sie am Main. Er war vielleicht der erste, der Sympathien für die Germanen hatte: er trug ihre Kleidung – sein Spottname Caracalla bedeutet einen germanischen oder keltischen Umhang – und seine Ermordung wurde, zu Recht oder zu Unrecht, darauf zurückgeführt, daß er die germanischen Soldaten begünstigte, die jetzt eine wichtige Rolle in den kaiserlichen Heeren spielten.

Caracalla ließ den germanischen Stämmen jenseits der Grenzen auch beträchtliche Hilfsgelder in gemünztem Gold zukommen. Obwohl diese Politik billiger gewesen sein mag als Kriegsführung, wurde sie heftig kritisiert, und solche Kritik konnte gefährlich werden. Denn als beispielsweise der junge Severus Alexander sich nach Moguntiacum (Mainz) begab – er hatte Soldaten aus den Grenzgarnisonen abgezogen, um Verstärkungen für den Osten zu beschaffen – und versuchte, sich mit Geld Ruhe vor germanischen Angreifern zu erkaufen, wurde er zur Strafe für sein unkriegerisches Verhalten von seinen eigenen Truppen getötet (235). Sein Nachfolger Maximinus I., der als Thraker in gewissen Kreisen jenseits der Grenzen beliebt war, stellte den Frieden am Rhein und an der oberen Donau wieder her. Aber seine späteren Feldzüge weiter im Osten, gegen Sarmaten und Daker, wurden durch die Bürgerkriege gelähmt, die zu seiner Ermordung führten (238).

Die Lage in diesem Gebiet, die ohnehin schon besorgniserregend war, verschlechterte sich nun bedrohlich, als neue germanische Völker auftauchten, die alles in den Schatten stellten, was man bisher erlebt hatte. Die Bevölkerung jenseits der Grenze an der unteren Donau hatte seit geraumer Zeit unter zunehmendem Druck von Völkerschaften aus weiter entfernten Gebieten gestanden; denn Stammesgruppen, die rings um die Ostsee gesessen hatten, waren nach und nach zu den Donaugebieten hin gewandert, in denen Sarmaten und freie Daker wohnten; in die gleiche Richtung zogen die Goten. Die langen Wanderungen dieses östlichsten germanischen Volkes nach dem Süden sollten immer wieder in germanischen Volkssagen verherrlicht werden. Während ihrer Wanderungen im ersten Jahrhundert v. Chr. waren sie von Skandinavien zum Unterlauf der Weichsel vorgedrungen, und bald nach 100 n. Chr. begannen sie, sich nach Südwesten auszubreiten.[37] Gedrängt von Sarmaten in ihrem Rücken, ließen sie sich jetzt unweit der Donaumündung nieder. Während ihrer Wanderungen und Ansiedlungen im Schwarzmeerraum hatten sie sich einiges von griechisch-sarmatischer Kultur angeeignet und politischen Zusammenhalt gewonnen; beides vermittelten sie nach und nach anderen Germanen. Ferner waren die Goten, obwohl taktisch und in ihren Belagerungsmethoden anderen Völkern unterlegen, für viele militärische Techniken der Römer aufgeschlossen.[38]

In den dreißiger Jahren des dritten Jahrhunderts begannen sie, über die untere Donaugrenze loszubrechen. Ihre ersten Streifzüge fielen möglicherweise noch in die Regierungszeit des Severus Alexander. Jedenfalls überschritten sie im Jahre 238 den Strom, umd Rom sicherte ihnen Hilfsgelder zu. Unter Philippus Arabs jedoch wollte oder konnte man diese

Gelder nicht mehr zahlen; daraufhin überschritten die aufgebrachten Goten, verlockt durch innere Streitigkeiten und Thronwirren der Römer,[39] erneut die Donau und stießen bis zu der strategisch wichtigen Stadt Marcianopolis (Provadija, westlich von Varna) vor, die ihnen nur mit größter Mühe standhalten konnte (248). Philippus' General Decius wies Angriffe ab und unterdrückte Meutereien, mit so viel Erfolg, daß er seine Truppen veranlaßte, ihn zum Kaiser auszurufen. Aber Decius' Wiederherstellung der Donaufront erwies sich als unzureichend, denn die Goten hatten in Kniva einen Führer von ungewöhnlichem Format, dessen großangelegte Strategie für das Reich die schwersten Gefahren heraufbeschwor, die es bis dahin durchgemacht hatte. Philippopolis (Plovdiv), tief im Innern des Reiches gelegen, wurde von den Goten erobert und seine Bevölkerung vernichtet. Bei Abrittus in der Dobrudscha unterlag schließlich der Kaiser selbst dem Kniva, wahrscheinlich durch den Verrat des Trebonianus Gallus, der dann sein Nachfolger wurde (251).

So waren nun, im Norden wie im Osten, Feinde aufgetaucht, die eine derartige Gefahr für das Reich bildeten, daß nun, im Rückblick, alle bisherigen Grenzkämpfe als vergleichsweise ungefährlich erschienen. Diese bedrohlichen feindlichen Mächte an beiden Flanken konnten wechselseitig Vorteile aus ihren Operationen ziehen, so daß sich Rom für nicht absehbare Zeit den ungeheuren Kosten und Gefahren eines Zweifrontenkriegs ausgesetzt sah. Eine Zeitlang überstieg das die Kräfte eines jeden Kaisers; und Katastrophen an den persischen Grenzen fielen zeitlich zusammen mit Einbrüchen der Germanen, wie man sie bis dahin noch nicht erlebt hatte. Sie kamen in größerer Zahl, an mehr Stellen und besser organisiert als je zuvor, und eine Zeitlang konnte man ihnen nicht widerstehen. Während die Pest und innere Kämpfe im Reiche wüteten und die Perser den Orient überrannten, plünderten die Goten, denen sich nun die Burgunder, ein weiteres ostgermanisches Volk, angeschlossen hatten, nicht nur die Balkanländer, sondern auch Kleinasien, bis nach Ephesus im Süden und bis zum Zentralplateau nach Osten hin (253). Außerdem unternahmen die Goten, die von den griechischen Städten am Schwarzen Meer Schiffe erhielten, erfolgreiche Raubzüge zur See, bei denen bedeutende Kulturzentren wie etwa Chalkedon (Kadiköy) verwüstet wurden. Darüber hinaus fuhren sie noch viel weiter an den Küsten entlang und plünderten sogar Trapezunt (Trabzon) am Schwarzen Meer und Pantikapaion (Kertsch) auf der Krim, was sich später katastrophal auf die Versorgung der Römer mit landwirtschaftlichen Erzeugnissen auswirkte.[40]

Diesem Angriff schlossen sich noch andere Stämme aus dem Norden auf der ganzen Länge der Front an, darunter die Franken, ein gewaltiger Stammesbund, zusammengewachsen aus verschiedenen kleinen Gruppen, die durch Bevölkerungsverschiebungen an der unteren Elbe gegen die Rheingrenze hin getrieben worden waren. In wiederholten Angriffen massierter Verbände in einer Stärke von jeweils etwa 30 000 Mann durchbrachen die Franken die römischen Verteidigungslinien und überrannten Gallien und Spanien, wobei sie Tarraco (Tarragona) zerstörten und verschiedene Landstriche bis zur Küste Nordafrikas hin plünderten.

Da *ein* Herrscher sich nicht nach zwei Seiten zugleich wenden konnte, wurden die kaiserlichen Heere nun auf zwei Befehlsbereiche verteilt; damit nahm man die späteren Teilungen in Ost- und Westreich vorweg.[41] Das Kommando gegen die Perser übernahm Valerian, sein Sohn Gallienus den Befehl im Westen und Norden. Valerian ging zugrunde, aber Gallienus lebte und kämpfte weiter. Trotzdem führten der Druck der Angriffe und der dadurch verursachte Abfall der westlichen Provinzen unter Postumus (S. 19) dazu, daß die Grenzlinie an einem wichtigen Punkt von den Germanen überrannt und von Rom geräumt wurde, und zwar im Gebiet der Agri Decumates zwischen Oberrhein und oberer Donau. Das aufgegebene Gebiet wurde niemals zurückgewonnen, und seitdem bildete der Rhein vom Bodensee bis zu seiner Mündung die Grenze (ca. 259–60).[42] Zwar konnte weder Gallienus noch Postumus dieses keilförmig vorspringende Gebiet, von dem immer Gefahr drohte, zurückerobern, aber Postumus gelang es wenigstens, die Franken und Alemannen vom übrigen Gallien fernzuhalten. Gallienus zeigte sich einfallsreicher: anscheinend ermächtigte er die Markomannen aus Böhmen, einen Staat oder einen Teilstaat auf der römischen Seite der Grenze zu bilden, und schloß sogar eine Art von Nebenehe mit der Tochter ihres Fürsten (ca. 260).

Aber bald sah sich Gallienus, nun alleiniger Kaiser, ebenso gefährlichen germanischen Bedrohungen weiter im Osten gegenüber. Die Goten setzten die Heruler, die erst kurz zuvor in den Schwarzmeerraum gelangt waren, als ihre Seeleute ein und versammelten an der Dnjestrmündung eine gewaltige Anzahl von Kriegern und Schiffen (268). Griechenland und ebenso Kleinasien wurden nochmals verwüstet. Der Verlauf der Ereignisse ist unklar, vor allem deshalb, weil Autoren, die eine Abneigung gegen Gallienus hatten, dessen Verdienste lieber seinem Nachfolger zuschrieben. Aber anscheinend war es doch Gallienus, auf den die Angreifer stießen, als sie auf dem Landweg über die Balkanhalbinsel in ihre Heimat zurückkehren wollten; er schnitt ihnen den Rückzug ab und gewann die blutigste Schlacht des dritten Jahrhunderts bei Naissus (Nisch), in der 50 000

Feinde getötet wurden.[43] Daraufhin griff der Kaiser wieder auf eine weniger übliche Methode zurück, mit der er schon früher experimentiert hatte, und verlieh dem Herulerfürsten, der sich ergeben hatte, die Insignien eines römischen Konsuls. Aber Verrat in den eigenen Reihen hinderte ihn daran, seinen Sieg auszunutzen: er wurde von seinen Offizieren erstochen.

Dennoch war damit ein Anfang gemacht, und durch außerordentliche Anstrengungen brachte Rom wider alles Erwarten den Germanen eine Reihe schwerer Rückschläge bei. Als die Alamannen nach Italien selbst vorstießen, vernichtete Claudius II. (268–270) sie am Gardasee und schlug dann die Goten in weiteren Kämpfen, die bedeutend genug waren, ihm den Beinamen Gothicus einzutragen.[44] Aurelian vertrieb die Goten dann endgültig aus dem Reich. Trotzdem strömten andere Germanen noch immer über den Brenner nach Italien hinein. Aber auch sie wurden, nachdem sie zunächst einen Sieg errungen hatten, von Aurelian in zwei Schlachten überwältigt, bei Fanum Fortunae (Fano) und in der Nähe von Ticinum (Pavia) (271); die Kriegsgefangenen und ihre Familien wurden den Eigentümern verlassener Weinberge in Etrurien zugeteilt. Aurelian mußte jedoch erkennen, daß weiter östlich die bereits stark unterwanderte Provinz Dacia jenseits der Donau nicht mehr zu halten sei; er ließ das ganze Gebiet für immer räumen (ca. 271) und verkürzte und festigte dadurch die Grenze.[45]

Wenige Jahre später mußte Probus einem gewaltigen, dreifachen Germaneneinfall in Gallien entgegentreten (276/7). Nachdem er damit in eindrucksvoller Weise fertig geworden war, zog er weiter nach Osten, um den Vandalen entgegenzutreten, unruhigen germanischen Siedlern im östlichen Ungarn, die nun in die Balkanländer eingefallen waren. Probus nahm die Politik, Barbaren aus dem Norden auf römischem Territorium anzusiedeln, in großem Maßstab wieder auf. Aber trotz dieser Zugeständnisse und obwohl der Landhunger anderer Stämme durch die Preisgabe der Agri Decumates und Dakiens gestillt war, ließen die Angriffe der Germanen nur für kurze Zeit nach. Tacitus (275/6) sah sich einem neuen Einfall in Kleinasien gegenüber, und Maximian mußte zweimal Angriffe auf Gallien zurückweisen. Er überschritt den Rhein und konnte, nach Siegen seines Stellvertreters Constantius I., bis zur Nordsee vordringen. Ein fränkischer König wurde eingesetzt, als Bollwerk zwischen Rom und Germanien (288). Im folgenden Jahrzehnt schlug sich Galerius ebenso erfolgreich mit den Markomannen und den Sarmaten, und danach hatte Konstantin gegen die Franken und die Alamannen zu kämpfen (306, 328). Am östlichen Ende der Grenze ließ er anstelle eines früheren Erdwalls eine Steinmauer von Cernavoda an der Donau bis nach Tomi (Constanza) am Schwarzen Meer bauen; dank dieser Befestigungen konnten die Goten, die nun wieder hervorgetreten waren, schwer geschlagen werden (334). Konstantin warb Germanen in großer Zahl an und förderte sie großzügig; sie stellten von nun an die meisten seiner Soldaten und Generale (S. 50). Insofern hatte die Bedrohung der Grenze durch die Germanen eine erneuernde Wirkung auf Rom ausgeübt. Konstantin setzte auch die Politik fort, Angehörige germanischer Stämme ins Reich aufzunehmen, die entvölkertes Land bebauen sollten. Er errang Frieden für die Dauer einer Generation, aber nach 350 konnten die Franken und Alamannen auf dem römischen Ufer des Rheins fest Fuß fassen; dabei machten sie es sich zunutze, daß die streitenden römischen Bürgerkriegsparteien bemüht waren, sich ihrer Hilfe zu versichern. Später öffnete die vernichtende Niederlage, die Kaiser Valens durch die Westgoten bei Hadrianopolis (Edirne) erlitt, die Balkanprovinzen endgültig ihren Siedlern.[46] Von diesem Zeitpunkt an bildeten sich immer mehr germanische Staaten, die in vertraglichen Beziehungen zu Rom standen, innerhalb der Reichsgrenzen. Allerdings verwischten sich diese Grenzen rasch, und zu der Zeit, als der Westgote Alarich, der sich von dem weniger verwundbaren Ostreich abgewandt hatte, Rom plünderte (410), hatte die Grenze fast aufgehört zu existieren. Die Germanen waren bereits dabei, die europäischen Königreiche der Zukunft zu gestalten.

Und doch waren diese Grenzen, von nur unbedeutenden Rückzügen abgesehen, erstaunlicherweise noch mehr als hundertfünfzig Jahre nach den ersten schrecklichen Goteneinfällen und nach der Zerstörung, dem Chaos und der Hoffnungslosigkeit, die sie bewirkten, gehalten worden; dadurch wurden die Voraussetzungen geschaffen, die es ermöglichten, das klassische Erbe zu bewahren und weiterzugeben, anstatt es in Anarchie zusammenbrechen zu lassen. Wir sollten eher darüber erstaunt sein, daß das Römische Reich so lange bestehen blieb, bemerkte Gibbon, als zu untersuchen, warum es unterging. So schien es beispielsweise in den ständigen Gefahren der fünfziger und sechziger Jahre des 3. Jahrhunderts, inmitten gleichzeitiger Katastrophen an zwei Fronten, gegenüber Feinden von beispielloser Macht, ganz unwahrscheinlich, daß die römische Welt überleben würde. Und doch überstand sie den Sturm. Der Wendepunkt war anscheinend im letzten Jahr des Gallienus erreicht, und danach leiteten drei illyrische Kaiser, alle geniale Feldherren, einen allmählichen Prozeß des Wiedererstarkens ein. Das war der Zenit der römischen Waffen und der römischen Widerstandskraft und eine der hervorragendsten militärischen Leistungen aller Zeiten. Daher trifft Gibbons weitere Bemerkung – er stellte den wilden Riesen des Nordens die Zwerge gegenüber, die damals die römische Welt bevölkerten – keineswegs zu. Denn die Heerführer und Soldaten Roms, Männer vieler Rassen, konfrontiert mit weit größeren Problemen als denen, die ihre Vorfahren je zu bewältigen hatten, retteten und verlängerten das Leben ihres Reiches mit einer Energie, die menschliches Maß beinahe überschritt.

Doch der Preis für eine so unwahrscheinliche Wendung des Schicksals waren unermeßliche Verluste an Menschenleben, Besitz und Glück und ein ständiger Aufwand ungeheurer Geldsummen. Dieses Geld war notwendig, da das Heer, um mit diesen gewaltigen Problemen fertig zu werden, reorganisiert und auf eine Stärke gebracht werden mußte, die frühere Generationen, die in weniger harten Zeiten lebten, niemals für möglich gehalten hatten.

Der Zenit der römischen Armee

Seit dem ersten Jahrhundert v. Chr. bestand das römische Heer aus zwei Teilen. Den ersten bildeten die Legionen, die je 5000 Mann zu Fuß und 120 zu Pferd hatten. Diese Männer waren sämtlich römische Bürger, die normalerweise im Alter von achtzehn Jahren Soldat wurden und fünfundzwanzig Jahre dienten. Den zweiten Hauptbestandteil der Armee bildeten die *auxilia;* sie rekrutierten sich aus Provinzialen, die nicht römische Bürger waren, und gliederten sich in Kavallerie- und Infanterieeinheiten, die entweder 500 oder 1000 Mann stark waren. Dem Schutz des Kaisers diente die Prätorianergarde, die aus etwa 5000 Mann ausgesuchter Bürgertruppen bestand. Während der Regierungszeit des Augustus wurde die Zahl der Legionen auf achtundzwanzig festgesetzt, sie verringerte sich aber durch die vernichtende Niederlage des Varus in Germanien (9 n. Chr.) auf fünfundzwanzig. Nach weiteren Schwankungen erhöhte Mark Aurel, der zur Verstärkung der oberen Donaugrenze zwei neue Legionen bildete, die Gesamtzahl auf dreißig; Septimius fügte drei weitere hinzu. Während dieser ganzen Periode entsprach die Zahl der Auxiliarsoldaten etwa der der Legionäre. Unter Augustus belief sich die Gesamtstärke der Armee wahrscheinlich auf etwa 260000 Mann; unter Septimius erreichte sie mehr als 300000.

Die Offiziere waren nun obenauf: Septimius verlieh ihnen zahlreiche Privilegien, und ihre militärischen Stellungen eröffneten ihnen den Zugang zu vielen Laufbahnen. Sie bildeten eine neue militärische Aristokratie, eine besondere Kaste, die das Gros der höheren Verwaltungsbeamten des Reiches und sogar die meisten Kaiser stellte. Und diese Elite war nicht statisch, sondern veränderte sich ständig, da diese neue Art von Armeeoffizieren meistens aus dem Mannschaftsstand aufstieg; es war Septimius' Politik, mehr und mehr Unterführer zu Offizieren zu befördern, von denen viele nur in geringem Maße romanisiert waren und wenig Bildung besaßen. Die Ausgrabungen in Dura zeigen, daß die dort stationierten Offiziere gut lebten, besser als fast alle sonstigen Bewohner der Stadt. Das überrascht auch nicht, da Septimius ihnen mehr als das Fünfzigfache des Soldes eines Legionärs zahlte.

Zu Beginn der Kaiserzeit stammten viele Hilfstruppen aus den nördlichen Teilen Galliens und Spaniens, während Rekruten für die Legionen aus den stärker romanisierten Gebieten im Süden dieser Länder kamen. Andere Legionäre stammten, ebenso wie die meisten Prätorianer, aus Italien, insbesondere aus dessen nördlichen Gebieten. Aber schon vor 100 n. Chr. war die Zahl der Provinzialen in den Legionen vier- oder fünfmal so groß wie die der Italiker, wenn auch die Offiziere noch italischer Herkunft waren.

Ursprünglich waren Legionäre ebenso wie die Hilfstruppen weit von ihrer Heimat entfernt stationiert worden. Aber die Tendenz, Soldaten beider Gattungen an Ort und Stelle zu rekrutieren, wurde immer stärker, und schon zur Zeit Mark Aurels dienten die meisten Soldaten in ihrem jeweiligen Heimatland. Die Männer kämpften mit größerer Entschlossenheit gegen äußere Feinde, wenn ihr eigenes Zuhause auf dem Spiel stand, und außerdem konnte man nur durch lokale Rekrutierung genug Leute finden, die nicht desertieren würden. Durch diese Dezentralisierung wuchs die Gefahr von Aufständen und Usurpationen, aber da man auf andere Weise nicht genug Truppen aufstellen konnte, mußte man das Risiko solcher Usurpationen in Kauf nehmen.

Die lokale Rekrutierung führte ferner dazu, daß der Soldatenberuf nach und nach erblich wurde. Ägyptische Listen der früheren Kaiserzeit führen nur zwei Soldatensöhne unter sechsunddreißig neuen Rekruten auf, während es im Jahre 168 n. Chr. zwanzig von siebenunddreißig waren. Im nächsten Jahrhundert zwang man Soldatensöhne bereits, die Laufbahn ihrer Väter einzuschlagen.[47] Tatsächlich entwickelte sich fast die gesamte Rekrutierung, trotz des Anreizes, den die Stationierung an Ort und Stelle bot, zu einer Zwangsmaßnahme. Ein Dokument, das eine Aushebung in Kleinasien beschreibt, stammt aus der Zeit der Severer,[48] aber wahrscheinlich reicht das System der Zwangsrekrutierung erheblich weiter zurück.

Außerdem war schon um 200 der bisherige Unterschied bei der Rekrutierung von Legionären und von Angehörigen der *auxilia* verschwunden oder bestand nur noch dem Namen nach. Als die ganze römische Welt durch Caracalla das Bürgerrecht erhielt, wurde die Unterscheidung hinfällig; ihre Beseitigung brachte zwar eine zweckmäßige Vereinheitlichung des Wehrdienstes, aber sie erschwerte es, ehrgeizige Leute für den Soldatenberuf zu gewinnen.

Da zahlreiche Legionen im Osten standen – acht an der Grenze und vier in anderen Provinzen[49] – hatte die lokale Rekrutierung zur Folge, daß ein beträchtlicher Teil aller römischen Legionäre östlicher Herkunft war. Noch größer jedoch war das Heer an der Donau; unter den früheren Kaisern waren der Rhein- und der Donaufront je sieben Legionen zugeteilt worden, aber unter Septimius war das Kräfteverhältnis der beiden Heere vier zu zwölf. Infolgedessen waren die kriegerischen Völker der Donauprovinzen das vorherrschende Element im römischen Heer (S. 18).

Äußere Bedrohungen unter Mark Aurel hatten dem Heer sein Selbstgefühl wiedergegeben, und das galt vor allem für die Donaulegionen, die von ausschlaggebender Bedeutung waren. Ihre starke Konzentration und volksmäßige Geschlossenheit machten sie zu einer Streitmacht, die zum Bollwerk des Reiches wurde und seine Kaiser bestimmte. Auch die drei Legionen, die Septimius gegen die Parther aufgestellt hatte, bestanden wahrscheinlich größtenteils aus Männern aus den Donauländern. Eine dieser Legionen wurde, als der Partherfeldzug vorüber war, nach Albanum in die Gegend von Rom selbst verlegt; das war ein bedeutsamer Präzedenzfall, denn bis dahin war keine Legion in Italien stationiert gewesen, das allmählich nun seinen Vorrang gegenüber den Provinzen verlor. Auf der gleichen Linie liegt, daß Septimius bereits die Prätorianergarde, die traditionsgemäß aus Italikern bestand, in eine Truppe umgewandelt hatte, deren Gros von Legionären aus dem Donauraum gestellt wurde.

In Verbindung mit diesen Maßnahmen setzte sich eine neue Verteidigungskonzeption immer mehr durch; die bisher weder genau festgelegten noch deutlich markierten Grenz-Schutzzonen wurden allmählich durch starre, befestigte Grenzlinien ersetzt. Ebenso, wie man seit dem späten zweiten und vor allem im späten dritten Jahrhundert manche Städte, auch Rom selbst[50], mit gewaltigen Mauern und Bollwerken umgeben hatte, waren auch diese Grenzbefestigungen mit zahlreichen Bastionen bewehrt. Die Truppen, die sie bemannten, erhielten im Bedarfsfall Unterstützung

von Legionen, die von größeren Reservelagern in der zweiten Linie heran-
marschierten. Sowohl die vorderen als auch die rückwärtigen Frontab-
schnitte wurden versorgt durch vielerlei große und auf Dauer eingerichtete
Armeewerkstätten, Waffenfabriken und Produktionszentren.[51]

Eine Folge dieser statischen Konzeption war, daß Heereseinheiten in
bereits vorhandene Städte verlegt wurden. So wurden beispielsweise die
Truppenunterkünfte an den Stadtmauern von Dura (ca. 165) mehrfach
umgebaut und erweitert. Eine zweite Folge war, daß sich Festungen und
Militärlager zu völlig neuen Siedlungen entwickelten, von denen viele
noch heute als Städte weiterbestehen. Ursprünglich umfaßten solche Siedlungen einen militärischen Bezirk und eine Lagerstadt für die Zivilbevölkerung, die sich dort zusammenfand, um für das Heer zu arbeiten oder
Handel mit ihm zu treiben, und manchmal auch noch für andere Gruppen
von Einheimischen. Sowohl militärische als auch zivile Unterkünfte wurden oft durch kaiserliche Initiative verbessert und umgestaltet. In seinem
Bemühen, den Heeresdienst noch attraktiver zu machen, gewährte Septimius den Soldaten auch die rechtliche Anerkennung ihrer Beziehungen
zu einheimischen Frauen, die oft ihre Landsmänninnen waren.[52] Obwohl
die bisherigen Vorschriften nicht zuließen, daß Soldaten während ihrer
aktiven Dienstzeit heirateten, hatten solche Verbindungen natürlich in
großer Zahl bestanden; dafür liefern viele eindrucksvolle Beweise aus
früherer Zeit die Haufen von Frauen- und Kinderschuhen bei dem Kastell
von Bar Hill, das im zweiten Jahrhundert am Antoninuswall errichtet
wurde. Jetzt wurden die Konkubinen jedoch legitimen Ehefrauen annähernd gleichgestellt; das galt auch für ihre Söhne, die ihren Vätern in
die Armee folgen sollten.

Um diese Ergänzung des Heeres durch Nachwuchs aus den eigenen
Reihen zu fördern, wurde den Garnisonen Land zugewiesen, und zwar
in solchem Umfang, daß die Versorgung spürbar erleichtert wurde. Diese
Politik sollte auch dazu dienen, die Unterhaltskosten des Heeres zu senken
und gleichzeitig den Mangel an Landarbeitern zu beheben, indem man
Soldaten zu Bauern machte. So verlegten sich die Soldaten auf die Landwirtschaft, die zu ihrer Hauptbeschäftigung im Frieden wurde.[53] Sie übten
auch andere friedliche Berufe aus; beispielsweise stellten Mark Aurel und
andere Kaiser sie zivilen Bauunternehmern zur Verfügung. Aber vor allen
machte Septimius Severus die Soldaten zu Bauern, Pächtern und Grund-
stückseigentümern. Papyri berichten uns, was sie nach Hause schrieben:
in ihren Briefen ist von Grundstücken, Erträgen, Gesinde und Pachtzins
die Rede. Ferner waren frühere Bestimmungen, die Soldaten untersagten,

Geschäfte zu machen, nun überholt, und es gab allerlei Handel und Spekulation beim Verkauf von Heeresvorräten und Erzeugnissen ihrer Werkstätten.

Während so diese Soldaten, die fest in den Verteidigungszonen stationiert waren, zu Bauern wurden, fand auch der umgekehrte Prozeß statt. Das heißt, die ortsansässige Zivilbevölkerung wurde gleichzeitig zu neuen Grenzschutzeinheiten zusammengefaßt, die man *limitanei* nannte. Vielleicht scheint es kein großer Unterschied zu sein, ob man Bauern zu Soldaten machte oder ob man Soldaten zivile Arbeit gab, da beide in der Nähe ihrer Einheiten rekrutiert wurden und beide zum Heer gehörten. Aber die *limitanei* waren kaum mehr als eine halbausgebildete, improvisierte Miliz, etwa der mittelalterlichen Wehrbauernschaft vergleichbar. Ihr Wert lag, ebenso wie bei den besser ausgebildeten Rekruten der jeweiligen Gegend, in der begründeten Annahme, daß diese Männer bereit sein würden, ihr eigenes Land zu verteidigen, denn dazu waren die regulären Streitkräfte ohne ihre Hilfe nicht stark genug.

Die Initiative zur Aufstellung dieser halb-militärisch organisierten Bauernschaft ging von Septimius und seinen Nachfolgern aus. Zumindest bis zur Zeit Diokletians jedoch war das Verteidigungskonzept unterschiedlich, je nach der Eigenart des Landes. In Nordafrika z. B. wirkten das Heer, die in Bürgerkolonien angesiedelten Veteranen und die Arbeitskräfte der kaiserlichen Güter bei der Verteidigung zusammen. Die ländliche Bevölkerung solcher Güter wurde in befestigten Siedlungen konzentriert, die man in zwei tiefen Abschnitten entlang der Grenze verteilte. Dort in Afrika und ebenso hinter der Nord- und Ostgrenze bildeten die Insassen dieser *castella* das Rückgrat der Verteidigung.[54]

Aber die Aushebung von Bauern lähmte die landwirtschaftliche Produktion, und so griff man auf Angehörige von Barbarenstämmen im Grenzgebiet zurück, um die Reihen der *limitanei* aufzufüllen. Seit Trajan hatte es im Rhein- und Donaugebiet irreguläre germanische und sarmatische Einheiten gegeben, und spätestens 270, wenn nicht schon 245, wurden ganze Gruppen solcher Germanen in die reguläre Armee aufgenommen.[55] Auch in Britannien wurden ganze Stämme zum gleichen Dienst gepreßt. Der verstärkte Einsatz von Barbaren als Soldaten verwässerte den römischen Charakter des Heeres; aber sie kämpften gut, und außerdem konnte man auf ihre Hilfe nicht verzichten.

Schließlich, und das war nicht weniger wichtig, setzten die Römer auch weiterhin Söldner ein, die sie in Grenzkönigreichen und Klientelstaaten anwarben. Unter diesen Truppen fielen, besonders im dritten Jahrhundert

n. Chr., vor allem die berittenen Bogenschützen aus Osrhoene und Palmyra auf. Viele dieser bogenbewaffneten Söldner wurden nicht nur in ihren eigenen Gebieten eingesetzt, sondern auch auf Kriegsschauplätzen fern ihrer Heimat. Die unterschiedlichen Kampfesweisen nationaler Einheiten standen hoch im Kurs.[56] Septimius setzte sie verstärkt ein, und Caracalla vervielfachte die Stärke derartiger leichtbewaffneter Truppen an der Nordgrenze.

Solche Söldnertruppen gehörten zu den wenigen rasch verlegbaren Einheiten des damaligen römischen Heeres. Aber militärische Rückschläge durch die Germanen während der Regierungszeit Mark Aurels ließen noch Schlimmeres für die Zukunft erwarten und zeigten, daß das statische Verteidigungssystem des Reiches nicht genügte, um mit immer wiederkehrenden Krisen fertig zu werden. Für den Fall, daß ein tiefer Durchbruch gelang oder, schlimmer noch, wenn es gleichzeitig zu mehreren Durchbrüchen kam, war die Schutzzone nicht tief genug. Denn abgesehen von der kleinen Prätorianergarde, die an die Person des Kaisers gebunden war, gab es keine zentrale Reserve, die hätte zu Hilfe kommen können. Das war schon ein Versäumnis des Augustus gewesen, der die Kosten seines Heeres möglichst niedrig halten wollte, und nun, da die Lage an den Grenzen so viel ernster war, wurde dieser Mangel gefährlich. Mark Aurel stellte vorübergehend Einsatztruppen auf, die sich aus kleinen Abteilungen mehrerer Legionen und aus Auxiliareinheiten zusammensetzten. Auch Septimius hat vielleicht, als er eine Legion in der Nähe von Rom stationierte, an eine strategische Reserve gedacht, die man rasch an jeden bedrohten Abschnitt der Verteidigungslinie werfen könnte.

Aber eine Legion war viel weniger beweglich als berittene Truppen, und als die Konzeption einer strategischen Reserve realisiert wurde, bestand diese Formation hauptsächlich aus Kavallerie. Berittene Bogenschützen und Speerwerfer waren nützlich, aber vor allem brauchte man schwere Kavallerie, die imstande war, gegen die Panzerreiter zu operieren, die in den Heeren der Parther, Perser und Sarmaten eine besonders wichtige Rolle spielten. Denn die Strategie dieser iranischen Völker hatte sich schon lange auf gepanzerte Reiter (Kataphrakten) mit Metallhelmen, langen schweren Lanzen und Schwertern gestützt; und die gleiche strategische Konzeption verbreitete sich auch bei den Ostgermanen, die unter sarmatischen Einfluß kamen.[57] Zu den parthischen Einrichtungen, welche die persische Monarchie im dritten Jahrhundert übernahm und verbesserte, gehörte die schwere Kavallerie, die sich von nun an aus dem niederen Adel rekrutierte, der direkt vom König der Könige abhängig war (S. 29).

Die Römer hatten schon unter Hadrian († 138) einige Kataphrakten eingesetzt, aber als sie auf die furchterregende persische Reiterei stießen
(ca. 232/3), wurde ihnen klar, daß auch sie dringend mehr Panzerreiter
brauchten.[58] Gallienus, der nicht nur von äußeren Angreifern aller Art,
sondern auch durch das westliche Sonderreich des Postumus bedroht war,
unternahm den wichtigen Schritt, eine berittene Feldtruppe aufzustellen,
die gleichzeitig als Reserve und als bewegliche Angriffstruppe dienen sollte
(264–68). Ihr Hauptstützpunkt war Mediolanum (Mailand), das in gleich
günstigem Abstand von den Grenzen und von Rom gelegen war. Diesen
strategischen Mittelpunkt, der rasch noch wichtiger als die Hauptstadt
wurde, verband man mit Aquileja, Verona und Ticinum (Pavia) zu einem
neuen Verteidigungssystem für Norditalien, das durch den Verlust des
Gebietes zwischen Oberrhein und der oberen Donau notwendig geworden
war (S. 39). Aber die neuen Pläne unterschieden sich von der bisherigen,
statischen Verteidigungskonzeption, weil sie nicht mehr nur auf Befestigungen beruhten, sondern sich auf die neugebildete Kavallerie stützten.
Diese Elitetruppe bestand aus einer uns nicht bekannten Anzahl von
Schwadronen, die meist je 500 Mann stark waren. Zu ihnen gehörte auch
schwere Kavallerie nach persischem Vorbild. Mit ihren konischen iranischen Helmen, die später die Germanen übernahmen, sahen diese Soldaten
wie mittelalterliche Ritter aus, und eine fast mittelalterliche Auffassung
von Rittertum fand ihren Ausdruck auch in dem erblichen Goldring, den
man den Söhnen ihrer Centurionen verlieh. Weitere Bestandteile dieser
Armee waren in Osrhoene und Palmyra angeworbene Bogenschützen zu
Pferde, speerwerfende mauretanische Reiter und eine neuartiges, kampf-
kräftiges Korps berittener Dalmatiner, deren illyrische Herkunft für
Loyalität gegenüber Rom bürgte und den exotischen Charakter der anderen Kontingente wettmachte.

Diese neue Waffengattung wurde auf Münzen des Gallienus verherrlicht; sie zeigen das Flügelroß Pegasus, dem eine Weihgabe dargebracht
wird als dem Inbegriff der Schnelligkeit (*Alacritati*). Andere Münz-
legenden heben die Tapferkeit der Reiterei hervor (*Virtus Equitum*)
und appellieren an ihre Loyalität *(Fidei Equitum).* Aber gerade in
diesem letzten Punkt zeigte sich die Schwäche der neuen Truppe. Gallienus
griff auf die von ihm bevorzugten griechischen Vorbilder zurück und
schloß anscheinend die zumeist aus dem Donauraum stammenden hohen
Offiziere mit bestimmten anderen Offizieren zu einer besonderen Gruppe
oder einem Stabskollegium *(protectores)* zusammen; sie waren im kaiserlichen Lager stationiert und dem Kaiser persönlich unterstellt.[59] Die

Befehlshaber dieser starken Kavalleriearmee, notwendigerweise fähige Männer, waren jedoch besonders stark der großen Versuchung ausgesetzt, zu revoltieren. Tatsächlich erwies sich diese Versuchung als zu stark schon für die beiden ersten Befehlshaber, die Gallienus ernannte (S. 20). Bevor der erste von ihnen, Aureolus, zum Verräter wurde, hatte er den Wert des neuen Korps bei der Niederschlagung eines Aufstandes an der mittleren Donau bewiesen.[60] Der zweite Befehlshaber, Aurelian, wandte seine Erfahrungen im Einsatz leichter Reiterei erfolgreich gegen die massierte gepanzerte Kavallerie der Zenobia an, als er nach Gallienus und Claudius selbst Kaiser wurde (270). Trotzdem verstärkte er auch seine eigene schwere Kavallerie erheblich. Ein Relief, das wenige Jahrzehnte später entstand, zeigt diese Männer in ihren Schuppenpanzern und mit iranischen Helmen; sie tragen iranische Standarten, bestickt mit züngelnden Schlangen, die weit den Rachen aufsperren.[61]

Diokletian (284–305) führte eine umfassende militärische Reorganisation auf vielen Gebieten durch. Er setzte die Bemühungen seiner Vorgänger um bewegliche Streitkräfte fort und schuf nicht nur eine neue, aus berittenen Barbaren bestehende Leibwache *(scholae)*, sondern machte das Feldheer zu einem der beiden Hauptbestandteile, in welche sich die gesamte Armee nun gliederte. Dieser *comitatus* – so nannte man die Streitmacht – umfaßte auch Infanterie, seine besondere Stärke lag jedoch weiterhin in der Kavallerie. Diokletian hat vermutlich das Feldheer zahlenmäßig etwas reduziert, aber seine Kosten waren wahrscheinlich nicht geringer als vorher; es wurde nämlich in vier Teile gegliedert, die alle ihre eigenen Versorgungseinheiten brauchten. Denn nicht nur Diokletian selbst, sondern jeder seiner drei Mitregenten in der Tetrarchie wurde von einem eigenen Feldkorps begleitet.

Außer diesen Neuerungen, die das bewegliche Feldheer betrafen, griff Diokletian auch die Hauptaufgabe seiner Vorgänger, die Sicherung der Grenzen, wieder auf. Er verstärkte die Grenzbefestigungen und ließ die sorgfältig geplanten Verteidigungsanlagen nach einem im ganzen Reich einheitlichen System ausbauen. Einheitlich waren auch die der Militärverwaltung unterstellten staatlichen Fabriken, die Waffen und Material für die Verteidiger dieser Zonen und darüberhinaus für die gesamten römischen Streitkräfte herstellten. Die Truppen, welche die Grenzgebiete schützten, bildeten nun den zweiten Hauptbestandteil des von Diokletian reorganisierten Heeres, und die Bezeichnung *limitanei* (S. 46) wurde auf all diese Grenztruppen ausgedehnt. Abgesehen von den Truppen im Donauabschnitt hatten sie nicht die gleiche Kampfkraft wie das Feldheer.

Aber mangelnde Qualität mußte von nun an durch größere Anzahl wettgemacht werden, denn Diokletian, vielleicht beeinflußt durch das riesige
Truppenaufgebot der Perser, war davon überzeugt, die anstehenden Probleme seien am ehesten dadurch zu lösen, daß die römischen Streitkräfte
auf eine größere Stärke als je zuvor gebracht würden. Während das Heer
des Septimius insgesamt 300 000 bis 400 000 Mann stark war, bestand
Diokletians Streitmacht aus 500 000 Mann oder noch mehr.[62] Diese gewaltigen Truppenmassen wurden durch intensivere Rekrutierungsmetho-
den aufgebracht. Obwohl es unter Diokletian, wie unter anderen Kaisern
auch, möglich war, sich durch Geldzahlungen vom Heeresdienst zu befreien, scheint er der erste gewesen zu sein, der regelmäßige, alljährliche
Aushebungen einführte, zu denen man nach der gleichen Berechnung wie
bei der Grundsteuer herangezogen wurde (S. 64). Das war die Haupt-
quelle für die Rekrutierung von Bürgern. Aber er bemühte sich auch besonders darum, sich die kriegerischen Neigungen und die unterschiedliche
Spezialausbildung barbarischer Stämme zunutze zu machen. Zu den Soldaten, die er aus diesem fast unerschöpflichen Reservoir gewann, gehörten
auch Bewohner des anatolischen Hochlandes, die später das Rückgrat
der byzantinischen Armeen bildeten, und viele Germanen.[63]

Dieses germanische Element in der Armee wurde durch Konstantin
noch erheblich verstärkt. Er wußte die besonderen Fähigkeiten der Germanen zu schätzen, mit ihren feindlichen Landsleuten auf der anderen
Seite der Grenze fertig zu werden. Germanische Einheiten standen hoch
im Kurs und germanische Generale wurden entsprechend begünstigt.
Konstantin löste die altehrwürdige Prätorianergarde auf – sie hatte auf
der Gegenseite gekämpft, als er Rom eroberte – und ersetzte sie durch
die größtenteils germanische Leibgarde, die von Diokletian eingeführt
worden war. Viele germanische Soldaten wurden auch zu neuen Kavalle-
rie- und Infanterieeinheiten zusammengefaßt. Diese wurden zusammen
mit Detachements der Grenztruppen zum Feldheer abgestellt, das nun
eine zentrale Einsatzstreitmacht und eine strategische Reserve darstellte,
die beträchtlich stärker als je zuvor war.[64] Zur Zeit Diokletians hatten
die Prätorianerpräfekten oft im Felde den Oberbefehl gehabt, aber Konstantin unterstellte sein Feldheer, um Versuchungen auszuschließen, denen ein einziger mächtiger Befehlshaber ausgesetzt war, zwei kommandie-
renden Generälen (‹Heermeistern›), die den Titel *magister equitum* bzw.
magister peditum führten. Die Grenztruppen waren schlechter besoldet
und weniger angesehen als das zentrale Einsatzheer, und daran wurde
Kritik geübt; an der Donau und an anderen Grenzen führte Konstantin

jedoch eine umfassende Reorganisation der Garnisonen durch und verstärkte sie. Da er und Licinius sich auf Feindseligkeiten gegeneinander vorbereiteten, bauten sie auch ihre Flotten aus, und tatsächlich fand der entscheidende Kampf im Jahre 324 zur See statt.

Am Ende des vierten Jahrhunderts war das Heer fast doppelt so groß wie zweihundert Jahre früher, aber wegen der Verstärkung der Kavallerie auch mehr als doppelt so kostspielig, denn das Futter für ein Pferd kostete genau so viel wie die Rationen eines Soldaten. Die Söhne ehemaliger ausgedienter *limitanei* genossen zwar Privilegien, aber die Bevölkerung zwang man zum Wehrdienst mit strengen Strafen, die weithin Schrecken verbreiteten, vor allem in den zivilisierteren Provinzen. Die physische Tauglichkeit der Soldaten war besser geworden: So hatte in früheren Zeiten die Mindestgröße eines Rekruten 1,50 –1,52 m betragen, während sie im Jahre 367 auf 1,65 m gestiegen war. Auch das Offizierskorps, das nun größtenteils aus Berufsoffizieren bestand, war qualifizierter als je zuvor.

Seit den Krisen des dritten Jahrhunderts hatte sich die Tendenz zum Einsatz berittener Truppen allmählich verstärkt; aber die Ereignisse zeigten, daß man darin noch nicht weit genug gegangen war. Denn die vernichtende Niederlage, die Valens gegen die Westgoten bei Adrianopel (378) erlitt, war auf die Überlegenheit der barbarischen Reiterei zurückzuführen. Da das Menschenreservoir des Westreiches aber nun ausgeschöpft war, mobilisierte Theodosius 40 000 verbündete Barbaren, denen man Land innerhalb der Reichsgrenzen zugewiesen hatte, für den Dienst in der römischen Reiterei. Diese Notmaßnahme wirkte sich politisch verhängnisvoll für den Westen aus, wo es, soweit uns bekannt ist, bald nur noch derartige Söldnereinheiten der verbündeten Barbaren gab. Seit der Mitte des fünften Jahrhunderts wurden die Provinzialstreitkräfte allmählich entlassen und lösten sich völlig auf; die weströmischen Heere hatten aufgehört zu bestehen. Im Osten dagegen überdauerten Staat und Armee noch ein weiteres Jahrtausend. Die Kavallerie war auch weiterhin die wichtigste Waffengattung der Byzantiner und blieb die Königin der Schlachten.

Der byzantinische Staat verdankte sein Überleben den militärischen Leistungen der Periode zwischen Mark Aurel und Konstantin. Während dieser hundertundsiebzig Jahre hatten die römischen Streitkräfte mit Erschütterungen, Gegnern und Problemen fertig werden müssen, die weit gefährlicher waren als alle, denen sich frühere Kaiser gegenübergesehen hatten. Aufgrund dieser Bedrohungen hatte man das Heer völlig neu organisieren und gewaltig vergrößern müssen; dadurch konnte es die Krisen der Mitte des dritten Jahrhunderts überstehen, die unmittelbar bevorstehende Auflösung des Reiches verhindern und auf einen viel späteren Zeitpunkt verschieben. Das römische Heer hatte schon mehr als ein halbes Jahrtausend siegreicher Bewährung hinter sich, aber diese Jahre des Triumphes trotz höchster Not müssen als der Gipfel der militärischen Leistung Roms angesehen werden.

Drittes Kapitel

Der Preis des Überlebens

Der Staatshaushalt

Die größte und dringendste finanzielle Aufgabe der römischen Regierung war, die Mittel für das ständig wachsende Heer aufzubringen, von dem alles abhing.

Unter Augustus hatte der Sold eines Legionärs 225 Silbermünzen (Denare) pro Jahr betragen. Am Ende des ersten Jahrhunderts hatte Diokletian diese Summe auf 300 erhöht. Septimius setzte sie weiter bis auf 500[1] herauf und erhöhte den Jahressold seiner neuaufgestellten Prätorianergarde von 1250 auf 1700 Denare. Sein Sohn Caracalla besserte die Löhnung um weitere 50% auf; das bedeutete eine jährliche Belastung der Staatskasse von etwa siebzig Millionen Denaren. Caracalla soll gesagt haben: «Niemand außer mir darf Geld haben, und ich muß es haben, um es den Soldaten zu geben.»[2] Jedoch sind die Solderhöhungen, die sich aus dieser Politik ergaben und die dazu führten, daß die Ausgaben für das Heer fünfmal so hoch waren wie zur Zeit des Augustus, nicht nur auf die größere Zahl von Soldaten, sondern auch auf die Steigerung der Lebenshaltungskosten zurückzuführen; in denselben zwei Jahrhunderten hatten sie sich mindestens ebenso erhöht wie die Soldzahlungen, vielleicht sogar erheblich mehr. Das bedeutet, daß die Soldaten im zweiten Jahrhundert n. Chr., vor den Solderhöhungen durch Septimius und Caracalla, eine schlechte Löhnung erhalten hatten. Das war zwar bequem für die Regierung gewesen, die dadurch, außer in Krisenzeiten, genügend Mittel für ihr Heer hatte, stellte aber erhöhte Anforderungen an die Loyalität und Leistungsfähigkeit der Soldaten; während der folgenden Krisenzeiten glaubten die Kaiser, derartige Risiken nicht mehr eingehen zu können.

Ihre Bemühungen, die Truppen durch Solderhöhungen zufriedenzustellen, erwiesen sich aber sehr rasch als völlig unzulänglich, denn diese höhere Löhnung war infolge der totalen Geldentwertung wenig mehr als ein unwesentliches Taschengeld.

Das Reich hatte von Augustus eine großartige Münzprägung von bis dahin nicht gekannten Ausmaß geerbt. Zu ihr gehörten ein Goldstück *(aureus)* und der damit in fester Relation stehende silberne *denarius;* beide hatten einen Edelmetallgehalt, der soviel oder fast soviel wert war wie der offiziell festgesetzte Münzwert. Man war in der Antike davon überzeugt, daß der Marktwert einer Münze von der Menge und dem Wert des in ihr enthaltenen Metalls abhänge. Ebensowenig wie Menschen unseres Jahrhunderts, die empört waren, als sie zum erstenmal Banknoten anstelle von gemünztem Geld erhielten, verstanden Römer und Griechen den Symbolcharakter des Geldes. Bei seinen Gold- und Silberemissionen hatte Rom lange auf diese Einstellung Rücksicht genommen. Andererseits hatte die Regierung bei ihren Prägungen von unedlem Metall schon in republikanischer Zeit die Bevölkerung allmählich dazu gebracht, Scheidemünzen aus Bronze zu akzeptieren, deren Münzwert den Marktwert ihres Metallgehalts überstieg. Als jedoch der Unterschied zwischen dem tatsächlichen und dem offiziell festgesetzten Wert allzu deutlich hervortrat, sahen sich die republikanischen Behörden sogar gezwungen, diese Bronzeprägungen einzustellen; allerdings gestattete man vielen Städten des Reiches, die einträgliche Emission ähnlicher lokaler Geldstücke in eigener Regie beizubehalten. Dann aber gelang es Augustus, wieder eine offizielle Münzwährung des römischen Staates zu schaffen, indem er die diskreditierte Bronze durch zwei besser aussehende Metalle ersetzte, durch gelbes Messing und rotes Kupfer. Zu einem Nennwert, der weit über dem Kurs lag und daher für die Kaiser eine große Gewinnspanne bedeutete, zirkulierten Prägungen aus diesen Metallen bald in ganz Italien und in allen westlichen Provinzen.

Im ganzen Reich war die Bevölkerung jedoch immer noch nicht bereit, die Vorstellung zu akzeptieren, daß der Feingehalt von Gold- und Silberprägungen unter ihrem offiziell festgesetzten Wert liegen könne. Trotzdem begannen die Kaiser bald, gegen diese allgemeine Auffassung auf zweierlei Art zu verstoßen: Erstens verringerten sie bei allen Münzen das Gewicht und zweitens verschlechterten sie das Silber. Beides wirkte sich als indirekte Besteuerung derjenigen aus, welche die Neuprägungen in Zahlung nahmen. Den ersten Weg konnte man nicht allzu weit gehen, weil geringeres Gewicht leicht festzustellen war, aber die Herabsetzung des Silbergehalts schien eine akzeptable Lösung zu sein. Sie führte jedoch zu einer gefährlichen Vertrauenskrise. Denn auf die Verringerung des Silbergehaltes der Denare hatte man sich eingelassen, um mehr Geld prägen zu können; die Reichsregierung war sich aber nicht über die Folgen klar oder

kümmerte sich nicht darum, weil sie von anderen Nöten bedrängt war:
Wenn man den Geldumlauf vervielfachte, ohne das Warenangebot entsprechend zu vermehren, mußte das die schon vorhandene Tendenz zur
Preissteigerung und zur Senkung des allgemeinen Lebensstandards verstärken. Unter diesen Umständen konnte man es nicht verhindern, daß
alte, gute Münzen gehortet wurden und die schlechteren neuen weiter
an Wert verloren; diese Entwicklung benachteiligte Leute mit festem Bar-
einkommen, welche die neuen Münzen vor ihrer Abwertung erhalten hatten, und fügte denen Verluste zu, die große Summen gegen fest vereinbarte
Rückzahlungsraten ausgeliehen hatten.

So manövrierte sich die römische Regierung allmählich in eine gefährli-
che Lage. Es war verlockend, schlechtere Silbermünzen zu prägen, die
sogar noch gut aussahen; es war eine unwiderstehliche Versuchung, den
Geldumlauf zu vervielfachen. Als Trajan in großen Mengen *denarii* prägen
ließ, deren Metallgehalt 85% ihres Nennwertes entsprach, war vielleicht
noch kein irreparabler Schaden entstanden.[3] Aber es folgten weitere all-
mähliche Wertminderungen, und in einer Zeit, die von Kriegen, Erdbeben
und Seuchen erfüllt war, konnte Mark Aurels hohes Ethos seine Beamten
nicht davon abhalten, den Feingehalt der Silberprägung um weitere sechs
Prozent zu verringern. Jetzt betrug der Metallwert der *denarii* nur noch
drei Viertel ihres Nennwertes, und bald verschlimmerte sich die Situation
noch weiter: Wegen seines erhöhten Geldbedarfs verschlechterte Septimius während des Bürgerkrieges den *denarius* nochmals erheblich (194/
95), so daß der Feingehalt nun 40% unter dem Nennwert lag.

Diese Entwertung war zu offensichtlich, und man hatte zu viel Geld
in Umlauf gebracht; infolgedessen war das Vertrauen in die Währung
geschwunden, und die Folgen zeigten sich nun.[4] Ein kaiserlicher Erlaß,
den man in Mylasa (Milâs) in Kleinasien fand, bezeugt, daß gesetzwidrige
Umrechnungskurse durchaus üblich waren, und er verbietet sie mit der
Begründung, diese wilde Spekulation mache es den Bürgern unmöglich,
ihren Lebensbedarf zu decken (209–211).[5] Aber wenig später sah sich
Caracalla durch seine hohen Militärausgaben gezwungen, große Mengen
von Silbergeld zu prägen, das nicht nur verschlechtert, sondern auch von
leichterem Gewicht war; dieser Gewichtsverlust wurde verschleiert durch
die Prägung eines neuen und größeren Nominals, das man nach dem
offiziellen Namen des Kaisers *Antoninianus* nannte. Seine Größe und sein
gutes Aussehen sollten von der Tatsache ablenken, daß sein Nennwert
von zwei *denari*[6] keineswegs durch sein Gewicht gerechtfertigt werden
konnte. Inzwischen hatte sich in Ephesus (Seldschuk) der Brotpreis im

Laufe von hundert Jahren verdoppelt, und wahrscheinlich ist dieses Beispiel zu verallgemeinern. Aber die Regierung war mit drängenden Sorgen so beschäftigt, daß sie diese Warnsignale nicht beachtete. Obwohl sie weiter ihre Sorge um gutes Geld beteuerte,[7] prägte sie immer mehr und ständig schlechtere Münzen; Gallienus schließlich, der eine Unmenge von Geld für die Löhnung des Heeres brauchte, ohne das dafür nötige Silber zu haben oder beschaffen zu können, ließ *Antoniniani* fast ganz aus Bronze prägen, die nur noch einen dünnen Überzug aus Silbersud hatten. Der tatsächliche Wert dieser *Antoniniani* war auf 0,5% ihres Vorinflationswertes gesunken. Die Geschäftswelt im ganzen Reich lehnte dieses Geld ab; die psychologische Grundlage für jegliches Vertrauen war nun geschwunden. Ein Papyrus berichtet uns, wie es damals zuging: Zwei Jahre später weigerten sich ägyptische Banken, derart verschlechterte Prägungen eines ephemeren Herrschers in Zahlung zu nehmen, und schlossen ihre Tore. Sie wurden angewiesen, wieder zu öffnen und «alles Geld außer zweifelsfrei unechtem und gefälschtem in Zahlung zu nehmen und zu wechseln»;[8] aber solche Verfügungen waren nutzlos, da die Vertrauensbasis für eine freiwillige Annahme nicht mehr bestand. Und mittlerweile bildete auch die vorher so stabile Goldprägung keinerlei Stütze mehr; sie war, abgesehen von Emissionen, die als Geschenke an das Heer verteilt wurden (S. 59f.), fast völlig eingestellt worden. Da die Goldminen erschöpft waren oder in unsicheren Gebieten lagen, reichte die Zahl der Goldmünzen nicht aus, und ihr Wert war so unterschiedlich, daß man sie nach Gewicht gekauft und verkauft zu haben scheint. Aber selbst dazu kam es selten, weil die Inflation minderwertigen Silbergeldes fast jeden *aureus* vom Markt in die Truhen der Münzhamsterer verschwinden ließ.

Der Zusammenbruch der Silberwährung führte in den Jahrzehnten nach Gallienus' Tod zu katastrophalen Auswirkungen. So berichten Papyri aus Ägypten, daß im 2. Jahrhundert 30 Liter Weizen sieben Achtel der gängigen griechischen Währungseinheit (*Drachme*) kosteten; in der ersten Hälfte des 3. Jahrhunderts waren es zwölf bis zwanzig *Drachmen*, und bis zur Zeit Diokletians war der Betrag auf 120000 gestiegen. Vom Jahre 258 bis 275 stiegen die Preise in vielen oder den meisten Teilen des Reiches wahrscheinlich um annähernd 1000%. Das führte zu unsagbarem Elend. Insbesondere waren die Löhnung der Soldaten und die Gehälter anderer Staatsbediensteter praktisch wertlos.

Aurelian versuchte, diese Lage durch eine Währungsreform zu meistern. Aber wie bei Caracalla war nur eine weitere Geldverschlechterung die Folge seiner Maßnahmen, die das Übel elegant verschleiern sollten.

Denn auch Aurelian ließ eine neue Münze mit nur 5% Silbergehalt prägen; sie war groß genug, um Vertrauen zu erwecken; dadurch sollte auch die Entrüstung über ihren stark überhöhten Nennwert von wahrscheinlich fünf *denarii*[9] beschwichtigt werden. Aurelian versuchte auch, die Annahme seines neuen Geldes zu erzwingen und das alte außer Kurs zu setzen, indem er alte und bessere Münzen einzog. Der Kurs, den er für diese aus dem Verkehr gezogenen Münzen zahlte, erwies sich als unbefriedigend für deren Eigentümer; deshalb vergruben sie große Mengen Geld, anstatt es der Regierung auszuhändigen. Aurelians Maßnahmen verursachten zweifellos Bestürzung und manche Härten, aber es gelang ihm, die galoppierende Inflation einigermaßen zu bremsen, denn die Preise scheinen fast zwanzig Jahre lang ziemlich stabil geblieben zu sein.

Danach setzte jedoch eine neue Inflationsspirale ein, und viele der höchsten Preissteigerungen traten zwischen 290 und 300 ein. Aurelian war es nicht gelungen, den Silberstandard wieder einzuführen, und der Verlust der dakischen Minen hatte zur Folge, daß er sehr wenig Gold prägen konnte. Aber Diokletian unternahm einen entschlossenen Versuch, wertbeständiges Geld in allen drei Metallen, Gold, Silber und versilberter Bronze, herstellen zu lassen (ca. 294/5). In der letztgenannten Legierung ließ er größere und stärker versilberte Stücke prägen, als man seit vielen Jahren herausgebracht hatte. Sie trugen dieselben Wertbezeichnungen, nämlich fünf *denarii*, wie die halb so großen Münzen Aurelians. Dieser ungewöhnliche Gedanke, den Nennwert seiner Münzen um 50% herabzusetzen, war eine Deflationsmaßnahme, durch welche Diokletian hoffte, die Preise herabsetzen und auf niedrigerem Niveau stabilisieren zu können. Aber stattdessen beeilten sich die Leute, dieses neue Geld in Waren umzusetzen, die man zu günstigen Preisen kaufen konnte, und das führte zu einer stärkeren Preissteigerung als je zuvor. Auch die Edelmetallwährung Diokletians half nicht viel. Sie brachte zwar Goldprägungen (ca. 286 n. Chr.) von so exaktem Feingehalt, wie man ihn in den zurückliegenden Jahrzehnten nicht gekannt hatte, und von höherem Gewicht als früher; ebenso waren die Silbermünzen (ca. 294) die besten, die seit über einem Jahrhundert geprägt worden waren,[10] wenn auch ihr Nennwert noch immer über dem Metallwert lag. Aber es gab nicht genug Gold- und Silbermünzen, um die Lage zu stabilisieren. Obgleich eine Grundsteuer in diesen Metallen gezahlt werden mußte und die Städte gezwungen waren, dem Kaiser ungemünztes Edelmetall zu verkaufen, reichten Diokletians Vorräte nicht aus, um Serien großen Ausmaßes prägen zu lassen.[11] Die Folge war, daß auch diese Münzen wie ihre Vorgänger praktisch

aus dem Verkehr gezogen wurden und nur zu künstlich hochgetriebenen
Kursen ihre Besitzer wechselten. Daher setzten sie den Preissteigerungen
kein Ende, sondern die Preise zogen immer schärfer an.

301/302 unternahm Diokletian eine weitere energische Anstrengung,
die Preislawine aufzuhalten. Er erließ nun ein Edikt, das Höchstpreise
für alle Waren und Höchsttarife für alle Arbeiten im ganzen römischen
Reich festsetzte.[12] Diese Vorwegnahme moderner Preis- und Lohnpolitik
basierte auf der Annahme, daß der Preisanstieg nicht auf den Währungs-
verfall zurückzuführen sei, sondern daß die Habgier der Vereinigungen
und Verbände von gewissenlosen Profitjägern daran schuld sei. Die Herrscher beklagen sich über die unglaublichen Preise, die zu schildern die
Sprache nicht ausreiche, und «durch die manchmal der Soldat beim Kauf
eines einzigen Gegenstandes um seine Sonderzulage und seine Löhnung
gebracht wird, und daß alles, was der ganze Erdkreis für den Unterhalt
der Heere aufbringt, dem abscheulichen Gewinnstreben dieser Räuber
zufällt». Hier zeigt sich deutlich, daß die Hauptsorge der Regierung den
Soldaten galt. Da Inflation und Deflation sich in gleichem Maße verhee-
rend ausgewirkt hatten, schien die einzige Möglichkeit zur Sicherung des
Heeresbedarfs die zu sein, das Preisniveau stabil zu erhalten; dies wurde
unter Androhung der Todesstrafe erzwungen. Die neuen Preise waren
alle in Diokletians reformierter Währung angegeben. Höchstpreise wurden festgesetzt für über 900 Waren, von der Schweinewurst für 24 *denarii*
pro Pfund bis zu Mänteln mit einem Stückpreis von 1500–10000 *denarii*.
In den uns erhaltenen Fragmenten sind 41 Transport-Höchsttarife verzeichnet und die Löhne für 130 Arten von Arbeitsleistungen. Dieses Edikt,
das wertvollste Dokument der gesamten antiken Wirtschaftsgeschichte,
verkündet offiziell das Ende der Epoche eines freien Güteraustauschs und
völlig unbehinderter wirtschaftlicher Betätigung mit einer Perfektion, wie
man sie erst sechzehnhundert Jahre später wieder erlebt hat. Trotzdem
verfehlte das Edikt, wenn es auch bei der Wiederherstellung der Geldwirtschaft eine Rolle spielte (S. 66), seinen Hauptzweck, die Preise festzulegen; denn weder besaßen die Behörden die Produktionsmittel noch konnten sie den Verbrauch kontrollieren, und sie erwiesen sich als unfähig,
die Befolgung ihrer Anordnungen durchzusetzen. Infolgedessen verschwanden die Waren vom Markt,[13] und die Inflation nahm wieder unerbittlich ihren Lauf. Das Edikt Diokletians, der sich mit der Preisspirale
der vorangegangenen Jahre abfinden mußte, hatte den Wert eines Pfundes
Gold bereits auf 50000 *denarii* festgesetzt.[14] Doch kaum zehn Jahre später
war der entsprechende Betrag schon auf 120000 oder mehr und bis 324

n. Chr. auf über 300 000 angestiegen.[15] Es war aussichtslos, das Preis- und Lohngefüge auf eine so rasch verfallende Währung zu stützen, und Diokletians neuartiger Versuch, dieses Gefüge auf einer umfassenden Grundlage zu errichten, war gescheitert.

Während all dieser Jahre war die zusammenbrechende Währung nicht einmal der dringendsten Anforderung gewachsen gewesen, nämlich der Löhnung und Zufriedenstellung der Soldaten. Mochte ihr regulärer Sold noch so sehr erhöht werden (S. 53), infolge des niedrigen Geldwertes blieb er doch ein ganz unzulänglicher Hungerlohn. Deshalb ergänzten die Kaiser die jährlichen Soldzahlungen auf zwei Arten.

Erstens war es schon lange üblich, den Sold der Prätorianer und der Legionäre durch Donative zu erhöhen. Darunter verstand man ursprünglich Anteile an der Kriegsbeute, später jedoch Geldgeschenke oder Sonderprämien, die die Kaiser ihren Soldaten auszahlten oder in ihrem Testament vermachten, beispielsweise anläßlich freudiger Ereignisse oder zur Feier von Jahrestagen und Regierungsjubiläen. Insbesondere der Regierungsantritt eines neuen Kaisers war jedesmal Anlaß zu einem Donativ. Während der militärischen Krisen des 2. Jahrhunderts wurden diese Zahlungen erhöht und erfolgten häufiger; zwar konnten Donative, die mitten in der Regierungszeit eines Herrschers ausgegeben wurden, mit dem jeweils umlaufenden schlechteren Geld bezahlt werden, das auch zur Löhnung des Heeres diente, aber Sonderprämien anläßlich der Thronbesteigung eines Kaisers mußten in guten, unverfälschten Goldmünzen gezahlt werden.

Zwei nur kurz regierende Kaiser der Bürgerkriegszeit nach der Ermordung des Commodus wurden hauptsächlich deshalb gestürzt, weil sie sich weigerten oder nicht imstande waren, die Versprechungen von Donativen ganz einzulösen, die sie bei ihrem Regierungsantritt gemacht hatten.[16] Daraus zog Septimius die Lehre: er erhöhte diese Geldgeschenke derart, daß es nun allgemein üblich wurde, die Treue der Soldaten damit zu erkaufen; man bemäntelte das durch Feiern von Jahrestagen, die religiöse oder patriotische Gefühle erwecken sollten. In früheren Zeiten hatte die Prätorianergarde bei solchen Anlässen erheblich mehr Geld bekommen als die Legionäre,[17] aber nun, da die Legionen zum entscheidenden Faktor der Politik wurden, erhielten die Legionäre ebenso hohe Donative wie die Garde. Bei einer Meuterei nach dem Tode des Gallienus hatten die Soldaten pro Kopf 20 Goldmünzen *(aurei)* erhalten,[18] und die wertvollen Goldmedaillons dieser Zeit gelangten oft in die Hände der Offiziere.

In den Bürgerkriegen nach Diokletians Abdankung gaben diese Donative wie auch bei vielen anderen Ereignissen militärisch und politisch den Ausschlag. Die Kaiser vervielfachten sie im Laufe der Jahre, und daran zeigte sich, daß das Heer zum beherrschenden Element im Staate geworden war, das man durch persönliche Bande der Dankbarkeit an sich binden mußte. Obwohl also diese Donative kein Luxus, sondern eine Notwendigkeit waren, schwieg sich die Propaganda auf den Münzen der römischen Regierung Jahrhunderte lang darüber aus, während doch jede sonstige Freigebigkeit der Kaiser wie etwa Spenden an Bürger stark herausgestellt wurde. Auf Donative tat man sich vermutlich deshalb nichts zugute, weil Soldaten auch ohne solche Sonderzuwendungen ihre berühmte und beschwörend gepriesene Treue (*Fides Militum, Fides Exercituum*) hätten bewahren sollen.

Die gewaltigen Summen, die man für die Donative benötigte, mußten durch Steuererhöhungen aufgebracht werden. Die Boden- und die Kopfsteuer, direkte, von der Provinzialbevölkerung zu zahlende Abgaben, schienen dafür nicht sonderlich geeignet, weil die Einziehung größerer Beträge auf unüberwindliche praktische Schwierigkeiten gestoßen wäre. Caracalla griff stattdessen zu einer Art außerordentlicher Einkommensteuer, die man als Krongeld bezeichnete. Dies war usprünglich Gold, das die Feldherren der römischen Republik von Provinzen und unterworfenen Völkern eingetrieben hatten, um daraus Kronen für ihre Triumphzüge herzustellen. Seit der Zeit des Augustus nahmen viele Kaiser Geschenke entgegen, die angeblich freiwillig von Städten und Provinzen des Reiches dargebracht wurden, allerdings selten von Italien. Mark Aurel lehnte es trotz seiner Finanznöte ab, solche Geschenke anzunehmen, oder erließ sie teilweise. Caracalla dagegen, der noch größere Militärausgaben hatte, forderte wiederholt Krongeld, indem er angebliche Siege verkünden ließ, die damit gefeiert werden müßten.[19] Außerdem verdoppelte er zwei der herkömmlichen indirekten Steuern für römische Bürger, die Erbschaftssteuer und die Steuer für die Freilassung von Sklaven; und da er fast allen Reichsbewohnern das römische Bürgerrecht gab, erhöhten sich die Steuereingänge beträchtlich (S. 100).[20] Durch diese einschneidenden Maßnahmen wurde Caracalla einer der wenigen Kaiser, die ihren Finanzbedarf eher zu hoch als zu niedrig veranschlagten; denn bei seinem Tod (217) hatte die Staatskasse einen großen Überschuß.

Aber all diese Einnahmen nützten nicht viel: Durch den raschen Preisanstieg und die fortlaufende Geldentwertung überstiegen die Summen, die man für das Heer brauchte, die eingehenden Steuergelder bei weitem. Außerdem war das Steuersystem zu starr; fixe, nicht gestaffelte Steuern führten bei der agrarischen Wirtschaftsstruktur zu ungleich verteilten Lasten, und auch für die Regierung war das System kaum befriedigender, da das Steueraufkommen gleich blieb, ohne Rücksicht darauf, ob die Ausgaben normal oder außergewöhnlich hoch waren. Kredit konnte der Staat nicht aufnehmen. Deshalb verkaufte Mark Aurel in Krisenzeiten Staatseigentum; Septimius, Caracalla und Maximinus I. (235–38), der sich den Ruf eines habgierigen Erpressers erwarb, beschlagnahmten Privateigentum. Aber selbst wenn der Erlös aus diesen mehr oder minder verzweifelten Maßnahmen in schwierigen Zeiten gerade noch genug Geld einbrachte, führte die stark vermehrte Prägung verschlechterten Geldes zu so rapiden Preissteigerungen, daß die Soldaten mit Sold und Donativen allein nicht einmal annähernd auskommen konnten (S. 53).

Daher griffen die Kaiser in zunehmendem Maße zu anderen Mitteln: Sie ergänzten diese Geldsummen durch kostenlose Zuteilung von Verpflegung, Kleidung und Rohstoffen zur Herstellung von Waffen.[21] Diese Naturalleistungen, die man später als *annona militaris* bezeichnete, wurden von Septimius und seinen Nachfolgern zu einem regelrechten System ausgebaut. Zum ersten Mal werden sie kurz vor 200 in Ägypten erwähnt, wo solche Regelungen dann durch Caracalla und Severus Alexander weiter ausgedehnt wurden. Allmählich kamen auch in anderen Provinzen derartige Zuteilungen an die Soldaten immer häufiger vor. Da das Geld ständig schlechter wurde und die Staatskasse immer mehr Metall einzusparen suchte, wurde dieses System schnell zum wichtigsten Hilfsmittel, den Unterhalt des Heeres zu sichern.

Im zweiten Jahrhundert hatte man ausgegebene Verpflegung, Uniformen und Waffen den Soldaten von ihrem Sold abgezogen, aber da nun die Naturalleistungen überhandnahmen, wurde das alles kostenlos ausgegeben. Anfangs erhielt die Zivilbevölkerung, die man zur Lieferung von Lebensmitteln und Ausrüstungsmaterial zwang, Geld dafür; noch in der Zeit des Severus Alexander wird von derartigen Abrechnungen berichtet.[22] Aber zu diesem Zeitpunkt entsprach das, was die Behörden zahlten, in keiner Weise mehr den gestiegenen Preisen. Darüber hinaus war es nun durchaus nicht mehr allgemein üblich, überhaupt noch Bezahlung anzubieten. Zwangslieferungen für das Heer, ohne jede Entschädigung, waren schon in früheren Notzeiten vorgekommen, beispielsweise 128 n. Chr. Im dritten Jahrhundert nahm dieses Verfahren überhand und galt sogar als normal. Für die Einziehung und Verteilung der Lieferungen schuf man eine umfassende Organisation, unter der Leitung des Prätorianerpräfekten als des Generalquartiermeisters des Heeres. An den Fernstraßen

entstand ein Netz von zentralen Vorratslagern, in denen die Streitkräfte
Nachschub an allen Versorgungsgütern erhielten, die sie brauchten. Möglicherweise war es Septimius, der verfügte, daß jede Provinz die Truppen
zu versorgen habe, die innerhalb ihrer Grenzen stationiert waren.[23] Die
Provinzen ihrerseits übertrugen ihre Verantwortung dafür auf die Grundbesitzer, und diese zogen die angeforderten Lieferungen bei ihren Pächtern
ein. Auch führende städtische Beamte mußten hohe Kontributionen erheben, und Papyri bezeugen, daß Städte und Dörfer ihre Kühe, Kälber und
Ziegen, ihr Heu und ihren Wein ablieferten.

Wer reich genug war, konnte diesen Requisitionen entgehen, indem
er stattdessen Gold zahlte. Aber Naturalabgaben waren nun das allgemein
Übliche. Es mag erstaunlich scheinen, daß ein so riesiges Reich nicht in
der Lage war, ein Heer von einer Viertel- bis einer halben Million Mann
zu unterhalten, ohne die normalen Steuern durch diese zusätzlichen Abgaben zu ergänzen, die an eine prähistorische goldlose Naturalwirtschaft
erinnern. Aber das Geld war eben viel weniger brauchbar geworden, und
man konnte die Lasten der Heeresversorgung nur bewältigen, wenn man
derart radikale und rücksichtslose Maßnahmen traf. Denn die römische
Welt war technisch so rückständig, daß die Produktion von Lebensmitteln, Textilien, Waffen und Ausrüstungsgegenständen viel Zeit erforderte
und äußerst kostspielig war; das galt auch für den Transport. Die Steuereingänge an Bargeld genügten der Regierung nicht annähernd, um die
Kosten dieser Unternehmungen zu decken. Daher mußte sie diese Einkünfte durch Erhebung von Naturalabgaben ergänzen, deren Wert die
Geldeingänge weit überstieg; diese Abgaben stellten die allerwichtigste
Steuer des Reiches dar und waren die Hauptgrundlage für den Unterhalt
des Heeres.

Das Heer war jedoch nicht der einzige Nutznießer dieser Sachleistun-
gen; ein zweiter war die stetig wachsende Beamtenschaft. Eine weitere
Belastung war die Notwendigkeit, Italien mit öffentlichen Mitteln zu un-
terstützen. Die im zweiten Jahrhundert einsetzende Abwanderung der
Industrie in die westlichen Provinzen, verursacht durch stagnierende
Sozialstruktur, schlechte Verkehrsverbindungen und unzureichendes
Kreditwesen, hatte das Kernland Italien mehr und mehr zu einem Parasi-
ten werden lassen, der von den kaiserlichen Privatgütern und durch
Steuereingänge in Geld und Naturalien versorgt wurde. Rom selbst genoß
das Privileg unproduktiven Müßiggangs. Im Jahre 150 n. Chr. zählte man
dort 130 Festtage, die man inmitten der Annehmlichkeiten aufwendiger
Thermen und anderer öffentlicher Gebäude genießen konnte; zwei Jahr-

hunderte später war die Zahl der Festtage auf 176 angestiegen. Über hunderttausend Bürger der Stadt erhielten gratis Getreide auf Staatskosten. Diese Zuteilungen wurden unter der Leitung des Kaisers von zahlreichen Korporationen (S. 70) durchgeführt, und die Behörden waren stolz darauf, daß diese Freigebigkeit gegenüber der Zivilbevölkerung – im Gegensatz zu den Zuwendungen an Soldaten – in der Münzprägung rühmend hervorgehoben wurde. Die Kaiser erhoben Naturalabgaben, um genügend Getreide für die Versorgung der gesamten Bevölkerung Roms zu haben. Unter Konstantin verdoppelte sich diese Belastung durch Gratisimporte von Getreide, da auch in Konstantinopel 80000 Menschen Kornspenden erhielten. Weitere schwere Belastungen für den Steuerzahler waren der Kaiserliche Hof, die staatliche Bautätigkeit und die staatliche Post, die so glänzend organisiert war, daß Postsendungen an einem Tage etwa 190 Kilometer weit befördert werden konnten.[24] Zivilpersonen, die in der Nähe einer Poststation wohnten, gaben manchmal ihren Wohnsitz auf und zogen weg, um nicht für Dienstleistungen an die Post herangezogen zu werden.

Aber die Hauptanforderungen stellten die Soldaten, insbesondere durch ihren unersättlichen Bedarf an Naturalabgaben, die nun den wesentlichen Teil ihres Unterhalts ausmachten. Durch die Einführung dieser Sachleistungen war es Rom endlich, zum ersten Mal in seiner Geschichte, gelungen, eine einigermaßen dauerhafte Regelung für den Unterhalt des Heeres zu schaffen. Aber die dabei angewandten Methoden führten zu oft unerträglichen Härten für die Zivilbevölkerung. Eine der Hauptursachen der Not waren die nicht vorherzusehenden Schwankungen der Anforderungen, welche die Bevölkerung wie Blitze aus heiterem Himmel trafen. Daher hielt es Diokletian für notwendig, diese unübersichtlichen und zur Willkür herausfordernden Verhältnisse zu ändern. Sein Bedarf an Sachleistungen gewaltigen Ausmaßes war natürlich sehr groß, denn sein Heer war viel größer als je zuvor, und die vier Hofhaltungen der Tetrarchen erforderten hohe zusätzliche Aufwendungen. Deshalb brachte er die gesamte Erhebung von Naturalabgaben in ein regelrechtes System. Erstens wurde eine neue Art der Steuerveranlagung ausgearbeitet. Die landwirtschaftlich genutzte Fläche im ganzen Reich wurde in Bemessungseinheiten *(iuga)* eingeteilt, die man als gleichwertig ansah, aber doch unterschiedlich berechnete, je nach dem angebauten Produkt, der Güte des Bodens und dem jeweiligen Gebiet. Zweitens wurden die von jedem Gebiet zu liefernden Erzeugnisse oder Rohstoffmengen festgesetzt, indem man ihren Wert einer bestimmten Anzahl dieser *iuga* gleichsetzte. Konstantin fügte zu dem

iugum eine zweite Bemessungseinheit hinzu, das *caput*, d. h. die Kopfzahl
der landwirtschaftlich tätigen Bevölkerung; Diokletian hatte diese
Berechnungsmethode offenbar schon für die Erhebung einer Geldsteuer
angewandt, aber Konstantin setzte anscheinend *capita* und *iuga* ungefähr
gleich und benutzte beide Einheiten zur Festsetzung der Naturalabgaben.[25]

Die Regierung hatte nun eine bis dahin beispiellos umfassende Möglichkeit, um Menge und Art der Güter, die jedes Gebiet zu liefern hatte,
abzuschätzen. Aber das Wichtigste an dieser Neuerung war, daß die Steuer-
forderungen jetzt nicht mehr plötzlich und in unregelmäßigen Abstän-
den erhoben wurden. Von nun an wurden sie jedes Jahr festgesetzt, und
man gab die neu berechneten Steuerlasten öffentlich bekannt. Selbst wenn
die Bevölkerung nicht besser dran war als vorher, wußte sie doch jetzt
wenigstens, was sie abzuliefern hatte. Zum ersten Male in der Geschichte
gab es nun einen Jahres-Haushaltsplan.

Um die Aufstellung dieses Planes vorzubereiten, mußten die Prätorianerpräfekten, die Diokletian mit dieser Aufgabe betraute, alljährlich einen
Voranschlag der Güter machen, welche die Regierung aus ihren jeweiligen
Amtsbereichen brauchte. Zu hohe Schätzungen, die zur Vergeudung ver-
derblicher Nahrungsmittel geführt hätten, mußten ebenso vermieden
werden wie zu niedrige, die unpopuläre Nachforderungen zur Folge hatten. Wenn die Präfekten ihren jeweiligen Bedarf festgestellt hatten, berechneten sie die Höhe der Abgaben nach *capita* und *iuga*. Als Nächstes
ließen sie vor Beginn des Haushaltsjahres ihre Anforderungen an die Provinzen weiterleiten; die Zahl der Provinzen hatte man erhöht, um eine
noch genauere Finanzkontrolle zu gewährleisten. Die Provinzialbehörden
teilten dann diese Pauschalsummen auf in festgesetzte Abgaben, die Städten, Körperschaften und Einzelpersonen auferlegt wurden. Um größtmögliche Genauigkeit zu erreichen, führte man nach und nach in sämtli-
chen Gebieten des Reiches eine Volkszählung durch.

Diese Volkszählung wurde erst nach Diokletians Tod beendet, aber
in Ägypten beispielsweise hatte der Statthalter des Landes die Einführung
der Neuregelungen schon lange vorher angekündigt; seine Formulierungen zeigen die Wichtigkeit der Neuerung (297). «Unsere allergnädigsten
Kaiser Diokletian und Maximian und die erhabenen Caesaren Constantius und Galerius haben festgestellt, daß die Einziehung der staatlichen
Steuern so vor sich geht, daß manche Leute leicht und manche Leute
zu schwer belastet werden; deshalb haben sie beschlossen, diesen schlim-
men und verderblichen Brauch auszurotten im Interesse ihrer Provinzbe-

wohner und eine heilsame Regelung festzulegen, nach der die Steuererhebung vorgenommen werden soll. Ich habe deshalb öffentlich bekanntgemacht, wieviel für jede *arura* (2/3 Morgen) je nach der Güte des Bodens festgesetzt wurde, und wieviel pro Kopf auf die Bauern entfällt und von welchem Alter bis zu welchem Alter, gemäß ihrem göttlichen Edikt und dem Formular, das ihm beigefügt war und von dem ich Abschriften in diesem Erlaß bekanntgebe. Daher müssen die Provinzbewohner erkennen, daß sie große Vergünstigungen erhalten haben, und sich eifrig bemühen, ihre Zahlungen gemäß der göttlichen Anordnung in der gebotenen Eile zu leisten, und nicht darauf warten, daß man sie dazu zwingt. Alle müssen ihre Verpflichtungen mit größtem Eifer erfüllen, und wenn irgendjemand nach so großen Wohltaten einer Zuwiderhandlung überführt werden sollte, wird er bestraft.»[26]

Der Statthalter zeigt eine gewisse Besorgnis über mögliche Steuerhinterziehungen, und tatsächlich war das – in einer Volkswirtschaft, die an koordinierte Planung nicht gewöhnt war – einer der Mängel des neuen Verfahrens. Es war nicht der einzige: Daß die Last vor allem der Landwirtschaft aufgebürdet wurde, war vielleicht nicht so unbillig wie es scheinen mag, da sie einen sehr großen Teil des Sozialproduktes des Reiches erzeugte (S. 74); aber die Reichen ließ man zu glimpflich davonkommen, denn sie konnten, obwohl sie besonderen Requisitionen unterlagen,[27] sich verhältnismäßig leicht davon befreien lassen. Ferner waren die Steuerfestsetzungen von Ort zu Ort sehr unterschiedlich, oft auch willkürlich und ungerecht; man hatte offensichtlich Schwierigkeiten, einen angemessenen Ausgleich zwischen den beiden Bemessungseinheiten, *iuga* und *caput,* herzustellen. Einige Kaiser suchten diese Mängel zu beseitigen, hatten dabei aber keinen rechten Erfolg, und die Ergebnisse der Volkszählungen blieben viele Jahre lang unrevidiert. Außerdem ließ sich die Regierung, die diesen ganzen Verwaltungsapparat in der Hand hatte, allzu leicht dazu verleiten, ihre Gesamtanforderungen von Jahr zu Jahr zu erhöhen. Und trotzdem, so mangelhaft, unvollkommen und umständlich dieses System auch funktionieren mochte, es zeigte doch eine großartige Geschlossenheit: zum ersten Male war diese bedeutende wirtschaftspolitische Aufgabe als ein Ganzes klar begriffen worden, und die Steuererhebung wurde wie eine gewaltige militärische Operation im notwendigen Umfang durchgeführt. In den noch unentwickelten Bereichen der Volkswirtschaft und Staatsfinanzierung war es Roms größte Leistung, anstelle steuerlicher Anarchie einen Jahreshaushaltsplan eingeführt zu haben.

Die Naturalabgaben, auf die man den Jahreshaushalt umgestellt hatte, drängten die Geldwirtschaft so weit zurück, daß deren Ende und ihre Ablösung durch die primitivere Naturalwirtschaft bevorzustehen schien. Trotzdem gab Diokletians Höchstpreisedikt, das nur wenige Jahre nach der Einführung seiner Steuerreform erlassen wurde (S. 58), die festgesetzten Tarife noch mit ihrem Geldwert an. Obwohl der Hauptzweck des Edikts, die Preiskontrolle, nicht erreicht wurde, mag sein Festhalten an Geldwerten schließlich doch eine erstaunliche Erholung der Geldwirtschaft angeregt oder wenigstens eingeleitet haben; sie blieb bestehen, neben der geldlosen Wirtschaft, durch die sie fast völlig ersetzt worden war. Reste von Regelungen auf geldlicher Basis hatten immer weiterbestanden, und das Geldsystem wurde nicht aufgegeben. Manche Steuern wurden stets in Geld bezahlt, Soldaten und alle anderen Staatsbediensteten erhielten nach wie vor einen Teil ihrer Besoldung in Geld, und wer Geld verdiente, hatte noch immer einige Aufstiegschancen. Aber nun sollte das Geld wieder eine größere Rolle spielen.

Die Währungseinheit, in der Diokletians Edikt die Höchstpreise angab, waren die schlichten *denarii,* das Zahlungsmittel der Armen. Aber der nächste Schritt zur Wiederbelebung der Geldwirtschaft erfolgte auf der höheren Ebene der Goldprägung. Denn 312 führte Konstantin sein neues Goldstück, den *solidus,* ein und erzwang durch ein Gesetz seine Annahme. Freilich war diese Münze nicht so schwer wie der *aureus* Diokletians; Konstantin erkannte offenbar, daß der bisherige hohe Standard nicht aufrechtzuerhalten war, und ließ deshalb nicht 60, sondern 72 *solidi* pro Pfund prägen. Trotzdem hatte diese Emission Erfolg. Obwohl die Leute nur zögernd von dem damals üblichen Brauch abgingen, ihre Goldstücke nach Gewicht zu kaufen und zu verkaufen, stand doch bald fest, daß diese neuen Münzen unverfälscht waren, ihr volles Gewicht hatten und ihrem Nominalwert entsprachen.

Aber der Hauptgrund für den Erfolg der *solidi* war, daß Konstantin bald weit größere Mengen von ihnen in Umlauf setzte als Diokletian je hatte prägen können. Das war erstaunlich angesichts der hohen Anforderungen, die an Konstantins Hilfsquellen gestellt wurden. Die von ihm eingeführte Unterstützung der christlichen Geistlichen war kostspielig, ebenso die Gründung von Konstantinopel. Dennoch gelang es dem Kaiser, Edelmetall für seine Prägungen zu beschaffen, und zwar vor allem durch vier Maßnahmen: erstens ließ er sich zwei neue Steuern in Edelmetallen bezahlen;[28] zweitens bestand er darauf, daß die Pacht der kaiserlichen Güter auf die gleiche Weise entrichtet wurde; drittens brachte er die beachtlichen Goldreserven seines besiegten Rivalen Licinius an sich,[29] und schließlich beschlagnahmte er, gegen Ende seiner Regierungszeit, die Schätze der heidnischen Tempel (S. 292). Diese Goldvorräte ermöglichten es ihm, *solidi* in beträchtlichen Mengen zu prägen.[30] Dadurch begann sich nun das Verhältnis zwischen den beiden konkurrierenden Wirtschaftsformen wieder zum früheren Zustand hin zu verschieben: Die Geldwirtschaft gewann an Boden, auf Kosten der Naturalwirtschaft. Die Regierung begann bald, bestimmte Sachleistungen in Zahlungen mit *solidi* umzuwandeln, und das wurde anderthalb Jahrhunderte später zur Regel. Diokletians Jahreshaushalt, der auf Naturalabgaben basierte, war mehr und mehr zu einem Geldbudget geworden, und der Tendenz der gesamten Mittelmeerwelt, zum Tauschhandel alter Zeiten zurückzukehren, war Einhalt geboten worden.

Doch war diese umfangreiche Goldprägung offensichtlich vorteilhafter für die herrschende Klasse und für Beamte, die mit Geld besoldet werden wollten,[31] als für die Armen, die niemals eine Goldmünze zu Gesicht bekamen. Inzwischen ging die Inflation der versilberten Bronzewährung des kleinen Mannes ungehemmt weiter und erreichte außerordentliche Ausmaße. Statt 300 000 *denarii* im Jahre 324 n. Chr. (4250–4500 pro *solidus*) gingen 337 auf ein Pfund Gold nahezu zwanzig Millionen dieser Münzen (275 000 pro *solidus*), und zwanzig Jahre später war dieser Betrag auf mehr als dreihundertunddreißig Millionen *denarii* angestiegen. Die Spirale erreichte noch astronomische Summen, bis der byzantinische Kaiser Anastasius I. (493–518) neue Münzen einführte; dazu gehörten große Bronzegeldstücke, welche die Leute zum festgesetzten Kurs gegen *solidi* einzuwechseln bereit waren. Die lange Epoche unsicherer Währungen ging damit zu Ende. Stabilität erreichte man schließlich erst um die Wende zum sechsten Jahrhundert, aber den entscheidenden Schritt tat Konstantin, und die Einführung seines *solidus* wurde ein wichtiger Markstein der Wirtschaftsgeschichte. Diese Münze beherrschte das Mittelalter und war eine der Stützen des byzantinischen Reiches. Der *solidus* behielt sein Gewicht und blieb unverfälscht bis zum Jahre 1070, und länger als ein Jahrtausend bildete er die Rechnungsgrundlage des Handels bis hin nach Schottland, Skandinavien, Rußland, Äthiopien und Indien.

Der Zwangsstaat

Der Unterhalt des Heeres durch die zuvor erwähnten Steuern und Naturalabgaben, die man in einer Zeit verheerender Währungskrisen er-

hob, führte zu unvorstellbarem Elend. Verschlimmert wurde diese Lage
durch die ständig wachsende Zahl von Leuten, die man zur Eintreibung
der Steuern brauchte. Eine solche Sonder- und Militärpolizei, derartige
Informanten und Geheimagenten hatte es schon in früheren Zeiten gegeben,
aber nun wurde ihre Zahl vervielfacht und ihre Organisation systematisch
ausgebaut; daraus ergab sich eine weitere beträchtliche Erhöhung der
Kosten, die von der Bevölkerung aufzubringen waren. Während der Bürgerkriege nach dem Tode des Commodus wurde das Auftreten von Militärpolizei, bis dahin eine Ausnahme, zur Regel,[32] und man richtete ein
dichtes Netz von örtlichen Hauptquartieren ein, die als Stützpunkte für
ihre Tätigkeit dienen sollten. Auch wimmelte es überall von Spitzeln. Ohne
den Gegensatz zu dem habgierigen Maximinus I. klar auszusprechen,
rühmt ein Schriftsteller den Kaiser Philippus Arabs, womit er vielleicht
eher eine Hoffnung als seine Überzeugung ausdrückt, weil er jenen
Zustand beendet habe, in dem «viele Spitzel alle Städte durchstreift hatten,
um zu horchen, was die Leute sagten. Jede maßvolle und berechtigte
Redefreiheit wurde zerstört, und alle zitterten vor ihrem eigenen Schatten.»[33]

Das Heer spielte bei der Durchführung dieser Maßnahmen, die seine
eigene Versorgung gewährleisten sollten, eine wichtige Rolle; das hatte
ständige Eingriffe in die Rechte der Zivilbevölkerung zur Folge, wie mehrere Gesetze bezeugen, die dieser Entwicklung entgegentraten. Militär-
richter übernahmen vielerlei Aufgaben, für die sie nicht genügend qualifi-
ziert waren.[34] Auch Garnisonsoffiziere konnten, je nach Laune, der
Bevölkerung das Leben erträglich oder unerträglich machen, und gemeine
Soldaten – ganz abgesehen von den unzähligen Deserteuren – verhielten
sich oft zügellos und bedrohten die Zivilbevölkerung, indem sie entweder
Verbrechen begingen oder sich ihre Verpflegungsrationen gewaltsam zu
beschaffen suchten. Pertinax (193) befahl ihnen, die Bedrückung von
Zivilisten einzustellen. Die verzweifelte Lage der drangsalierten Bevölkerung ist aus den Bittschriften zu ersehen, die sie an einen Kaiser nach
dem anderen richtete. Solche Petitionen hatte es auch früher schon gegeben, aber nun werden die Klagen über die Bedrückung viel eindringlicher.
Die Pächter kaiserlicher Güter in Lydien wandten sich in Eingaben an
einen ihrer Herrscher, wahrscheinlich Septimius, gegen Agenten der Militärpolizei und Spitzel.[35] Dorfbewohner und Grundbesitzer aus Skapto-
pare, in der Nähe eines Kurortes gelegen, wo regelmäßig Messen stattfan-
den (Kyustendil in Bulgarien), führen verzweifelt Klage über Forderungen
nach kostenloser Unterkunft und Verpflegung (283); sie drohen damit,

wegzulaufen und dadurch dem kaiserlichen Fiskus ihre Zahlungen und Dienstleistungen zu entziehen: «Wir haben erklärt, daß unsere Geduld zu Ende ist.»[36] Gruppen von Pächtern kaiserlicher Güter in Kleinasien erheben eine Reihe von ähnlichen Beschwerden. Die Bewohner von Arague in Phrygien beispielsweise schreiben an Philippus Arabs: «Wir werden aufs grausamste gequält und erpreßt von denen, deren Pflicht es ist, das Volk zu schützen, von Offizieren, Soldaten, Standespersonen, die städtische Ämter innehaben, und Deinen eigenen untergeordneten Beamten.»[37] In Ägypten, wo es den Soldaten gut geht und die Bauern drangsaliert werden, verbreiten die Requisitionen Schrecken. «Es ist schwer, selbst wenn man uns gerecht behandelt, unsere Verpflichtungen voll zu erfüllen», und die betrügerischen Maßnahmen der Unterdrücker machen dies ganz unmöglich. An ein Orakel werden beispielsweise folgende Fragen gestellt: «Wird man mich pfänden? Werde ich zum Bettler werden? Soll ich fliehen? Wird meine Flucht ein Ende finden?»[38]

Das ist ein düsteres Bild von Gewalt und Rechtsbruch. Aber im Lauf der Zeit traten Veränderungen ein, allerdings nicht in Richtung auf größere Freiheit, sondern auf planmäßigere Reglementierung hin. Eine der vielen unerbittlichen Zwangsmaßnahmen betraf die führenden Unternehmer in Handel und Industrie. Trotz der Katastrophen dieser Periode und des wirtschaftlichen Niedergangs Italiens (S. 62 f.) bietet das Wirtschaftsleben im übrigen Reich ein unterschiedliches Bild: Verschlechterungen in manchen Gebieten und Bereichen standen Fortschritten in anderen gegenüber.[39] Die Geschäftstätigkeit lag großenteils in der Hand von Korporationen oder Zünften *(collegia)*. Solche Vereinigungen von Kaufleuten und Handwerkern zu gegenseitiger Hilfeleistung repräsentieren die einzelnen Berufsstände; sie waren, wie auch Vereine anderer Art, in hellenistischer Zeit üblich geworden, besonders unter den Ptolemäern in Ägypten. Derartige Berufsverbände breiteten sich dann auch in Italien aus, wo beispielsweise in Falerii eine Innung sardischer Köche erwähnt wird (ca. 200 v. Chr.). In der Spätzeit der römischen Republik waren die Berufsverbände politische Unruheherde gewesen, aber wie so viele andere Organisationen wurden sie durch Augustus legalisiert, damit sie für den Staat wichtige Aufgaben durchführen konnten (7 v. Chr.). Aus demselben Grund erteilten Claudius und andere Kaiser den Korporationen Steuerprivilegien. Diese wurden aber offenbar mißbraucht, denn Hadrian bestand darauf, daß Korporationsmitglieder den größten Teil ihres Kapitals für staatliche Dienstleistungen bereitstellen mußten, wenn sie diese Vergünstigungen in Anspruch nehmen wollten; und Mark Aurel erließ eine

Verfügung, wonach niemand die Erlaubnis hatte, mehr als *einem* Berufsverband anzugehören.

Auch Septimius wies darauf hin, daß Privilegien nur von den Verbands-
mitgliedern beansprucht werden könnten, die ihren Arbeitsbeitrag persönlich leisteten. Aber dieser selbe Kaiser gewährte, wie aus der juristischen Literatur hervorgeht, Steuerbegünstigungen auch solchen Korporationen, die der Regierung bei ihren öffentlichen Aufgaben und
Requisitionen behilflich sein konnten, und in Staatskontrakten tritt die
Bezeichnung des Berufsverbandes an die Stelle von Namen einzelner
Kaufleute. Von jeher waren die Schiffsleute die bedeutendste Korporation
gewesen; sie transportierten Getreide und andere Güter in staatlichem
Auftrag auf ihren eigenen Schiffen nach Rom und zu den Versorgungsba-
sen des Heeres. Obgleich die Korporationen keineswegs Gewerkschaften
waren, drohten die Schiffsleute von Arelate (Arles), die Truppen und
Nachschub transportierten, sogar mit Streik (201).[40] Im ganzen Reich
wurden diesem Berufsstand von Septimius besonders viele Privilegien zugestanden, aber er legte auch großen Wert auf die Korporationen, die
für die Verteilung von Brot und Fleisch in der stark subventionierten
Hauptstadt zu sorgen hatten (S. 63).[41]

Die Pläne des Septimius, diese Verbände für die als lebenswichtig ange-
sehenen Aufgaben des Reiches einzusetzen, wurden in den Jahren nach
seinem Tode rasch vorangetrieben. Severus Alexander vermehrte die Zahl
derartiger Organisationen und verlieh denen, die sich im Auftrage des
Staates betätigten, seine besondere Anerkennung. Ein weiterer Schritt zu
staatlicher Kontrolle wurde von Aurelian getan, der wichtige Korporationen seinem persönlichen Befehl unterstellte. Am Ende des dritten Jahrhunderts waren diese Körperschaften, obwohl sie privat blieben und nicht
völlig verstaatlicht wurden, den Anordnungen der Behörden unterworfen
und auf die Durchführung von Regierungsgeschäften ausgerichtet. Ihre
Mitglieder waren fest an ihre Arbeit gebunden und konnten ihren Beruf
allenfalls illegal aufgeben; ähnliche Verpflichtungen lasteten auf allen,
die durch Erbschaft, Mitgift oder Schenkung Land erworben hatten, über
das ein Berufsverband Verfügungsgewalt hatte.

Es gab zwar keine Zwangsmitgliedschaft, zumindest nicht in den östlichen Provinzen, und auch im Westen nicht vor dem Ende des vierten
Jahrhunderts, als Handwerker in die Städte zurückgebracht werden mußten, aus denen sie weggezogen waren. Dennoch konnte ein Kaufmann
selbst zur Zeit Diokletians geschäftlich kaum vorankommen, wenn er
nicht einer Gilde angehörte. Dieses gewerkschaftsähnliche System ge-

schlossener Berufsgruppen galt für alle Erwerbszweige, nicht nur in Rom, sondern in allen größeren Orten: es betraf Gastwirte, Fischhändler, Töpfer, Silberschmiede und viele andere Gewerbetreibende. Die Regierung war noch immer zugänglich für Einflüsse der Korporationen, vor allem der Schiffseigentümer, deren Beauftragte günstige Regelungen aushandelten; aber größtenteils war die Gesetzgebung repressiv. Verurteilte Verbrecher konnten mit der Einweisung in eine Korporation bestraft werden, und wir hören, daß manche Bäcker – und vermutlich nicht nur sie – sogar ihre Frauen nur aus den Familien ihrer Zunftgenossen wählen durften.

Die Korporationen spielten als Hauptorgane des Geschäftslebens eine führende Rolle in den Städten. Aber die Regierung ging in ihrem Bestreben, die erforderlichen Kontrollen zur Sicherung größtmöglicher Naturalabgaben und Steuerzahlungen zu schaffen, über die Korporationen hinaus und griff nun auch nach den Städten selbst, die das Fundament der griechisch-römischen Kultur bildeten. Im zweiten Jahrhundert war die Bereitschaft führender Leute, das Amt eines städtischen Ratsherrn zu übernehmen, immer geringer geworden. Zum Teil lag das an den immer häufigeren Eingriffen der Zentralregierung in die städtische Selbstverwaltung. Die Kaiser hatten begonnen, eigene Bevollmächtigte zu ernennen, die die Angelegenheiten einer oder mehrerer Städte überwachen sollten, und ein derartiges Eingreifen machte die Tätigkeit der Stadträte bedeutungslos und langweilig. Aber der wichtigste Grund für die Unbeliebtheit städtischer Ämter lag in dem damit verbundenen Aufwand. Denn erstens war es üblich, daß Ratsherren, besonders diejenigen, die in jährlichem Wechsel zu Vorsitzenden des Rats gewählt wurden, für kostspielige Veranstaltungen und Bauten aufzukommen hatten. Zweitens zogen die Kaiser die Gemeinderäte immer stärker zur Steuererhebung heran.

Von jeher bestand die gesetzliche Regelung, daß vermögende Bürger angemessene Leistungen *(munera)* zu übernehmen hatten, aber bisher war diese Bestimmung nicht streng durchgeführt worden. Das geschah nun unter Septimius, dessen Militär, durch Kriege stark erhöht, die Städte verpflichtete, ihre Zahlungen in Naturalien zu entrichten und diese von der Bevölkerung aufbringen zu lassen. Damit die Gemeinden auf diese Art als örtliche Organe der Zentralregierung möglichst erfolgreich arbeiten könnten, wurde von nun an jeder vermögende Bürger gezwungen, Mitglied des Gemeinderates zu werden, falls er nicht eine der gesetzlich genauestens festgelegten Befreiungsmöglichkeiten in Anspruch nehmen konnte. Gemeinderäte durften ihre freigewordenen Sitze zwar noch selbst

neu besetzen, aber Septimius ordnete an, daß jede derartige Körperschaft
unter der Aufsicht eines Lenkungsausschusses von zehn ausgewählten
Personen stehen solle, denen die Verantwortung für die aufzubringenden
Mengen von Fertigwaren und Rohstoffen in erster Linie zufiel. Provinzstatthalter wurden beauftragt, für eine gerechte Verteilung öffentlicher
Ämter durch turnusmäßigen Wechsel, je nach Alter und Rang, zu sorgen.
Wenn Requisitionen nicht genug einbrachten, mußten die Inhaber öffentlicher Ämter das Fehlende aus ihrer eigenen Tasche beisteuern. Daher
hören wir bald von Leuten, die auf ihr Vermögen verzichteten, um nur
kein Amt übernehmen zu müssen,[42] und zumindest in Ägypten, aber zweifellos auch sonst, wurden solche Versuche, Verpflichtungen zu entgehen,
streng bestraft (ca. 250).

Die Städte verloren rasch ihre bisherige Handlungsfreiheit. Aber erst
als sich die finanzielle Krise im ganzen Reich noch verschlimmerte, stellte
sich heraus, welch weitreichende Möglichkeiten der Bedrückung in den
neuen Regelungen steckten. Maximinus I. (235–238), von Haus aus ein
thrakischer Bauer, erlaubte sich skrupellose Übergriffe auf Eigentum und
Personen der städtischen Mittelklasse, die ihm wesentlich weniger wichtig
schien als die Soldaten. Später hatten diese Stadtbewohner schwer unter
der Inflation zu leiden, durch die langfristige Hypotheken und festgesetzte
Pachtverträge völlig wertlos wurden (S. 56f.). Eine weitere Ursache
schwerer Vermögensverluste war die rasch wachsende Zahl großer Güter
(S. 76), die sich mehr oder weniger gewaltsam von der städtischen
Finanzverwaltung freimachten und dadurch den Gemeinden die Möglichkeit nahmen, ihre Lasten auf das umliegende Land abzuwälzen. Diese
Schwierigkeiten wurden mittlerweile noch verstärkt durch die verheeren-
den Folgen von Barbareneinfällen und Bürgerkriegen, welche die Städte
sogar schlimmer als das flache Land trafen. Selbst zwei der bedeutendsten
Städte Galliens, die ihre Entstehung der römischen Urbanisierungspolitik
verdankten, Lugdunum (Lyon) und Augustodunum (Autun), wurden zerstört (197 bzw. 269). Aurelians Truppen wollten Tyana in Kappadokien
plündern, und der Kaiser mußte seine Truppen ermahnen: «Das Ziel unseres Kampfes ist die Befreiung dieser Städte. Laßt uns diese Männer,
die doch unsere eigenen Landsleute sind, verschonen und stattdessen bei
den Barbaren Beute suchen!»[43]

Fast zur gleichen Zeit, als diese Worte gesprochen wurden, verloren
viele Städte im Osten eines ihrer meistgeschätzten Privilegien, nämlich
das Recht, eigene Bronzemünzen zu prägen; die wenigen noch bestehenden Münzstätten brachten in diesen Jahren ihre letzten Serien heraus.

Auch die Gesetzgebungsrechte der Städte erloschen, und die ganze Tradition städtischer Autonomie war völlig ausgehöhlt. Die Hauptaufgabe der Gemeinderäte war nun, Abgaben für die Zentralregierung zu erheben, und zu diesem Zweck wurde, ungefähr zur Zeit Diokletians, die Mitgliedschaft im Gemeinderat nicht nur obligatorisch, sondern zur ständigen Pflicht einer erblichen Kaste. Was man von diesen Ämtern hielt, zeigt die Strafe, die Maxentius einem Christen auferlegte: Er verurteilte ihn dazu, Mitglied eines Gemeinderats zu werden. Trotzdem gab es Möglichkeiten, sich diesen Verpflichtungen zu entziehen, denn Konstantin führte darüber Klage, daß die Gemeinderäte völlig unterbesetzt seien.[44] Einer der Hauptgründe für solche unbesetzten Ämter war das ständige Abwandern von Ratsmitgliedern in Staatsämter. Schon frühere Kaiser hatten das nicht verhindern können, aber nun trat ein zusätzlicher und erheblicher Schwund ein: Viele Mitglieder von Gemeinderäten sahen im Eintritt in den Priesterstand einen neuen Weg, sich dem Amt zu entziehen. Konstantin suchte ihnen den Zugang zu versperren, indem er anordnete, die Armen sollten durch den Reichtum der Kirchen unterstützt werden, die Reichen dagegen müßten für die Bedürfnisse dieser Welt aufkommen.

Trotz all dieser Zwangsmaßnahmen ging das Leben in den Städten irgendwie doch weiter, manchmal sogar ohne allzu große Schwierigkeiten. In Dura beispielsweise blieben die Lebenshaltungskosten ziemlich niedrig. Bedeutende neue Städte wurden von Zeit zu Zeit gegründet, so etwa das von Philippus Arabs an seinem Geburtsort angelegte Philippopolis, in der Nähe von Schahba im Dschebel Drus (Drusengebirge im Ostjordanland), wo man jetzt einen römischen Palast gefunden hat.

Die Römerstädte in Afrika hatten ihre Blütezeit zwischen 175 und 240. Selbst danach gab es noch eine beträchtliche Bautätigkeit an verschiedensten Stellen des Reiches, z.B. in Ostia, in Britannien und Ägypten.[45] Außerdem war das städtische Leben bei den Griechen, obwohl manches von seinen erfreulicheren Begleiterscheinungen verschwunden war, kaum ganz zu zerstören und sollte später wieder neu erstehen. Allerdings konnte es nie wieder zur ehemaligen Blüte gelangen, und die Selbständigkeit früherer Zeiten war nicht wiederherzustellen. Denn inzwischen war überall die städtische Mittelklasse bis zum Rande ihrer Existenzfähigkeit besteuert oder in den unmittelbaren Dienst für den Kaiser gepreßt worden (S. 75).

Diese Mittelklasse war der charakteristischste soziale Faktor der Antike gewesen, und ihr waren wesentliche Leistungen zu verdanken; auch unter römischer Herrschaft hatte sie immer wieder loyale Untertanen Roms oder Kollaborateure gestellt, die bereit waren, mit der Zentralregierung zusammenzuarbeiten. Trotzdem hatten alle Kaiser, die eine Abneigung gegen die Städter hegten, ihre Gründe dafür. Abgesehen von ihrer kulturellen Trägheit und ihrem Mangel an Originalität, die allerdings einen Mann wie Maximinus I. vermutlich nicht beunruhigten, hatten sie Jahrhunderte lang gewaltige Summen für den hauptsächlichen Ausbau ihrer Städte und das Amüsement ihrer Bevölkerung verschwendet, und viele der kaiserlichen Eingriffe waren der Extravaganz und mangelnden Leistungsfähigkeit der städtischen Selbstverwaltung zuzuschreiben. Außerdem gaben die vermögenden Leute, sofern sie nicht durch Errichtung weiterer unnötiger öffentlicher Bauten nach Popularität haschten, ihr Geld für privaten Luxus aus oder legten es in Grundbesitz an; keines von beidem mehrte den Wohlstand der Gemeinden. Einige Kaiser des dritten Jahrhunderts, die aus bäuerlichen Verhältnissen stammten, mögen auch erkannt haben, daß der übertrieben städtische Charakter der antiken Kultur zu einer politischen und wirtschaftlichen Struktur geführt hatte, die eine verhängnisvolle Spaltung zwischen den Städten und dem benachteiligten flachen Lande zur Folge hatte.

Trotzdem blieb das flache Land, obwohl es weiterhin von der Macht ausgeschlossen war, stets das Rückgrat des Wirtschaftslebens der römischen Kaiserzeit. In einem Reich, dessen Außenhandel nie bedeutend war und nun noch durch Feindseligkeiten an den Grenzen und Ausfuhrverbote weiter eingeschränkt wurde, und dessen Binnenmärkte auf die ganz wenigen Leute beschränkt blieben, die sich den Kauf irgendwelcher gewerblicher Erzeugnisse leisten konnten, erbrachten Handel und Industrie aller Städte insgesamt nicht mehr als 5% der Staatseinkünfte, d.h. der Steuern und Naturalabgaben, die man für das Heer und die anderen Zweige des öffentlichen Dienstes benötigte. Die verbleibenden 95% mußten von der Landwirtschaft aufgebracht werden: hauptsächlich war es Weizen, als zweitwichtigstes Getreide Gerste. Trotz dieser gewaltigen Lieferungsverpflichtungen konnte jedoch der Ackerbau nicht wesentlich intensiviert werden; denn ein System, das sich auf Sklaven,[46] halbfreie Pächter oder Leibeigene stützte, bot keinen Anreiz zu technischem Fortschritt. Bei der Landbestellung und im Transportwesen blieb man bei Methoden stehen, die primitiver als die des Mittelalters waren.[47]

So produzierte das Reich nie wesentlich mehr als das bloße Existenzminimum. Im dritten Jahrhundert zeigt sich nicht durchwegs, wie man manchmal angenommen hat, ein Niedergang der Landwirtschaft und des Handels. Kleinasien blieb davor bewahrt, weil es sich auf seine Dörfer stützen konnte, und Britannien, Aquitanien, Syrien, Palästina, Nordafrika und sogar das unruhige Ägypten hatten landwirtschaftliche Erfolge. Trotzdem muß in dieser Zeit ein gewisser Prozentsatz des Ackerlandes nicht weiter bestellt worden sein. Zu diesem Verlust an landwirtschaftlich genutzter Fläche trugen viele Faktoren bei: erschöpfte Böden, Erosion, Bürgerkriege, Barbareneinfälle und Seuchen;[48] es fehlte an Arbeitskräften, viele Bauern wurden durch drückende Steuern ruiniert und zur Landflucht getrieben, und noch viel mehr wurden für das Heer ausgehoben oder zu anderen Dienstleistungen herangezogen. Das dadurch entstehende Brachland machte einigen Herrschern Sorge.[49] Die Verminderung der landwirtschaftlich genutzten Fläche im ganzen Reich hat man auf durchschnittlich 15% geschätzt. Hierbei handelte es sich größtenteils um schlechtere Böden, und deshalb war der Produktionsverlust prozentual geringer. Trotzdem hatte die eingeschränkte Bodennutzung zur Folge, daß die verbliebenen Bauern eine geringere Anbaufläche zur Verfügung hatten, auf der sie die Naturalien erzeugen mußten, die sie abzuliefern hatten.

Es ist auch kaum anzunehmen, daß die Gesamtbevölkerung des Reiches noch die frühere Zahl von etwa siebzig Millionen erreichte.[50] Die Verwüstungen, die manche Landstriche veröden ließen, erhöhten die Sterblichkeitsziffer, und viele Leute auf dem Lande waren zu arm, um ihre Kinder aufzuziehen. Der ständig erhöhte Bedarf der Regierung an Agrarprodukten mußte also nicht nur auf einer kleineren Fläche erzeugt, sondern auch von einer verringerten Bevölkerung aufgebracht werden. Aber gerade dieser Umstand veranlaßte wahrscheinlich die Kaiser, mit verdoppelter Energie alle Möglichkeiten der Steuereintreibung auszuschöpfen. Und da der Agraranteil am Steueraufkommen des Reiches eine so überragende Bedeutung hatte, wurden die Abgabeverpflichtungen und die Zwangsmaßnahmen, die man Städtern und Korporationen auferlegt hatte, in umfassender Weise auf die Bewohner ländlicher Gebiete ausgedehnt.

Ein großer Teil der ländlichen Bevölkerung, durch die Wirren des dritten Jahrhunderts entwurzelt, suchte Zuflucht auf den herrschaftlichen Landgütern, die sich zu den typischsten Strukturelementen dieser Zeit entwickelten. Die weitaus größten dieser Besitzungen waren die Krongüter. Als Eigentümer dieser riesigen und weit zerstreuten Ländereien,[51] die von zahlreichen Bediensteten verwaltet wurden und erhebliche Beiträge zum Unterhalt des parasitären Italien leisteten (S. 62), war der Kaiser mit Abstand der größte Grundbesitzer in seinem Reiche. Außerdem war er bereits zu Beginn des dritten Jahrhunderts auch der bedeutendste industrielle Unternehmer geworden. Denn seine Bergwerke, Steinbrüche und sonstigen Betriebe, die ursprünglich nur für den Bedarf seiner Landgüter arbeiteten, hatten Größenordnungen erreicht, an die selbst die reichsten Bürger nicht annähernd herankommen konnten. In all diesen kaiserlichen Unternehmungen, den landwirtschaftlichen ebenso wie den industriellen, wurden in zunehmenden Maße Zwangsarbeiter eingesetzt. Trotzdem setzten sich die Arbeiter auf kaiserlichen Gütern, um Anreize für die Heranziehung weiterer Leute zu schaffen, eifersüchtig dafür ein, daß ihre Befreiung von Gemeindelasten bestehen blieb (S. 72).[52]

Obwohl der Kaiser der bedeutendste Grundbesitzer war, beherrschte er das Feld nicht allein. Denn die Konzentration von Bauern und anderen Arbeitskräften auf kaiserlichem Land fand immer mehr Parallelen, in zwar kleinerem, aber doch ganz beträchtlichem Maß, auf anderen Landgütern. Diese hatten im dritten Jahrhundert n. Chr. den bäuerlichen Kleinbesitz als das beherrschende Element der Siedlungs- und Gesellschaftsstruktur abgelöst. «Die Reichen», sagte Cyprian, «fügen ein Grundstück zum anderen und vertreiben die Armen von ihrem Land. Ihre Güter dehnen sich ohne Maß und Ziel aus.» Der Grundbesitz wurde von großen Landsitzen aus verwaltet, wie Archäologen sie etwa in Anthée (Namur), Cheragan (Toulouse), Brijuni (Brioni, Istrien) und Fövenypuszta (Ungarn) ausgegraben haben. Ähnliche Herrensitze und Landgüter gab es aber auch in Nordafrika, Kleinasien, Babylonien, Palästina, Syrien und Südrußland. Manche dieser Grundbesitzer gehörten zu der alteingesessenen Oberschicht, aber im wesentlichen handelte es sich um eine neue Aristokratie. Die Nutznießer des autoritären Staates betrachteten Grundbesitz als die einzige wertbeständige Anlage ihrer Gewinne. In Britannien wie auch anderswo lebten sie anfangs in den Städten und verwalteten ihren Besitz von dort aus, aber in den späteren, unsicheren Zeiten zogen sie sich auf diese festen Landsitze zurück.

Der Bevölkerung in der Umgebung konnten die befestigten Herrensitze Schutz bieten. Sie waren eine Zuflucht für ruinierte freie Bauern, verarmte Arbeiter aus der Stadt und die entwurzelte Landbevölkerung, für Barbaren, Landstreicher, Deserteure und entlaufene Sklaven. Ohne daß man ihnen allzu viele Fragen stellte, wurden diese Leute Pächter *(coloni)* der Großgrundbesitzer und halfen den Sklaven und den Barbaren, die man als Siedler ins Land geholt hatte, bei der Bestellung der Güter.[53] Wer selbst ein wenig Land besaß, unterstellte es teilweise oder ganz der Kontrolle seines Beschützers, an den er einen festgesetzten Anteil seiner Ernte abführte.

Diese herrschaftlichen Landgüter waren sich selbst versorgende Groß-haushalte, deren zentrales Wohngebäude von Gruppen industrieller und landwirtschaftlicher Baulichkeiten umgeben war.[54] Die Grundherren stellten aus ihren Pächtern Truppen *(bucellarii)* auf, die zügellose Plünderer abwehrten, aber auch Steuereinnehmer – von der Zentralregierung ebenso wie aus den Städten – hielt man sich vom Leibe. Die Kaiser konnten jedoch nicht ohne die Einkünfte auskommen, die diese neue und mächtige Gesellschaftsgruppe zu garantieren vermochte, und deshalb einigte sich die Regierung mit den Grundbesitzern. Diese Abmachung hatte weittragende Konsequenzen: Die Steuerverpflichtungen der Grundbesitzer wurden auf eine Gesamtsumme festgesetzt, und sie wurden ermächtigt, diesen Betrag und alles, was sie darüber hinaus bekommen konnten, von ihren Pächtern einzuziehen.

Die juristischen Schriften jener Zeit spiegeln die wachsende Bedeutung dieser autarken feudalen Gebilde. Anfangs förderten die Kaiser Gesetze zum Schutz der Pächter, aber noch vor der Mitte des dritten Jahrhunderts wurden diese Rücksichten den steuerlichen Bedürfnissen untergeordnet. Die Organe, die man zur Befriedigung dieser Bedürfnisse ausersehen hatte, waren die Großgrundbesitzer; sie befanden sich in der günstigen Position, nicht nur den Fiskus, sondern auch ihre eigenen Pächter betrügen zu können, die rasch auf die Stufe von Leibeigenen herabsanken. Ihre Löhne wurden gedrückt durch die Sklavenarbeit, mit der sie konkurrierten, und ihre Hilflosigkeit lieferte sie erpresserischen Forderungen aus. Ihre Väter mochten etwa ein Drittel ihres Jahresertrages als Steuer abgeführt haben; sie selbst zahlten ihrem Feudalherrn wahrscheinlich nicht weniger als die Hälfte der Ernte. Und der Staat verfügte, in geheimem Einverständnis mit den Grundherren, daß die Eintreibung hinreichender Abgaben nur dann gewährleistet sei, wenn man den Pächtern verbiete, ihren Wohnsitz zu wechseln. Diese Entwicklung, die *coloni* an die Scholle zu binden, hatte schon zur Zeit Hadrians eingesetzt. Er beklagte das,[55] und selbst im dritten Jahrhundert ließ das Gesetz den Pächtern noch ihre Freizügigkeit. Aber hundert Jahre später waren sie offiziell an die Scholle gebunden, und das galt auch für ihre Nachkommen. In Europa, wo es immer ein Potential neuer Arbeitskräfte jenseits der Reichsgrenzen gab, dauerte es einige Zeit, bis sich diese Abhängigkeit voll auswirkte. Rascher ging dieser Prozeß in den hellenisierten östlichen Reichsteilen vor sich, wo die erbliche Verpflichtung zur Arbeitsleistung am jeweiligen Geburtsort schon in den Monarchien üblich gewesen war, die der Römerherrschaft vorangegangen waren.

Der Kaiser, der diese Entwicklung des Kolonats zum Abschluß brachte, war Diokletian; seine Steuerfestsetzungen verpflichteten die Landbevölkerung, weiter dort zu arbeiten, wo sie bei der Volkszählung registriert worden war. Dadurch wurden die Grundbesitzer, zum Dank für ihre Zusammenarbeit mit der Regierung, ihrer Sorgen um Arbeitskräfte enthoben. Konstantin bestätigte, daß die Bindung der Pächter an die großen Landgüter gesetzlich festgelegt sei, und er erlaubte Grundbesitzern, Fluchtverdächtige in Ketten zu legen. Wer entkommen konnte, mußte sich meist als Landstreicher und Bettler durchschlagen; es gab aber noch andere Schlupflöcher und Hintertüren, denn das Instrumentarium zur Durchführung des Gesetzes war nicht groß und nicht wirksam genug.[56] Überdies sorgte in den byzantinischen Provinzen kirchlicher Einfluß allmählich für eine Milderung der vollen Strenge des Gesetzes, und nach etwa 600 wurden die Pächter im Osten annähernd frei. Im Westen aber wurde dieses System, obwohl man es dort langsamer übernommen hatte, nicht aufgegeben, und die Leibeigenschaft wurde schließlich zur charakteristischsten Institution des Mittelalters.

So hatte die Regierung den Berufsverbänden, den Städten und den Pächtern der Großgrundbesitzer korporative und erbliche Zwangsverpflichtungen auferlegt. Doch der Zwang beschränkte sich nicht auf diese Gruppen: Diokletian und Konstantin dehnten entsprechende Kontrollmaßnahmen auch auf Staatsbedienstete aller Art aus;[57] Soldaten und Bergleute, Arbeiter in Waffenfabriken und den staatlichen Textilbetrieben[58], Bedienstete der kaiserlichen Polizei, der Post, der Münzstätten und der Friedhöfe – sie alle unterlagen der ständigen und erblichen Bindung an ihren Beruf.

Außer vielleicht in den Vorstellungen einiger weniger Rechtsgelehrter waren diese bedrückenden Zustände nicht die Verwirklichung irgendeiner etatistischen Staatstheorie. Das autoritäre System wurde errichtet, weil der römische Staat nur dann weiterbestehen konnte, wenn das Heer, dem lebensnotwendige Aufgaben gestellt waren, enorm erhöhte Geldmittel und Sachleistungen erhielt; und ohne diese Häufung von Verordnungen über lebenswichtige Arbeiten und über die Beschränkung der freien Berufswahl hätte man diese Beträge nicht aus der Bevölkerung herausholen können.

Wenn auch glücklicherweise nicht alle von den Kaisern und ihren Juristen ausgeheckten Zwangsmaßnahmen und Verbote sich voll auswirken konnten, war dies doch ein totalitärer Staat, der weit über alles hinausging, was die alten Assyrer oder die Ptolemäer in Ägypten zustandegebracht

hatten. Der von Zensur beherrschte und alles genauestens regelnde Poli-
zeistaat, für den Platon in seinen ‹Gesetzen› eintrat, war zur Realität geworden, und es schien unmöglich, daß er wieder verschwinden könnte.
Aristoteles war der Ansicht, der Staat verdanke seine Entstehung den
bloßen Lebensbedürfnissen, und sein Fortbestand solle dem guten Leben
dienen. Aber nun waren, wenn das Reich bestehen bleiben sollte, seine
bloßen Lebensbedürfnisse so groß geworden, daß nur ganz wenige ein
gutes Leben genießen konnten. Schon unter früheren Kaisern, deren
Regime viel milder gewesen war, hatte Tacitus bemerkt, die Freiheit sei
der Preis, der für den Frieden bezahlt werden müsse.[59] Aber er konnte
sich noch keine Vorstellungen vom dritten und vierten Jahrhundert machen, als fast alle Reste persönlicher Freiheit dem Überleben des Staates
geopfert wurden. Durch diese harten Maßnahmen konnte sich das Reich
wieder gegen all seine Feinde behaupten und überstand die Krise. Viele
seiner damaligen Bewohner werden sich gefragt haben, ob die Rettung
des Reiches diesen Preis wert war.

Hätte man jedoch diese Methoden nicht angewandt, um die römische
Welt zusammenzuhalten, wäre das klassische Erbe, das sie von der griechischen Antike übernommen hatte, nicht auf uns gekommen; und dem
Christentum hätten der Rahmen und der kulturelle Hintergrund gefehlt,
die seine Ausbreitung ermöglichten.

Viertes Kapitel

Der Kaiser und seine Helfer

Der Kaiser

Die spätere Kaiserzeit wird oft im Gegensatz zu dem Prinzipat der früheren Kaiser als Dominat bezeichnet, denn die zunehmende Autokratie dieser Zeit verbarg sich nicht mehr unter dem einschmeichelnden republikanischen Begriff des «ersten Bürgers» *(princeps)*, sondern zeigte sich nun ganz offen, in unverhüllter Form, die man durch den Titel *dominus* oder Herr symbolisieren kann. Vor dieser Anrede, die Sklaven gegenüber ihren Besitzern gebrauchten, scheuten Herrscher, die auf die öffentliche Meinung Wert legten, lange Zeit zurück. Doch allmählich wurde sie im nichtamtlichen Sprachgebrauch und in Urkunden der Provinzialverwaltung für Kaiser des zweiten Jahrhunderts üblich. Die Zentralregierung übernahm diesen Brauch anfangs nicht, aber Septimius wurde häufiger als seine Vorgänger mit Herr oder Unser Herr bezeichnet. Für das dritte Jahrhundert war es charakteristisch, Gepflogenheiten und Titel offiziell zu sanktionieren, die bisher keinen formellen Charakter hatten, und zur Zeit des Severus Alexander wurde der Kaiser auf vielen Inschriften als Herr tituliert; die *Historia Augusta* freilich, die bemüht ist, nachdrücklich seine Mäßigung hervorzuheben, behauptet, daß er diese Anrede nicht zugelassen habe. Doch wurde Aurelian dann, in Serdica (Sofia) in seinem Heimatland, auf einer Münze als «geborener Gott und Herr» (*Deo et Domino nato*) bezeichnet. Dies blieb eine Ausnahme; aber die offizielle Münzprägung, die gewöhnlich konservativ in ihren Bezeichnungen war, dehnte die Anwendung des Wortes *dominus* auch auf Diokletian und Maximian aus, wenn auch erst nach ihrer Abdankung (305). Licinius und Konstantin scheinen die ersten gewesen zu sein, die während ihrer gemeinsamen Regierung offiziell den Titel führten.[1]

Damit hatte man eine der Fiktionen des Augustus fallen lassen. Aber die republikanischen Schlagworte wurden niemals völlig aufgegeben. Als Mark Aurel Mittel für seine Germanenkriege zu beschaffen suchte, erklärte er, daß er selbst nichts besitze und daß auch sein Palast Staatseigentum sei. Das war eine Folgerung aus der stoischen Auffassung, daß ein Herrscher seinen Untertanen zu dienen habe. Auch Konstantins Schriften enthalten viele Hinweise auf seinen Dienst und seine Mission. In dieser ganzen Periode bestanden die beiden Auffassungen von der Monarchie, als Autokratie und als Dienst, nebeneinander und ergänzten sich eher als einander zu widersprechen. Dieses gleichzeitige Nebeneinander zweier Auffassungen von der Rolle des Kaisers findet seinen Niederschlag in den Schriften der Juristen. Von jeher bestand die Meinung, der Kaiser sei den Gesetzen unterworfen, und diese Auffassung wurde auch weiterhin vertreten. Aber die Sachlage wurde dadurch kompliziert, daß er selbst Gesetze erlassen konnte (S. 95). Der Jurist Gaius hatte schon im zweiten Jahrhundert die volle Rechtsgültigkeit kaiserlicher Erlasse anerkannt, und Ulpian untermauerte diese Auffassung in der Severerzeit.[2] Konservative, wie z.B. der Historiker Cassius Dio, sprachen wohl die Hoffnung aus, daß auch in Zukunft der Senat Gesetze beschließen werde, aber am Ende des zweiten Jahrhunderts war es mit seiner legislativen Tätigkeit vorbei, geradeso wie zweihundert Jahre früher die Gesetzgebungsbefugnisse der Volksversammlung erloschen waren.

Besagte die Tatsache, daß der Kaiser nun der einzige und alleinige Gesetzgeber geworden war, daß er selbst über den Gesetzen stand? Für seine Vorgänger hatte das nie gegolten, und die Kaiser selbst versicherten nach wie vor, daß sie durch das Gesetz gebunden seien. Einer der hervorragenden Juristen dieser Zeit, Paulus, vertritt die konstitutionalistische Auffassung, daß es «sich für die kaiserliche Majestät zieme, gemäß den Gesetzen zu leben, von denen der Kaiser selbst ausgenommen zu sein scheint».[3] Ulpian dagegen wußte Fälle zu nennen, in denen der Kaiser tatsächlich unbedingt über dem Gesetz stehe.[4] Die Formulierung der konstitutionellen Monarchie durch Paulus, entstanden in der Regierungszeit des korrekten jungen Severus Alexander, stellt vielleicht eine Reaktion gegen die autokratischere Auffassung dar, die Ulpian, von dem Prinzipat des Augustus ausgehend, unter Caracalla vertreten hatte. Aber es war Ulpians Formulierung, die für die Zukunft gelten sollte; so wurde es möglich, daß man einen Kaiser des vierten Jahrhunderts als «das lebende Gesetz und über den geschriebenen Gesetzen stehend» anredete. Und diese Tendenz war allgemein erwünscht, weil Anarchie und Barbareneinfälle überall ein leidenschaftliches Verlangen entwickelt hatten, von einem höheren Wesen umsorgt zu werden.

Doch bestand für den Kaiser die einzige Möglichkeit, diese höchste Gewalt auszuüben und sein Volk zu beschützen, paradoxerweise in einer

Teilung der Verantwortung. Die Probleme waren zu groß, als daß ein
Mann allein damit fertig werden konnte. Auch genügte es nicht, dem
Prätorianerpräfekten die Befugnisse eines Stellvertreters zu übertragen (S.
92); ihm fehlte das Charisma, und oft wurde er zu Recht verdächtigt,
er versuche selbst Kaiser zu werden. Um ohne solche Befürchtungen eine
Verteilung der Arbeitslast zu erreichen, mußte man sich an andere Mitglieder der kaiserlichen Familie selbst halten. Seit der Zeit des Augustus
waren Söhne und Adoptivsöhne des Herrschers zu dessen Lebzeiten in
bevorzugte Stellungen erhoben worden (S. 17). Mark Aurel und Lucius
Verus regierten gemeinsam und gleichberechtigt, zeitweise auch unter
formloser territorialer Abgrenzung ihrer Herrschaftsbereiche (161–69),
und später hieß es, Caracalla und Geta, die infolge der stark dynastisch
bestimmten Politik ihres Vaters Septimius gemeinsam regierten, hätten
geplant, das Reich geographisch aufzuteilen (211).[5] Dies ist zwar zweifelhaft – und Tatsache ist, daß Caracalla den Geta ermordete – aber hier
zeigt sich bereits das Verfahren, das bald zum besten Mittel wurde, das
Reich zu verwalten, seine Grenzen zu verteidigen und mögliche Rivalen
und Usurpatoren schärfer zu überwachen. Auch konnten solche Maßnahmen von Kennern der Vergangenheit, die in Regierungskreisen recht zahlreich waren, empfohlen werden; zum Vergleich zogen sie die alte Institution der beiden Konsuln heran, die als Kollegen ihr Amt gemeinsam
ausgeübt hatten. Später erhob der Senat, in Erinnerung an diesen alten
Brauch, für eine kurze und verhängnisvolle Zeitspanne zwei seiner älteren
Mitglieder, Balbinus und Pupienus, gemeinsam zu kaiserlichem Rang:
der eine sollte in Rom regieren, während der andere gegen Maximinus
I. zu Felde zog (238). Diese Verbindung wurde auf den Münzen hervorgehoben durch den wahrheitswidrigen Hinweis auf «die gegenseitige Liebe
der Kaiser». Später teilte der schwer bedrängte Valerian das Reich in
zwei Teile: Er selbst übernahm den Osten, den Westen gab er seinem
Sohn Gallienus (256). Das war die erste offenkundige territoriale Teilung,[6]
die aber die Autorität des Vaters nicht minderte. Das gleiche Verhältnis
bestand, als Carus seinem Sohn Carinus eine Reichshälfte überließ
(282–283).

Nach dem Tod des Carus teilte Carinus das Reich mit seinem Bruder
Numerian. Aber die regelrechte Teilung blieb Diokletian vorbehalten:
er selbst regierte im Osten, sein Mit-Augustus Maximian im Westen.
Außerdem war es eine Teilung nicht in zwei, sondern in vier Teile, und
es herrschten nun nicht nur zwei Augusti, sondern bald auch zwei Caesares, Constantius I. Chlorus und Galerius; jeder war einem der Augusti

unterstellt, und alle vier hatten einen eigenen, geographisch abgegrenzten Herrschaftsbereich. Diese Lage ergab sich teilweise aus dem Zwang der Umstände, denn Maximian konnte nicht einen niedrigeren Rang haben als der britische Usurpator Carausius, gegen den er oder sein Untergebener kämpfte (S. 20f.), und die zwei Caesares waren gleichfalls unter dem Druck äußerer Ereignisse ernannt worden. Aber diese Regelung wurde zu einem System ausgebaut, das auf Dauer geplant war. Die Tetrarchie vermehrte die Autorität, aber teilte sie nicht auf. Trotz der regionalen Unterteilungen war das Reich immer noch ein «ungeteiltes Erbe».[7] Das Gesetz des einen Augustus war auch das des anderen, beide Caesares gehorchten beiden Augusti, und die Gesetze wurden im Namen aller vier Herrscher erlassen.

Nach einundzwanzigjähriger Regierungszeit dankte Diokletian ab; ob er dies nach einem lange vorbereiteten Plan tat oder ob Zwang und physischer Zusammenbruch ihn dazu nötigten, die Herrschaft niederzulegen, wird man nie erfahren. Die gleichzeitige Abdankung seines Mitregenten Maximian erfolgte nur widerwillig und für kurze Zeit, und das System fein ausgeklügelter Regierungswechsel und Rangerhöhungen, das nur dank Diokletians starker Persönlichkeit zusammengehalten hatte, brach auseinander. In den folgenden zwei Jahrzehnten gelang es Konstantin, die Einheit wiederherzustellen; trotzdem hielt auch er, im Hinblick auf die Zukunft, es schließlich für das beste, eine Teilung des Reiches unter seine drei Söhne und einen anderen jungen Verwandten anzuordnen. Seit Ende des vierten Jahrhunderts blieb es bei der Zweiteilung in Ost- und Westreich, und diese beiden Teilreiche gingen in vieler Hinsicht ihre eigenen Wege.

All diese Teilungsmaßnahmen und die sie begleitende, immer stärker werdende Autokratie hatten eine wirksamere Behauptung der Macht gegenüber Rivalen im Inneren und äußeren Feinden zum Ziel. Erstere Gefahr findet in der kaiserlichen Propaganda keine Erwähnung, abgesehen von allgemeinen vorsichtigen Anspielungen auf die Sicherheit des Kaisers. Dagegen wird ständig seine Rolle als siegreicher Verteidiger gegen die äußeren Feinde hervorgehoben, die unerbittlich von allen Seiten anstürmten. Vor allem als Besieger der Barbaren stellte man den Kaiser damals in der Öffentlichkeit gern heraus und die Inschriften auf den Münzen wiesen nachdrücklich auf sein militärisches Prestige hin. Dieser Nachdruck wird immer deutlicher spürbar während der Gefahren, die das Reich unter Mark Aurel bedrohten. Seine Münzen preisen ihn als den obersten Kriegsherren und Kämpfer; die Themen der Innenpolitik und des Mythos, die auf früheren Prägungen meist dargestellt waren, sind vergessen. Nun konzentriert sich alles auf die oberste und vordringlichste Forderung, die das römische Volk zu stellen hatte: Tapferkeit und siegreiche Führung.

Eine Statue Hadrians hatte den Kaiser mit einem auf dem Rücken liegenden Gefangenen unter den Füßen gezeigt,[8] und Septimius erneuerte persönlich den alten Brauch, einen gestürzten Feind niederzureiten.[9] Derartige Darstellungen erreichten ihren Höhepunkt unter Konstantin und seinen Nachfolgern, die immer wieder allerorts ihre Triumphe als ewige Sieger über sämtliche Völker herausstellen. Und da, jedenfalls der Propaganda zufolge, zu den vernichteten Feinden oft auch die Perser gehörten, rächten diese sich auf dieselbe Art, indem sie eine vermutlich erfundene Szene darstellten, nämlich wie Schapur I. den Römer Gordian III. niederreitet (S. 30).[10]

Die Gefahren und Katastrophen um die Mitte des dritten Jahrhunderts erweckten im Volk das Verlangen, den Kaiser, soweit möglich, als Retter zu verehren. Gallische Professoren in Trier, die Maximian, Constantius I. Chlorus und Konstantin rühmen, wiederholen ständig, daß diese Herrscher die Welt vor einer Katastrophe bewahrt haben. Niemals ist Verehrung so ungehemmt zum Ausdruck gekommen, und niemals hat es solche Furcht vor den barbarischen Feinden und einen so glühenden Haß gegen sie gegeben. Der Mann, der sie abwehren konnte, mußte wohl ein Gefährte und Auserwählter der Götter sein, und als Konstantin das Christentum zur Staatsreligion machte, sah man auch ihn in einer besonderen Beziehung zu seinem Gott (S. 207 und 219).

Die gleiche Erhöhung des Kaisers spiegelte sich im kaiserlichen Zeremoniell; dies entwickelte sich zu furchterregenden Formen, die den Bräuchen, die zur gleichen Zeit am Hof des persischen Feindes herrschten, wesensmäßig sehr ähnelten.

Eine Begrüßungszeremonie für Caracalla hatte schon die Entwicklung des hierarchischen Zeremoniells gezeigt,[11] und eine Verbeugung oder tiefe Verneigung, eindeutiger und unterwürfiger ausgeführt als bisher, wird von Schriftstellern des dritten Jahrhunderts als selbstverständlich betrachtet.[12] Die Begrüßung *(salutatio)*, die frühere Kaiser entgegennahmen, wurde abgelöst durch den Fußfall *(adoratio)*, der bis dahin Göttern oder Königen vorbehalten war. Schon Elagabal hatte versucht, den Fußfall einzuführen, aber erst Diokletian machte die *adoratio* in aller Form zu einem Teil des Hofzeremoniells. Diese Anordnung fügt sich ein in eine wachsende Tendenz, die auf verschiedene griechisch-römische und orientalische Traditionen zurückging, den Respekt vor den persönlichen

Qualitäten des Kaisers hinter einer allgemeinen Verehrung des kaiserlichen Amtes an und für sich zurücktreten zu lassen. Die Verneigung vor Diokletian galt mehr dem Purpur als seiner Person. Solche Bräuche schlugen tiefe Wurzeln; viele Merkmale seines Hofes, seines Gehabens und seiner Titulatur, die früheren Bräuchen eine feste Form gaben, gaben noch ein Jahrtausend dem Hof von Konstantinopel ihr Gepräge und lebten weiter im Zeremoniell germanischer Königreiche.

Diokletian, sein Mit-Kaiser und ihre beiden Caesares waren vom Kontakt mit anderen Menschen ausgeschlossen; sie lebten in ehrfurchtgebietender Abgeschiedenheit, unzugänglich für alle Gefährdungen, die ihrer Sicherheit durch die Soldateska und durch unzufriedene Untertanen erwachsen konnten. Die nicht häufigen öffentlichen Auftritte der Herrscher, inszeniert in kaiserlichen Gebäuden, die man eigens für diese Gelegenheit entworfen hatte (S. 129 f.), waren großartige Epiphanien in prachtvollen Gewändern. Schon seit hundert Jahren war die Kleidung der Kaiser immer prächtiger geworden. Seit der Zeit Mark Aurels galt bei den Münzen und besonders bei den Gedenk-Medaillons, die mehr künstlerische Möglichkeiten boten, das Hauptaugenmerk immer stärker der Darstellung autokratischer Erhabenheit. Goldstickerei als ständiges Merkmal des kaiserlichen Umhangs und der Tunika scheint es seit Commodus zu geben;[13] später, als man weniger voreingenommen war gegen Kaiser, die in Rom Soldatenkleidung trugen, zeigen ihre Abbildungen auf den Medaillons eine prächtige Vielfalt von reich geschmückten Schilden, Adlerzeptern und troddelbesetzten Schulterumhängen *(aegis),* einem Attribut olympischer Götter. Auch gibt es Brustbild-Darstellungen der Kaiser in gottgleicher Halbnacktheit – wie auch umgekehrt Götter nun bisweilen in kaiserlichem Gewand dargestellt werden. Ein Gemälde stellt Septimius in Gewändern dar, die noch prächtiger sind, als sie bei Triumphen von Feldherren üblich waren, und die Medaillons Severus Alexanders zeigen ihn geschmückt mit einer neuen Variation dieses Triumphgewandes.

Während eines kurzen Zwischenspiels (217–18) in der Dynastie der Severer zeigte sich der Kaiser Macrinus in der Öffentlichkeit mit Spangen und in einem Brustharnisch, die überreich mit Gold und kostbaren Edelsteinen geschmückt waren; solche Extravaganzen, hieß es, billigten die römischen Soldaten nicht, weil sie sich eher für Barbaren und Frauen schickten.[14] Auch die Gewänder der Konsuln erschienen auf Münzen des Trebonianus Gallus (251–53)[15] prächtig mit Edelsteinen besetzt. Solche Galakostüme, reich verziert mit kunstvoller Stickerei, werden noch glänzender und immer stärker stilisiert in einer Serie von Münz-Porträts des

Probus. Die Kaiser stellen nun Kettenpanzer von überladener Pracht zur Schau; die traditionellen Lorbeer- und Eichenkränze der römischen Führer werden allmählich durch Diademe ersetzt, die immer als ein Symbol unumschränkter Monarchie verstanden worden waren. Ein Silbermedaillon des Gallienus scheint solch ein Diadem zu zeigen, auch Aurelian soll eines getragen haben, und ein Medaillon des Numerian (283–84) stellt ihn mit sterngeschmücktem Diadem dar. Diokletian und seine Mitregenten tragen Helme, die mit kostbaren Steinen besetzt sind, und ihre grimmigen Gesichtszüge kontrastieren merkwürdig mit der goldgesäumten Pracht ihrer Gewänder. Auf späteren Münzen erscheinen die Köpfe von Licinius und Konstantin mit einem *nimbus* oder Heiligenschein umgeben, der das überirdische Licht bezeichnen soll, das von ihrem Antlitz ausgeht, als äußeres Zeichen ihrer inneren göttlichen Erleuchtung (S. 207). Im vierten Jahrhundert bestehen in der hierarchischen Prachtentfaltung kaum noch Unterschiede zwischen den Römern und ihren sassanidischen Feinden oder ‹Brüdern›; allerdings übernahmen die Römer nicht die gefältelten Bänder, die Halsketten und Ohrringe der Perser oder ihre Münzdarstellungen, die jeden Monarchen mit einer nur ihm eigenen Krone zeigen. Von den römischen Herrschern war keiner prunkliebender als Konstantin, dessen königliche Lockenfülle mit perlenbesetzten Diademen geschmückt ist. Solche Prachtentfaltung ist das äußere Anzeichen des neuen christlichen Absolutismus, der von Eusebius von Caesarea in Palästina (260–340) in seiner enthusiastischen Konstantinbiographie definiert und dargestellt wird. Dieser erste große Kirchengeschichtsschreiber paßte die überlieferten griechischen Herrscherauffassungen den Zwecken Konstantins an, indem er die unumschränkte Monarchie seiner Zeit als die archetypische Regierungsform pries, die der alleinigen Herrschaft Gottes entspreche und der heillosen Anarchie demokratischer Gleichheit entgegengesetzt sei.[16]

Der Kaiser, mit Juwelen bedeckt, hatte alle persönlichen Merkmale verloren außer denen, die sich in Superlativen der Verehrung ausdrücken ließen, und die Statuen, die dieser Erhabenheit Ausdruck zu geben suchen, waren zu übernatürlicher Starrheit gefroren, die weit entfernt war von klassischer Menschlichkeit (S. 117). Tatsächlich waren die Herrscher in ihrem Auftreten vor der Öffentlichkeit genau so starr und unbeweglich wie ihre Statuen. Als Konstantins Sohn Constantius II. ein einziges Mal Rom besuchte (357), blickte er beim Einzug durch die Stadt weder nach links noch nach rechts. Selbst wenn die Räder seinen Wagen erschütterten, blieben sein Kopf und seine Hände völlig regungslos. Er kam den Zuschauern wie das geisterhafte Abbild eines Menschen vor.

Die Regierung

Der römische Senat hatte fast nur noch nominelle Machtbefugnisse, aber seine sechshundert Mitglieder waren sehr reich. Zu ihnen gehörten auch die ranghöchsten Generäle, deren Unterstützung der Kaiser brauchte; und Senatoren genossen bei allen Bevölkerungsschichten großes Ansehen.[17] Ursprünglich waren sie alle Italiker gewesen, und unter Vespasian (69–79 n. Chr.) waren noch über 80% der Senatoren italischer Herkunft. Aber Trajan (98–117), der selbst aus Spanien stammte, ließ Provinziale ebenso oft zu wie Italiker; und bald nach seinem Tod stellte Italien nicht viel mehr als die Hälfte aller Mitglieder des Senats, dem nun neben Galliern und Spaniern auch Afrikaner angehörten. Trotz Mark Aurels Bemühungen, die italische Substanz des Senats zu erhalten,[18] verschob sich im ausgehenden zweiten Jahrhundert das Schwergewicht immer weiter von der westlichen Oberschicht zu Syrern, Kleinasiaten und anderen Orientalen, die bisher nur einen kleinen Prozentsatz ausgemacht hatten.

Unter Septimius und Caracalla nahmen diese Tendenzen zu. Von 479 Senatoren der Severerzeit, deren Herkunft bekannt ist, waren 204 Italiker; sie machten also nur etwas mehr als 40% der Gesamtheit aus, und unter ihnen waren nur sehr wenige Überlebende der 43 Patrizierfamilien, die es noch hundert Jahre vorher gegeben hatte. Zu diesen 479 Mitgliedern gehörten ferner 41 aus den westlichen Provinzen, 72 aus Afrika, 5 aus dem illyrischen Gebiet und 157 aus dem Osten.[19] Während des ganzen dritten Jahrhunderts hielt sich die Zahl der italischen Mitglieder prozentual auf der gleichen Höhe und der Anteil des Ostens blieb unverändert bei etwas über 30%.[20] Aber unter den Provinzialen war am Ende des dritten Jahrhunderts der Prozentsatz an Senatoren aus dem Westen von 70% unter Vespasian auf 13,6% gesunken. Die relativ unkultivierten Donauvölker stellten trotz ihres sehr hohen Anteils im Heer zwar sehr viele Soldaten und Kaiser, aber auch weiterhin nur wenige Mitglieder des Senats.

Die nominale Einstellung der Herrscher zu jener Körperschaft war eine Mischung aus Verbindlichkeit und Argwohn. Dieser zeigte sich etwa in der Regelung, bestimmte Schlüsselpositionen Nicht-Senatoren vorzubehalten. Obwohl z.B. die Statthalterschaften der Provinzen und Militärkommandos immer Senatsmitgliedern übertragen wurden, hatte Augustus nicht nur den Statthalterposten der enorm reichen neuen Provinz Ägypten, sondern auch das Kommando seiner Prätorianergarde Rittern *(equites)*

anvertraut, Angehörigen der Gesellschaftsklasse, die nach ihren Vermö-
gensverhältnissen unmittelbar unter den Senatoren stand. Im zweiten
Jahrhundert fungierten die Ritter, die gewöhnlich zu diesem Stand auf-
stiegen, nachdem sie drei Offiziersposten im Heer innegehabt hatten, oft
als Berater, die hohen senatorischen Beamten zugeteilt waren, und als
deren Stellvertreter.

Unter der Dynastie der Severer wurde diese Regelung auf Provinz-Statt-
halterschaften ausgedehnt, die man nicht besetzte und dann durch Ritter
als amtierende Statthalter übernehmen ließ. Septimius war, ebenso wie
manche seiner Vorgänger im ersten Jahrhundert, unfreundlich gegen den
Senat, weil so viele Senatoren in den Bürgerkriegen seine Feinde unterstützt hatten; hinzu kam, daß die Privilegien des Senats in einer Zeit,
in der die kaiserliche Beamtenschaft wuchs, wenig sinnvoll erschien. Septimius stieß die Senatoren aus, die er nicht mochte, und berief an ihrer
Stelle neue Mitglieder aus der Ritterschaft. Viele von diesen waren vom
Unteroffizier und gemeinen Soldaten zum Ritterstand aufgestiegen.[21]
Septimius schwächte den Einfluß des senatorischen Traditionalismus weiterhin, indem er Ritter als Statthalter der kurz zuvor eingerichteten Provinz Mesopotamien und als Kommandeure seiner neu gebildeten Legionen
einsetzte.

Diese Auflösung überlieferter Normen zeigte sich deutlich, als das Heer
den ersten Kaiser ausrief, der kein Senator, sondern Ritter war, einen
Rechtsanwalt aus Mauretanien namens Macrinus (217–18). Das war ein
schwerer Schock für Konservative wie den griechischen Senator und
Geschichtsschreiber Cassius Dio. Er läßt – die Stelle ist kurz vor oder
nach Macrinus' Regierungszeit geschrieben[22] – den Ratgeber des Augustus, Maecenas, sich angeblich gegen den demokratischer gesinnten
Agrippa wenden und für eine stabile, zentralisierte und scharf abgestufte
Gesellschaft eintreten und sich der Veränderung widersetzen, weil sie nur
Verwirrung stiften könne. Die Beamtenschaft, meinte Dio, der aus Bithynien stammte, solle sich aus allen Teilen des Reiches rekrutieren, aber
nur aus der Schicht der alteingesessenen Bürger; diese gut geschulte, elitäre
herrschende Klasse solle der Kaiser zu seinem Partner machen, um so
die politische Einmischung des Proletariats zu verhindern.[23] Dio läßt den
Maecenas noch hinzufügen, der Kaiser könne die Befragung des Senats
als eine Formsache betrachten, aber trotzdem solle er nicht darauf verzichten, seinen Rat einzuholen, und er solle die Würde und persönliche
Sicherheit der Senatoren garantieren.

Bewunderer von Severus Alexander (222–35), unter dem Dio hohe

Ämter innehatte, behaupteten, dieser Kaiser habe dem Senat alte Befugnisse zurückgegeben. Aber sein augenscheinliches Entgegenkommen war eher auf Schwäche als auf liberale Gesinnung zurückzuführen; jedenfalls änderte es nichts an zwangsläufigen Entwicklungen. Dio drängte darauf, Senatoren nicht von militärischen Kommandos auszuschließen, aber die Tendenz dazu blieb bestehen.[24] Sehr bald findet man Ritter als Grenzkommandeure in Dura und in Tripolitanien, und seit der Zeit des Gallienus, der doch selbst aus einer vornehmen senatorischen Familie stammte, scheinen Militärkommandos nicht mehr an Senatoren vergeben worden zu sein, sondern waren alle in den Händen von Rittern. Der Senat stellte jetzt nur noch die Statthalter für Provinzen, in denen keine Truppen standen, und die Inhaber bestimmter Verwaltungs- und Richterposten in Rom und Italien.[25] Diese Entwicklung ging Hand in Hand mit der zunehmenden Tendenz, zivile und militärische Gewalt zu trennen. Jeder Kaiser wollte die militärischen Führungspositionen mit Fachleuten besetzen, und zwar mit solchen, die ihre Stellung ihm allein verdankten und sich durch keine andere Loyalität gebunden fühlten.

In dieser Periode verschwanden eine Zeitlang Personifikationen des Senats, die gelegentlich auf römischen Münzen aufgetaucht waren, von den neuen Prägungen; aber einige Jahre später griff man wieder auf derartige Darstellungen zurück, als der Senat nach altem, längst überholtem Brauch wieder die Initiative ergriff und den Kaiser Tacitus (275–76) auf den Thron erhob. Das Heer, das gewöhnlich selbst die Kaiser ausrief (S. 15), unterstützte diese Initiative sogar. Denn obwohl die bedeutendsten Offiziere dem Senat nicht mehr angehörten und auch nur wenige der Illyrer, die im Heer die führende Rolle spielten, stimmten doch die Interessen des Senats annähernd mit denen des Heeres überein. Zu den Senatsmitgliedern gehörten die Großgrundbesitzer, die mit dem Heer zusammenarbeiteten, um die steuerzahlenden Bauern in Abhängigkeit zu halten. Außerdem schienen diesem Zeitalter symbolische und abstrakte Werte oft wichtiger als die Realität, und als die Macht des Senats zerfiel, sahen militärische Kreise in dieser altehrwürdigen Versammlung mehr und mehr ein Spiegelbild des ewigen Rom (S. 198). Der vom Senat ausgerufene Tacitus konnte sich allerdings nicht lange halten; dieselbe Einstellung wie beim Heer zeigte sich jedoch auch bei Diokletian: er vergab zwar nur wenige Positionen an Senatoren, aber er erwies dem Senat als einer Verkörperung des gesamten Staatswesens wiederholt formelle Ehrungen, und am Diokletiansmonument auf dem Forum Romanum ist auch der Genius des Senats dargestellt.

Die Trennung von ziviler und militärischer Gewalt wurde von Konstantin zu Ende geführt. Aber spätestens damals, wenn nicht schon vorher, wurde auch die alte Unterscheidung zwischen Senatoren und Rittern völlig beseitigt. In einem stark vergrößerten Senat,[26] dem bald ein zweiter in Konstantinopel zur Seite gestellt wurde, verschmolzen die beiden Stände zu einer einzigen Klasse von Verwaltungsbeamten und mächtigen Grundbesitzern, deren Konstantin sich auf vielfache Weise bediente. Die alte Hierarchie hatte endgültig einem anderen, beinahe mittelalterlichen System Platz gemacht. Außerdem suchte dieser Kaiser die Zahl seiner ergebenen Anhänger zu vermehren, indem er eine neue Adelsklasse schuf, die Begleiter des Kaisers *(comites)*. Es hatte schon immer ‹Freunde des Kaisers› gegeben, die im persönlichen Umgang mit dem Kaiser und beim Hofzeremoniell Vorrechte genossen; sie alle waren Senatoren bis zur Zeit des Septimius, der auch Angehörige des Ritterstandes dazu herangezogen hatte. Aber erst Konstantin erhob diese Freunde zu offiziellen Begleitern, die diese Stellung nach seinem Belieben oder auf Lebenszeit einnahmen. Sie waren in drei Rangklassen eingeteilt, und ausgewählte Mitglieder gehörten dem Thronrat an.

Dieser Thronrat, ein Beratungskommitee, das dem Kaiser viel näher stand als der Senat, hatte seinen Ursprung in dem alten römischen Brauch, daß ein Beamter der Republik bei anstehenden Entscheidungen eine Anzahl von Beisitzern oder Freunden zuzog und ihren Rat einholte. Augustus hatte diesen republikanischen Brauch weiterentwickelt, und seine Räte bereiteten die Arbeit des Senats vor. Aber im zweiten Jahrhundert n. Chr. erhielt der Rat umfassendere Befugnisse, weil die Kaiser, die jetzt praktisch die einzigen Gesetzgeber waren, (S. 81) für diese Aufgabe Ratschläge brauchten; ihr Rat diente ihnen auch als privater Gerichtshof. Zu Hadrians Rat gehörte bereits ein Kern von Fachleuten, und in der Zeit der Severer waren die selbständig entscheidenden Abteilungsleiter der Staatsverwaltung ausschlaggebend bei den Beratungen; stellvertretender Vorsitzender des Thronrats war der Prätorianerpräfekt. (S. 92)

Septimius gestand seinem Rat weitgehende Freiheit zu, aber sein unbeherrschter Sohn Caracalla nahm Ratschläge nur ungern an. Als jedoch immer mehr Regierungsaufgaben dem Kaiser zufielen, erreichte der Thronrat seinen höchsten Einfluß, was sogar Cassius Dio billigte, und spielte eine führende Rolle bei der Umgestaltung der römischen Welt. Die hervorragendsten Juristen der Zeit gehörten nun zu seinen Mitgliedern (S. 93); in Severus Alexanders Thronrat stellten sie zwanzig von siebzig Ratsmitgliedern, die anderen waren Senatoren und Beamte. Ihre

Arbeit war so formalistisch geworden, daß die Ansichten aller Räte nun schriftlich niedergelegt wurden. Ein Kaiser wie Maximinus I. (235-38), dessen autokratische Tendenzen durch seine unzureichende Kenntnis des Lateinischen eingeschränkt waren, war weitgehend von seinen Räten abhängig; allerdings hören wir während der folgenden, noch schwierigeren Zeiten nicht viel von dieser Institution.

Diokletians Thronrat jedoch war ein einflußreiches beratendes Kabinett. Hochgestellte Beamte waren seine führenden Mitglieder, und bezeichnend für Konstantins spätere Umgestaltung des Gremiums zum *consistorium* (so hieß es jetzt, weil die Ratsmitglieder in Anwesenheit des Kaisers nicht mehr saßen, sondern stehen mußten) war der Sieg der Kanzleichefs, die bei der Ausübung ihrer richterlichen, vollziehenden und gesetzgebenden Gewalt allein dem Kaiser unterstellt waren.

Die kaiserliche Beamtenschaft bestand ursprünglich aus Sklaven und Freigelassenen, zu denen schließlich Ritter hinzukamen; diese Ritter hatte der Kaiser zur Ergänzung des alten republikanischen Regierungsapparats für seinen Hofstaat, für verhältnismäßig kleine Zentralkanzleien und Rechnungsämter und für die Finanzverwaltungen seiner Bevollmächtigten in den Provinzen herangezogen. Kaiser des zweiten Jahrhunderts und insbesondere Septimius, der seine leitenden Beamten aus Syrien, Kleinasien und seiner Heimatprovinz Afrika holte, bauten diese kaiserliche Beamtenschaft aus, so daß sie immer mehr zu einer eigenständigen Organisation wurde. In dem Chaos der folgenden Periode, in der sich nur wenige Kaiser länger behaupten konnten, entwickelte sich dieser Verwaltungsapparat zu einem selbständigen Machtfaktor; [27] Herrscher wie etwa Gallienus, die sich nicht auf den Senat stützen wollten, erkannten dies gerne an.

Unter Diokletian wuchs diese autonome Beamtenschaft enorm und umfaßte nun einen beträchtlichen Teil der gesamten Mittelklasse des Reiches. Diokletian brauchte eine noch viel weiter verzweigte Organisation, um die Menschen und den Bedarf für sein vergrößertes Heer beschaffen zu können (S. 63). Um hervorzuheben, daß sie dem Kaiser unterstellt war, nahm die Verwaltung selbst militärische Formen an. Und so setzte das gewaltige Heer von Beamten seine bürokratische, schlecht bezahlte, korrupte und teilweise, wenn auch nicht völlig erfolglose Tätigkeit durch die folgenden Jahrhunderte fort[28] und wurde das bestimmende Element in der Struktur, die das Byzantinische Reich zusammenhielt.

Eine bedeutende Veränderung wurde auch in der Provinzialverwaltung eingeführt. Diokletian, der selbst Statthalter gewesen war, erhöhte die Zahl der Provinzen auf mehr als das Doppelte, damit die für diese relativ kleinen Gebiete Verantwortlichen, völlig getrennt von der militärischen Gewalt, nur wenig Möglichkeit zum Aufruhr haben und sich auf Rechtsprechung und Finanzen beschränken sollten (S. 24). Eine weitere Neuerung Diokletians war, daß er diese Provinzen, deren Zahl jetzt hundert betrug, in dreizehn größere Verwaltungseinheiten oder Diözesen einteilte. Diese großen Gebiete, die schon künftige nationale Gruppierungen vorwegnahmen, umfaßten den Orient (Syrien, Mesopotamien, Palästina, Ägypten), zwei Diözesen in Kleinasien (Asiana und Pontica), drei auf dem Balkan (Moesien, Thrakien und Pannonien), je eine in Nord- und Süd-Italien, Afrika, Spanien, Nord- und Süd-Gallien und Britannien.[29] Die Diözesen wurden einige Zeit lang von Generalgouverneuren *(vicarii)* unter Aufsicht der Prätorianerpräfekten verwaltet.[30] Aber in der Zeit zwischen Diokletian und Konstantin wurden in den meisten Gebieten die Generalgouverneure wieder abgeschafft, um direkten Kontakt zwischen den Präfekten und den Provinzstatthaltern zu ermöglichen.

Die Prätorianerpräfekten waren ursprünglich Befehlshaber der persönlichen Leibwache des Kaisers gewesen. In der frühen Kaiserzeit hatten diese Funktionäre, die oft allein amtierten, häufiger aber ihre Befugnisse mit einem oder gelegentlich sogar zwei Kollegen teilten, eine entscheidende Rolle bei der Thronerhebung von Kaisern und bei der Sicherung des Thrones gespielt. Während des stabileren zweiten Jahrhunderts kam es seltener zu solchen Krisen; trotzdem spielten die Präfekten weiter eine zunehmend wichtige Rolle als militärische Stellvertreter des Kaisers, dessen Generalquartiermeister sie waren und dem sie oft in Feldzügen als Stabschefs dienten.

Die Herrscher hatten das Amt des Präfekten durchaus nicht als das eines Vize-Kaisers aufgefaßt, da sie derart hohe Stellungen, falls sie überhaupt nötig waren, lieber ihren eigenen Familien vorbehielten. Der erste Präfekt, der eine Gelegenheit erhielt, solche weitreichenden Möglichkeiten in großem Umfang auszunutzen, war Perennis; er hatte unter Mark Aurel das Amt mit einem Kollegen geteilt und war unter Commodus zum alleinigen Prätorianerpräfekten aufgestiegen. Perennis wurde gestürzt (185), aber die durch ihn gestärkte Autorität des Amtes ging bald danach auf den Kammerherrn des Kaisers über, einen phrygischen Freigelassenen namens Kleander. Der nächste Präfekt, Laetus, spielte eine führende Rolle bei der Ermordung zweier Kaiser und wurde wegen des Verdachts auf Hochverrat von deren Nachfolger hingerichtet (193).[31] Septimius' afrikanischer Landsmann Plautian gelangte zu schwindelnder Höhe, weil er seine Tochter mit Caracalla, dem Sohn des Kaisers, vermählte, aber sein neuer Schwiegersohn veranlaßte schon kurze Zeit darauf seinen Sturz (205).

Die Prätorianerpräfekten waren nun stellvertretende Vorsitzende des kaiserlichen Rats. Man übertrug ihnen auch die Aufgabe, die Naturalsteuern zu erheben, von denen die Deckung des Heeresbedarfs abhing, und so war ihr Amt weit über die ursprünglichen Funktionen hinausgewachsen und hatte sich zu einem allmächtigen Finanzministerium entwickelt (S. 60 ff.). Außerdem überließ es Septimius seinen Präfekten gewöhnlich, Beschwerden gegen Provinzstatthalter entgegenzunehmen, die infolge der Bürgerkriege besonders häufig vorkamen, und betraute sie mit der Rechtsprechung in Italien, die vorher von ständigen Gerichtshöfen ausgeübt worden war.[32] Wegen dieser zunehmenden Bedeutung der rechtlichen Befugnisse des Präfekten folgte nun eine Periode, in der die größten Juristen jener und vielleicht aller Zeiten anstelle oder als Kollegen der Generäle fungierten, die sonst meistens dies Amt innehatten. Papinian und Ulpian wurden Prätorianerpräfekten (S. 95), und damit lag die römische Regierung in den Händen von Rechtsgelehrten. Aber diese Phase, die Septimius eröffnete und Caracalla fortführte, zeitigte nicht sehr viele Erfolge, denn die Juristen hatten Schwierigkeiten mit dem Oberbefehl über die kaiserliche Garde, und nach zwei Jahrzehnten stellte das Heer wieder die Präfekten. Cassius Dio hatte befürchtet, daß diese Beamten zuviel militärische Macht gewinnen würden,[33] und tatsächlich heiratete Gordian III., der selber zu jung war, um die kaiserlichen Streitkräfte anzuführen, nicht nur die Tochter seines Präfekten, sondern betraute ihn mit dem Oberbefehl in Kriegszeiten (242). Zum Glück für ihn war dieser Präfekt Timesitheus nicht nur ein fähiger General und Verwaltungsmann, sondern auch ein Mensch von uneigennütziger Loyalität. Es ist zweifelhaft, ob man das auch von Philippus sagen kann, der zuerst in der Präfektur und dann auf dem Kaiserthron die Nachfolge antrat. Als dann Valerian und Gallienus das Reich unter sich aufteilten, hatte jeder von ihnen seinen eigenen Präfekten.

Der Prätorianerpräfekt hatte wie andere militärische Verwaltungsbeamte stets einen Stab von Beamten und Angestellten gehabt, die vom Heer abgestellt wurden, und unter Diokletian verstärkte sich dieses Einsickern von Soldaten im Zuge einer allgemeinen Militarisierung der Verwaltung. Die Präfekten, die noch immer zu zweit amtierten, waren nun Großwesire geworden, Leiter einer gewaltigen Sonderorganisation, die verantwortlich war für die Einziehung der Natural- und Geldsteuern. Außerdem unterhielten sie die Straßen und die Post, betrieben Waffen-

fabriken und beaufsichtigten die Verwaltung der Provinzen, anfangs
durch ihre Beauftragten, später direkt.

Aber Konstantin kam zu der Überzeugung, daß solch eine Machtkon-
zentration in den Händen der Präfekten zu groß war, um wirkungsvoll
oder ungefährlich zu sein. Von nun an verloren sie ihre militärische
Befehlsgewalt, die auf die neuen Heermeister der Reiterei und des Fuß-
volks überging, behielten aber viele Aufgaben wie z. B. die Versorgung
des Heeres mit Rekruten, Waffen und Verpflegung. Als Konstantin am
Ende seiner Regierungszeit das Reich unter seine jüngeren Verwandten
aufteilte, wurde schließlich auch die Prätorianerpräfektur in getrennte
Ämter aufgespalten, so daß jedem der Thronfolger ein Präfekt unterstand.[34]

Die Blütezeit des Römischen Rechts

Das römische Recht ist der höchste Ausdruck der rationalen Organisation
und des Ordnungswillens der Römer. Die Juristen wandten die Gesetze
auf den jeweils anstehenden Fall an, entsprechend den überlieferten Präze-
denzfällen und mit einem klaren Blick für die praktischen Bedürfnisse
und Umstände des täglichen Lebens, und schufen so allmählich ein
Rechtssystem, das auf einer Verbindung von wissenschaftlichem Denken
und gesundem Menschenverstand beruhte. Die Anfänge der Rechtswissenschaft lagen in ferner Vergangenheit, als das Kollegium der Priester,
der Bewahrer des heiligen Rechts, seine Geheimnisse der Öffentlichkeit
enthüllt hatte. Daraus ergab sich das Bedürfnis nach Rechtsauslegung,
das weltlichen Juristen den Weg ebnete. Aber als weltliche Gerichtshöfe
geschaffen wurden, bestimmte man, daß Rechtsgrundsätze nicht durch
die eigenmächtige Entscheidung der vorsitzenden Beamten festgelegt werden konnten. Deshalb saßen sachkundige Juristen in den Gerichtshöfen.
Diese mußten sich fragen, welche Tatbestände den gewöhnlichen oder
außergewöhnlichen formlosen Handlungen und Ereignissen des täglichen
Lebens zugrundelägen und welche Auswirkungen diese Handlungen normalerweise haben würden. Daß solche Entscheidungen allgemein als
wirksam und rechtskräftig anerkannt wurden, war ein früher Erfolg des
römischen Rechts. Ein halbes Jahrtausend lang war die wesentlichste
Tätigkeit der Juristen die Erteilung von Rechtsgutachten. Sie waren keine
Advokaten und infolgedessen nicht interessiert an Erfolgen, und diese
Unvoreingenommenheit gab ihren Auslegungen allgemeine Bedeutung.

Sie waren auch literarisch und als Rechtslehrer tätig, wobei sie ihre Erörterungen an ausgewählte Rechtsfälle anknüpften.

So entwickelte sich die Rechtswissenschaft, die man als die Kenntnis von Göttlichem und Menschlichem und von Recht und Unrecht definierte,[35] stetig seit spätestens 300 v. Chr. Die Rechtskundigen praktizierten nicht offiziell, bis Augustus ausgewählte Juristen ermächtigte, in seinem Namen Gutachten zu erteilen, so daß sie Sprachrohre der kaiserlichen Regierung wurden. Im zweiten Jahrhundert n. Chr. ging die Gesetzgebungstätigkeit des Senats zu Ende, und er wurde allmählich zu einer bloßen Registratur der Gesetze, die ihm vom Kaiser mitgeteilt wurden.[36] Aber diese kaiserliche Tätigkeit war größtenteils nur formal noch Gesetzgebung, denn sie bestand aus Antworten auf Fragen, die dem Kaiser zur Entscheidung vorgelegt wurden. Diese Antworten ließ er sich von den Juristen aufsetzen, die nun die schöpferischste und philosophisch fruchtbarste Periode des Römischen Rechts einleiteten. Salvius Julianus, ein Afrikaner von außerordentlichen Fähigkeiten, lieferte, als er noch nicht dreißig Jahre alt war (129), Hadrian eine umfassende Kodifikation des Edikts. Später war Cervidius Scaevola Berater eines fähigen Juristen auf dem Kaiserthron, nämlich Mark Aurels, und Lehrer eines zweiten, des Septimius.[37]

In Septimius' Regierungszeit entfaltete sich die zweite Phase dieses Goldenen Zeitalters des Römischen Rechts. Sie war vielleicht weniger schöpferisch als die vorangegangene, aber sie führte zur Ausarbeitung der geltenden Grundsätze auf dem gesamten Gebiet des Rechtswesens. Die Juristen, die diese Sammlung, kritische Bearbeitung und Auslegung des klassischen Erbes auf sich nahmen, widmeten ihre Zeit immer noch überwiegend der Beratung von Beamten. Sie zeigten aber auch, da sie größtenteils aus dem Osten stammten, die bei Griechen übliche Neigung, ihre amtliche Tätigkeit schriftlich festzuhalten. Diese Verlautbarungen, die später als selbständige Rechtsquelle anerkannt wurden, sind das bedeutendste Vermächtnis Roms an die Nachwelt. Sie eröffnen auch einen der sichersten Wege zur Kenntnis der Kaiserzeit, denn sie geben uns Einblick in die Tätigkeit der Herrscher und die Überlegungen, die ihr Handeln bestimmten; sie enthüllen uns die Geheimnisse des kaiserlichen Regierungsapparats und geben uns Einblick in das Bewußtsein der Kaiser.[38]

In welch hohem Maß Septimius und seine Nachfolger von der Sachkunde der Juristen abhängig waren, zeigt sich darin, daß ihre hervorragendsten Vertreter als Mitglieder im kaiserlichen Rat und vor allem als Prätorianerpräfekten auftraten (S. 93).

Der erste Rechtsgelehrte, der die Präfektur bekleidete, war Papinian, wahrscheinlich syrischer Herkunft wie Septimius' Frau, und wie Septimius ein Schüler von Cervidius Scaevola; 203 trat er sein Amt an, 212 wurde er auf Betreiben des neuen Kaisers Caracalla von der Garde getötet, entweder weil er nicht entschieden genug gegen den ermordeten Bruder Caracallas Partei genommen hatte, oder weil er als Zivilist bei den Soldaten unbeliebt war. Papinian schrieb keine umfassende systematische Abhandlung, aber seine umfangreichen Sammlungen und Zusammenfassungen von Entscheidungen haben ihn zum berühmtesten Mann in der ganzen römischen Rechtsgeschichte gemacht. Er war unabhängig, scheute sich nicht, seine Meinung zu ändern, und traf originelle Entscheidungen, die scharf durchdacht und von unerreichter Klarheit waren. Er neigte etwas mehr als seine Zeitgenossen zur Verallgemeinerung und gab der Billigkeit, Moral und Menschlichkeit weiten Spielraum. Papinian war eher ein kritischer und scharfer als ein schöpferischer Geist, und seine Kritik ist besonnen, vorurteilslos und maßvoll; er wandte das Recht verantwortungsvoll und mit sicherem Instinkt an. Es liegt Eleganz in der fast archaischen, lapidaren Knappheit seines Stils, der unbeirrt und ohne Schnörkel den Tatbestand auf das darin enthaltene rechtliche Prinzip zurückführt und sich auf den wesentlichen Punkt beschränkt.

Im fünften Jahrhundert galt Papinians Meinung als ausschlaggebend, wenn die Auffassungen der Rechtsquellen auseinandergingen (426; S. 97). Heutzutage legt man auch auf die Juristen der früheren Zeit viel Gewicht. Doch reicht, abgesehen vielleicht von Hadrians Berater Salvius Julianus, kein anderer an Papinian heran, obwohl jetzt einige auch Ulpian ihm gleichstellen möchten.[39] Dieser Rechtsgelehrte kam aus Tyrus, schrieb unter Caracalla und wurde 222 unter Severus Alexander Prätorianerpräfekt; nachdem es ihm nicht gelungen war, mit der Garde fertig zu werden, wurde er einige Jahre später ermordet. Seine umfangreichen Werke, die den Trend zur Kodifizierung in der damaligen Beamtenschaft widerspiegeln, sollten alle Bereiche des Rechtswesens umfassen, um das Nachschlagen bei früheren Autoren überflüssig zu machen. Ulpian ist zuverlässig, nüchtern und ungekünstelt, schreibt mit großer Klarheit und Leichtigkeit, aber auch mit einer gewissen bürokratischen Vorsicht und zeigt eine vollkommene Beherrschung seines ungeheuer umfassenden und komplizierten Stoffs.

Paulus war gleichzeitig mit Ulpian Prätorianerpräfekt; diese letzten Jahre der Juristen im Präfektamt waren von Wirren und Meuterei erfüllt, und die Tatsache, daß Ulpian und Paulus in ihren Werken einander nicht zitieren, läßt vermuten, daß sie nicht sonderlich gut miteinander standen. Zu Paulus' Schriften, den umfangreichsten von allen, gehörte eine große Anzahl von systematischen Monographien und ein Buch bzw. Auszüge aus einem Buch, das starken Einfluß ausgeübt hat; es sind die Entscheidungssammlungen *(Sententiae)*.[40] Die Auffassungen und der Stil des Paulus sind so schwer von späteren Interpolationen zu trennen, daß man ihn ganz unterschiedlich beurteilte und ihm sogar vorwarf, er sei wirklichkeitsfremd und dogmatisch. Es fehlte ihm an Urbanität, und er gefiel sich in Widersprüchen. Obwohl ihm Ulpians unmißverständliche Klarheit abging, scheint Paulus diesem in der Weite seiner Interessen, in seiner Unabhängigkeit, abstrakten Urteilsfähigkeit und eindringlichen Kritik an den Auffassungen anderer Juristen überlegen zu sein. Aber beide hatten das gleiche, in spätantikem Geist konzipierte Ziel: eine große Menge von Material aus früheren Zeiten zusammenzufassen und zu erhellen zu einfachen Darstellungen des gesamten Rechtssystems.

Die Durchführung dieses Vorhabens fand in der Mitte des dritten Jahrhunderts einen vorläufigen Abschluß durch den zunehmenden Absolutismus der Kaiser, die bedrohliche Unsicherheit ihrer Regierungen und die entgegenwirkende Anziehungskraft, welche die komplexen Gedanken der christlichen Theologie auf fähige Geister ausübte. Und so ging die Zeit der großen Juristen zu Ende.[41] Aber die kaiserliche Gesetzgebung ging in gewaltigem Umfang weiter. Diokletian behauptete, es sei «die allergrößte Sünde, Dinge umzustürzen, die einmal von unsern Vorvätern verordnet und vorgeschrieben worden sind»,[42] und versuchte, griechische und andere nicht-römische Auffassungen zu unterdrücken und römisches Recht in seinem ganzen Reich auszubreiten. Beinahe 1300 seiner Antworten auf Fragen von Richtern oder auf private Bittschriften sind erhalten geblieben. In seiner Regierungszeit entstanden auch Sammelwerke, die bis in Hadrians Zeit zurückreichten und die kaiserlichen Entscheidungen enthielten, die jetzt die einzige Gesetzesquelle waren. Diese Sammlungen dienten vielen Generationen als juristische Nachschlagewerke und galten trotz ihres privaten Charakters vor den Gerichten als maßgebend.[43]

Unter Diokletian wurden also die Traditionen der klassischen Rechtswissenschaft noch bewahrt. Aber an dem Zitiergesetz des westlichen Kaisers Valentinian III. (426), das Vorschriften zur Anwendung klassischer juristischer Schriften vor Gericht festlegte, läßt sich eine Vergröberung des Rechtsempfindens ablesen. Die Verfasser dieses Gesetzes hatten keine hohe Meinung von den damaligen Richtern und waren selber nicht allzu fähig; immerhin ermöglichten es ihre Bemühungen wenigstens einem sorgfältigen Anwalt, seinem Klienten die Rechtslage zu erklären. Der Codex des östlichen Kaisers Theodosius II. (438), der eine offizielle Sammlung kaiserlicher Gesetze seit dem Jahre 312 enthielt, scheint Teil eines allgemeinen Planes zur Kodifizierung der geltenden Gesetze gewesen zu sein;[44] und zusammen mit Paulus' Entscheidungssammlungen *(Sententiae)* und Diokletians Sammlungen ging er in das Vulgarrecht ein, das für den barbarisierten Westen das römische Recht zusammenfaßte und vereinfachte.

Als das akademische Studium des römischen Rechts in der östlichen Reichshälfte wieder intensiver betrieben wurde, wurden die Juristen der vergangenen Jahrhunderte in dem Codex Justinians I. tradiert, der fast alles enthält, was wir von der römischen Rechtsordnung wissen (528–34).[45] Diese umfassende Materialsammlung mit Kommentar, die eine riesige Stoffülle in zwei Bänden von handlicher Größe zusammendrängte, wurde von einer sechzehn Mitglieder umfassenden Kommission unternommen, der gewöhnlich Tribonian, ein hoher Beamter, vorsaß. Die Kommission wurde angewiesen, nach den Prinzipien der Humanität, des gesunden Menschenverstandes und des Gemeinnutzes zu verfahren. Der Hauptteil ihrer Arbeit, die Zusammenstellung der *Digesten,* war ein Denkmal für die Juristen der Severerzeit, denn mehr als die Hälfte des Inhalts bilden teilweise interpolierte und veränderte Fassungen der Schriften von Papinian, Ulpian und Paulus.[46] Allein von Ulpian sind 2462 Stellen angeführt, die ein Drittel der ganzen Sammlung ausmachen.

Dadurch, daß ihr Werk in den *Digesten* enthalten blieb, haben die rechtsgelehrten Präfekten des Septimius und seiner Nachfolger einen weiter reichenden Einfluß auf die Welt ausgeübt als alle anderen lateinischen Autoren, sogar mehr als Vergil, Cicero oder Ovid. Denn als Justinians Codex im Italien des zwölften Jahrhunderts wiederentdeckt worden war und Irnerius ihn für seine Lehrtätigkeit in Bologna benutzte, wurde er zur wichtigsten Stütze für Päpste, Kaiser und Staatsmänner und war ein wesentliches Element in der geistigen Wiedergeburt Europas: die universalistischen Träume Caracallas und Diokletians waren ein Jahrhundert später nahezu in Erfüllung gegangen. Die Schriften der severischen Juristen, die den *Digesten* einverleibt worden waren, bildeten nun die *lingua franca,* die Umgangssprache des Rechts, und ihre zahllosen praktischen Lösungen sowie ihre klaren, vernünftigen Unterscheidungen faszinierten die begabtesten Menschen jener Zeit. Auf diese Weise wurden die Rechts-

methoden und -entscheidungen aus der Zeit des Septimius Vorbilder für
künftige Zeitalter. Noch vor einem Jahrhundert spielten sie in weiten
Gebieten durch ihre direkten und indirekten Nachwirkungen eine entscheidende Rolle. Selbst heute, wie in den vergangenen zwei Jahrtausen-
den, haben sie auf diese Weise noch bestimmenden Einfluß auf die
Methode und den systematischen Aufbau, durch welche das Recht sich
wechselnden Generationen und Regierungsformen anpaßt.

Die Juristen des zweiten, dritten und vierten Jahrhunderts respektierten
die Menschenrechte, sofern diese nicht mit den Bedürfnissen des Staates
kollidierten, denen man unbedenklich den Vorrang gab. Mark Aurel
räumte den Frauen eine bessere Rechtsstellung ein, als sie sie bisher gehabt
hatten, und sowohl er als auch Septimius schützten die Interessen von
Minderjährigen und Sklaven. Zwar waren die letzteren noch immer Leibeigene, und die Sklaverei wurde als eine in aller Welt übliche Institution
angesehen, aber einige Rechtsgelehrte machten nun geltend, daß dies der
Natur widerspreche.[47]

Soweit es nicht um Politik und Steuern ging, taten die Juristen, ob
als Präfekten oder als den Präfekten unterstellte Richter oder als sachver-
ständige Berater im Thronrat, alles, was in ihrer Macht stand, um die
fundamentalen Güter des römischen Rechts zu erhalten: die Familie, das
Privateigentum und die Unverbrüchlichkeit von Verträgen; sie wandelten
sogar manches ab, um mehr Menschlichkeit zu ermöglichen, in Übereinstimmung mit einem neuen Gefühl für menschliches Leiden (S. 105). So
zeigte Septimius, trotz der Strenge seines Regiments, Menschenfreundlichkeit in seinen Gesetzen gegen Abtreibung, in Verfügungen, die Ehefrauen vor dem Verlust ihrer Mitgift zu schützen und in der Gewährung
von Privilegien für kinderreiche Familien und mittellose Kinder;[48] das
auch für sein allgemeines Bestreben, die Menschen weniger für die Verfeh-
lungen ihrer Väter büßen zu lassen. Kreditanstalten für Landerwerb wurden gegründet, und die Provinzstatthalter erhielten größere Selbständigkeit, und dadurch die Möglichkeit, nicht nur Notständen abzuhelfen,
sondern auch die Armen und Schwachen gegen ihre mächtigeren Nachbarn und die Soldateska zu schützen (S. 68).[49] Spätere Kaiser gaben
weitere Gesetze mit einer ähnlichen Tendenz.[50] So wurde die Autokratie,
zu deren Errichtung die Juristen beitrugen, nicht nur zentralisiert, sondern
zeigte deutlich eine zunehmende Normierung und Nivellierung. Diese
Entwicklung war schon unter Mark Aurel erkennbar geworden, dessen
Politik das Loblied auf Rechtsgleichheit und Gleichberechtigung widerspiegelte, das er in seinen Selbstbetrachtungen zum Ausdruck bringt.[51]

Auch Cassius Dio, der Maecenas zu seinem Sprachrohr macht, befür-
wortet einen allgemeinen Abbau von Rangunterschieden.[52]

Diese Auffassungen lieferten angemessene theoretische Fassaden, aber
der eigentliche Zweck der Nivellierung war, jede denkbare aufrührerische
Bestrebung und Unzufriedenheit auszuschalten; denn diese hätten vielleicht die größtmögliche Ausbeutung aller Massen bei der Aufbringung
der Steuern und im Dienst für den Staat verhindert. Einen fiskalischen
Zweck schreibt Cassius Dio ausdrücklich auch dem Erlaß Caracallas zu,
den man als die *Constitutio Antoniniana* kennt (212–13).[53] Dieser Erlaß
gab der ganzen Reichsbevölkerung, abgesehen von Sklaven und ein paar
anderen Ausnahmen,[54] die Rechtsstellung römischer Bürger; bisher war
dieser Status Italikern sowie einer ausgewählten privilegierten Minderheit
von Provinzialen vorbehalten gewesen. Caracallas Maßnahme wird nicht
einmal auf den Münzen erwähnt, die viele weit weniger wichtige Ereignisse spiegeln. Diese geringe Wirkung der Maßnahme stimmt damit überein, daß sie nur ein einziger, letzter Schritt in einem langen und allmählichen Entwicklungsprozeß ist, der schon in den Werken der Juristen und
bei Mark Aurel sichtbar war. Die Constitutio schlug einen demokratischen Ton an, der zu Caracallas weitgespannten Plänen in Nachahmung
Alexanders des Großen und in der Ausbreitung der Bildung paßte.

Jedoch bewirkte dieser Erlaß, ebenso wie Maßnahmen, die Italiens
privilegierte Stellung abbauten, eine Nivellierung der Bevölkerung nicht
nach oben, sondern nach unten. Denn von nun an mußten Erbschaftssteu-
ern und Steuern für die Freilassung von Sklaven nicht nur von den bisherigen Bürgern, sondern ebenso von den vielen Neubürgern aller Art entrichtet werden,[55] und der Hebesatz *beider* Steuern wurde verdoppelt (S. 60).
Allerdings wurde dieses fiskalische Motiv gebührend kaschiert durch
einen Appell an das religiöse Gefühl:Caracalla stellte die Constitutio als
Zeichen seines Dankes für die Beseitigung seines angeblich verräterischen
Bruders Geta dar; sie trug auch dazu bei, seine Untertanen enger an Rom
und die traditionellen Götter zu binden.

Da die Aufhebung jeglichen Unterschieds zwischen Bürgern und Nichtbürgern sowie zwischen Italien und den Provinzen dazu führte, daß in
manchen Beziehungen römisches Recht die örtlich unterschiedlichen
Rechtsordnungen ablöste,[56] sollte man annehmen, daß eine unterschiedliche Behandlung von Freien vor Gericht kaum möglich gewesen sei. Die
tatsächliche Lage war jedoch anders und weit entfernt von solcher Gleich-
stellung. Die Gleichschaltung von Bürgern und Nichtbürgern war zu einer
Zeit erfolgt, als sich auf einer anderen Ebene rechtliche Unterschiede her-

auskristallisierten. Denn die bisherigen Unterscheidungen nach Gebiets-
zugehörigkeit und Bürgerrecht wurden nun abgelöst durch eine soziale
Abstufung zwischen zwei Hauptgruppen, deren Stellung vor dem Gesetz
ganz verschieden war: Die obere Klasse *(honestiores)* umfaßte Grundbesitzer, Offiziere, Beamte, Gemeinderäte und schließlich auch Priester. Alle
anderen gehörten zu der unteren Klasse *(humiliores)*, die weniger Rechte
besaß und vor Gericht härteren Strafen ausgesetzt war. Obgleich sie jetzt
römische Bürger waren, blieben sie der Prügelstrafe, der Folterung und
schnellen Aburteilung unterworfen, die früher nur Nichtbürger zu erleiden
hatten. Sie wurden tatsächlich wie Sklaven bestraft,[57] und genau so nannte
man schließlich auch viele ‹freie› Pächter. Außerdem blieb das Recht,
nach nur kurzer Voruntersuchung oder überhaupt ohne solche an den
Kaiser zu appellieren, jetzt allein den *honestiores*[58] vorbehalten. Und
obwohl es auch für sie drückende, von den Juristen ausgeklügelte
Zwangsverpflichtungen gab,[59] war das Schlimmste, das ihnen passieren
konnte, der Verlust dieses Ranges.

Diese unterschiedliche Behandlung war nichts völlig Neues; die römische Rechtsprechung hatte stets die obere Klasse begünstigt, außer wenn
argwöhnische Kaiser eine besondere Abneigung gegen Senatoren hatten.
Schon im zweiten Jahrhundert bestand inoffiziell ein Unterschied zwischen zwei Klassen; dann folgte eine Epoche, in der sich Rangbezeich-
nungen immer mehr einbürgerten und allmählich offiziellen Charakter
annahmen. Vor diesem hierarchischen Hintergrund also verstärkten die
Juristen der Severerzeit durch ihre Autorität die Schranke zwischen *honestiores* und *humiliores*. Zwar gab es viele Bemühungen, durch humane
Gesetzgebung diese Situation zu entschärfen (S. 98), aber weit mehr
Maßnahmen, oft durch die Interessen der Grundbesitzer hervorgerufen,
zielten darauf ab, die Armen in ihrer trostlosen und mühseligen Lage
zu belassen. Daher reagierten die niederen Schichten in Krisenzeiten gelegentlich recht zurückhaltend auf alle Bemühungen, bei ihnen patriotische
Begeisterung zu entfachen.

In den Gesetzen Diokletians und Konstantins verbindet sich Menschlichkeit mit unangenehmen Drohungen. Von den grausamen Strafbestim-
mungen vieler seiner Gesetze hebt sich Diokletians Preisedikt ab: Es sollte
vor allem den gemeinen Soldaten zugute kommen und suchte sogar allen
Armen zu helfen, indem es die Höchstpreise in ihrem bescheidenen Bron-
zegeld *(denarii)* festsetzte. Im gleichen Geiste machte Konstantin vielen
schädlichen Rechtsstreitigkeiten ein Ende, und seine durch das Christentum inspirierten Rechtsreformen verboten brutale Strafen, versuchten,

allerdings ohne Erfolg, die Gladiatorenkämpfe einzuschränken, und erleichterten die Lage von Frauen, Kindern, verschuldeten Pächtern, Gefangenen und Sklaven.[60] Jedoch ließ er die Folterung zu, um vor Gericht die Wahrheit herauszufinden und die Schuld zu beweisen, und die dafür vorgesehenen Methoden waren grausam.

Die Gesetze verurteilten und richteten in scharfem, drohend klagendem Ton und wiederholten jahrzehntelang die immer gleichen Verbote. Der Grund dafür war, daß Warnungen lax gehandhabt und oft überhaupt nicht beachtet wurden. Die Triebräder drehten sich zwar, griffen aber nicht ineinander.[61] Septimius und viele andere stellten Korruption unter Strafe,[62] aber der ‹Verkauf von Rauch› (*fumum vendere*, d. h. Bestechung und Protektion) vergiftete die ganze Regierung und vor allem die Gerichtshöfe. Die Strafjustiz war nicht nur korrupt, sondern brutal und willkürlich. Das Gerichtswesen der späteren Kaiserzeit blieb trotz Diokletians Verbesserungen labyrinthisch, kostspielig und langsam in seiner Arbeit. Es war durch viele unverständliche und aufwendige Konflikte der Rechtsprechung belastet, und die Richter, deren Amtszeit zu kurz war, waren Einschüchterungsversuchen ausgesetzt und brachten im Laufe der Zeit immer weniger Kenntnisse mit. Es zeigte sich jedoch, daß die Unzulänglichkeit der Gerichte für die Masse der Bevölkerung gar nicht so schlecht war; denn zweifellos war es besser, den so oft tyrannischen Gesetzen entgehen zu können als sie alle vollstreckt zu sehen. Es war eine unerfreuliche und drückende Regierungsform, aber sie war nicht wirksam genug, um jeden einzelnen die ganze Zeit hindurch ins Unglück zu stürzen.

Das also war die Epoche, die unter Septimius und seinen Nachfolgern mit Juristen begann, die zu den größten aller Zeiten gehören und die in ihrer Wirkung auf die Nachwelt sicher von keinem anderen übertroffen worden sind. Dieser Einfluß erreichte seinen Höhepunkt erst in einem sehr viel späteren Zeitalter und trug Wesentliches zur Zukunft Europas bei. Zu ihren Lebzeiten bewirkten die außerordentlichen Fähigkeiten dieser Männer wahrscheinlich mehr Unglück als Glück; denn ihre Bemühungen richteten sich nicht nur auf humane Gesetzgebung, sondern auch, und zwar noch stärker, auf die Erpressung von Steuern und die Reglementierung, die man als notwendig für den Unterhalt des Heeres und zur Rettung des Staates ansah. So schrecklich diese Bestrebungen waren, sie hatten doch nicht so schlimme oder so allgemeine Folgen, wie man hätte fürchten können; denn die Unzulänglichkeiten der Vollstreckungsorgane ermöglichten es vielen Menschen, sich nicht an das zu halten, was die Juristen so sorgfältig zu ihrer Unterdrückung ausgedacht hatten.

Dritter Teil

Künstler, Architekten,
Romanciers und Philosophen

Fünftes Kapitel

Künstler und Architekten der Kaiserzeit

Der Höhepunkt der kaiserzeitlichen Skulptur

Die bedeutendsten Leistungen der Bildhauer des zweiten Jahrhunderts n. Chr. waren Kaiserreliefs, die größten Meisterwerke des dritten Jahrhunderts Porträtbüsten der Kaiser.

Die eigentümlich römische Art, die Taten der Kaiser auf Reliefs darzustellen, hatte schon im Friedensaltar des Augustus, am Titusbogen und auf der Trajanssäule bedeutenden Ausdruck gefunden. Die Mark-Aurels-Säule, die nach dem Tode des Kaisers zur Verherrlichung seiner Germanensiege errichtet wurde (ca. 190–95?), ähnelt ihrem früher entstandenen Gegenstück, der Trajanssäule, insofern, als auch ihre Darstellungen Kriegsszenen schildern, die sich in einer Spirale von unten nach oben fortsetzen. Doch die Reliefs der Mark-Aurel-Säule führen in eine neue und empfindsamere Welt. Denn ihre Bildhauer begnügen sich nicht mit Trajans auf äußere Wirkung abgestelltem Leistungsbericht, sondern sie erzählen eine Geschichte von ergreifender Menschlichkeit. Nun, da Roms Kriege eine viel ernstere Sache geworden sind, werden sie nicht mehr als eine ganz normale Tätigkeit angesehen, sondern als die grausame und schmutzige Notwendigkeit, verheeren und töten zu müssen. Es zeigt sich ein tieferes Gefühl für Leiden und Tod; das gilt besonders im Hinblick auf die Barbaren, in denen man nicht mehr bloß, wie auf der Trajanssäule, unkultivierte Feinde, sondern gequälte menschliche Wesen sieht. Es ist eine Welt voll Furcht und Schrecken. Sie ist auch erfüllt von übernatürlichen Kräften, die in dem Regenwunder, durch das die Truppen des Kaisers angeblich errettet wurden, gespenstisch Gestalt annehmen (S. 232). Auch ein neuer künstlerischer Geist ist spürbar, ebenso wie ein gefühlsbetontes Streben nach dem Wesentlichen und nach Wirkung, das alles illustrative Detail zugunsten des jeweils zentralen Gegenstandes in den Hintergrund treten läßt. Die tief eingemeißelten und stark herausgearbeiteten Umrisse heben sich sehr plastisch von einem abstrakten, schattenhaften Raum ab, und der Kaiser, der nun seine wie Jünger um ihn gescharten Begleiter ein Stück überragt, wendet sich nicht ihnen, sondern den Beschauern der Säule zu.

Die Reliefs am Triumphbogen des Septimius Severus in Rom (203) sind schlechter erhalten als die an der Mark-Aurels-Säule, aber nicht völlig von ihnen verschieden. Die Entwicklung ist jedoch schon weitergegangen, denn die Gestalten sind flacher gearbeitet, und die kunstvolle Abgrenzung der einzelnen Szenen, die aus der Vogelperspektive gegeben werden, vermittelt den Eindruck von der Oberfläche eines Gewebes. Wahrscheinlich war diese Art der Darstellung durch bekannte Gemälde angeregt, die uns nicht mehr erhalten sind, etwa die, welche Septimius bei seinem Triumph über die Parther zur Schau stellte.[1] Sein Ehrenbogen in Lepcis Magna (ca. 203) läßt ein Bildfeld erkennen, das eine Belagerung in derselben landkartenähnlichen, räumlich schildernden Art darstellt. Aber bei einer anderen Szene auf dem Septimiusbogen von Lepcis, die den Herrscher in seinem Triumphwagen zeigt, wird eine neuartige und fast schon mittelalterliche Technik angewandt: sie ist eher zweidimensional als plastisch und betont eine rhythmisch sich wiederholende Symmetrie sowie starre Frontalität.

Das Prinzip der Symmetrie, das die Künstler von nun an immer mehr bevorzugen, war schon bei bestimmten römischen Medaillons mit Vorliebe angewandt worden. Ein Jahrhundert später war diese Art ausgewogener Gestaltung in der römischen Münzprägung genauso üblich geworden wie die schematisch dargestellten Feuer-Altäre auf den Münzen der persischen Sassaniden. Einige der Künstler des Bogens von Lepcis hat man einer langlebigen Bildhauerschule in Aphrodisias (Kehre) in Kleinasien herleiten können. Aber die betont frontale Darstellung der Kaisergestalt, die sich an dem kleinen Bogen der Wechsler in Rom (204) findet, stammt aus einem Bereich weit östlich von Aphrodisias; sie ist typisch für die Grenzgebiete zwischen dem Römischen und dem Partherreich, wo die gespannten politischen Beziehungen der beiden Großmächte den Austausch künstlerischer Ideen nicht beeinträchtigten. Frontale Darstellungen hatte man zwar schon früher auf griechischen und römischen Reliefs und Münzen sehen können, aber diese starre hieratische Haltung erinnert an Erlösergottheiten in Palmyra in der syrischen Wüste, und in Dura und Hatra in Mesopotamien.[2] In den westlichen Teilen Persiens hatte es frontale Porträts schon viele Jahrhunderte früher gegeben.[3] Eine zeitgenössische Analogie dazu bildete anscheinend die griechisch-buddhistische Kunst Nordindiens. Sie steht der Gestaltungsweise von Palmyra sehr nahe, die auf dem Seeweg durch den Persischen Golf nach

Osten gekommen sein mag.[4] Auch Könige der Parther und Perser werden gelegentlich so dargestellt, daß sie den Betrachter anblicken wie mächtige Talismane.[5] Der Triumphwagen auf dem Bogen von Lepcis ist teils frontal, teils in Seitenansicht gegeben, aber die Münzprägung zeigt, wie diese Wagenszenen bald wappenartig ganz frontal dargestellt werden, zuerst in den östlichen Provinzen und später in Rom.[6] Wenn das Relief von Lepcis den Septimius frontal inmitten anderer Gestalten zeigt, so hat er doch – noch deutlicher als Mark Aurel auf seiner Säule – keinen Kontakt zu ihnen, sondern zu den ehrfürchtigen Betrachtern, die er so starr anblickt wie Buddha seine Anbeter. Eine solche Darstellungsweise appelliert eher an die Gefühle als an den Verstand des Beschauers; sie bedeutet eine geistige Revolution, die zu den frontalen, symmetrischen Mosaiken des byzantinischen Zeitalters führte.

Während der hundert Jahre nach der Entstehung des Septimiusbogen von Lepcis wurden die bedeutendsten Meisterwerke historischer Reliefs nicht in Rom, sondern bei den persischen Sassaniden geschaffen. Die gewaltigen Reliefs aus der Mitte und dem Ende des dritten Jahrhunderts, die die Siege der Perser feiern, übertreffen die Vorbilder, die ihnen die Parther als Nachfolger der alten Assyrer und Babylonier vermittelt hatten; es waren aber noch nicht ‹bewegte Bilder› wie bei den Römern, sondern sie lenkten das Hauptaugenmerk auf symbolische Szenen, die den Inbegriff des Triumphs darstellen.[7] Sie haben auch okkulte Bedeutung, denn die Darstellung eines Sieges erhöhte den Glanz des Fürsten auf magische Weise.

Aber bis auf die letzten Jahre des dritten Jahrhunderts konnte Rom dieser eindrucksvollen Reihe von Reliefs keine neuartigen Leistungen auf diesem Gebiet zur Seite stellen. In einer Kultur, die noch gewisse humanistische Werte beibehielt, erschienen die neuen künstlerischen Mittel mit ihrer Betonung der Frontalität und der Symmetrie ungeeignet für die althergebrachten schildernden Darstellungen von Menschen und deren Taten. Die Reliefkunst war aber immer noch sehr lebendig im römischen Reich. Es gab bewundernswerte Silberarbeiten, in mehr oder weniger naturalistischem Stil.[8] Auch auf unzähligen Sarkophagen finden sich Reliefs (S. 228 f.), und in diesem etwas begrenzteren Arbeitsbereich setzten die Künstler, die mit der offiziellen Einstellung sympathisierten, die Tradition des großen historischen Reliefs fort und wandten sie zur Verherrlichung der kaiserlichen Verstorbenen an. Namentlich zwei typische Themen wurden zu diesem Zweck verwandt. Das eine war eine Szene, in der Philo-

sophen und weise Männer vereint dargestellt waren und die so einen
griechischen Zug inmitten der geistigen und künstlerischen Bewegungen
der Zeit verkörperte (S. 115); auf einem derartigen Sarkophag ist oben
eine dreidimensionale zurückgelehnte Gestalt zu sehen, die vielleicht den
nur kurze Zeit regierenden Kaiser Balbinus (238) darstellt.[9] Andere Sarkophage zeigen anscheinend auf ihren Reliefs Herrscher oder ihre er-
lauchten Verwandten, vor allem inmitten sorgfältig ausgeführter, ver-
schlungener Schlachtszenen;[10] Parallelen dazu finden sich bei fast ebenso
kunstvoll verflochtenen Gestalten auf Münzen und Medaillons. Diese
Schlachtszenen stellen die Vernichtung von Tod und Unheil durch den
siegreichen Toten dar. Bei der Betrachtung ihrer unplastischen, teppichar-
tigen Strukturen bleibt das Auge haften an dem Reiter in der Mitte, der
in großartiger, übermenschlicher Gelassenheit aus dem dichtgedrängten
Gewühl von Kämpfenden herausragt. Der Ludovisi-Sarkophag, mit dem
diese Darstellungen ihren Höhepunkt erreichen, zeigt in der Mitte einen
Angehörigen des Kaiserhauses, den man (allerdings nicht ganz sicher)
als Hostilian († 251), den jüngeren Sohn des Decius, identifiziert hat.[11]
Die Technik der Relief-Skulptur wird noch immer für offizielle oder offi-
ziöse Propaganda benutzt; es ist jedoch, wie die Porträts jener Zeit, Propaganda von zweideutigem Wert, die beredtes Zeugnis von einer Zeit
der Brutalität und des Leidens gibt (S. 113).

Das eigentlich historische Relief, das die Tradition des Titusbogens
und der Säulen Trajans und Mark Aurels fortsetzt, wurde wiederbelebt
durch den Bogen, den Galerius in Thessalonike (Saloniki) zur Verherrlichung seiner Siege über die Perser errichtete (296); er kannte bereits die
Reliefs, die kurz zuvor die Perser selbst geschaffen hatten. Die Figuren
des Galeriusbogens, in kleinem Maßstab ohne Raum und Perspektive
dargestellt, erinnern an Sarkophage. Zwei Haupttypen der Komposition
werden angewandt: das eine ist lebhafte Bewegung in eine einzige Richtung hin, das andere ist statisch und hieratisch und stellt unbewegliche
Figuren zur Schau, die der Außenwelt gegenüberstehen in einer Haltung,
wie sie schon ein Jahrhundert früher in einigen unter Septimius entstandenen Werken angedeutet worden war. Die vier Herrscher werden in einer
‹Epiphanie› dargestellt, viel größer als ihre Zuhörerschaft, und Galerius,
der zu seinen Truppen spricht, überragt die ganze pyramidenartige Komposition; er symbolisiert die kaiserliche Herrschaft, die eine göttliche,
ewige Harmonie widerspiegelt.

Die flachen, gedrungenen und unnatürlichen Formen dieser Gestalten
erscheinen erneut, in noch stärkerer Verzerrung, auf dem Triumphbogen,

den Konstantin zur Erinnerung an seinen Sieg über Maxentius (312) in Auftrag gab. Dort sind die in Seitwärtsbewegung dargestellten Gruppen noch mehr stilisiert als die auf dem Galeriusbogen; sie ähneln den Reihen einförmiger Gestalten auf den Wandgemälden des dritten und vierten Jahrhunderts[12] und weisen auf byzantinische Mosaiken in Ravenna voraus.[13] Bei den Szenen, in denen Konstantin zu seinen Truppen spricht und reiche Geschenke an sie verteilt, wird wieder eine streng symmetrische, die Mitte betonende Darstellungsweise angewandt. Der Kaiser ist die zentrale Figur, unbeweglich, aber doch der einzige Urheber des Geschehens. Seine Untertanen, die den Rahmen für diese Prachtentfaltung bilden, erscheinen als dichte Reihen nicht unterscheidbarer Gestalten, die den scharf reglementierten Zünften und den an die Scholle gebundenen Arbeiterkolonnen jener Zeit entsprechen (S. 69 ff).

Die Künstler dieser Epoche waren durchaus zu klassischem Naturalismus fähig, falls das gewünscht wurde. So sind etwa die Köpfe Konstantins und seines Mitkaisers Licinius auf dem Triumphbogen gute Beispiele aus der Übergangsphase, bevor sich die Schematisierung völlig durchsetzte (S. 115). Aber ebenso wie andere Porträtbildhauer dieses humanistische Element verwarfen, waren auch die Gestalten der Massenszenen auf dem Konstantinsbogen durch alte, derbe und kraftvolle Volkskunst angeregt. Diese hatte in den Provinzen und dem kulturellen Untergrund stets weiterbestanden, und nun, in einer Zeit, da die Kaiser provinzieller und bäuerlicher Herkunft waren, war sie zum ersten Mal so weit emporgekommen, daß sie einen repräsentativen Fries der Kaiserzeit beherrschte. Konstantin gewährte Steuerfreiheit, um die Bildhauer, Maler und Mosaikkünstler anzuspornen, die die künstlerischen Absichten seiner Zeit verwirklichten.[14] Ihren einfachen, ungeschliffenen Darstellungen in einem holzschnittartigen Stil scheint es, nach klassischen Maßstäben, an technischem Können zu fehlen. Aber man kann diese Normen hier nicht mehr anwenden. Man hegte damals keine Bedenken, alte Kaiser-Reliefs eines völlig anderen Stils neben den neuen am Konstantinsbogen anzubringen, und die Architekten des Kaisers kümmerten sich so wenig um traditionelles Ebenmaß, daß sie verschiedenartige alte Kapitelle, so wie sie waren, für ihre neuen Kirchen einführen ließen; ebenso verwarfen auch diese Künstler, eher pseudo-primitiv als primitiv, klassische Feinheiten, Idealisierung und realistische Darstellung. Sie stellten nicht mehr menschliche Wesen dar, sondern bedeutende kaiserliche Bestrebungen und geistige Strömungen, in denen die individuelle sterbliche Gestalt nur geringfügige Bedeutung hatte, als winziger Bestandteil des gewaltigen Apparats.

In der Gestaltung der kaiserlichen Porträtbüsten von Mark Aurel bis
Konstantin gibt es eine ähnliche Reihe von Entwicklungsstufen, aber mit
reicheren, unterschiedlicheren und sensationelleren Ergebnissen. Denn innerhalb nur weniger Jahre durchlief die Porträtskulptur künstlerische
Wandlungen, die kaum weniger weitreichend waren als diejenigen, welche
die französische Malerei im neunzehnten und frühen zwanzigsten Jahrhundert umgestalteten.

Es gab zwar noch viele Büsten von Privatpersonen, die höchsten künstlerischen Rang haben,[15] aber das Besondere dieser Zeit zeigt sich in ihren
Kaiserporträts, die mit unvergleichlicher Brillanz die individuellen Züge
oder die offiziellen Persönlichkeiten der aufeinanderfolgenden Kaiser und
ihrer Familien widerspiegeln. In den Krisenzeiten, wenn neue Herrscher
sich rasch durchsetzen mußten, war es erforderlich, daß ihre Gesichtszüge
dem Volk so schnell wie möglich vertraut gemacht wurden, auf jedem
Hauptplatz und in allen öffentlichen Gebäuden des ganzen Reichs. Elagabal schickte sein Porträt, das ihn als Hohenpriester darstellte, nach Rom,
ehe er selbst dort eintraf,[16] und die Kaiser beschäftigten die hervorragendsten Bildhauer ihrer Zeit. Aus demselben Grund schenkte man den Münzporträts, die uns oft die Identifizierung der Büsten ermöglichen, große
Aufmerksamkeit; da die Münzen viel handlicher waren, fanden sie eine
noch weitere Verbreitung. Ein Staatsstreich war gewöhnlich mit der
Emission neuen Geldes verbunden, das zur Zahlung von Sold und Donativen für das Heer verwendet wurde; daher gab es Kronprätendenten, die
sich nur ganz kurze Zeit behaupten konnten, deren Münzen aber heute
doch nicht allzu selten sind.[17] Im Umlauf viel stärker beschränkt als diese
Münzen waren Porträts kaiserlicher Persönlichkeiten auf Gedenkmedaillons, aber in ihrer künstlerischen Qualität und Vielfalt kamen sie oft den
besten Skulpturen gleich; im zweiten Jahrhundert wurden solche Gedenk-
münzen in Bronze, von der Mitte des dritten Jahrhunderts an hauptsächlich in Gold geprägt; die Kaiser verteilten sie an Offiziere und andere
ausgewählte Personen.

Marmorne Porträtbüsten aus dem zweiten Jahrhundert n. Chr. zeigen,
daß in zunehmendem Maße Bohrer verwendet wurden, um Kontrastwir-
kungen von Licht und Schatten zu erreichen. Am stärksten kommen diese
Effekte nicht in der düsteren Beleuchtung eines modernen Museums, sondern unter dem starken mediterranen Sonnenlicht zur Geltung, für das
sie geschaffen wurden. Das Porträt des Mark Aurel, bei dem diese Tendenzen schon weit entwickelt sind, ist bedeutsamer als die meisten besser
bekannten, ausdruckloseren Abbildungen des gleichen Kaisers vermuten

lassen.[18] Sein gedankenvoller hellenischer Idealismus nähert sich einer Vergeistigung, die man auf etwas frühere Porträtstile in Kleinasien und Griechenland zurückführen kann; ein kürzlich aufgefundenes Porträt in Gold, das vermutlich Mark Aurel darstellt, erinnerte seine ersten Betrachter an einen ‹Heiligen in der Kirche›. Einige seiner anderen Porträts zeigen, wie der Klassizismus sich damals zu der eher stereotypen symbolischen Formensprache der Spätantike hinbewegte. Im allgemeinen wurden mehrere verschiedene Stile gleichzeitig angewandt, und Künstler, die Mark Aurels Mitkaiser Lucius Verus und seinen Sohn Commodus porträtierten, bevorzugten oft verschiedene amüsante, manierierte oder barocke Stilmittel und richteten ihr Hauptaugenmerk auf glatte, seidige Oberflächen, die ein neues sinnliches Interesse an der Stofflichkeit des Fleisches erkennen lassen.

Septimius, der vertuschen wollte, daß schlimmere Zeiten nahten, verlegte sich auf Propaganda, um an das goldene Zeitalter der Antonine zu erinnern, die er als seine Vorfahren durch Adoption und im Geiste in Anspruch nahm. So setzen die naturalistischen bärtigen Köpfe auf seinen Medaillons die hochentwickelte Technik der vorangegangenen Generation fort. Auch seine Porträtbüsten weisen auf Mark Aurel und Verus, zeigen aber gewisse technische und psychologische Veränderungen. Der Kopf ist massiger gegeben; das dichte Haar, gelockt wie bei dem Gott Serapis (S. 277), liegt eng am Schädel an, und in Vorwegnahme künftiger Stile sind die Augen – die Bohrung von Pupille und Iris beginnt Anfang des zweiten Jahrhunderts – manchmal zum Himmel erhoben und blicken mit verzücktem Ausdruck zu den Göttern auf, die des Kaisers Gefährten waren (S. 207 f).[19] Die Münzen andererseits zeigen gelegentlich eine schematische, lineare Art der Darstellung, die ebenfalls in die Zukunft weist. Die Porträtbüsten der syrischen Frauen aus der Severerdynastie lassen eine neue, feinsinnige und selbstsichere Aufgeschlossenheit erkennen, die ihre starke, römischer Art fremde Persönlichkeit sowie ihren gewaltigen politischen und geistigen Einfluß widerspiegelt. Durch malerische Frisuren entstehen geschwungene oder geometrische Formen und Linien. Die exaltierten Wendungen dieser Köpfe und die verdrehten Augen verstärken den Eindruck, den bereits einige Porträtbüsten von Septimius boten, daß der Geist, der ja nur als Gast in der menschlichen Gestalt weilt, erst *hinter* den Gesichtszügen zu ahnen ist: der selbstgenügsame und persönlichkeitsbezogene Humanismus geht seinem Ende entgegen.[20]

Zu den bemerkenswertesten Porträts dieser Zeit gehören die nervösen, finsterblickenden, Alexander nachahmenden Büsten des Caracalla, mit

ruhelos wirkendem Kopf und gerunzelter Stirn: ein hervorragendes Beispiel für den neuen, barocken Stil, in dem der Künstler das durch Schicksal,
Erregung und Gewalttätigkeit geprägte Antlitz darstellt. Dies ist nicht
mehr ein Philosoph auf dem Thron; obgleich sein offizieller Name Marcus
Aurelius Antoninus war, hat Caracalla mit seiner brutalen Gewalttätigkeit
die klassizistische Synthese der Antonine aufgegeben zugunsten einer
leichter erregbaren und trotzigeren Selbstbehauptung. Auch die langen
griechischen Locken sind durch kurzes feingewelltes Haar ersetzt, das
nun allmählich auch auf lokalen Münzprägungen aus dem Osten in stilisierter Form erscheint.[21] Bei einer Marmorbüste, die vielleicht Caracallas
ermordeten Bruder Geta darstellt, ist diese Haartracht zu einer kurz ge-
schnittenen Schädelkappe abgewandelt; das entsprach einem Brauch, der
sich in der Folgezeit weit verbreitete, im Gegensatz zu hellenischer Kultur,
und militärischen Puritanismus symbolisiert.[22] Römische Münzen
(217–18), später auch Porträtbüsten von Severus Alexander und besonders von Maximinus I. (235–38) skizzieren dieses wie eine Hülle den
Kopf umschließende Haar und den Bart mit leichten, raschen, pointil-
listisch wirkenden Stichelgravuren;[23] sie sind von den illusionistischen
Maltechniken beeinflußt, die durch inzwischen verblaßte Farbtupfen
Fleisch und Haar andeuteten.

Naturalistische und schematische Tendenzen halten sich nun die
Waage, und gerade dieser Schwebezustand und die Spannung zwischen
den beiden Stilrichtungen machen die Porträtbüsten dieser Zeit zu den
bemerkenswertesten und modernem Geschmack vielleicht am ehesten zu-
gänglichen, die Rom je hervorbrachte. Eine einzige kräftige Linie markiert
auf manchen Porträts die Augenbrauen und lenkt die Aufmerksamkeit
auf das nach oben gewandte Auge unter dem schweren Lid. Die Tendenz
der Severerzeit, die Augen hervorzuheben, wird noch gesteigert, denn in
diesem spirituellen Zeitalter galten sie als Spiegel der Seele (vgl. S. 150),
und die Augenpartie faszinierte die Porträtkünstler, weil sie Charakter-
eigentümlichkeiten erkennen ließ. Aber nichts darf die Aufmerksamkeit
von der lebendigen Intensität der Augen selbst ablenken, die durch tief
gebohrte Pupillen und die scharf umrissene Iris hervorgehoben werden.
Ob sie nach der Seite oder nach oben gerollt sind – ihr Blick leuchtet
von dem inneren Leben und Licht jener göttlichen Ekstase, die Philosophen und religiöse Schriftsteller zu beschreiben versuchen.[24]

Doch ist dieses innere Wesen des Menschen, auf das der Bildhauer
so großen Wert legt, noch keineswegs zu ausdrucksloser Starre vergeistigt.
Im Gegenteil, der Künstler erforscht das Wesen des Porträtierten genau

und zeigt ihn als Opfer von schrecklicher Unsicherheit, Zweifel und Mißtrauen. Die bedeutendsten Porträtbüsten dieser Art stammen aus der Zeit
von ungefähr 240 bis bald nach 250, als Philippus Arabs, Decius und
Gallus herrschten. Ihre Büsten und Münzporträts geben überwältigendes
Zeugnis von den Nöten dieser Zeit. Das Erstaunliche dabei ist, daß die
Herrscher offenbar so dargestellt werden wollten – etwa wie die Mitglieder der spanischen Königsfamilie damit einverstanden waren, daß sie in
Goyas Gemälden als Schwachsinnige abgebildet wurden. Diese Kaiser
der römischen Krisenzeit waren nicht stumpfsinnig, aber sie sehen
schrecklich sorgenvoll aus, und man holte Bildhauer und Porträtkünstler
von hervorragender Begabung, die leider nicht namentlich bekannt sind,
um diese Sorgen mit unvergleichlichem Können zum Ausdruck zu bringen.
Sie veranschaulichten deutlich, daß die Kaiser die Leiden ihrer Untertanen
teilten und die Sorgen der Welt auf ihren Schultern trugen. Aber es sah
fast so aus, nach diesen Meisterwerken zu urteilen, als ob die Bürde zu
groß für die Herrscher war: und so war es auch tatsächlich. Entweder
ging mit den hervorragenden Künstlern das Temperament durch und
setzte sich über die Erfordernisse der Publizität hinweg, oder ihre Darstellung stimmte mit dem Herrscherbild überein, das die kaiserliche Kanzlei
für notwendig hielt: der Kaiser verkörpert alle Ängste der Zeit und braucht
die Hilfe des Volkes; dazu kommt eine Spur vom verzweifelten Trotz
eines Condottiere und ein Anflug von Zweifel an allen Möglichkeiten
dieses irdischen Lebens.

Die höchste Entfaltung dieses Stils zeigt eine großartige Porträtbüste
des Philippus Arabs (244–49); es ist ein neuer aggressiver barbarischer
Typ, der sich dennoch der traditionsreichen Würde seines kaiserlichen
Amtes gewachsen zeigt. Sein Charakter enthüllt sich in einem Augenblick
höchster Anspannung; dies ist der Gipfel des traditionellen Strebens römischer Künstler, das Persönliche und Charakteristische festzuhalten, und
zwar durch eine schnappschußähnliche, impressionistische Momentauf-
nahme. Aber das Stilmittel ist nicht mehr eine liebevolle, realistische
Detaildarstellung, sondern ein einziger, vereinfachender, schwungvoller
Wurf. Darin zeigt sich, in einem sonst nur allzu menschlichen Porträt,
der Einfluß der schematischen Stilrichtung dieser Zeit. Das zentrale Motiv
ist das Herunterziehen der Augenbrauen, dazu ein zusammengezogener
Mund und seine gerunzelte Stirn. Philippus' bewegliche Gesichtszüge und
sein flackernder Blick verraten Argwohn und unterdrückte Unruhe.[25] Es
war das Zeitalter Plotins: da er die Kunst als Ausfluß des in der Materie
verkörperten Bösen ansah (S. 177), sagte er, der Künstler müsse den Kör-

per durch die Seele erleuchten,[26] und erklärte, die Häßlichkeit eines Lebe-
wesens sei schöner als die Schönheit einer Statue.

Ähnlich leidenschaftliche Erregungen kommen in einer stark asymme-
trischen Büste des ängstlich starrenden Decius und in der grotesk zer-
furchten Stirn seines Nachfolgers Gallus zum Ausdruck.[27] Immer tiefer
werden nun die Furchen über den Augen und neben Nase und Mund,
die äußerste Belastung ausdrücken. Und doch sind schon Anzeichen dafür
zu erkennen, daß dieser intensive Blick starrer wird. Eine gewisse Unbe-
weglichkeit der Züge, eine härtere Anatomie und eine stärkere Vereinfa-
chung haben das Gesicht bereits verändert und ihm unorganische Formen
gegeben, die nicht der äußeren Gestalt des Menschen entsprechen, sondern
tieferen Bewegungen in seiner Seele und im Universum. Was immer diese
Menschen fühlen – und sie haben starke Gefühle – wird allmählich immer
mehr zu persönlichen Gefühlen.

Diese Neigungen sollten später in extremen Formen wiederaufleben,
aber die Entwicklung verläuft nicht kontinuierlich; die Geschichte der
kaiserzeitlichen Porträtkunst vollzieht sich nicht gradlinig, sondern
schwankt zwischen sich abwechselnden Phasen und Stilrichtungen. Denn
auf dem Höhepunkt der militärischen und wirtschaftlichen Krisen und
der sich daraus ergebenden künstlerischen Strömungen wandte sich Gallienus von den beunruhigenden Schilderungen, die seine Vorgänger bevorzugt hatten, ab; er ließ seine Skulpturen und Münzporträts in einem
ausgesprochen klassischen, hellenistischen Stil ausführen, der zunächst
an Augustus, später vor allem an hellenistische Könige und an Hadrian
erinnerte, der diese Geschmacksrichtung bevorzugt hatte.[28] Dieser Klassizismus, der neben neueren Strömungen im byzantinischen Reich fortdau-
ern sollte, hatte mehr Lebenskraft als die verschiedenen provinziellen,
proletarischen und archaischen Elemente, die zeitweise größere Bedeutung
gewinnen mochten (S. 109). Manchmal sind derartige klassische Elemente
durch die traditionellen Werkzeuge und die handwerkliche Überlieferung
ganz unbewußt mit eingeflossen – aber bei diesen Gallienusporträts mit
ihren weichen, weniger bärtigen Zügen und dem stolz glänzenden Blick
ist der plastische Hellenismus beabsichtigt. Und doch war auch diese wie
jede echte Renaissance keine vollkommene Wiederbelebung des Früheren;
diese Porträts waren nicht so altmodisch wie sie scheinen mochten. Die
überkommenen Formen zeigen eine neue Strenge, und die Gesichtszüge
sind nicht tief eingegraben. Die Spannung zwischen menschlicher Diessei-
tigkeit und Transzendenz, zwischen Natürlichkeit und Schematismus hat
für kurze Zeit ein prekäres Gleichgewicht gefunden. Augenblickliche

Stimmungen und Gefühle werden zwar noch beachtet, aber das innere Streben nach unsichtbarer Wirklichkeit ist im Begriff, sie zu überdecken. Eine neue Weltordnung ist nicht mehr fern. Die zeitweilige Rückwendung des Gallienus zum Klassizismus entsprach seiner persönlichen Vorliebe für das Griechentum. Wie Augustus und Hadrian war er in die eleusinischen Demeter-Mysterien eingeweiht worden (S. 226), aber dieser persönliche Faktor erklärt nicht alles, denn in jener Zeit waren die durchgeistigten, Ehrfurcht einflößenden Porträts von Philosophen und heiligen Männern sehr in Mode. Diese Köpfe, in denen man oft, allerdings nicht mit Sicherheit Porträts des damals hervorragendsten Repräsentanten jener Richtung, des Plotin, des Freundes des Gallienus, zu erkennen glaubt, lassen in die alte idealistische Tradition der Darstellung von Philosophen eine neue asketische Heiligkeit einfließen.[29] So gingen die hellenisierenden Strömungen der sechziger Jahre des dritten Jahrhunderts noch über die Zeit des Gallienus selbst hinaus. Überdies sind die griechischsten und klassischsten Porträts jener Zeit nicht die des Gallienus, sondern die seines Zeitgenossen und Feindes Postumus, der über die westlichen Provinzen herrschte.[30] Diese Köpfe erscheinen auf seinen Goldprägungen; andere Münzen von Postumus zeigen als Neuerung bemerkenswerte, fast frontale Porträts, die an ausgeprägte Tendenzen zu ähnlichen Haltungen in der Reliefskulptur erinnern (S. 106). Für die frontalen Münzporträts gibt es zwar einige griechische und römische Vorbilder, aber besonders stark beeinflußt sind sie durch die Münzen der parthischen und persischen Könige.[31] Denn obwohl Postumus' Kopf naturalistisch gegeben ist, stellt seine Haltung, wie bei jenen Münzen, den Herrscher seinen Untertanen wie einen orientalischen Gott dar; so ist der Weg frei für die hieratische, starre Frontalität der Münzporträts im frühen vierten Jahrhundert und in dem darauf folgenden Byzantinischen Reich.

Von nun an gab es keine einheitliche offizielle Kunst der Porträt-Skulptur mehr, sondern eine größere Selbständigkeit der regionalen Schulen. Zu einer Reihe von charakteristischen Köpfen, die in Aquileja entstanden, gehört beispielsweise eine Bronzebüste von Claudius II. Gothicus, die, soweit sie überhaupt klassizistisch ist, römisches und nicht griechisches Gepräge hat, denn die Rückwendung zum Griechentum wurde von den Nachfolgern des Gallienus in Rom nicht fortgesetzt. Langsam aber stetig nahmen die schematischen Elemente zu, mit ausschließlicher Hervorhebung der Augen und anderer Züge, die den geistigen Ausdruck bestimmen. An einer kühn und kraftvoll geformten Büste des Carinus (283–84) wurde

diese Vergeistigung allerdings noch belebt durch eine damit kontrastie-
rende realistische Note.[32] Sein starrer Blick wartet auf eine Botschaft aus
fernen Regionen und spiegelt doch auch seine eigene feinsinnige Persönlichkeit. Das Antlitz ist ein Gefäß, ja ein Gefängnis, aus dem der Geist
herausblickt und, nervös und unruhig, wie G. M. A. Hanfmann es ausdrückt, nach einem Sinn jenseits dieser Welt sucht, die durch das Schwert
lebt. Aber die Beziehung zwischen Seele und Körper ist keine Einheit
oder Mischung mehr, sondern ein Widerspruch. Die ästhetischen
Bestandteile, die ein Porträt ausmachen, sind auseinandergefallen und
verlangen nach einer neuen Synthese.

Und so, etwa wie der Impressionismus des 19. Jahrhunderts durch
Cézannes feste Strukturen abgelöst wurde, wich nun der impressionistische Realismus des dritten Jahrhunderts massiveren, einfacheren und
stärkeren Konturen. Aber hier endet der Vergleich bereits, denn die künstlerischen Veränderungen der Zeit um 300 n. Chr. zeigten nichts von dem
Interesse für die Natur, das Cézanne mit seiner Suche nach Form verband.
Man könnte vielleicht noch besser als Cézanne van Gogh oder sogar die
Kubisten zum Vergleich heranziehen. Denn im vierten Jahrhundert geht
es nicht mehr um eine realistische Darstellung der Natur, sondern es wird
der Versuch unternommen, die verborgene, ewige Realität der inneren
Welt abzubilden: die Kunst der Zeit Diokletians, Licinius' und Konstantins ist ein ins Magische übersteigerter Realismus.

Kubistisch anmutende Konzeptionen, denen schon die Struktur des
Carinus-Kopfes nahe gekommen war, wurden bei den Darstellungen Diokletians, seiner drei Mitregenten und ihrer unmittelbaren Nachfolger be-
stimmend. Noch stärker als bei den zeitgenössischen Reliefs trug das
Hochkommen untergründiger, proletarischer, bäuerlicher und provinzieller Kunstformen sowie ihre Verbindung mit den neuen Ideen jener
Zeit zu einer künstlerischen Revolution bei, die mit den Veränderungen
im politischen und sozialen Leben vergleichbar ist. Während eine traditio-
nellere Kunstrichtung hier und dort weiterbestand und im Westen sogar
noch unter der gemeinsamen Regierung von Konstantin und Licinius
(310–24) bedeutende Werke schuf,[33] zeigten viele Münzen aus Diokletians reformierter Währung (ca. 294) sowie gleichzeitige Medaillons
schon einen Stil, der von hart abgesetzten eckigen Formen und trockener
linearer Flächigkeit bestimmt ist – Tendenzen, die schon seit vielen Jahren
auf Prägungen der östlichen Provinzen (S. 111) ablesbar waren, die aber
nun deutlicher hervortraten. Vor allem aber zeigen diese Münzen kantige
Porträts mit kurzgeschorenem Haar und ohne Hals; solche Darstellungen

sind von klassischem Humanismus weit entfernt und weisen jeden Gedanken an menschliche Schwäche oder Kultiviertheit hart und entschieden
ab.

Unterdessen schufen die Bildhauer ähnliche und sogar noch eigenarti-
gere Werke. Der neue Stil war orientalisch, denn ebenso wie die Münzporträts aus dem syrischen Antiochia stammen, kommen die zwei extremsten
Beispiele der Skulptur, die vielleicht beide Licinius darstellen, aus Ägypten.[34] Dieselbe bewußte Verwerfung der traditionellen griechisch-römischen Wertvorstellungen zeigt sich noch bestürzender in zwei ganzfiguri-
gen Gruppen einander umarmender Augusti und Caesares im
Feldherrengewand.[35] Diese Darstellungen sind unrealistisch, stilisiert und
symmetrisch ausgewogen, und die Herrscher sind nicht voneinander zu
unterscheiden. Diese völlige Identität wurde von zeitgenössischen
Schmeichlern als Ausdruck ihrer immerwährenden, unerschütterlichen
Eintracht gedeutet und gepriesen.[36] Die blockartige, gedrungene Unför-
migkeit zeitgenössischer Reliefs ist hier bis zum äußersten getrieben; dabei
ist die dämonisch wirkende Ausdruckslosigkeit dieser alptraumartigen,
maskenhaften Gesichter nicht etwa durch das technische Unvermögen
und die Dekadenz zu erklären, die Gibbon in derartiger Kunst sah, sondern durch die neue und unklassische, sogar antiklassische Auffassung
der Bildhauer von ihren bäuerlichen Kaisern und vom Leben selbst
(S. 109).

Als Konstantin alleiniger Kaiser geworden war (324), hatte man besonders im Osten, aber weitgehend auch im Westen die alte Formensprache
der Plastik größtenteils aufgegeben. Mensch und Natur wurden zu Chiff-
ren reduziert, die es zu entschlüsseln galt. Das Leben ist bis zur Unpersön-
lichkeit erstarrt, und die Menschen sind keine Individuen mehr. Aber
sie sind noch nicht ganz und gar zu Abstraktionen geworden. Diese letzte
und völlige Vergeistigung war das Werk Konstantins. Von nun an starren
die überlebensgroßen Porträts der Kaiser bewegungslos, mit surrealistisch
vergrößerten Augen in eine ferne unsichtbare Welt[37] – so wie Constantius
II. keine Regung zeigte, als er durch die Straßen von Rom fuhr (S.
86). Diese Köpfe sind mit sparsamstem Detail in einem System von kon-
zentrischen Bögen aufgebaut, zu denen auch die bogenförmigen Brauen
gehören, die den starren Blick hervorheben; sie sind Kultobjekte, ebenso
wie die Kolossalstatuen persischer Monarchen[38] und die christlichen Iko-
nen späterer Zeiten. Die Abbilder Konstantins und seiner Nachfolger waren Idole, vom Göttlichen beseelt, im Gegensatz zu den Dämonen, die
heidnischen Bildwerken innewohnten[39], wie man glaubte. Die beunruhi-

genden Darstellungsformen, die in Porträts des Diokletian und Licinius
auffallen, sind der unnahbaren Feierlichkeit dieses hypnotischen Starrens
in den unendlichen Raum gewichen. Das war das «göttliche Antlitz»,
der «heilige Ausdruck», worin der Künstler der christlichen Epoche einen
Spiegel der ewigen Ordnung sah.

Er hat, wie sein antiker Lehrmeister, das ruhige Ebenmaß der Augusteischen Zeit noch nicht ganz vergessen, deren Erben sie beide noch waren.[40]
Aber er erinnert sich des Augusteischen Porträts nur, um es umzugestalten
in die Formensprache einer neuen Welt. Jene Welt, die so tief von der
Unzulänglichkeit des Menschen überzeugt war, hatte gelassene Unverän-
derlichkeit und Transzendenz zu den Tugenden erhoben, die man an Kaisern pries.[41] Aber das waren auch Eigenschaften, die unvermeidlich die
spezifisch römische Kunst der Porträtskulptur ihrem Ende zuführten. Die
Herrscher brauchten jetzt nur noch eine zweidimensionale Kunst, um
ihre eigenen Zwecke und die Ziele ihrer Kirche zum Ausdruck zu bringen,
und dieser neue Stil, der seine entscheidende Phase unter Konstantin erreicht hatte, inspirierte schließlich die Mosaiken und andere Kunstgattun-
gen des Byzantinischen Reiches.

Städte und Paläste der späteren Kaiserzeit

Die Geschichte der Porträtkunst hat ein Zusammenwirken von Einflüssen
aus vielen Teilen der griechisch-römischen Welt gezeigt. In dieser ganzen
Periode hatten die Provinzen auf Kosten Italiens an Bedeutung gewonnen;
Rom selbst, das noch stärker subventioniert wurde als die übrige Halbinsel
(S. 62 f.), war – in allem, abgesehen von seinen gewaltigen Baudenkmälern
und seinem nicht weniger gewaltigen Prestige – nun nicht mehr als eine
von mehreren Hauptstädten geworden.

Dieser Wandel spiegelte sich deutlich in der Entwicklung der kaiserlichen Münzstätten, die Geld für das Heer und das Reich prägten. Im zweiten Jahrhundert n. Chr. war die Reichsprägung hinsichtlich ihrer zentralen
Verwaltung, ihren Entwürfen und ihrem Stil von der Münze in Rom abhängig, selbst wenn sie aus Zweckmäßigkeitsgründen zum Teil in den
Provinzen hergestellt wurde; diese Abhängigkeit bestand nicht bei den
griechischen Nominalen, die man in Alexandria und bestimmten anderen
Städten prägte. Aber seit der Zeit der Bürgerkriege von 193–97 kann
man die Tätigkeit und eigene Entwürfe selbständiger Reichsmünzstätten
für Gold- und Silbergeld in verschiedenen Teilen des Imperiums verfol-

gen.[42] Im Verlauf des dritten Jahrhunderts entstanden plötzlich und für kurze Zeit neue Münzstätten für Gold und unedles Metall, wenn Generäle nach dem Purpur griffen. Außerdem bedienten sich nun auch die Zentralkaiser weit verstreut liegender offizieller Münzstätten, die immer deutlicher voneinander zu unterscheiden und manchmal mit einer bestimmten Stadt zu identifizieren sind.[43] Seit der Regierungszeit des Gallienus und stärker noch unter Aurelian tragen die kaiserlichen Prägungen dann immer häufiger Münzzeichen, die ausdrücklich die Stadt ihrer Herkunft angeben.[44] Regelmäßig erscheinen sie auf den umfangreichen gleichartigen Prägungen Diokletians und seiner Mitregenten; ihre Zentralisierung der Kontrolle ließ sich nur dann wirksam ausüben, wenn man die Münzherstellung dezentralisierte.[45]

Zu diesem Zeitpunkt war es nicht ungewöhnlich, wenn ein Kaiser entschied, Rom sei nicht geeignet als Sitz seiner Regierung, die so weitgehend militärischen Erfordernissen entsprechen mußte. Viele Herrscher hatten Jahre in der Nähe der Grenzen im Norden und Osten zugebracht. Beispielsweise war Sirmium (Sremska Mitrovica), der wichtigste strategische Stützpunkt im Donauraum, längere Zeit hindurch das Hauptquartier von Mark Aurel, Maximinus I. und anderen Kaisern. Als Valerian es für nötig hielt, die Herrschaft über das Reich mit seinem Sohn Gallienus zu teilen, wurde Antiochia zur zweiten kaiserlichen Residenz, und nach Valerians Tod betrachtete Gallienus infolge der militärischen Bedrohung Norditaliens eher Mailand denn Rom als seine Residenz.

Als Diokletian und Maximian das Reich erneut in eine Ost- und eine Westhälfte teilten, hatten sie zwei Caesares als Mitregenten, so daß es nun vier Hauptstädte gab. Im Westen residierte Maximian in Mediolanum (Mailand), sein Caesar Constantius I. Chlorus in Augusta Treverorum (Trier). Im Osten regierte der zweite Caesar Galerius in Thessalonike (Saloniki), einem strategisch gelegenen rückwärtigen Hauptquartier für Sirmium und die lebenswichtige Donaufront. Aber die ranghöhere Hauptstadt war der Ort, an dem Diokletian auf den Thron berufen wurde und den er auch zu seiner Residenz erwählte, Nikomedeia am Marmara-Meer. Nikomedeia besaß einen guten Hafen, den heutigen türkischen Marinestützpunkt Izmit, und war strategisch gelegen, nicht von Barbareneinfällen bedroht, aber an der Hauptverbindungslinie (Donau – Morava – Maritza – Kleinasien – Antiochia – Euphrat) zwischen den Donauprovinzen und der Ostgrenze. Solche Erwägungen waren bei der Wahl einer Hauptstadt jetzt ausschlaggebend, und Konstantin, der zunächst in Augusta Treverorum (Trier), Arelate (Arles) und Ticinum (Pavia) residiert hatte, ließ sich später in zwei wichtigen Städten seines heimatlichen Balkangebiets nieder, die an der strategisch wichtigsten Linie lagen; zunächst in Sirmium (ca. 317), später in Serdica (Sofia). «Serdica», sagte er, «ist mein Rom.»[46]

Aber den Erfordernissen der Reichsverteidigung konnte man am ehesten gerecht werden, wenn man das Hauptquartier an der Stelle errichtete, wo die Straße von der Donau zum Euphrat sich mit dem Seeweg kreuzt, der das Mittelmeer mit dem Schwarzen Meer verbindet. Diese beiden Linien schneiden sich an den Meerengen des Hellesponts (Dardanellen) und des Bosporus. In der Nähe des Hellesponts, an der Stätte des alten Troja, soll Konstantin begonnen haben zu bauen.[47] Aber er entschied sich dann doch für den Bosporus und baute die dort gelegene alte Stadt Byzantium als Konstantinopel neu auf (324-30). Dieser Ort, unweit dessen seine Flotte gerade einen entscheidenden Sieg über Licinius errungen hatte, verfügte über den großartigen Hafen am Goldenen Horn. Die Stadt ließ sich gegen Angriffe von der Land- und von der Seeseite her gut befestigen, wie ihr langer Widerstand gegen Septimius gezeigt hatte; sie war auch zu Wasser und zu Lande von den besonders wichtigen industriellen und kulturellen Zentren Kleinasiens und Syriens aus leicht erreichbar und bot günstige Transportwege für das ägyptische Getreide, das zum Unterhalt einer großen Bevölkerung nötig war.[48] Byzanz hatte zwar keine christliche Tradition, und auch das Gründungsritual für Konstantins Stadt war heidnisch: der Sonnengott spielte dabei eine zentrale Rolle (S. 220). Trotzdem paßte sich die neue Gründung dem kaiserlichen Willen besser an und ließ sich leichter christianisieren als das unwiderruflich heidnische Rom (S. 293). Konstantin hat vielleicht nicht sofort verkündet, daß seine neugegründete Stadt seine alleinige Residenz werden oder daß sie das neue oder zweite Rom genannt werden sollte.[49] Sie erhielt jedoch, wie ihr altehrwürdiges Vorbild, ein Forum und einen eigenen Senat, und die Bevölkerung bekam Kornspenden, angeliefert von der Getreide-Flotte, die früher die ältere Hauptstadt versorgt hatte. Etwa um 330 gab es besondere Münzemissionen zu Ehren von *Constantinopolis,* man prägte aber gleichzeitig auch Münzen zur Verherrlichung der Stadt Rom; denn der Kaiser verfuhr vorsichtig. Rom verlor keines seiner Privilegien, und anfangs hatte Konstantinopel einen niedrigeren Rang, wie auch seine Senatoren weniger Vorrechte besaßen als die der alten Hauptstadt. Trotzdem beabsichtigte Konstantin, Konstantinopel zu seinem einzigen Hauptquartier zu machen.

Und so war die Bühne für das Mittelalter vorbereitet. Das Westreich ging unter, aber das byzantinische Ostreich blieb bestehen, weil es weniger verwundbar war und eine größere Bevölkerung, eine bessere Verwaltung sowie mehr und gleichmäßiger verteilte wirtschaftliche Hilfsquellen besaß. Konstantinopel war nicht nur die Hauptstadt dieses Reichs, sondern, bis zu seiner Einnahme durch die Lateiner (1204–61), der wichtigste Platz in Europa und repräsentierte die mediterrane Großstadt in einem neuen Zeitalter. Später, nach fast zwei weiteren Jahrhunderten byzantinischer Herrschaft, erreichte es wiederum außerordentlichen Glanz und Wohlstand, als die osmanischen Türken es zu ihrer Hauptstadt machten (1453). Im sechzehnten Jahrhundert war Istanbul noch einmal das Zentrum eines Reiches, das im Westen nicht seinesgleichen hatte. Die von Konstantin gegründete Stadt wetteiferte mit Rom um die politische, geistige und künstlerische Führung der Welt.

Trotz fast unaufhörlicher Finanzkrisen erforderte es das Prestige der Kaiser, diese Städte mit kaiserlichen Bauten von beispiellosem Ausmaß auszustatten. Vor allem in Rom, trotz seiner schwindenden politischen und wirtschaftlichen Bedeutung, nahmen öffentliche Bauten einen verhältnismäßig weit größeren Raum ein als in einer modernen Stadt, und ihre Errichtung und Ausschmückung bildete einen wesentlichen Teil der offiziellen Politik. Die Dynastie der Severer war die letzte, die das Gesicht Roms umfassend veränderte. Septimius erbaute auf dem Palatin eine großartige Brunnenanlage, das Septizodium (203 n. Chr.). Seine eigene Statue, die dort aufgestellt wurde, zeigte ihn als Sonnengott, der in der heidnischen Staatsreligion eine immer wichtigere Rolle spielte (S. 214). Sie stand zwischen den sieben Planetengottheiten der Astrologie, die auch im Pantheon, das Augustus in Rom erbaut und Hadrian wiederhergestellt hatte, an hervorragendem Platz aufgestellt worden waren. Aber während das Pantheon der bis dahin glänzendste aller Kuppelbauten gewesen war, verkörperte das Septizodium die ältere Tradition der Vertikalen und Horizontalen. Obwohl es 1588–89 endgültig zerstört wurde, kann man seine elegante Anordnung von drei übereinanderliegenden Kolonnadengeschossen auf Renaissancedarstellungen noch erkennen.[50] Der Stil erinnert an ähnliche, vielleicht von Kleinasien her inspirierte Bauten in der nordafrikanischen Heimat des Septimius;[51] die reichgeschmückte Fassade des Septizodiums war nicht dem Forum zugewandt, sonder der Via Appia, auf der die afrikanischen Landsleute des Septimius in Rom ankamen.[52]

Der herkömmliche rechteckige griechische Tempel, der von den Römern auf ungewöhnliche Ausmaße vergrößert worden war, erreichte spektakuläre Ausgestaltung und Größe in Heliopolis (Baalbek, Libanon),

dem Zentrum der Sonnenverehrung. Dort, auf der künstlichen, von
Gewölben getragenen Terrasse des Heiligtums mit seiner eindrucksvollen
Anwendung forumartiger axialer Planung auf den kultischen Bereich, entstand gegen Ende des zweiten Jahrhunderts n. Chr. neben einer gewaltigen
Kultstätte für Jupiter und Sol ein weiterer grandioser Tempel, der best-
erhaltene der römischen Welt. Er war wahrscheinlich Dionysos-Bakchos
geweiht, und seine Terrasse diente als Bühne für die Feier seiner Mysterien
(S. 227). Die Krypta, unterhalb der Freitreppen, die zu dieser Altarterrasse
führen, nimmt Formen des christlichen Kirchenbaus vorweg (S. 131), und
die kolossalen kannelierten Pilaster, die sich nicht nur über einem, sondern
über zwei Geschossen von Nischen in stark plastischem Helldunkel erheben, greifen in dreidimensionaler Form die gemalten Theaterdekorationen
wieder auf, die vorausweisen auf in der Renaissance beliebte Entwürfe.[53]

Der Glanz dieses Tempels in Heliopolis wurde erreicht oder sogar noch
übertroffen durch die Kultstätte, die Elagabal in Rom für den Sonnengöt-
zen seiner Heimat, den er zur höchsten Gottheit erhob, errichten ließ
(S. 214). Dieser riesige Bau auf dem Palatin, der heute nicht mehr existiert,
wurde nach dem traditionelleren Jupiter Ultor umbenannt von Elagabals
Vetter und Nachfolger Alexander Severus, dessen Medaillons die Fassade
dieses Tempels mit sechs Säulen zeigen, umgeben von Säulenhallen, zugänglich durch eine monumentale Toranlage mit Treppenfluchten. Die
Kaiser blieben weiterhin interessiert an der Planung von Städten und mit
Säulengängen geschmückten Parks,[54] aber die Zeit der kolossalen römischen Tempel, welche der griechischen horizontal-vertikalen Tradition
verpflichtet waren, endete praktisch mit der Wiederherstellung des
Hadrianischen Doppelheiligtums der Venus und Roma (S. 201) durch
Maxentius und mit seinem Sonnen-Tempel auf dem Marsfeld; dieser Bau
scheint, einer Zeichnung Palladios zufolge, inmitten einer gigantischen
rechtwinkeligen Einfassung, die über zwei Höfe zugänglich war und an
Baalbek erinnert, gestanden zu haben.

Das wesentlichste architektonische Bemühen der Zeit galt jedoch anderen Bautypen, in erster Linie den öffentlichen Bädern. Diese großartigen
Anlagen, von denen es schließlich im verhätschelten Rom elf, in Konstantinopel neun und in fast allen Städten des Reiches weitere Beispiele gab,
zeigten eine erfinderische Vielfalt von Verwendungsmöglichkeiten, da sie
nicht nur für luxuriöses Baden bestimmt waren, sondern für all die Aufgaben eines kunstvoll geplanten gesellschaftlichen Mittelpunktes, wo damals
viele Leute einen beträchtlichen Teil ihres Tages zubrachten. Alle Merkmale der Thermenanlagen, die in Rom von Agrippa, Titus und, mit neuer

Vervollkommnung der Terrassen, Decken und Gewölbe, besonders von Trajan errichtet worden waren, wurden vereinigt in den Thermen des Caracalla. Begonnen von Septimius (206 n. Chr.), eingeweiht von Caracalla und vollendet von seinen Nachfolgern, hat dieser riesige Bau oder eher Gebäudekomplex seinen prächtigen Schmuck verloren; aber der Grundriß und Teile des massiven ziegelverkleideten Betongerippes sind noch zu sehen. Der Baukörper muß von außen bis zu einem gewissen Grad uneinheitlich und ohne logischen Zusammenhang gewirkt haben, obwohl der Architekt einen Weg zu einer neuen funktionalen Ästhetik suchte, die auf einem dreidimensionalen Spiel von Schub und Gegenschub beruhte. Aber solche Gedanken kamen noch viel deutlicher im Inneren zum Ausdruck. Diese Hallen sind so groß, daß der Mensch sich darin verliert – obwohl sie den Bedürfnissen des Menschen dienen soll, ist dies nicht die Architektur eines Humanismus, sondern die einer neuen Zeit, in der das Individuum nur Teil der Masse ist. Das Hauptgebäude (214 × 110 m), kunstvoll umrahmt von Gartenanlagen, einem Sportplatz, Kunstwerken und vielerlei anderen Annehmlichkeiten, konnte wahrscheinlich nicht weniger als 1600 Badende gleichzeitig aufnehmen. Es gab ein kreisförmiges, kuppelgekröntes Warmbad (*Caldarium*) von 35 m Durchmesser, dessen zerstörte Apsis noch heute zu sehen ist. Das Zentrum der Caracalla-Thermen bildete eine große kreuzgewölbte Halle von 47x24 m mit einem Schwimmbecken. Die Last der Beton-Kreuzgewölbe mit ihrer vergrößerten und kühneren Spannweite wurde nicht von einer Säulenreihe getragen, sondern von nur vier gewaltigen Strebepfeilern (durch die die klassischen Säulen ihre Funktion verloren haben), so daß der Bau ein Vorläufer mittelalterlicher Kathedralen mit ihren überwölbten Schiffen ist.

Gewölbe, Kuppeln, Halbkuppeln und Apsiden, beruhend auf der revolutionierenden und schrittweise verbesserten Leichtbetonbauweise ohne Schub, waren die besonderen Errungenschaften der römischen Architektur, und sie kamen zu voller Entfaltung in den großen Hallen der Thermen.[55] Solche Gebäude, errichtet von späteren Kaisern des dritten Jahrhunderts, hätten diese Bauform weiter veranschaulichen können, wenn genug von ihnen erhalten wären.[56] Sie hätten auch die zunehmende Geschicklichkeit in der Verwendung von Ziegelfassaden (ohne Marmor- oder Stuckverkleidung) gezeigt, die man noch sehen kann an den Thermen und dem Theater des Philippus Arabs in Philippopolis in der Trachonitis (Syrien) und an Privathäusern in Ostia.[57] Eine Halbkuppel im Kaltbad (*Frigidarium*) der Jagdthermen in Lepcis Magna, die aus dem dritten oder

dem frühen vierten Jahrhundert stammen, zeigt, wie diese Konstruktionen
es ermöglichten, die Mosaikkunst, deren bedeutendste Beispiele bis dahin
Fußbodenmosaike waren, auch für die Ausschmückung von gewölbten
Flächen zu verwenden; solche Apsis- und Deckenmosaiken sollten die
bedeutendsten Leistungen religiöser Kunst im Byzantinischen Reich werden (S. 107 und S. 128).[58]

Die Thermen, die Diokletian und Maximian nach einem großen Brand
(283 n. Chr.) auf einer Trümmerfläche errichten ließen, scheinen nahezu
doppelt so groß gewesen zu sein wie die des Caracalla. In dem erhaltenen
Teil der Zentralhalle (heute S. Maria degli Angeli) setzen Gewölbe an
einem horizontalen Gebälk an, das über acht gewaltigen Granitmono-
lithen hervorkragt.[59] Augusta Treverorum (Trier) war die Residenz des
westlichsten von Diokletians Mitregenten, Constantius I. Chlorus, aber
möglicherweise hat erst dessen Sohn Konstantin die dortigen Kaiserther-
men vollendet. In einem Grundriß, der Geschlossenheit mit Bewegtheit
verbindet, schufen die drei Apsiden einen Innenraum von ungewöhnlicher
Wirkung und bereicherten gleichzeitig die plastische Gestaltung des Bau-
körpers, die nun eine organische künstlerische Leistung eigener Art wird.
Ein neues charakteristisches Merkmal, die vertieften Fensteröffnungen
mit gestufter Leibung, nimmt die Formen mittelalterlicher Portale vorweg;
und in der Tat übte die ganze kraftvolle Auffassung der architektonischen
Massen ihren Einfluß auf spätere Kirchenbauten aus.

Das Senatsgebäude, die Kurie, von Diokletian am Rande des Forum
Romanum errichtet, zeigt die Übertragung vieler dieser Gedanken auf
ein Gebäude, das nicht zu einem großen Thermenkomplex gehörte, sondern für sich stand. Es ist ein erhabener, strenger, kastenförmiger, schlich-
ter Bau, dessen Struktur auf ein bloßes Gehäuse oder ein Zusammenfügen
weiter Flächen und einfacher Linien reduziert ist und nur durch Nischen
belebt wird. Die große nackte Fassade, von einem schlichten Giebel gekrönt, ist nur durch das Portal und drei große Fenster nahe am Dach
unterbrochen.

Die Meisterleistung dieser Zeit war die nahe gelegene Basilica Nova.
Dieser ebenfalls freistehende Bau, der etwa so groß wie die Kathedrale
Nôtre Dame in Paris ist (80×59 m), wurde größtenteils von Maxentius
errichtet, aber von Konstantin umgebaut, der die Orientierung von den
Lang- auf die Schmalseiten verlagerte. Die Basilica Nova, die an einen
sassanidischen Thronsaal erinnert, beruht auf dem technisch und ästhe-
tisch kühnen Gedanken, die in Thermen übliche kreuzgewölbte Zentralhalle *en bloc* aus diesem Zusammenhang herauszulösen und zu einem

selbständigen Bau zu machen. Bis auf ein paar wenig frühere Versuche wie Diokletians Senatsgebäude waren freistehende Hallen – es handelte sich dabei um Marktbasiliken, Zentren des gesellschaftlichen und geschäftlichen Lebens sowie der Rechtspflege, die zu einem Forum gehörten – in der Regel rechtwinklige Bauten mit durch Säulen abgeteilten Schiffen und Flachdach gewesen.[60] Sie hatten manchmal Apsiden als Abschluß, und ihr Hauptschiff erhob sich mit seinem von Fenstern durchbrochenen Obergeschoß über die Dächer der Seitenschiffe. Auch die weiträumige gewölbte Basilica Nova hat diese charakteristischen Merkmale, aber unter dem Einfluß der Thermenbauten sind sie umgeformt. Den von Maxentius begonnenen Bau ließ Konstantin vollenden, gab ihm aber eine andere Orientierung: in dem mittleren Drittel des rechten Seitenschiffes, dessen drei hochgespannte Bögen und kassettierte Tonnengewölbe noch erhalten sind, ließ er eine zweite Apsis anbauen; dieser gegenüber, an der linken südwestlichen Langseite der Basilika, wurde ein neuer Zugang von der Via Sacra her geschaffen. Dadurch erhielt der ursprünglich längsgerichtete Bau eine zentrale Querachse, die zu der konstantinischen Nordostapsis hinführte; in dieser fand nun das erhöhte Tribunal des kaiserlichen Gerichts seinen Platz, während in der Apsis des Hauptschiffs, an der nordwestlichen Schmalseite, eine Kolossalstatue des Konstantin aufgestellt wurde. Von den gewaltigen Ausmaßen des Raumes vermitteln selbst die Überreste des Baues, die als Widerlager für das 100 m lange und 25 m breite Mittelschiff dienten, noch einen starken Eindruck. Man muß sich jedoch vorstellen, daß dieses Hauptschiff die beiden Seitenschiffe noch um mehr als zehn Meter überragte; seine kühnen Kreuzgewölbe – dieses Konstruktionselement war den Römern schon lange bekannt und war vor allem in den großen Hallen der Thermen verwendet worden – erreichte eine Höhe von 35 Metern. Erhellt wurde der Raum durch eine neuartige Lichtführung: das Obergeschoß war von gewaltigen, halbrunden, romanisch anmutenden Fenstern durchbrochen, für jedes der drei Joche eines; dadurch ergab sich eine rhythmische Beziehung zwischen den Fenstern und dem massiven, fast mittelalterlich wirkenden Mauerwerk. Die drei Joche waren durch gewaltige Stützpfeiler abgeteilt; diese waren durch Bögen, die das Tonnengewölbe der Seitenschiffe verstärkten, mit Pfeilern verbunden, die aus den Seitenwänden hervorragten. Einen Eindruck von dem Bemühen, den Raum so weit wie möglich zu entmaterialisieren, geben die drei hochgespannten Bögen des noch erhaltenen Teils; durch den mittleren Bogen gelangt man zu der von Konstantin angebauten Nordostapsis.

Die Fähigkeit, gewaltige Ausmaße vollendet zu beherrschen, erreichte

ihren Gipfel in den Kaiserpalästen, die der Epoche ihren höchsten architektonischen Glanz verliehen. Frühere Kaiser hatten den Plan einer Palaststadt inmitten eines Parks entwickelt, ihre Nachfolger mögen zu ihrer
immer eindrucksvolleren Bautätigkeit auch angespornt worden sein durch
das Beispiel der Parther und der sassanidischen Perser (S. 28); diese
wiederum verdankten die Grundrisse ihrer Paläste ebenso wie die ringför-
miger Lagerstädte, wie z. B. das Firuzabad Ardaschirs I. und das von ihm
wiederaufgebaute Seleukia am Tigris, ihren eigenen assyrischen und babylonischen Vorgängern. Das Versailles Schapurs I. (239?-70), ein Viereck-
bau im griechischen Stil, geschmückt mit teppichähnlichen Bodenmosaiken, die iranische mit westlichen Stilrichtungen verknüpften,[61] lag in
Bischapur in Fars. Aber Schapur erbaute noch einen weiteren eindrucksvollen Palast (Taq-e-Kesra) in seiner Hauptstadt Ktesiphon am Tigris.
Dessen noch vorhandenes, etwa 25 m breites elliptisches Tonnengewölbe
kommt ohne Stützbogen aus. Durch Verwendung von Ziegeln in Mesopotamien und Persien und von roh bearbeitetem Stein mit rasch trocknendem
Gipsmörtel im Hochland erreichten oder übertrafen die Sassaniden das
zeitgenössische Rom in der technischen und künstlerischen Kühnheit ihrer
Gewölbe, Kuppeln und gewaltigen Seitenkapellen. Auf der anderen Seite
zeigten sich die Grenzen ihrer Kunst ebenso wie ihrer Herrschaft in der
eintönigen und immer wiederkehrenden Darstellung blutrünstiger
Kriegsszenen auf den Stuck- und Freskendekorationen dieser gewaltigen
Bauten. Bedeutsamer ist die architektonische Ornamentierung von Ktesiphon, denn die Schlichtheit des Gesamtplanes wird abgewandelt durch
funktionslose, aber formgebende Reihen von zurückgesetzten Blendarkaden. Das war eines der vielen frei verwendeten Elemente aus Ländern
der griechisch-römischen Kultur, und es sollte dort bald wieder auftauchen.

Die ersten römischen Kaiserresidenzen ähnlicher Art lassen sich wohl
auf die Zeit des Valerian und des Gallienus datieren, obwohl die Entdek-
kung ihrer Paläste die Aufgabe künftiger Ausgräber bleibt. Vielleicht begann Valerian mit dem Bau eines Feldhauptquartiers im Palaststil im syrischen Antiochia, in bedrohter Lage am Angelpunkt des östlichen
Verteidigungssystems, und Gallienus baute es aus. Die gleiche Bedeutung
von Mediolanum im westlichen Grenzgebiet ließ sich wahrscheinlich an
ähnlichen Bauten aus der Zeit des Gallienus ablesen. Mediolanum hielt
Wacht gegen das abgefallene Sonderreich des Postumus (S. 19), der
ebenfalls einen Komplex von kaiserlichen Bauten, die später zerstört wurden, in seiner Hauptstadt Augusta Treverorum errichten ließ.

Aber erst als Diokletian das Reich mit seinen drei Mitregenten teilte, wurden Paläste in diesen und anderen Zentren in wirklich massiver Weise und verschwenderischem Ausmaß erbaut. In Antiochia, der Basis für den siegreichen Feldzug des Galerius im Osten und dem Schauplatz seines Triumphes, entwarf sein höhergestellter Mitregent Diokletian eine neue Stadt, ungefähr der ringartigen persischen Form entsprechend (S. 126), obwohl ihre einander kreuzenden Straßen mit der Form römischer militärischer Anlagen übereinstimmen. Als unersättlicher Bauherr stattete Diokletian dieses erneuerte und erweiterte Antiochia mit Kornspeichern, zwei Tempeln, verschiedenen Thermen, Waffenfabriken und einem umgebauten Stadion aus. Er vollendete und erweiterte auch den Palast, der von Valerian oder Gallienus begonnen worden war.[62] Im Osten wurde außerdem auch Palmyra, das nach der Besiegung der Zenobier verfallen war, von Diokletian wiederhergestellt; es erhielt nicht nur ausgedehnte militärische Anlagen, sondern auch einen kaiserlichen Palast. Dieser Palast, dessen Kern eine Audienzhalle oder ein Thronsaal bildete, erhob sich auf einer mächtig emporsteigenden künstlichen Terrasse, an deren steilen Flanken symmetrisch angelegte, lagerähnliche Baulichkeiten lagen. Diokletian selbst jedoch residierte in keiner dieser Städte im Osten, sondern vorzugsweise in Nikomedeia (Izmit), das er mit neuen Gebäuden schmückte; diese sind nicht erhalten geblieben, hatten aber solche Ausmaße, daß sie mit Rom wetteifern konnten.

Seine Mitregenten residierten in Mediolanum (Mailand), Thessalonike (Saloniki) und Augusta Treverorum (Trier) (S. 119). In Mailand, einem wichtigen kulturellen und künstlerischen Zentrum, hat Maximian sich wahrscheinlich einen prächtigen Palast erbaut. In Saloniki haben neuere Ausgrabungen einiges von der Residenz des Galerius zutage gebracht. Diese Residenz, zu der auch eine große achteckige Halle gehörte, lag westlich einer Prozessionsstraße, die vom Meer zu anderen neuen Bauten hinführte. Der gewaltige Komplex umfaßte eine Rennbahn, ein Theater und Säulenhallen, und die heutige Rundkirche St. Georg war höchstwahrscheinlich das Mausoleum des Galerius (S. 130). Aber die beste Vorstellung vom Hof eines Tetrarchen mit der schönsten Ansammlung römischer Bauten nördlich der Alpen bietet Trier, wo Constantius I. seine Hauptstadt auf dem Gelände der Residenz des Postumus ausbauen ließ; das Stadttor (Porta Nigra) ist fast eine Burg für sich. Der Palast des Constantius nahm den ganzen nordöstlichen Teil der Stadt ein. In der sogenannten Basilika, einem Bau von über 68 m Länge und etwa 32 m Höhe, der etwa 300 n. Chr. begonnen und wahrscheinlich von Konstantin vollendet wurde, hat man jetzt analog den Räumlichkeiten des Diokletian-Palastes in Palmyra die Audienzhalle oder den Thronsaal erkannt. Die weiträumige holzgedeckte Halle in Trier hat keine Seitenschiffe und ist von kastenförmiger Einfachheit wie Diokletians wenig früher entstandenes Senatsbäude in Rom; an die inzwischen verkümmerten klassischen Regeln erinnern nur noch die Nischen zu beiden Seiten der erhöhten halbkreisförmigen Apsis. Diese schließt sich an die nördliche Schmalseite der Halle an und ist von ihr durch einen Triumphbogen abgeteilt, der an christliche Kirchen denken läßt. Die dicken Gußsteinmauern sind durchbrochen durch zwei Reihen von Rundbogenfenstern. Wie in der Basilica Nova zu Rom entspricht dieser eindrucksvollen Wirkung des Innenraumes eine neuartige imposante Gestaltung des Äußeren: Die Außenmauern sind verstärkt und belebt durch massive arkadenartige Vorsprünge, die über die beiden Fensterreihen hinausragen und die Außenflächen in eine vertikal gegliederte Einheit verwandeln, in der Licht und Schatten deutlich hervortreten.[63]

Reste figurengeschmückter Fresken, die vor einiger Zeit im Kaiserpalast von Trier entdeckt wurden, lassen darauf schließen, daß die stark verzierte Decke mit Kassettenimitationen bemalt war; die noch vorhandenen acht Felder zeigen Eroten und Frauen, die Juwelen in den Händen halten. Diese Fragmente erinnern daran, daß es zu den bekannten Katakombenbildern dieser und früherer Perioden eine ganze Reihe von verschiedenartigen heidnischen Gegenstücken gab, die in der Regel mehr technisches Können zeigen als die christliche Malerei, aber in der Empfindung nur selten so überzeugend wirken (S. 261).[64]

Eine weitere hervorstechende Kunstgattung, die ihren dekorativen Höhepunkt im dritten und vierten Jahrhundert n. Chr. erreichte, war die der Bodenmosaiken, die noch weiter verbreitet war als die der Gewölbe- und Wandmosaiken (S. 124).[65] Im allgemeinen ersetzten teppichähnliche Muster, die den ganzen Fußboden bedeckten, mehr und mehr die Formen von Teppichbrücken, Matten oder Kassettenfeldern. Nirgends gibt es eindrucksvollere Mosaiken dieser Art als in dem großen Palast, der vor einiger Zeit in Piazza Armerina bei Enna in Sizilien entdeckt wurde. Die Ausgrabungen haben 42 vielfarbige Mosaikfelder freigelegt, die aus dreißig Millionen Steinchen bestehen und fast dreitausend Quadratmeter Boden bedecken. Obwohl die meisten Mosaiken monoton das Thema des kaiserlichen und königlichen Jagdsportes und der damit verbundenen Tierhatzen wiederholen,[66] sind die dekorativen Möglichkeiten dieser Kunst weiterentwickelt durch Kontraste zwischen lebendigen, naturalistisch getreu schildernden Details und einer damit rivalisierenden Tendenz zu schematischer Verzerrung natürlicher Formen.

Dieses Konglomerat von Piazza Armerina zeigt nichts mehr von Natur in dem Sinne, wie man sie in Hadrians Villa in Tibur (Tivoli) und in spätrömischen Häusern in Ostia findet;[67] stattdessen sieht man hier ein unorganisches, verschlungenes, dreilappiges Muster voller Überraschungen und unruhiger Windungen, das mit «dauernden Abweichungen, ständiger Richtungsänderung und Verschleierung des Ziels» ausgearbeitet ist. Das Mosaikporträt des Palastherrn in seiner purpurgeschmückten Tunika und langen grauen Hosen hat manches gemeinsam mit Münzbildern und Statuen von Diokletian, Maximian und ihren Mitregenten; als die beiden Augusti im Jahre 305 abdankten, könnte Piazza Armerina eine der kaiserlichen Villen gewesen sein, in die sich Maximian nur widerstrebend und, wie sich zeigen sollte, keineswegs endgültig zurückzog; allerdings hielt er sich hauptsächlich in Lukanien auf.[68]

Mag Piazza Armerina diesem oder einem anderen Zweck gedient haben – Maximians ranghöherer Mitregent Diokletian dankte ein für alle Male ab und begab sich nach Salonae (Split) in Dalmatien; von seiner dortigen Residenz haben sich weit eindrucksvollere Überreste erhalten als von irgendeiner anderen. Diesem Bauvorhaben, das durch die erschreckend hohen Steuern jener Zeit finanziert wurde, widmete Diokletian die Jahre seines Ruhestandes; er stellte damit die zahlreichen Paläste seiner Vorgänger, seiner jüngeren Mitregenten und seiner persischen Rivalen in den Schatten. Es ist eine Mischung von ziviler und militärischer Architektur, viel kompakter als Piazza Armerina, und vereinigte in sich die Staatsräume eines Palastes mit den Wohnräumen eines großen dalmatinischen Landhauses oder des Hauses eines Oberbefehlshabers,[69] und das Ganze war eine nach innen gewandte uneinnehmbare Festung, gesichert durch eine Mauer, die mit vorgesetzten recht- und vieleckigen Türmen bewehrt war.[70] Die Mittelachse in diesem streng symmetrischen Plan bildet eine Hauptstraße, die durch die Palaststadt zu der die Orientierung bestimmenden Audienzhalle hinführte. An der Südseite eines Säulenhofs *(atrium)* ist als bedeutendster Überrest dieses Thronsaals seine dreigeteilte Säulenfassade erhalten, die von einem Glorien-Giebel gekrönt ist. Über dem mittleren Säulenpaar wölbt sich ein Bogen, unter dem, gleichsam wie unter dem Himmelsgewölbe, Diokletian zu Audienzen erschien und wie ein Götterbild Huldigungen entgegennahm.[71] Dahinter lag ein kuppelgekröntes, rundes Vestibül mit vier kleinen Apsiden, und hinter diesem öffnete sich die Empfangshalle selbst, einem Heiligtum ähnlich, wo der abgedankte verehrte Kaiser unter einem Säulenbaldachin saß, mit Juwelen geschmückt und mit einem Glorienschein.

Zu beiden Seiten des Vorhofes, der zu diesen Gebäuden führte, standen Säulenreihen, die nicht durch ein horizontales Gebälk verbunden sind, sondern durch Bögen, die sich unmittelbar von den korinthischen Säulen emporschwingen, was klassischer Auffassung widerspricht. Derartiges hatte man seit der augusteischen Zeit gelegentlich gesehen,[72] aber erst jetzt wurde dafür eine Form gefunden, die zu den wichtigsten späteren Stilen der europäischen Architektur hinführen sollte. Ein weiterer zukunftsweisender Kolonnadentyp ist an dem reichgeschmückten Goldenen Tor von Salonae zu sehen, das eine Reihe von sieben Blendarkaden zeigt, ähnlich denen in Schapurs Ktesiphon (S. 126). Durch dieses Tor, einst von Türmen flankiert, führt die Prozessionsstraße südwärts in die Palaststadt und weiter bis hin zur am entgegengesetzten Ende liegenden Audienzhalle. Die Südfront dieser Halle schaute unmittelbar aufs Meer, und hier, auf beiden Seiten von zwei rechteckigen Türmen begrenzt, ist die Mauer durch eine Galerie aufgelockert, die an beiden Enden und in der Mitte in einer Exedra zurückweicht. Die Galerie hat 42 Bogenfenster; zwischen ihnen stehen Halbsäulen, die auf Konsolen ruhen, d. h. auf Steinen, die aus dem Mauerwerk auskragen, eine Bauweise, die hier zum erstenmal auftritt.[73]

Im Zentrum des gesamten rechteckigen Gebäudekomplexes lag der Hof, der zur Audienzhalle führte, auf der einen Seite flankiert von einem Tempel – einem der letzten römischen Tempel, die uns faßbar sind[74] –, auf der anderen Seite von dem Bau, der Diokletians Grab umschließen sollte.

Dieses Mausoleum veranschaulicht die auch sonst häufig zu beobachtende Vorliebe jener Zeit für Kuppelbauten. Es gab viele griechisch-italische Vorläufer für solche Gebäude, darunter etruskische Grabstätten, Rundtempel und große Thermenhallen, wie z.B. das kreisförmige Caldarium der Caracallathermen (S. 123). An späteren Beispielen hatte sich zunehmende Erfahrung bei der Lösung eines Problems gezeigt, das über die Fähigkeiten früherer griechischer Architekten hinausgegangen war, nämlich eine Kuppel über einem viereckigen oder mehreckigen Bau zu errichten. Im zweiten Jahrhundert n. Chr. versuchte man, durch dreieckige konkave Gewölbezwickel (Pendentifs) die runde Kuppelbasis (Tambour) mit den Ecken der Sockelgeschoßwände zu verbinden.[75] Der endgültigen Lösung des Problems näherte man sich mit einem Marmorpendentif an dem vierfrontigen Ehrenbogen des Septimius in Lepcis Magna und bei zwei kleinen innen achteckigen und außen quadratischen Kuppelhallen am Rande der Caracallathermen in Rom.

Ein höchst raffiniertes Exemplar dieser Zentralbauten, das die klassischen Regeln bis an die Grenze des Möglichen ausdehnte, ist der kleine sogenannte Venustempel in Heliopolis (Baalbek), der wahrscheinlich im zweiten Jahrhundert n. Chr. errichtet und im dritten Jahrhundert umgebaut wurde. Dieses anmutige, barocke Heiligtum, das von Borromini geschickt nachgeahmt wurde,[76] ist rund, aber der Kreis wird von fünf durch Säulen getrennten nischenartigen Einbuchtungen unterbrochen. Zwar sind die meisten römischen Bauten des dritten Jahrhunderts nicht mehr erhalten, doch zeigen Münzen und Medaillons eine Reihe von unbekannten kultischen Zentralbauten,[77] und verschiedenartige Rippen- oder einfache Gewölbe sowie Bögen sind an den dürftigen Überresten mancher Bauwerke in Rom und seinen Vorstädten zu erkennen. Das Vestibül von Diokletians Palast in Salonae ist kreisförmig und überkuppelt; die Kuppel seines nahegelegenen Mausoleums aber ist innen zwar auch rund, während die Außenfront mit ihrer Ringsäulenhalle achteckig ist. Im Inneren befinden sich acht tiefe Wandnischen, abwechselnd rund und rechteckig.

Das Mittelalter kündigte sich in den Krypten an, die nun nicht nur gelegentlich einmal in einem rechteckigen Tempel (S. 122) vorkamen, sondern auch in den erwähnten Zentralbauten, so vor allem in dem aus diokletianischer Zeit stammenden runden ‹Grabmal der Gordiani› in Rom.[78] Seine Wände sind von runden Lichtöffnungen durchbrochen. Ein kleiner zehneckiger römischer Bau aus der gleichen Epoche, der den fiktiven Namen ‹Tempel der Minerva Medica› trägt, hat ebenfalls in jeder der zehn Seitenmauern große Rundfenster. Dieses Gebäude hat nicht nur vier geschlossene Apsiden, ein Charakteristikum dieser Periode, sondern auch fünf tiefe Nischen, die zwischen geschwungenen Säulenarkaden sitzen und den Innenraum auflockern; den Außenwänden wird so ihre Schwere genommen auf eine Weise, wie sie dann erst in der Mitte des 5. Jahrhunderts wieder vorkam.

Soweit es sich bei diesen Rund- oder Zentralbauten um Mausoleen handelte, waren sie die unmittelbaren Vorläufer der christlichen Bauten, die zum Gedenken an Märtyrer errichtet wurden und als Grabstätten, Taufkapellen und Kirchen dienten.[79] Da der Gottesdienst in steigendem Maße mit dem Märtyrerkult verknüpft und auf heilige Stätten konzentriert wurde, verband Konstantin diesen Typ des Rundbaus mit rechteckigen Kirchen oder Basiliken (S. 133f.). Als später die beiden Bauformen völlig miteinander verschmolzen, entstand daraus Justinians Hagia

Sophia. Ausgrabungen an der von Konstantin ausgebauten Geburtsgrotte in Bethlehem haben ergeben, daß ein Oktogon an das östliche Ende einer rechteckigen Kirchenhalle angefügt war, und die Grabeskirche in Jerusalem (Golgatha, 328–36) war ursprünglich eine Basilika mit Apsis, in deren Mitte sich anstelle einer jüdischen Grabkammer ein runder Märtyrerschrein erhob. Konstantins neue Hauptstadt Konstantinopel (S. 120) wurde nicht mit einem Schlag zu einem bedeutenden architektonischen Zentrum, aber Konstantin erbaute dort als erste Kirche die der Hll. Apostel und verband darin in neuartiger Weise zwei Funktionen: sie war dem Martyrium der Apostel geweiht und diente zugleich als sein eigenes Mausoleum.[80] Ihr Grundriß war kreuzförmig, und unter dem zentralen Rund, über dem sich ein kegelförmiges Dach erhob, ruhten eine Zeitlang die sterblichen Überreste des Kaisers, der als der dreizehnte Apostel verehrt wurde.

Diese Kirchen sind heute nicht mehr erhalten, ebensowenig wie ein anderer bedeutender Zentralbau, den Konstantin in Antiochia errichtete. Hier, ganz in der Nähe des kaiserlichen Palastes auf der Orontes-Insel in der Stadtmitte, begann er das prächtige Goldene Oktogon und vollendete es nahezu; es war der Harmonie geweiht, jener göttlichen Macht, die Universum, Kirche und Reich verbindet (327–41). Beschreibungen und eine Skizze auf einem Bodenmosaik lassen darauf schließen, daß das vergoldete Holzdach entweder pyramidenförmig war oder – vielleicht schon von Anfang an – eine Kuppel[81] und daß dieser zentrale Raum von einer zweigeschossigen Säulenhalle umgeben war. Das Goldene Oktogon war keine Kathedrale und kein Märtyrerschrein, sondern eine Palastkirche und Vorbild für ähnliche achteckige, mit Emporen versehene Palastkapellen, wie sie Justinian in Konstantinopel und Karl der Große in Aachen erbauten.[82]

Diese und viele andere Bauten Konstantins waren aus einer architektonischen Revolution erwachsen (ca. 315 n.Chr.), die auf die religiöse Umwälzung zurückging: Durch sie war das Christentum zur Vorherrschaft gelangt (S. 290), und gleichzeitig wurden Ingenieure und Architekten von Staats wegen gefördert.[83] Die runden oder polygonalen Kirchen waren nur ein Ergebnis dieser neuen Entwicklung, ihre wesentlichste Manifestation war die neue christliche Basilika. Diese Nachfolgerin der bescheidenen Hauskirchen[84] war ein langgestreckter rechteckiger Bau – man betrat ihn oft von einem Vorhof aus – mit Seitenschiffen, die vom Hauptschiff durch Arkaden abgeteilt waren. Da das Hauptschiff höher war als die Seitenschiffe, erhoben sich über diesen Arkaden unmittelbar auf den Bögen aufliegende Ziegelmauern, die gewöhnlich von Fenstern durchbrochen waren. Jenseits des Chorbogens war eine Apsis, die sich hinter dem Altar-Baldachin erhob, wo auch der Stuhl des Bischofs *(cathedra)* stand. Der Hauptteil einer Basilika war jedoch nicht eingewölbt; sie hatte ein Holzdach, das offen lag oder durch eine Flachdecke verdeckt war. Die großen römischen Kreuzgewölbe schienen zu irdisch und erinnerten zu sehr an heidnische Bauten; außerdem hätten sie die geschlossene innere Bewegung des Hauptschiffes und der Seitenschiffe abgeschwächt, die das Auge zum Altar und zur Apsis hinführte.

Diese prächtigen Bauten, die ein so bedeutsames Vorbild für die Zukunft wurden, verdankten ihre Struktur und die Anordnung der Fenster der heidnischen Säulenbasilika, die als Markthalle, Gerichtssaal und öffentlicher Versammlungsort gedient hatte und in der ein Richterstuhl die Stelle eingenommen hatte, wo jetzt der Stuhl des Bischofs stand. Und doch ist die gesamte architektonische Anlage der Kirchen viel strenger und betonter nach Osten ausgerichtet – wo nun der Altar stand – als das in den heidnischen Bauten der Fall war. Man hat die christliche Basilika mit ihren inneren Säulenreihen als einen griechischen Tempel beschrieben, dessen Äußeres nach innen gewendet worden sei.[85] Aber eines ihrer unmittelbaren Vorbilder waren die Audienzhallen in kurz zuvor erbauten Palaststädten wie Augusta Treverorum und Salonae. So wie das prunkvolle Palastzeremoniell in die christliche Liturgie Eingang fand (S. 290), so glich auch der christliche Altar unter seinem Baldachin einem kaiserlichen Thron, und so entsprach der triumphale Chorbogen der Kirche dem Giebel vor der Audienzhalle, der den Kaiser verherrlichte. Auch der Vorhof der christlichen Kirchen hatte seinen Vorläufer bzw. sein Gegenstück in der Queranlage der Basilica Nova des Maxentius (S. 124). Vom Vorhof aus gaben die mächtigen Türen der christlichen Basilika den Blick frei auf einen würdevollen, visionären, durchgeistigten Innenraum, der die Mysterien des Himmels deutete, dabei jedoch die Erinnerung an Roms zuchtvolle Vergangenheit wachhielt. Viele von Konstantins Basiliken betrat man von der Westseite her, so daß die aufgehende Sonne auf den zelebrierenden Priester fiel, wenn er, mit dem Gesicht zu seiner Gemeinde, vor dem Altar stand. Denn das raumschaffende Wesen der Offenbarung ist das unkörperliche, nicht stoffliche Licht: unten herrscht numinöser Halbschatten, aber von oben werden der Raum und die Andächtigen in strahlende Helligkeit getaucht (S. 219).

Konstantins Basiliken, die er in vielen Teilen des Reichs errichten ließ, waren von diesem Licht und von einer Farbigkeit erfüllt, die durch Vergol-

dung und anderen kostbaren Schmuck noch verstärkt wurde. Heute freilich ist von seinen bedeutendsten Bauten nichts mehr zu sehen. Manche
sind untergegangen, aber die meisten wurden so berühmt, daß man später
neue Kirchen an denselben Stellen erbaute. Dieses Schicksal widerfuhr
beispielsweise seiner weiträumigen fünfschiffigen Kirche der Heiligen
Weisheit (Hagia Sophia) in der neuen Hauptstadt Konstantinopel: sie
wurde durch Justinians Bau ersetzt. Konstantins Laterankirche, die
Kathedrale von Rom, wurde ebenfalls durch eine Reihe späterer Bauten
ersetzt. Diese Basilica Constantiniana, zunächst dem Erlöser geweiht,[86]
wurde bald nach der Übereignung des angrenzenden Lateranpalastes an
den kurz zuvor (ca. 313 n. Chr.) anerkannten Papst und Bischof erbaut.
Das Hauptschiff der Kirche war nicht von je einem, sondern von je zwei
Seitenschiffen flankiert. Diese stießen im Osten an kleine, querschiffähnli-
che Flügel oder Sakristeien und waren durch Reihen gewaltiger Säulen
aus gelbem und rotem Marmor voneinander getrennt; die äußeren Säulenreihen waren aus grüngesprenkeltem Marmor. Der Bau wurde abgeschlossen durch eine hohe, nach Osten vorspringende Apsis mit einer
gewaltigen silbernen Chorschranke, die mit massiven Silberstatuen geschmückt war und die ganze Breite des Apsiseingangs ausfüllte. «Die
Gemeinde sah Christus als Lehrer inmitten seiner Jünger sitzend, die ihn
auf beiden Seiten flankierten, während die Geistlichen einem auferstande-
nen Christus gegenüberstanden, der zwischen vier Engeln thronte. Wie
der Kaiser also offenbarte sich Christus unter dem hohen Apsisbogen
in verschiedenen, aber einander ergänzenden, Gestalten vor dem Volk
und vor dem kaiserlichen Hofstaat.»[87]
     Später ließ Konstantin in der Nähe des neronischen Zirkus am Vatikan
die Basilika St. Peter erbauen (ca. 333? – 37). Diese Kirche war, bevor
sie durch den Neubau des sechzehnten Jahrhunderts ersetzt wurde, der
Lateransbasilika ähnlich: Wie diese war sie mit glanzvollem, farbigen
Schmuck ausgestattet und ihr langes, hohes Mittelschiff war von je zwei
Seitenschiffen flankiert. Aber zwischen den Schiffen und der Apsis, zu
der sie hinführten, erstreckte sich nach beiden Seiten überstehend ein ge-
waltiges Querschiff; es war erfüllt von dem Licht, das durch sechzehn
große Fenster einfiel und stand so in lebhaftem Kontrast zu dem Dunkel
der Seitenschiffe. Das ist eine neuartige Antwort auf den Märtyrerkult,
der Konstantin an anderen Orten dazu veranlaßte, langgestreckte Basiliken mit Rundkapellen zu verbinden (S. 132). Die Kirche stand nämlich
an der Stelle, die schon lange als Grabstätte des Hl. Petrus galt (S. 282f).
Da die Menschenmengen, die zur Verehrung des Märtyrers kamen, zu

groß waren, um sie in weniger aufsehenerregender Weise unterzubringen, ließ Konstantin diesen geräumigen Querbau errichten; es ist praktisch ein überdachter Friedhof oder eine oberirdische Katakombe, die man dem größten Gebäude und der allerheiligsten Stätte der Westkirche einverleibte. Wegen dieser besonderen Funktion wurde der architektonische Gedanke eines durchgehenden Querschnitts anfangs nur selten an anderen Orten übernommen,[88] bis ihn die Architekten Karls des Großen wieder häufiger anwandten.

Sechstes Kapitel

Die hohe Schule des Romans

Das Bildungswesen

Junge Leute, die Latein oder Griechisch konnten und sich auf einen akademischen Beruf vorbereiten wollten, konnten eines der Zentren für höhere Bildung besuchen; den Lehrkörper bildeten Dozenten, die vom Staat oder den Gemeinden bezahlt wurden. Zu diesen Zentren gehörten Rom, Athen, Alexandria, Berytos (Beirut), Antiochia und Karthago, im vierten Jahrhundert auch Konstantinopel, Augustodunum (Autun) und Augusta Treverorum (Trier).

Auch manche Kaiser versuchten, den Nachwuchs für diese Hochschulen zu fördern. Commodus, wie Antoninus Pius vor ihm, erweiterte die Vergünstigungen und Privilegien für ihre Lehrer. Caracalla ließ, obwohl er persönlich eine Abneigung gegen Gelehrsamkeit und Gelehrte hegte, auch den Studenten ähnliche Vergünstigungen zukommen.[1] Severus Alexander erhöhte dann die Professorengehälter, und weitere Maßnahmen zugunsten der Hochschullehrer trafen später illyrische Kaiser, die ihrerseits nur über eine äußerst bruchstückhafte Bildung verfügten, nämlich Diokletian und Constantius I. Chlorus; Constantius' Sohn Konstantin setzte diese Politik fort, da er bewußt anti-intellektuelle Strömungen zu bekämpfen suchte.[2]

Doch war diese offiziell geförderte Hochschulbildung Männern vorbehalten; Frauen mußten sich mit höherer Schulbildung oder privatem Unterricht begnügen. Ferner war höhere Bildung auf Mitglieder der Ober- und der oberen Mittelschicht beschränkt und insbesondere den Söhnen von Senatoren und Richtern vorbehalten. Cassius Dio läßt Maecenas dieser Beschränkung ausdrücklich zustimmen (S. 88). Offenbar war das auch seine eigene Meinung, und bei diesem Stand der Dinge blieb es während des ganzen Altertums.

Das Hauptfach in diesen Studiengängen war Rhetorik oder Klassische Literatur. Festangestellte Dozenten, die sich als virtuose Vortragskünstler betätigten, gelangten zu Berühmtheit und Reichtum durch ihr rhetorisches

Feuerwerk, wobei sie alte Vorbilder bombastisch herausputzten. Die Dichtung dieser gesamten Periode, obgleich in reichem Maß vorhanden, ist fast durchweg deprimierend epigonal. Die altmodische, verbale und pedantische Klassische Bildung stand, fast unverändert, Jahrhunderte lang an erster Stelle; sie war gespickt mit Zitaten, aber ohne neue Sehweisen oder Ideen. Dieses Bildungssystem brachte kultivierte Männer hervor, die die Fähigkeit besaßen, immer das richtige Wort für eine Sache zu finden, aber nur wenig konstruktive Pläne zur Bekämpfung der Nöte ihrer Zeit oder Alternativen zu den gängigen irrationalen Lösungs- und Erlösungsversuchen zu bieten hatten. Denn dieses System, das oberflächlichen Ausdruck höher bewertete als Substanz oder Originalität, gewann mit seiner alles durchdringenden geistigen Leere auch Einfluß am Hof, in Beamtenschaft und in Verwaltung einer jeden Provinz.

Die Stellung sowohl der Grammatik wie der Rhetorik wurde zu Beginn der Periode durch die Veröffentlichung besonders maßgeblicher Untersuchungen gestärkt. Der einflußreichste Professor der Grammatik und der historischen Grammatik war Apollonios ‹der Mürrische› (Dyskolos), der um die Mitte des zweiten Jahrhunderts n. Chr. in Alexandria lebte; er spezialisierte sich auf die Behandlung syntaktischer Einzelfragen gemäß grundsätzlichen Erwägungen.[3] Später verfaßte sein Sohn Herodian zur Zeit Mark Aurels in Rom umfangreiche gelehrte Werke über Grammatik und Akzentsetzung; sie wurden wie die Werke seines Vaters während der ganzen byzantinischen Epoche genau studiert.

In ähnlicher Weise wurde die Stellung der Rhetorik verstärkt durch den führenden Theoretiker der gesamten Kaiserzeit auf diesem Gebiet, Hermogenes von Tarsos in Kilikien (ca. 175). Sein umfassendes Bemühen, das Studium des literarischen Stils in ein festes System zu fassen, war ebenso einflußreich wie die Schriften der Grammatiker, und auch sein Werk trug dazu bei, daß sterile scholastische Maßstäbe Jahrhunderte lang fortbestanden. Ein wenig später schrieb ein anderer Autor, den wir nicht identifizieren können, ein reichhaltiges Handbuch mit Anweisungen für die stets aktuelle und einträgliche Beschäftigung mit der Rhetorik.[4]

Zur höheren Bildung gehörten aber auch noch andere Fächer als die Rhetorik und Grammatik. Eins davon war die Philosophie. Daß Mark Aurel die Philosophie der Rhetorik vorzog, weil sie ihm von größerem praktischem Nutzen zu sein schien, war für seinen Lehrer Fronto eine herbe Enttäuschung. Mark Aurel begründete vier Lehrstühle für Philosophie in Athen und war selbst ein hervorragender Praktiker auf diesem Gebiet. Auch Alexandria besaß hochangesehene Lehrer dieses Fachs, die zu den neuen gelehrten Darstellungen des Christentums ebenso wie zu dem Werk Plotins Beiträge lieferten.

Ein weiterer blühender Zweig der höheren Bildung war in einer Zeit, die Berufsvorbereitung zu schätzen wußte, das Römische Recht. Das führende Zentrum für dieses Studium lag in Berytos (Beirut), es wurde etwa 200 n. Chr. gegründet, wahrscheinlich sogar früher.[5] Seit den Tagen der hervorragenden Juristen der Severerzeit und insbesondere, seitdem Caracalla durch die allgemeine Verleihung des Bürgerrechts an die freie Reichsbevölkerung dem römischen Recht weitere Verbreitung verschafft hatte, gedieh Berytos stetig weiter (S. 98 ff.). Im Rahmen seiner Bemühungen, das römische Element im Osten, vor allem im Rechtswesen, zu stärken, stiftete Diokletian Stipendien für diese Hochschule, und trotz Syriens hervorragender Rolle als Mittelpunkt griechischer Kultur blieb die Unterrichtssprache dort bis etwa zum Jahre 400 Latein. Berytos unterschied sich auch dadurch von anderen Universitäten, daß das Studium dort auf vorgeschriebenen Lehrbüchern aufbaute und eine festgesetzte Dauer von normalerweise vier, manchmal auch fünf Jahren hatte.

Mathematik wurde in Alexandria gelehrt, Astronomie in Sidon. Aber die Entwicklung der Naturwissenschaften in dieser Epoche war alles andere als aufregend. Der alexandrinische Astronom und Geograph Ptolemaios († ca. 170?) war zwar kein Gelehrter ersten Ranges gewesen, hatte aber neue Erkenntnisse in der mathematischen Geographie gewonnen, und seine enzyklopädische Leistung war umfassend und von weitreichender Wirkung. Jetzt gab es niemanden, der sich mit ihm hätte vergleichen können. Die griechische Naturwissenschaft hatte von jeher erreichbare kleinere Fortschritte zugunsten größerer, aber unerreichbarer Ziele vernachlässigt und neigte dazu, Physik als Philosophie aufzufassen, nicht als Mechanik; und nun versuchte man gar nicht mehr, in die Geheimnisse der Natur einzudringen, sondern betrachtete sie als Wundertäterin. Der griechische Rationalismus verzehrte sich wie ein Feuer, das aus Mangel an Brennstoff erlischt. Was Verständnis, Fertigkeit und Experimente anging, so gab es wenig oder keinen Fortschritt. Theorien, Hypothesen und Weltsysteme wurden noch immer nach logischen und mathematischen Gesichtspunkten analysiert, aber faktische Neuentdeckungen gab es nicht mehr. Severus Alexander soll Interesse an naturwissenschaftlicher Bildung gezeigt haben, aber Förderungsmethoden dieser Art führten zu keinerlei bemerkenswerten Resultaten, abgesehen von der Architektur, wo die praktische Unterstützung der Architekten durch Diokletian und Konstantin erstaunliche Früchte trug (S. 132). Die technologische Rückständigkeit

in der Industrie und vor allem in der Landwirtschaft war verhängnisvoll
für das Reich (S. 74f.).

Die Zentren des Medizinstudiums waren Alexandria, syrische Städte
wie Apameia und Laodicea und eine Reihe bedeutender Schulen in Kleinasien.[6] Galen (ca. 130–99) wurde in einem dieser kleinasiatischen Zentren
ausgebildet; seine Heimatstadt war Pergamon. Er war ursprünglich Gla-
diatorenarzt gewesen und erfreute sich nacheinander der Gunst des Mark
Aurel, des Commodus und der Gemahlin des Septimius, der Julia Domna.
Er schrieb auch Bücher, die sich mit jedem medizinischen Spezialgebiet
befaßten. Was davon erhalten blieb, ist keineswegs das gesamte Werk,
füllt aber immerhin zwanzig Quartbände.

Galen war ein überzeugter Biologe, der sich besonders mit Anatomie
befaßte und den Körper als organische Einheit sah. Er vertrat eine
Methode, die nicht nur wissenschaftlich, sondern auch jeder engen Spezia-
lisierung abhold war; er vertritt den festen Grundsatz, daß der beste Arzt
auch ein guter Philosoph ist, ein Mann, der die Wahrheit liebt, gewissenhaft die Klassiker studiert und sich nicht scheut, seine eigenen Untersuchungen anzustellen. Ein Medizinstudent, sagt er, «muß so erfüllt sein
von glühender Liebe zur Wahrheit wie ein Gottbegeisterter; weder bei
Tage noch bei Nacht darf seine Energie und Konzentration nachlassen
beim gründlichen Studium all dessen, was die berühmtesten der Alten
gesagt haben. Und wenn er das gelernt hat, muß er es ausführlich und
kritisch prüfen und erproben und muß untersuchen, was davon mit
augenscheinlichen Befunden übereinstimmt und was ihnen widerspricht;
dementsprechend muß er sich für das eine entscheiden und das andere
verwerfen. Für solche Leute werden, wie ich hoffe, meine Darlegungen
sehr nützlich sein, – es sind aber wahrscheinlich nur ganz wenige; für
die anderen dagegen wird diese Schrift so überflüssig sein, wie wenn man
einem Esel eine Geschichte erzählte.»[7]

Dieselbe etwas ungeduldige Überheblichkeit äußert sich auch in Galens
scharfen Worten über seine römischen Kollegen. In seiner eigenen Fähigkeit, die Tradition zu respektieren, zu verarbeiten und sich anzueignen
– ein charakteristischer Zug der Spätantike, den man auch bei den großen
Juristen der gleichen Epoche findet –, liegt seine Bedeutung für künftige
Generationen; sie ermöglichte ihm, das beste Erbe früherer griechischer
Medizinschulen weiter zu vermitteln. Galen besaß jedoch auch andere
Eigenschaften, die man zwar in späteren Zeiten ebenso hoch schätzte,
die sich aber für die Wissenschaft als gefährlich erwiesen. Erstens glaubte
er, man könne die Funktionen aller Körperteile ausfindig machen, um

derentwillen diese Organe so und nicht anders gestaltet seien, und war
überzeugt, dies selbst entdecken zu können. Er erforschte all diese Funktionen und kam zu der Ansicht, es sei unmöglich, sich irgend eine bessere
Regelung vorzustellen; dabei bezog er sich auf den Grundsatz des Aristoteles, daß die Natur nichts umsonst erschafft.[8] Ferner war Galen ein Vor-
kämpfer des Glaubens, daß die Existenz des Schöpfergottes aus der Existenz und der vollkommenen Schönheit des Geschaffenen hergeleitet
werden könne. Überzeugt davon, daß der menschliche Körper das von
Gott geformte Werkzeug der Seele sei, sah er in der rühmenden Verehrung
der Gottheit den eigentlichen Bereich des Anatomiestudiums; ferner
glaubte er, daß dieses Studium, wenn man sich ihm mit demselben Ernst
widme wie den berühmten Religionen, umfassender und wirksamer als
sie das Geheimnis und die Macht des Göttlichen offenbaren werde.
Daher fanden Galens Lehren, aus dem Arabischen übersetzt, während
des Mittelalters im Westen weiteste Verbreitung, obwohl er dem Christentum und den heidnischen Philosophenschulen gleichermaßen kritisch
gegenüberstand. Scholastiker schätzten seine offensichtlich logische Gei-
steshaltung, und der englische Arzt Thomas Linacre legte noch 1523 eine
Galenübersetzung vor. Fast anderthalb Jahrtausende lang bestimmten
Galens Schlußfolgerungen das medizinische Denken.

Aber diesen Einfluß erlangte er erst in späterer Zeit. Die unmittelbare
Folge seiner Einstellung war, den Niedergang der naturwissenschaftlichen
Arbeitsweise zu beschleunigen. In den folgenden Jahrhunderten versuchte
niemand mehr, Galens Untersuchungen über die Funktionen der Körperteile wiederaufzugreifen. Das lag zum Teil daran, daß kein Nachfolger
seine umfassenden Arbeiten verbessern konnte, aber der Hauptgrund war,
daß physiologische Probleme keiner weiteren Untersuchungen zu bedürfen schienen; Galen hatte sie bereits gelöst, und zwar in Übereinstimmung
mit einer Auffassung von der Gottheit (und von ihren Zielen), an der
es nichts zu verändern gab. Seine Methode also «implizierte, daß Forschung wertlos sei».

Das heraufkommende Christentum, das die Theologie zum Gegenstand
geistiger Auseinandersetzungen machte, gab der naturwissenschaftlichen
Forschung derartige Impulse nicht. «Denn inwiefern», fragte Ambrosius,
«trägt das zu unserer Erlösung bei?»

Und dennoch ruhten die dürftigen und größtenteils unfruchtbaren
Gipfel der höheren Gelehrsamkeit auf einem breiten Fundament schuli-
scher Bildung. Der Unterricht wurde in drei Stufen erteilt. Zunächst gab
es die – stets private – Grundschule, deren Lehrer vom Schulgeld seiner

Schüler lebte. Kinder der Ober- und Mittelschicht besuchten diese Schulen nicht, sondern wurden zu Hause unterrichtet und gingen dann – anders als ihre ärmeren Altersgenossen – zu einem der Grammatiker, die es in allen größeren Orten gab. Manche dieser Schüler nahmen dann an Kursen von Rhetoren teil, die in Provinzhauptstädten und anderen Städten von vergleichbarer Bedeutung anzutreffen waren. Diese Lehrer der Rhetorik und ihre Kollegen, die Grammatik lehrten, erhielten entweder feste Gehälter oder lebten als freiberuflich Tätige von ihren Honoraren. Ihr Einkommen wurde von Diokletian festgesetzt: es war vier- bis fünfmal so hoch wie das der Grundschullehrer; ihre Ausbildung war kostspielig, und sie zählten zu den wohlhabenden Leuten.

Diese höhere Schulbildung war jedoch, ebenso wie die meisten Studiengänge an den Hochschulen, stofflich recht begrenzt. Theoretisch erhielten die Schüler eine Grundausbildung in Grammatik, Rhetorik, Dialektik, Arithmetik, Geometrie, Musik und Astronomie, den bekannten sieben freien Künsten des Mittelalters.[9] Tatsächlich aber wurde die Mathematik fast völlig verdrängt, die Musik ließ man auch fallen, und neben Grammatik und Rhetorik wurde nur sehr wenig gelehrt. Es war ein ausschließlich sprachlich und literarisch orientierter Lehrplan, und der Stoff bestand aus Kommentaren zu einem beschränkten Kreis klassischer Autoren.

Allerdings war diese Bildung in den hundertfünfzig Jahren zwischen Mark Aurel und Konstantin erheblich mehr Menschen zugänglich als je zuvor; auch das Bildungswesen folgte also einer allgemeinen Tendenz zur Nivellierung (S. 99). Ägyptische Papyri bezeugen, daß – obwohl es Analphabetentum gab – Schulbildung für Jungen ebenso wie für Mädchen weit verbreitet war. Seit der Zeit des Severus Alexander wird von Lehrern in Kleinstädten und Dörfern als einem Stand berichtet. Wir besitzen Schulbücher auf Papyrus, die praktische Übungen zur Flexion von Wörtern enthalten.[10] Es gibt auch zweisprachige Handbücher aus dem frühen dritten Jahrhundert, Vorläufer der praktischen, auf Redewendungen basierenden Sprachführer der Neuzeit. Diese Werke setzen Selbststudium und den Gebrauch von Tafeln voraus und nehmen sorgfältig auf Fähigkeit, Alter, Vorkenntnisse, Temperament und Interesse des einzelnen Schülers Rücksicht.[11] Ein kleines lateinisches Werk mit moralischen Mahnungen in hexametrischen Zweizeilern, die *Aussprüche Catos (Dicta Catonis)*, wurde im Mittelalter zu einem Schulbuch, das nur Vergil an Wirkung nachstand.[12] Derart waren die Lehrmittel, auf denen die Grund- und höhere Schulbildung in der ganzen Kaiserzeit beruhte. Außerdem spielte indirekt und auf einem niedrigeren Niveau die Großgutswirtschaft der Grundbesitzer eine gewisse Rolle bei der Ausbreitung der Kultur (S. 77).

Natürlich waren die Fortschritte im Bildungswesen nicht überall gleichmäßig. Am Ende des dritten Jahrhunderts zeigte Ägypten beispielsweise Zeichen eines Niedergangs, andererseits jedoch wuchs die Zahl der Bildungszentren in Gallien, und durch Constantius I. Chlorus wurde sie vielleicht sogar verdoppelt.[13]

Allerdings betraf die weitere Verbreitung der Bildung nur einen relativ kleinen Teil der Bevölkerung. Denn die Medien dieser Bildung waren das Griechische und Latein, die hauptsächlichen Schriftsprachen der römischen Welt und die einzigen, die zur Vermittlung dieser literarischen klassischen Bildung geeignet waren. Sie wurden aber nur von einer Minderheit der Reichsbevölkerung gesprochen; die Masse der Reichsbewohner lebte auf dem Lande, und zu ihr gehörten Gruppen, die noch unberührt von griechischer oder römischer Kultur waren, beispielsweise die Leute, die noch Keltisch, Punisch, Berbersprachen, Koptisch, Syrisch, Aramäisch, Illyrisch (Albanisch), Thrakisch oder eine der vielen kleinasiatischen Sprachen sprachen. Trotzdem erhöhte sich wahrscheinlich in dieser Periode bei der Reichsbevölkerung insgesamt der Prozentsatz von Menschen, die Griechisch oder Latein sprachen, und zwar infolge der erweiterten Schulbildung.

Die zunehmende Unterweisung in Griechisch und Latein hatte jedoch auch lokalen und nationalen Patriotismus zur Folge. Das mag paradox erscheinen, da die Ausbreitung einheimischer Literaturen, etwa der syrischen und der aramäischen, ebenfalls erheblich zu dieser Entwicklung beitrug. Die Verbreitung des Griechischen und Lateinischen hatte jedoch eine ähnliche Wirkung: wie auch in der Moderne eröffnete die Einführung in die Kultur des Eroberers die Möglichkeit, die gegen ihn gerichteten Gefühle zu artikulieren. Vor allem im Osten führte die Verbreitung des Griechischen zu allen möglichen literarischen Haßergüssen gegen die griechischen Organe Roms wie auch gegen die Römer selbst (S. 24). Die Romanisierung Galliens im zweiten und dritten Jahrhundert wirkte sich ähnlich aus: sie gab den Menschen dort die Kultur und das Selbstbewußtsein, die eine ausgeprägte Renaissance nicht-römischer Kulte anregten; manche von diesen gingen auf die Anfänge der Kelten, lange vor der Ankunft der Römer, zurück, und nun breiteten sie sich über ihr Ursprungsland hinaus aus. In der Zeit des Commodus wurden diese Gottheiten in römischem Gewand sogar in den Heiligtümern der kaiserlichen Heere offiziell zugelassen.[14]

Die sprachliche Kluft zwischen Latein und Griechisch vertiefte sich nun. Hochgebildete Männer wie Mark Aurel beherrschten noch beide Sprachen, und Severus Alexander wurde als ‹Grieche und Römer› erzogen, aber das wurde immer weniger üblich. Eine Zeit, die zweisprachige Lehrbücher benötigte, benötigte auch offizielle Zugeständnisse bezüglich des Sprachgebrauchs. Als Caracalla bei einem Prozeß in Antiochia den Vorsitz führte, wurden der Rechtstitel und das Urteil lateinisch aufgezeichnet, aber alles andere, auch die Worte des Kaisers, in griechischer Sprache.[15] Ferner gestattete Severus Alexander, obwohl Latein die Gesetzessprache blieb, römischen Bürgern, ihr Testament griechisch abzufassen. Obwohl Diokletian ein Bauer vom Balkan war, der die Nivellierung Italiens fortsetzte und seine Residenz in Nikomedeia im griechischen Osten errichtete, war er trotzdem entschlossen, Latein zur alleinigen Verwaltungssprache zu machen (S. 97). Er schickte römische Grammatiker und Lehrer der Rhetorik in den Osten, und selbst in Ägypten wurde Latein die Rechtssprache. Aber jeder Fortschritt in dieser Richtung war nur von kurzer Dauer, und hundert Jahre später war die Sprachbarriere zwischen Osten und Westen bereits gefestigt, was Übersetzern und Bearbeitern Gewinn brachte. Die Chance oder das visionäre Ziel, kulturell und religiös eine Einheit zu schaffen, war endgültig geschwunden, und das hatte weitreichende Folgen für die Mittelmeerwelt.

Diokletians Versuch war aussichtslos gewesen, denn in den voraufgegangenen hundertfünfzig Jahren war, abgesehen von den Werken der Juristen, kaum etwas an lateinischer Literatur entstanden, das sachlich oder stilistisch irgendwelche Bedeutung hatte. Abgesehen von einer einzigen kleinen Dichtung bilden unter den uns erhaltenen Autoren nur Apuleius und Tertullian eine Ausnahme; beide stammen übrigens aus der blühenden Kultur des römischen Nordafrika (S. 146). Stilistisch zeigen die griechischen Werke der Zeit größtenteils ein niedriges Niveau, und es gibt eine riesige Menge griechischer Schriften, die auch in jeder anderen Hinsicht wertlos sind. Und doch brachte die Zeit auch Schriftsteller von ungeheurer Bedeutung hervor, und fast alle schrieben griechisch, mochten sie nun griechischer oder östlicher oder, was seltener vorkam, römischer Herkunft sein. Selbst Mark Aurel, ein römischer Kaiser, der aus einer römischen Familie in Spanien stammte, wählte das Griechische für seine privaten *Selbstbetrachtungen,* ebenso der Ägypter Plotin für seine Philosophie. Juvenal beklagte sich, daß der Fluß Orontes nun in den Tiber münde, aber folgenreicher als diese Vermischung war der fast uneingeschränkte Vorrang des Griechischen auf den höchsten Ebenen der Kultur.

Später sollten der aus Afrika stammende Augustinus und seine Zeitgenossen das Lateinische für das Mittelalter retten, aber zwischen dem zweiten und vierten Jahrhundert waren es, wenn man vom Rechtswesen absieht, griechisch schreibende Männer, die den Höhepunkt des antiken Rom schufen und zum Ausdruck brachten.

Die Größten unter ihnen bewegten sich auf Höhen, die selbst die bedeutendsten Denker des klassischen Griechenland selten oder nie erreicht hatten. Auf niederer Ebene war die Bildung weiter verbreitet als je zuvor, aber sie lag tief unter dem Niveau dieser bedeutenden Geister, denn in den für sie bezeichnendsten Bereichen hatte die Hochschulbildung versagt, und ihre edelsten Ausdrucksformen in dieser Zeit, wie etwa die Philosophie des Plotin, gingen weit über den Horizont dieses Bildungspublikums hinaus: Seine Kultur war gut bürgerlich und ihre charakteristische Literaturform war der romantische Roman.

Die besten romantischen Romane

Unter dem Romanschrifttum, der typischen Erscheinungsform der damaligen Kultur, finden sich auch Meisterwerke. Von besonderem Rang war das im lateinischen Bereich isoliert dastehende Werk des Apuleius von Madaura (Madaurouch) in Nordafrika; der Höhepunkt seines Schaffens fällt in die Zeit Mark Aurels. Als letzter und eigenwilligster der den lateinischen Stil prägenden Autoren war Apuleius weit mehr als ein Verfasser von Romanen für den Durchschnittsgeschmack, und seine vielfältigen Interessen geben wertvolle Aufschlüsse über diese Periode.

Er war Romanautor, Popularphilosoph, Wanderredner und Priester; der Zauberei angeklagt, die die Gemüter der Zeit vor allem erregte (S. 232), wurde er vor Gericht gestellt. Die ungeheuer manierierte, flammende und faszinierend prunkvolle Verteidigungsrede des Apuleius, eine Mischung von extravaganter Rhetorik und geschickter Argumentation, sicherte ihm vermutlich den Freispruch; Augustinus allerdings war später keineswegs davon überzeugt, daß die Anklage zu Unrecht erfolgt sei[16], und fühlte sich verpflichtet, seine Leser vor Leuten zu warnen, die Apuleius, mehr als zweihundert Jahre nach seinem Tode, über Jesus Christus stellten.

Zauberei ist auch das Hauptthema von Apuleius' Roman *Die Metamorphosen (Der Goldene Esel)*. Der Held, Lucius, wird in einen Esel verwandelt, weil er sein Interesse für die Schwarze Kunst nicht bezähmen kann. Geschichten von Hexerei und deftige Zoten tragen viel zu dem pulsierenden Leben und dem Phantasiereichtum dieses beispiellosen Buches bei. Der stark ausgeprägte, ungewöhnliche Sinn des Apuleius für Humor läßt vermuten, daß das ganze Werk vielleicht eine Satire auf Zauberei und Aberglauben ist. Aber selbst wenn das zutrifft, ist es dem Autor mindestens zur Hälfte mit seinem Glauben ernst. Obwohl er sich oft auf Obszönitäten einläßt und über die kleinlichen und bourgeoisen Olympier spottet, ist er in religiösen Dingen ein überzeugter Anhänger der Mysterien, der zu allem bereit ist. «In Griechenland ließ ich mich in zahlreiche Kulte einweihen. Ich bewahre gewissenhaft bestimmte Symbole und Andenken daran, die mir von den Priestern übergeben wurden ... Ich lernte vielerlei Kult, Riten und verschiedene Zeremonien bei meiner Suche nach Wahrheit und bei meiner Verehrung der Götter kennen.»[17]

Einem dieser Kulte hatte sich Apuleius leidenschaftlich zugewandt. Denn die Schilderung seiner Begegnung mit der Erlösergöttin Isis ist ein lebensvolles Anzeichen dafür, daß die Kulte der mittleren und späteren Kaiserzeit keine künstlichen Relikte waren, sondern tiefempfundene Realitäten (S. 227). Eine spirituelle Strömung durchzieht auch die berühmteste und längste der vielen in sich abgeschlossenen Episoden, die das Werk enthält,[18] das Märchen von *Amor und Psyche,* das in der ganzen Welt Widerhall fand. Obwohl es zu den glänzendsten Stücken antiker Unterhaltungsliteratur gehört, unterscheidet es sich von den zotigen und haarsträubenden Gruselgeschichten, die in reicher Zahl über den Rest des Buches verstreut sind; es läßt nämlich – von ferne, aber ganz deutlich – das die damalige Zeit stark beschäftigende Thema der Seelenreise anklingen, vom Streben der Seele (*psyche*), durch Abenteuer des Fleisches schließlich zu Glück und Frieden zu gelangen (S. 228).[19] Es handelt sich also bei diesem Roman um gleich auf mehreren Ebenen eskapistische Literatur. Er ist voll von Zauberei, einem der wichtigsten Mittel, sich von den Übeln dieser Welt zu befreien, und stellt allegorisch dar, wie der Seele diese Flucht gelingt; er bietet eine Reihe prächtiger Zaubergeschichten, deren Reizen Raffael sowie die Schriftsteller des Elisabethanischen Zeitalters und der Zeit Jakobs I. nicht widerstehen konnten.

Das überschwengliche Latein des Apuleius hat sich schon weit von dem Ciceros entfernt und ist bereits auf halbem Weg zu den modernen romanischen Sprachen. Der Schriftsteller entschuldigt sich, nicht ganz aufrichtig, für sein ungehobeltes und exotisches Latein, das er als armer Griechischsprachiger sich in Rom angeeignet habe.[20] Aber sein Latein war das weitaus vollendetste der Zeit. Seine nordafrikanische Heimat, deren blühender Kultur auch Kaiser entstammten, besaß nun fast ein Monopol für erstklassiges Latein, und Tertullian sollte noch mehr bieten. Apuleius, der wahrscheinlich in den letzten Regierungsjahren Mark Aurels starb, hat seine *Metamorphosen* wohl am Ende seines Lebens geschrieben, etwa zur gleichen Zeit, als der Kaiser seine völlig andersgearteten *Selbstbetrachtungen* verfaßte.

Mit seiner funkelnden, schneidenden Schärfe und seiner unsentimentalen Haltung unterscheidet sich dieses Meisterwerk des Apuleius ganz wesentlich von anderen antiken Romanen, die außerdem, abgesehen von dem früheren *Satyricon* des Petronius, griechisch geschrieben sind und aus den östlichen Teilen des Reiches stammen. Es gab jedoch auch einen griechischen Roman über den gleichen Stoff – die Verwandlung eines Menschen in einen Esel –, nämlich *Lukios oder der Esel* von einem sonst nicht bekannten Lukios von Patrai.²¹ Diesem Werk, das in einem Auszug beziehungsweise einer Zusammenfassung erhalten ist, verdankte Apuleius wohl seinen Stoff; allerdings wird durch solche in der antiken Literatur häufig vorkommenden Entlehnungen die stark ausgeprägte Eigenart seiner eigenen Behandlung dieses Themas nicht beeinträchtigt.

Der griechische Roman, zu dessen Repräsentanten auch Lukios von Patrai gehörte, hatte einen äußerst komplizierten literarischen Stammbaum.²² Alles mögliche ging indirekt in ihn ein: die *Ilias* und viele Teile des trojanischen Sagenkreises, die *Odyssee* und alle Reiseerzählungen, die auf sie zurückgehen, geschichtliche Berichte und historische Romane von Herodot bis zum *Alexanderroman,* Wendungen und berichtende Partien der Tragödiendichter, insbesondere Liebesgeschichten aus Euripides, Mythen Platons, Musterreden und Standardthemen von Rhetorikern, Charaktere und Handlungsabläufe aus Menanders Neuer Komödie, erotische Geschichten von Elegiendichtern, Abenteuer und Dialoge aus Mimus und Satire, frivole Reize der Novelle und der Kurzgeschichte und so manche nationalen oder religiösen Stoffe aus dem Osten. Ägypten spielte eine besonders wichtige Rolle, und das früheste Stück griechischer Prosadichtung, teilweise eine Liebesgeschichte, der *Traum des Nektanebos,* ist aus dem Ägyptischen übersetzt.

Funde ägyptischer Papyri haben erwiesen, daß der griechische Roman, der aus einer Mischung dieser unterschiedlichen Literaturgattungen entstand, sich viel früher entwickelte, als man angenommen hatte. Das älteste Originalbeispiel, das man aus erster Hand kennt, ist der Ninos-Roman, von dem einige Passagen auf Papyri erhalten sind.²³ Der Held und die Heldin, Orientalen wie oft in anonymer volkstümlicher Romanliteratur,

1. Kurzlebige hellenistische Renaissance. Gallienus (253–68) versuchte eine Welt im Zusammenbruch neu aufzubauen; besondere Förderung ließ er den Philosophen zuteil werden.

2. Frauenporträt mit goldener Brosche. Eines der ungewöhnlichen Mumienporträts, die aus dem graeco-römischen Ägypten stammen.

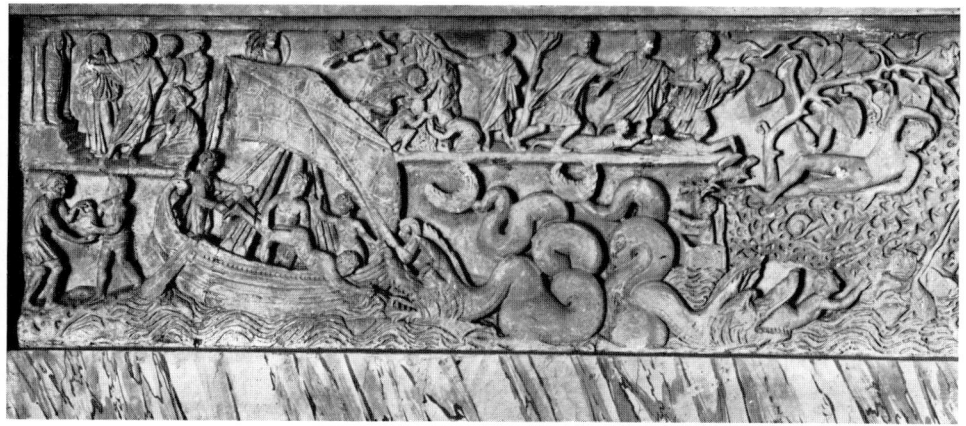

3. Die ersten christlichen Sarkophage stellen nicht die Leidensgeschichte Christi dar, sondern sehr häufig Erlösungsszenen aus dem Alten Testament, so etwa die Geschichte von Jonas und dem Walfisch.

4. *Diokletian und Maximian oder ihre Nachfolger. Dieser spätrömische Stil hat mit seiner alptraumhaften Pseudonaivität die Zeit der Klassik schon weit hinter sich gelassen.*

sind Semiramis und Ninos, der nach der Überlieferung der erste König von Assyrien war.[24] Ein Fragment zeigt ihn im Begriff, gegen die Armenier zu kämpfen, das andere beschreibt, wie sich die beiden Liebenden nach Vereinigung sehnen und wie Ninos sich bittend an die Mutter des Mädchens wendet und Semiramis an die seine. Das Liebesmotiv hat schon seinen festen Platz, und andere Grundelemente künftiger Romane zeigen sich in der entschlossenen vorehelichen Enthaltsamkeit des Königs und der Verschämtheit des Mädchens. Die erhaltenen Fragmente des Werks scheinen dem ersten Jahrhundert n. Chr. anzugehören, aber eine Ähnlichkeit zwischen ihrem Inhalt und griechischen Werken historischen und pseudohistorischen Charakters lassen vermuten, daß der Ninos-Roman wohl noch zweihundert oder sogar dreihundert Jahre früher entstanden ist; auch sprachliche Indizien führen zu demselben Ergebnis.

Weitere Papyrusfunde haben jetzt bestätigt, daß der griechische Roman einige Jahrhunderte vor der Zeit, der man seine wesentliche Entwicklung bisher zuwies, zur Reife gelangt war. *Chaireas und Kallirrhoe* beispielsweise, von Chariton aus Aphrodisias im südwestlichen Kleinasien verfaßt, kann nicht aus byzantinischer Zeit stammen, wie man ursprünglich geglaubt hatte, weil es Papyri davon aus der Zeit *vor* 200 n. Chr. gibt.[25] Die Handlung, in acht ‹Büchern› dargestellt, beruht auf der athenischen Expedition gegen Syrakus im fünften Jahrhundert v. Chr.; Hermokrates, der Kommandant der syrakusischen Streitkräfte, hat dem Roman zufolge eine schöne Tochter namens Kallirrhoe, die von Chaireas, dem Sohn eines politischen Gegners, auf den ersten Blick geliebt wird. Es gibt die üblichen Intrigen, Verdächtigungen, Gefahren und Räuber, und, wie so oft, hält man die Heldin fälschlich für tot. Aber schließlich bringt Tyche (Fortuna), die höchste Göttin der Griechen in späterer Zeit, die von solchen Schriftstellern für alle stärker übertriebenen Unwahrscheinlichkeiten verantwortlich gemacht wird, das liebende Paar zusammen; auch Aphrodite (Venus) spielt ihre Rolle. Wenn der Autor im Schlußabschnitt verspricht, «in diesem Buch wirst du nicht Räuberunwesen, Versklavung und Gerichtsverhandlungen, Kämpfe und Heldentum und Krieg und Gefangenschaft finden, sondern das Leben ehrbarer Menschen und gesetzlichen Ehestand», kann er sich nur auf jenen abschließenden Teil seines Werks beziehen; denn in den übrigen Teilen sind abenteuerliche Züge reichlich vorhanden. Die Handlung ist ungeheuer dramatisch – Chariton sagt selbst, seine Gerichtsszene werde jede Bühnenhandlung übertreffen – und von Ritterlichkeit erfüllt; Dionysios von Syrakus, der die ihm als Sklavin verkaufte Kallirrhoe umwirbt, zeigt höfliche Zurückhaltung. Standhaftigkeit und Keuschheit überwinden alle Anfechtungen. Es finden sich Zitate aus Homer und der attischen Neuen Komödie, aber die Handlung schreitet ohne allzuviele Nebensächlichkeiten fort, und Charitons klarer Stil wurde in der Renaissance viel bewundert. Man darf ihn wohl schon um 100 n. Chr. oder noch früher ansetzen.

Ein weiterer Autor, der in die Zeit der vollen Entfaltung des Romans gehört, war Xenophon von Ephesos. Seine *Ephesiaka,* in deren Form er an den gleichfalls aus Kleinasien stammenden Chariton erinnert, enthalten einen Hinweis auf ein Ereignis, das in die Regierungszeit Trajans (98–117) fällt; dieser Roman ist so gut wie sicher dem zweiten Jahrhundert n. Chr. zuzuweisen. Xenophon hat sich von der hartnäckigen Tradition gelöst, daß Romane, wenn auch noch so lose, auf historischen Tatsachen zu basieren hätten. Habrokomes liebt und heiratet Antheia, aber das Orakel des Apollon von Kolophon, das noch immer berühmt war und Zuspruch fand, warnt sie vor bevorstehenden Gefahren (S. 235). Um diesen aus dem Weg zu gehen, schicken die Angehörigen des jungen Paares die beiden auf eine Reise, aber dabei erleben sie Stürme, Schiffbrüche, Räuberüberfälle, Trennungen und Angriffe auf Antheias Tugend. All diese Fährnisse werden überstanden. «Ich bin den Drohungen der Räuber entgangen», berichtet sie triumphierend, «den Anschlägen der Piraten, den Schändlichkeiten von Bordellbesitzern, den Ketten, Gruben und Galgen, dem Gift und dem Grab ... Du aber, Habrokomes, bist du keusch geblieben?» Ja, er ist es.

Die *Ephesiaka* sind ziemlich kurz, zumindest in ihrer jetzigen unzusammenhängenden Form, die möglicherweise eine verkürzte Fassung darstellt. Die Handlung ist vollgestopft mit Ereignissen. «Schon wieder Piraten und das Meer! Und wieder bin ich gefangen», seufzt Antheia verständlicherweise. Der Autor, ein Mann von einigem Geschmack, aber ohne große literarische Kenntnisse, zieht jedoch Schlichtheit rhetorischem Prunk vor. Andererseits fügt er eine raffinierte, makabre und bitter-süße Episodenhandlung ein[26] und betont mit beinahe mystischem Nachdruck, daß Opfer für die Reinheit der Liebe glückliches Leben im Jenseits einbringen werden – was ja das Hauptanliegen der damaligen Zeit war.[27]

Auf dieses Werk folgt eine reiche Fülle von Romanen aus der Zeit des Mark Aurel, des Commodus und der Severischen Dynastie. Diese Werke waren nicht, wie man angenommen hatte, die ersten bedeutenden Beispiele der Gattung, sondern stellen bereits deren reife Leistungen dar, die dank der höheren Bildung jener Zeit, die immer weitere Kreise erfaßte, zu einem neuen qualitativen Niveau gelangt waren und zweifellos mit

wachsendem Verständnis gelesen wurden. Iamblichos, ein Syrer wie der
spätere Philosoph gleichen Namens, galt einst als der früheste dieser
Romanautoren; heute sieht man in ihm einen Erben der viel weiter zu-
rückreichenden Überlieferung, die wir dargestellt haben. Sein Roman,
die *Babylonika*, läßt sich datieren, weil darin ein armenischer König erwähnt wird, den die Römer 165 wieder einsetzten; ferner scheint er anzu-
deuten, daß Mark Aurel († 180) noch am Leben ist. Das Werk selbst
ist verloren, aber eine Inhaltsangabe aus byzantinischer Zeit ist erhalten.
Iamblichos rückt von Xenophons Versuch, den pseudohistorischen Rahmen zu beseitigen, wieder ab und wählt als Schauplatz seiner Handlung
das alte Mesopotamien; Garmos, der grausame König von Babylon, be-
gehrt Sinonis, die Gattin des Rhodanes. Die üblichen Schiffbrüche fehlen,
aber dafür gibt es genügend Verfolgungen, Gespenster, Zauberer und
Verwechslungen. Iamblichos führt eine große Zahl von Gestalten vor,
deren Abenteuer, obwohl geschickt mit der Haupthandlung verwoben,
frühere Romane an Unwahrscheinlichkeit noch übertreffen.

Leukippe und Kleitophon von Achilleus Tatios wies man früher dem
fünften Jahrhundert n. Chr. zu, aber ein Papyrus hat gezeigt, daß eine
solche Datierung mehr als dreihundert Jahre zu spät liegt.[28] Ein Seesturm,
eines der vielen melodramatischen Ereignisse, die in atemloser Folge vor-
geführt werden, liefert die jungen Liebenden in die Hände ägyptischer
Seeräuber. Achilleus Tatios stammt nämlich nicht aus Kleinasien oder
Syrien wie seine Vorgänger, sondern aus Alexandria, und obwohl größtenteils die mutwillige Tyche sein Werk beherrscht, spielt auch der ägyptische Gott Serapis, für den Septimius Severus eine große Vorliebe hatte,
eine wichtige Rolle. Wir sind wieder im Bereich freier Erfindung, allerdings mit einer pikanten Wendung. Es gibt zwar auch hier die üblichen
Katastrophen, und Kleitophon kann es immer wieder kaum fassen, daß
seine Geliebte noch am Leben ist. Sie wird sogar scheinbar getötet, und
das nicht nur einmal, sondern dreimal! Derartige Übertreibungen, von
denen es eine ganze Menge gibt, lassen eher vermuten, daß Achilleus
Tatios sich über solche abgedroschenen Themen lustig macht. Als Leukippe bei einem dieser Vorfälle wieder einmal den Tod zu finden schien,
glaubte man, sie sei von einem Diener der Räuberbande, deren Gefangene
sie war, niedergestochen worden. Man sah sogar schon ihre Eingeweide
hervorquellen, und tatsächlich wurden sie herausgenommen und als
Opfergabe auf einem Altar niedergelegt. Aber das alles war nur ein von
ihren Freunden inszeniertes Schauspiel, um ihr Leben vor den Räubern
zu retten; die Wunde war nicht ihr selbst beigebracht worden, sondern

einem Schaffell, das man an ihrem Leib befestigt hatte, und der Dolch war mit Federn versehen, die sein tieferes Eindringen verhinderten.[29]

Ein weiterer ungewöhnlicher Zug des Romans ist, daß der Held Kleitophon in Leukippes Abwesenheit mit einer anderen Frau ins Bett geht. Das geschah zugegebenermaßen infolge höherer Gewalt, etwa nach dem Vorbild des Odysseus, aber in anderen Romanen – mochten die Umstände sein wie sie wollten – waren nur Nebenfiguren der Versuchung zu unerlaubtem Liebesgenuß erlegen. In *Leukippe und Kleitophon* dagegen findet sich eine neue ironische Toleranz gegenüber menschlichen Schwächen; darin liegt wohl Kritik an den Wertmaßstäben anderer Romanautoren, die an der unerschütterlichen sexuellen Enthaltsamkeit ihrer Hauptfiguren festhielten.

Achilleus Tatios ist vor allem an der Liebe interessiert, die er nach einer damals gängigen Auffassung der Platoniker mit religiösen Mysterien verglich (S. 180). Aber er geht über frühere Romanautoren hinaus, indem er sich nicht mit dem vergleichsweise uninteressanten Phänomen der Liebe auf den ersten Blick begnügt. Stattdessen verweilt er bei den verschiedenen Stufen des Lieswerbens und bei der Kunst, darin Fortschritte zu machen. Er schildert auch deutlich das heftige erotische Verlangen, die erregte Unruhe und die seelischen Verwirrungen, die es mit sich bringt. Kleitophon erhält von seinem Vetter folgende Belehrung: «Einem anderen Liebhaber genügt schon der Anblick des geliebten Mädchens, und er hält dies für das höchste Gut, wenn er nur einen Blick empfängt; und die glücklicheren Liebhaber preisen sich selig, wenn sie mit ihr sprechen können; du aber siehst und hörst sie immer, speisest und trinkst mit ihr; und du klagst noch bei diesem Glücke? Du erkennst nicht das Geschenk der Liebe; du weißt nicht, was es schon für ein Glück ist, die Geliebte nur zu sehen. Das Vergnügen, das du da empfindest, ist größer als der Genuß der Liebe selbst; denn die Strahlen der Augen brechen sich aneinander und stellen so das Bild der Körper wie in einem Spiegel dar; der Abfluß der Schönheit fließt durch die Augen in die Seele und bewirkt eine Vereinigung, selbst beim Abstande der Körper voneinander.»[30]

Für Leiden der Liebe wie auch für andere Leiden zeigt Achilleus Tatios ungewöhnliches Verständnis.

Jahrhunderte später lasen die Byzantiner gern Achilleus Tatios, und einer ihrer führenden Kirchengelehrten, Photios, entdeckte Anstößiges in dem Werk. Tatsächlich zeigt es, wie die meisten dieser Romane, gelegentlich eine gewisse Laszivität, aber der Schluß ist, wie üblich, moralisch einwandfrei. Erstaunlicher ist das Urteil des Photios, wenn er diesen Autor

wegen der Klarheit seines Stils rühmt. Wenn die Handlung auch, trotz
allen Überschwangs, einigermaßen klar erzählt ist und die Gestalten
menschlicher dargestellt werden als in früheren Romanen, so ist die Sprache doch gekünstelt oder an manchen Stellen auffällig und sogar bis zur
Lächerlichkeit gewollt schlicht. Achilleus Tatios huldigt der enzyklopädi-
schen Wißbegier und der Leichtgläubigkeit dieser Epoche und bringt
Abschweifungen und Einschübe über eine Fülle von Themen. Diese Partien halten den Fortgang der Handlung auf, für den sie belanglos sind.
Aber die Leser jener Zeit waren entzückt von den exotischen Geheimnis-
sen und angeblichen Entdeckungen in fernen Ländern, denen Achilleus
Tatios besonders oft seine an allem interessierte Wißbegier zuwendet.
«Ich habe selbst einige dieser erstaunlichen Wunder gesehen ... Aber auch
der libysche See ist von der Beschaffenheit des indischen Landes. Die
libyschen Mädchen kennen seine vorborgenen Schätze. Sein Reichtum
wird auf dem Boden bewahrt und ist im Schlamm versteckt, und hier
ist die Quelle des Goldes. Man wirft eine mit Pech bestrichene Stange
ins Wasser und öffnet seine verborgenen Schätze. Vermittelst der Stange
fängt man das Gold, wie den Fisch mit der Angel. Das Pech ist gleichsam
die Lockspeise des Fanges; denn das Gold, das sie berührt, hängt sich
an, und das Pech zieht den Fang mit sich hinauf. So fischt man das Gold
aus dem libyschen Flusse.»[31]

Zu den Wundern Indiens, die die Griechen und Römer jener Zeit so
faszinierten (S. 221f.), gehört der heilkräftige Wohlgeruch im Atem des Ele-
fanten, wenn er von den Blättern der schwarzen Rose gefressen hat. «Einst
sah ich auch ein seltenes Schauspiel. Ein Grieche steckte seinen Kopf mitten in den Rachen eines Elephanten; das Tier hatte seinen Rachen geöffnet
und umhauchte den darin liegenden Menschen. Ich wunderte mich sowohl
über die Kühnheit des Mannes als über die Menschenliebe des Elephanten.
Der Grieche sagte, er habe ihn auch dafür bezahlt, es umwehen ihn beinahe
indische Wohlgerüche, und dies sei ein Heilmittel für Kopfschmerzen.
Der Elephant weiß dies und öffnet den Mund nicht umsonst, sondern
fordert, wie ein Marktschreier, erst die Bezahlung. Gibt man sie ihm,
so folgt er und zeigt sich dafür erkenntlich; er öffnet den Mund und
umschließt den Menschen, soweit dieser will: denn er weiß, daß er die
Wohlgerüche verkauft hat.»[32]

Achilleus Tatios berichtet das nicht in vollem Ernst. Und sein Zeitgenosse Lukian, der nach Dingen sucht, über die er spotten kann, benutzt
seine *Wahren Geschichten* – das Vorbild für Rabelais, Swift und Voltaire
– dazu, sich über eine solche fiktive wissenschaftliche Anthropologie ganz

offen lustig zu machen (S. 233). «Es war ja die Sonne noch nicht unterge-
gangen, so zogen gegen uns von einer öden Insel etwa gegen zwanzig
Mann heran, die auf großen Delphinen ritten, ebenfalls Räuber. Und die
Delphine trugen sie sicher, hüpften empor und wieherten dabei wie Rosse.
Als sie aber in der Nähe waren, teilten sie sich in zwei Reihen und beschos-
sen uns von beiden Seiten mit trockenen Tintenfischen und Krebsaugen.
Als wir aber auf sie mit Bogen und Speeren schossen, hielten sie nicht
mehr stand, sondern flohen, die meisten von ihnen verwundet, zu ihrer
Insel. Um Mitternacht stießen wir bei Meeresstille unversehens auf ein
riesengroßes Eisvogelnest; es hatte sechzig Stadien im Umfang. Auf diesem
schwamm, auf seinen Eiern brütend, der Eisvogel, nicht viel kleiner als
sein Nest. Und als er nun aufflog, da hätte er durch den Luftzug seiner
Flügel unser Schiff beinahe versenkt. Eilig entfloh er, indem er einen Kla-
gelaut von sich gab. Als es nun nach und nach Tag wurde, betraten wir
das Nest und schauten es uns an: es glich einem großen Floß und war
aus großen Baumstämmen zusammengetragen; darin lagen auch fünfhun-
dert Eier, von denen jedes einen größeren Fassungsraum hatte als ein
Faß von 34 Chios. Bereits waren auch die Jungen darin sichtbar und
piepten.»[33]

Daphnis und Chloe, von Longus aus Lesbos geschrieben, ist wahrscheinlich etwas später als Achilleus Tatios und Lukian anzusetzen. Vergleiche, die sich auf Symmetrie und andere Stilmittel beziehen, lassen darauf schließen, daß das Werk zu Beginn des dritten Jahrhunderts
entstanden ist. Der Held und die Heldin des Longus wurden, wie das
in der Antike tatsächlich mit vielen Kindern geschah, von ihren Eltern
nach der Geburt ausgesetzt. Aber sie wurden gefunden und von Pflege-
eltern adoptiert, deren Ziegen und Schafe sie während ihrer ganzen Kind-
heit zusammen hüteten. Die üblichen Motive wie Seeräuberei, Krieg, un-
willkommene Freier und Kindesentführer kommen auch hier vor, aber
auf andere Art: denn sie sind nur zweitrangige Unglücksfälle, die bloß
beiläufig das bukolische und idyllische Bild stören. Der Knabe und das
Mädchen sind ineinander verliebt, aber sie wissen nicht, was das bedeutet
oder was sie nun tun sollen. Daphnis erhält die notwendige Unterweisung
von einer älteren Frau – gemäß der Auffassung des Achilleus Tatios, daß
der Held nicht unbedingt keusch sein müsse –, und schließlich heiraten
er und seine innig Geliebte, nachdem sie wieder mit ihren Eltern vereint
sind, die, wie sich herausstellt, reiche Bürger von Mitylene sind.

Daphnis und Chloe ist der einzige uns erhaltene antike Hirtenroman
in Prosa; in einer Handschrift ist er als ‹Die Hirtendichtung von Lesbos›

betitelt. Damals bestand ein lebhaftes literarisches Interesse an Theokrit, der auf einer anderen Ägäisinsel, auf Kos, gelebt und ein halbes Jahrtausend vor Longus die Hirtendichtung begründet hatte. Seine Gedichte hatten eine ländliche Phantasiewelt für Städter geschaffen, und Vergils *Eklogen* (ca. 37 v. Chr.) erfüllten diese künstliche Szenerie mit feiner, wehmütiger Eleganz. Auch Longus liebte das Land, auf eine Art, wie es kein Landbewohner je geliebt hat, und er kündigt diese Künstlichkeit von vornherein an, indem er seinen Schauplatz als das literarische Gegenstück eines Gemäldes beschreibt. Dieser kunstvolle arkadische Hintergrund, in dem sich Gefahren, wie sie eine Romanhandlung erfordert, nur kurze Zeit störend auswirken können, bietet eine ungewöhnliche Einheit des Ortes; es ist eine Art von Laboratorium, in dem nur die Jahreszeiten wechseln; der Held und die Heldin leben unverdorben, fern von der Welt. Pan mit seiner Flöte und die Nymphen der Wälder und Fluren schauen ihnen zu, ländliche Gottheiten, die dieses Goldene Zeitalter beherrschen, in dem Daphnis und Chloe lebten und liebten. «Ihre Spiele waren die von Hirten und Kindern. Chloe sammelte Halme, wenn sie morgens austrieb, und flocht daraus eine Grillenfalle – und vor lauter Eifer vergaß sie die Herde; Daphnis aber schnitt junges Rohr, durchbohrte die Knoten und fügte die Rohrflöte mit zartem Wachs zusammen – und bis in die Nacht hinein übte er das Blasen. Oft auch teilten sie geschwisterlich Milch und Wein und taten die Speisen, die sie von daheim mitbrachten, zusammen. Eher hätte man wohl die Schafe und die Ziegen voneinander getrennt gesehen als Daphnis und Chloe.»[34]

Ein ironischer Beigeschmack, der die Gefahr der Fadheit mindert, ist erkennbar, wenn Longus das einfache Tagewerk eines Hirten gegen das Leben in der Stadt abwägt; es gibt da keinen klaren Gegensatz von gut und böse; die beiden Welten lassen sich miteinander in Einklang bringen, wenn man es weise anfängt. Jedenfalls erscheint das Land als ein Rokoko-Arkadien, ein anmutiges Idealbild, das allerdings in der nackten Wirklichkeit wie ein Scherz erscheint. Und doch kehren Daphnis und Chloe zu ihrer Hochzeit in dieses unwirkliche Landleben zurück, weil sie den Aufenthalt in der Stadt nicht ertragen konnten. «Es weideten aber auch die Ziegen in der Nähe, wie wenn auch sie an der Festfreude Anteil hätten. Das behagte den Städtern freilich nicht besonders; Daphnis aber rief einige von ihnen sogar mit Namen, gab ihnen grüne Blätter, zog sie an den Hörnern zu sich herab und küßte sie.»[35]

Aber wenn ein Übersetzer aus der Zeit Cromwells das Buch als «eine äußerst angenehme und gefällige Liebesgeschichte für junge Damen» bezeichnet,[36] so hätte er hinzufügen sollen, daß Longus sich über die Konventionen seiner eigenen Erzählung leise mokiert. Seine Liebesgeschichte, die sich in der ruhigen Abgeschiedenheit eines Frühlings wahrer Liebe entfaltet, ist nicht wirklich naiv, sondern gewollt naiv und schwankt zwischen Natürlichkeit und Frivolität; die detaillierte Schilderung des Paares, das in seiner Einfalt nichts von der Liebesvereinigung weiß, ist lasziv geschrieben und gemeint. Außerdem hat der Roman eine religiöse oder philosophische Unterströmung. So wie Plotin die platonische Liebe (Eros) als das Wesen mystischer Vereinigung bezeichnet, so sieht Longus, auf einer niedrigeren Stufe, Eros als die höchste dionysische Macht, die das Geschehen motiviert, und als die wichtigste kosmische Kraft, deren Stärke von der Natur ebenso wie von den Erfahrungen der Liebenden bezeugt wird.[37] Der alte Philetas sagt ihnen: «Wenn ich nicht umsonst diese grauen Haare habe oder mein Verstand durch das Alter gelitten hat, so seid ihr dem Eros geweiht, liebe Kinder, und Eros trägt Sorge für euch. ... Seine Macht ist größer als die des Zeus. Er herrscht über seine Mitgötter; nicht einmal ihr habt solche Gewalt über eure Ziegen und Schafe. Die Blumen alle sind Werke des Eros, die Pflanzen hier sind seine Geschöpfe, durch seine Kraft fließen die Ströme und wehen die Winde.»[38]

Der Stil des Longus ist elegant, kunstvoll, lebendig und prägnant; er verstößt nicht gegen den gesunden Menschenverstand, sein Gefühl klingt echt; es fehlt nicht an kühnem Realismus, und die Handlung, die eintönig sein könnte, ist eine reizvolle Mischung von Ernsthaftigkeit und Frivolität. *Daphnis und Chloe* ist ein kleines Meisterwerk – der Nachwelt erschien es oft als ein bedeutendes. Mittelalterliche Mönche lasen das Buch heimlich; eine Handschrift ist so winzig klein, daß man sie rasch wegstecken konnte, und sie beginnt und endet mit religiösen Texten, welche die zwischen ihnen eingeschobene Liebesgeschichte verbergen. Ein byzantinischer Philosoph und Historiker hielt es für nötig, Klosternovizen den Rat zu geben, ihre Lektüre mit «den ernsteren Werken der großen Zeit» zu beginnen anstatt mit Longus oder Achilleus Tatios, die offenbar viel beliebter waren.[39]

Daphnis und Chloe übte auch auf die mittelalterliche Tradition der Schäferpoesie großen Einfluß aus. Aber in erster Linie waren es die Schriftsteller und insbesondere die Höflinge des sechzehnten Jahrhunderts, die diese heitere Mischung aus künstlicher Ländlichkeit und Handlungsreichtum als eine unerschöpfliche Quelle für ihre eigene Dichtung und Epik gern übernahmen. Jorge de Montemayors *Diana* (ca. 1559) ist ein spanisches, durch Italien vermitteltes *Daphnis und Chloe,* mit mehr

Abenteuern und weniger Psychologie, und Sir Philip Sydneys *Arcadia* verdankt Longus ebenfalls sehr viel. Es gab Übersetzungen ins Französische und Englische, und eine griechische Erstausgabe erschien 1598 in Florenz.[40] Rousseau und Goethe bewunderten das Werk, und Rousseaus Freund Bernardin de St. Pierre arbeitete Longus' analytische Darstellung der zu Liebe reifenden Freundschaft um zu seinem Bestseller *Paul et Virginie* (1787).

Manche Leute halten *Daphnis und Chloe* für den gelungensten griechischen Roman, andere ziehen ein anderes Werk aus etwa der gleichen oder einer wenig späteren Zeit vor, die *Aithiopika*. Ihr Verfasser, Heliodor, kam aus Emesa (Homs) in Syrien, woher auch die Mutter des Severus Alexander stammte, in dessen Regierungszeit das Buch vielleicht geschrieben wurde; denn Heliodor scheint das *Leben des Apollonios von Tyana* von Philostrat (ca. 217-18, S. 221) gekannt zu haben, und er erwähnt persische Panzerreiterei, der die Römer erst ca. 232–33 begegneten. Die *Aithiopika* müssen jedoch nicht so spät entstanden sein.

Der Held und die Heldin des Werks, nach der es manchmal benannt wird, Theagenes und Chariklea, sind mutig, schön und begabt. Chariklea wurde als kleines Kind von ihrer Mutter, der Königin von Äthiopien, ausgesetzt; von einem griechischen Priester gerettet, wuchs das Mädchen in Delphi auf, wo sie und Theagenes sich ineinander verliebten. In Begleitung von Kalasiris, einem ägyptischen Weisen, den die Mutter auf die Suche nach ihrer Tochter geschickt hatte, machen sich die beiden nach den fernen Ländern auf, wo ihnen, wie ein Orakelspruch verheißen hat, Glück widerfahren soll. Nach mannigfachen Abenteuern erreichen sie die Küste Ägyptens als Gefangene einer Bande von Seeräubern. Getrennt und dann wieder vereint gelangen sie schließlich als Gefangene der Äthiopier nach deren Hauptstadt Meroe. Gerade noch rechtzeitig, um sie davor zu bewahren, als Opfer geschlachtet zu werden, erkennen ihre Eltern sie. Ihre Vermählung erhält den Segen des Königs, und beiden werden Priesterämter verliehen.

Der Anfang der *Aithiopika* zählt zu den Sensationen der griechischen Literatur. Wie die *Odyssee* führt das Werk gleich mitten hinein in seine abenteuerliche Handlung. Während alle Charaktere und ihre Absichten noch unbekannt sind, wird der Leser durch merkwürdige Ereignisse und Gefahren gehetzt, deren Rückwirkungen sowohl in die Vergangenheit als auch in die Zukunft weisen und das Leben des Helden und der Heldin verändern. «Ein heiterer Tag kam herauf, und die ersten Strahlen der Sonne fielen gerade auf die Berge über der Heraklesmündung des Nils.

Da spähten Männer – sie waren wie Räuber bewaffnet – von den Höhen nieder. Eine Weile wanderten ihre Augen über das Meer, das unter ihnen lag, aber umsonst suchten sie auf der weiten Fläche; sie war von keinem Segel belebt, das ihnen Beute versprach. Ihre Blicke senkten sich zu der nahen Küste hinab. Dort bot sich ihnen ein seltsames Schauspiel. An dem Ufer lag, fest vertäut, ein großer Frachter, völlig menschenleer, aber schwer beladen, wie man auch aus der Ferne vermuten konnte. Das Schiff war bis zur dritten Gürtellinie ins Wasser gedrückt. Viele Erschlagene bedeckten den Strand, die einen schon tot, andere sterbend. Die noch zuckenden Glieder verrieten, daß der Kampf eben erst zu Ende gegangen war. Ein seltsamer Kampf offenbar, wie man aus den hinterlassenen Spuren schließen konnte. Wirr durcheinander lagen die jammervollen Reste eines unglückseligen Festmahles, das so hatte enden müssen. Einige Tische standen noch voller Speisen, andere waren umgestürzt und noch von den Händen der Kämpfer umklammert, denen sie als Waffe im Kampf gedient hatten. Wieder andere lagen über Erschlagenen, die geglaubt hatten, unter ihnen Schutz zu finden. Trinkgefäße waren umgestülpt, den umklammernden Händen der Trinkenden oder derer entglitten, die aus ihnen Wurfgeschosse gemacht hatten. Denn der plötzliche Überfall hatte sie veranlaßt, den Bechern eine neue Bestimmung zu geben und sie als Waffen zu gebrauchen. Nun hatte sie alle der Tod ereilt, den durch einen Beilhieb, den durch einen Steinwurf – die Brandung an Ort und Stelle hatte die Steine geliefert –, diesen durch den Schlag einer Keule, jenen durch das Feuer einer Pechfackel, den einen hier, den anderen dort. An den meisten hatten Pfeil und Bogen ihr Werk getan. Das Bild, das sich den Augen der ägyptischen Räuber bot, umfaßte auf engem Raum ein scheußliches Gemisch aus Wein und Blut, Mahl und Kampf, Trunklust und Mordgier. Ohne die Zusammenhänge zu begreifen, starrten die Männer auf die Szene hinab. Sie hatten die Unterlegenen vor sich, aber kein Sieger ließ sich blicken. Sie sahen einen vollkommenen Sieg, aber die Siegesbeute war unberührt, das Schiff von der Mannschaft verlassen. Ungeplündert, als sei es von vielen bewacht, schaukelte es friedlich an den Ankertauen. ... Als sie sich dem Schiff und dem Leichenfeld bis auf kurze Entfernung genähert hatten, bemerkten sie ein noch seltsameres Schauspiel. Auf einem Felsen saß ein junges Mädchen von wunderbarer Schönheit. Man hätte sie für eine Göttin halten können. Ihr Antlitz war voll Trauer. Aber noch immer atmete es Hochsinn und edlen Stolz. Das Haupt war mit Lorbeer geschmückt, an der Schulter trug sie einen Köcher. Den linken Arm stützte sie auf den Bogen. Schlaff hing die Hand herab. Den rechten Ellbogen auf dem Schenkel, ließ sie die Wange in der Hand ruhen. Unbewegten Hauptes hielt sie den gesenkten Blick auf einen jungen Mann geheftet, der auf dem Boden lag. Er war über und über mit Wunden bedeckt, und jetzt eben schien es, als erwache er langsam aus einem todähnlichen Schlaf.... Sie erhob sich von dem Felsen. Die Räuber, erstaunt, von der Erscheinung erschreckt und wie vom Blitz getroffen, versteckten sich da und dort im Gebüsch. Hochaufgerichtet, erschien ihnen jetzt das junge Mädchen noch größer und göttlicher. Ihre Pfeile klirrten bei der heftigen Bewegung im Köcher, das Brokatgewand glänzte golden in der Sonne. Ihre Haare, unter dem Lorbeerkranze aufgelöst wie die einer Bacchantin, flatterten im Winde und bedeckten fast ihren ganzen Rücken.»[41]

Die Neugier ist nun wirklich geweckt, und die Spannung ist groß. Heliodors Stärke ist die Komposition, und die üblichen Motive wie Orakel, Eide, Briefe, Selbstgespräche, Selbstmordabsichten und Fälle von Scheintod werden episch und dramatisch verarbeitet in einem Stil, der glänzende Erzählkunst bietet und ab und zu mit erfrischendem Humor versetzt ist. Die Handlung schreitet zügig voran und läßt lebhafte Episoden rasch aufeinander folgen; sie werden ergänzt durch geschickt geschilderte Nebenfiguren und -erzählungen. Diese Nebenhandlungen sind größtenteils so bedeutungsvoll, daß sie die Haupterzählung nicht zu stark aufhalten.

Aber Heliodor ist auch auf der Höhe der zeitgenössischen Mode, wenn er munter seine phantastische Geographie und Völkerkunde einfließen läßt. «Diese ganze Gegend heißt bei den Ägyptern das Hirtenland. Es ist eine Senke, die das Überschwemmungswasser des Nils aufnimmt und einen See bildet, dessen Mitte eine außerordentliche Tiefe aufweist, während die Ufer in feuchte Niederungen übergehen. Was die Küstenstreifen für das Meer bedeuten, das sind diese sumpfigen Ufer für die Seen. In diesem Hirtenland lebt alles Raubgesindel Ägyptens. Da hausen sie entweder in kleinen Hütten, wo noch ein Stück Land über das Wasser herausragt, oder im Wasser selbst auf Booten, die für sie also Fahrzeug und Haus zugleich sind. Darin spinnen die Frauen ihre Wolle, darin gebären sie ihre Kinder, die sie erst mit der Muttermilch nähren, später mit Fischen, die sie in der Sonne dörren. Sobald man sieht, daß sich das Kleine auf allen vieren fortbewegen will, bindet man es mit einem kurzen Lederriemen um die Fußknöchel fest und erlaubt ihm so, bis an den Rand des Hausbootes oder der Hütte zu kriechen. Diese Riemen sind hier die Kindermädchen, wie man sonst die Kleinen an der Hand führt. Mehr als einer der Hirten ist auf diesem See geboren und aufgewachsen und hat hier die Heimat gefunden, eine richtige Räuberfestung, deren Mauern das Wasser und deren Wälle das Rohrdickicht bilden.»[42]

Obwohl der Autor Syrer ist, gilt sein östlicher Patriotismus auch Ägypten. Der weise Kalasiris versichert, daß auch Homer Ägypter gewesen sei, gerade so wie der *Alexanderroman* das Gleiche von Alexander dem Großen behauptete.[43] Nachfahren der stolzen Völker, die Alexander in den Randgebieten der griechischen Welt unterworfen hatte, trösteten sich, indem sie ihre Selbstachtung durch romanhafte Literatur mit nationalem und religiösem Akzent erhöhten. Heliodors verständnisvolles Interesse gilt auch Äthiopien. Trotzdem ist Chariklea, ungeachtet ihrer farbigen Eltern, eine Weiße, und Griechen sind den Nicht-Griechen überlegen. Das Buch ist für die Menschen geschrieben, die im damaligen römischen Reich überall zu finden waren: sie waren nicht von Geburt Griechen, wohl aber ihrer Sprache und teilweise auch ihrer Kultur nach. Vielleicht sollte es ihnen auch zeigen, daß sie neben ihren stärker hellenisierten Nachbarn, trotz deren überlegenem Gebaren, erfolgreich bestehen konnten.

Achilleus Tatios verstand sich darauf, über Liebe zu schreiben; auch Heliodor kann das, und er behandelt das Thema außerdem noch auf eine besondere, ihm eigentümliche Art: das Neue in den *Aithiopika* besteht darin, daß Chariklea ihrem Geliebten eine energische und einfallsreiche Kameradin ist. In vielen Krisen übernimmt sie die Führung und hat bessere Ideen als der tapfere, aber leicht zu entmutigende Theagenes. Später nannte man das Buch manchmal nur *Chariklea*, denn hier begegnet man fast zum ersten Mal in der Literatur einer Frau, die den ihr zukommenden Platz als Freund und Kamerad des Mannes einnimmt. Angesichts ihrer leidenschaftlich verteidigten Keuschheit, die nicht mehr literarische Pose, sondern echtes inneres Gebot ist – charakteristisch für eine äußerst asketische Zeit (S. 165) –, scheint es jedoch befremdlich, daß Montaigne sie als «vielleicht ein wenig zu leicht durch Neugier und Mutwillen verleitet und zu verliebt für eine Tochter der Kirche und eine Priestertochter» sieht. Was ihn aber zweifellos erstaunte, war ihre ohne Scham bekannte Treue und Liebe zu Theagenes. Sie ist hemmungslos in ihren Gefühlsausbrüchen, die nicht so sehr durch psychologische Beschreibung, sondern eher durch die Schilderung ihres lebhaften und erregten Mienenspiels, ihrer Gesten und Bewegungen dargestellt werden. Kein Wettläufer könnte sich einen begeisterteren Anhänger wünschen als Theagenes ihn in seiner Geliebten besaß. «Auch Chariklea war in größter Aufregung. Ich konnte aus der Entfernung das Wechselspiel ihrer Mienen beobachten. Als jetzt der Herold, so daß alle es hören konnten, die Namen der Läufer ausrief: ‹Ormenos aus Arkadien und Theagenes aus Thessalien›, die Startschranke fiel und der Lauf in einer Schnelligkeit begann, daß die Augen kaum zu folgen vermochten, da konnte sich das Mädchen überhaupt nicht mehr halten. Ihre Haltung wurde unruhig, die Füße bewegten sich, als laufe sie im Geiste neben Theagenes her und strebe mit ihm gemeinsam dem Ziele zu.»[44]

Auf das zeitweilige Verschwinden ihres Geliebten reagiert Chariklea sogar derart unbeherrscht und mit solch einem Tränenstrom, daß sie eine Zurechtweisung herausfordert und auch erhält. «Als er sie vor sich sah, mit aufgelöstem Haar, das Kleid über der Brust zerrissen und die Augen noch geschwollen und mit allen Zeichen der Erregung, in der sie eingeschlafen war, erriet er den Grund. Er führte sie wieder zu ihrem Lager, ließ sie niedersitzen und warf ihr einen Mantel über. Dann sorgte er ein wenig für Ordnung. ‹Was hast du, Chariklea?› fragte er. ‹Warum bist du so tief unglücklich? Weshalb diese unvernünftige Verzweiflung? ... Nimm auch auf uns Rücksicht, liebes Kind, wenn nicht auf dich selbst, wenigstens auf Theagenes, dem das Leben nur mit dir zusammen lieb ist. Der ganze Wert des Lebens liegt ihm nur darin, daß du ihm erhalten bleibst.› Chariklea errötete bei diesen Worten ...»[45]

Ein weiteres wichtiges Anliegen Heliodors war es, die göttliche Führung zu zeigen, die hinter dieser Liebe steht. Wenn er über die unendliche Vielfalt des Weltgeschehens und die Wechselwirkungen der Ereignisse reflektiert, schreibt er nicht alles der Tyche (Fortuna) zu, sondern erklärt vieles, durch den Mund eines Priesters oder Propheten, als Werk der Vorsehung und der göttlichen Gerechtigkeit. Denn die *Aithiopika* beschäftigen sich stark mit Philosophie und Religion. Wie manche Zeitgenossen, deren Werke er zu kennen scheint, will Heliodor Mythen und Kulte vereinfachen und vereinheitlichen und sie wieder auf ihre östlichen Quellen zurückführen. Insbesondere läßt er eine hohe Auffassung vom Sonnengott erkennen, der als universal empfunden und mit Apollon gleichgesetzt wird (S. 210). Heliodor war selbst durch Familientradition und auch durch seinen Namen dem Sonnenkult von Emesa verbunden; aus der dortigen Priesterfamilie stammten auch die Kaiser dieser Zeit (S. 212), und daher spielt die Sonnenverehrung eine hervorragende Rolle in den *Aithiopika*.

Heliodor bietet tatsächlich den deutlichen Beweis für das starke religiöse Interesse, das sich in fast allen Romanen zeigt.[46] Trotz aller gelegentlichen Rückschläge helfen die Götter und wachen über ihre besonderen Schützlinge. Jeder Autor neigt zu Vorlieben für einen bestimmten Gott oder bestimmte Götter, und der allgemeine Grundgedanke, Erfüllung lasse sich durch Einweihung in kultische Riten finden, der mit nahezu formelhafter Gleichförmigkeit beschrieben wird, zeigt offensichtliche Analogien zu den Erlösungszeremonien, die in den Mysterienreligionen vorgeschrieben waren (S. 225). Genauso wie bei der Betrachtung mittelalterlicher Mirakelspiele müssen wir die moderne Vorstellung beiseite schieben, daß Religion und Unterhaltung unvereinbar sind.

Die byzantinische Überlieferung machte Heliodor und Achilleus Tatios zu christlichen Bischöfen, um ihre Romane als respektable Lektüre für Mönche erscheinen zu lassen, die derartige Literatur besonders gern mochten. Sie rechtfertigten diese Vorliebe, indem sie jede amouröse Intrige als eine moralische Lektion deuteten. Diese Lektionen wurden dann in ähnliche christliche Liebesgeschichten übernommen, deren Helden und Heldinnen von Gefahren gepeinigt wurden, die ihnen der Dämon der Sinnlichkeit auferlegte, und die in Buße und Askese Zuflucht suchten.[47]

Tasso rühmt die geschickt erzeugte Spannung in den *Aithiopika* und wie die Verwicklungen dort allmählich gelöst werden. Er läßt erkennen, wie sehr die Autoren des 16. Jahrhunderts Chariklea liebten. Auch Raffael griff den Stoff auf, denn solche Romane regen die bildnerische Phantasie an. Eine französische Heliodorübersetzung von Amyot (1547) brachte es in der zweiten Hälfte des sechzehnten Jahrhunderts auf zehn Auflagen, und Underdowns englische Version wurde innerhalb von fünfzig Jahren nach ihrer Erstveröffentlichung (1587) viermal neu aufgelegt.[48] Auch Racine liebte die *Aithiopika;* obwohl man ihm als fünfzehnjährigem Jungen in Port Royal verbot, den Roman zu lesen, lernte er ihn auswendig, und das Werk beeindruckte ihn tief und fand manchen Widerhall in seinen eigenen Stücken.

Wegen ihres vielfältigen Inhalts und ihrer unterschiedlichen Ursprünge (S. 146) erhielt diese romanhafte Literatur in der Antike keine spezifische Bezeichnung: Es gibt keinen griechischen oder lateinischen Terminus für ‹Roman›, und noch in byzantinischer Zeit klassifizierte man diese Werke als Dramen oder Komödien.

Aus ganz anderen Gründen lehnen es manche modernen Kritiker ab, den Begriff ‹Roman› auf die Schriften Heliodors und der anderen genannten Autoren anzuwenden; sie möchten diese Bezeichnung Werken vorbehalten, die es mehr mit Charakterentwicklung und Kausalität zu tun haben, und nennen jene episodenreichen Erzählungen, für die sie die griechischen Bücher halten, lieber Romanzen. Diese Unterscheidung mag sich vielleicht nicht aufrechterhalten lassen, aber es besteht natürlich ein

Unterschied zwischen intellektuell anspruchsvollen Romanen, die vom
Leser einige geistige Anstrengung erfordern, und Romanen für den
Durchschnittsleser, die wenig oder nichts voraussetzen; hier hat der Leser
nur die einfache Aufgabe, den Handlungsablauf zu verfolgen, der vielleicht durch einige kulturelle oder religiöse Motive und Anspielungen belebt wird. Der größte Teil der griechischen und lateinischen Literatur,
die uns erhalten ist – die bekannteste Ausnahme bilden die Komödien
des Plautus – wendet sich an Menschen, deren traditionelle höhere Bildung
sie in die Lage setzte, ihren Verstand zu gebrauchen; man mag sie daher,
trotz aller Mängel, als größtenteils geistig anspruchsvoll bezeichnen. Das
Romanpublikum dagegen verfügte nur über die weitverbreitete höhere
Schulbildung, die nicht zum Universitätsniveau führte. Ähnliche romantische Romane, denen «der Vorzug akademischen Urteilsvermögens abging» wurden auch in vielen anderen Epochen geschrieben und gern
gelesen; manchmal waren sie von den antiken Autoren gar nicht, manchmal indirekt und oft auch direkt beeinflußt. Derart waren etwa die feinen
Romangespinste, voll von «zartem Geschehen im Nirgendwo», die in
Elisabethanischer Zeit beliebt waren; man fand sie damals realistischer
als die Ritterromane, die endlich aus der Mode kamen. Das Handlungs-
schema war frisch, kindlich und voller Sentimentalität, und wie in alter
Zeit wurden ein paar nicht zu schwierige Andeutungen von Bildung einge-
streut, um Eindruck zu machen und zu erbauen.

   Im siebzehnten Jahrhundert bestimmen dann Pierre Huet aus Caen
und Dr. Samuel Johnson die gleiche Literaturgattung in Formulierungen,
die fast ebensogut auf Heliodor zutreffen wie auf ihre eigenen Zeitgenossen.
Walter Scott gab zu, daß er als junger Mensch leichter Lektüre dieser
Art so verfallen war, daß er viel Zeit damit vergeudete. Später erfüllten
dann seine eigenen bemerkenswerten Leistungen in der alten Gattung
des historischen Romans glänzend die Bedingung, die Coleridge für diese
Art von Literatur gestellt hatte, «zu amüsieren, ohne gedankliche
Anstrengungen zu erfordern und ohne tiefe Gefühle zu erregen». In unserem Jahrhundert hat man ebendiesen anspruchslosen Durchschnittsro-
man, der allerdings selten mit Scotts Kunstverstand geschrieben ist, als
ein moralisch und intellektuell unentschiedenes Gemisch aus Herzensgüte
und Gefühl bezeichnet – er ist deswegen noch nicht unbedingt Literatur,
aber wegen der Wahl und Behandlung des Stoffes interessant und nützlich,
um «die unteren Schichten über das, was die höheren Kreise bewegt,
auf dem Laufenden zu halten»; diese Art von Roman ist anständiger als
intellektuell anspruchsvollere Lektüre oder jedenfalls konventioneller,

aber er ließ sich besser verkaufen, zumindest, bis das Fernsehen auf-
kam.

«Meine Bilder aus dem Leben», sagte der amerikanische Schriftsteller
Gene Stratton Porter, «sind sentimental und idealisiert. So ist es, und
ich bin stolz darauf!» Das hätte auch, wenn auch wohl nicht mit ganz
so feierlichem Ernst, Achilleus Tatios oder Longus oder Heliodor sagen
können. Denn das Genre, das in ihren Werken seinen Höhepunkt erreichte, war die einzige literarische Form – abgesehen von der unmittelbar
religiösen Literatur – die in der Periode, die den Gegenstand dieses Buches
bildet, zu reicher Entfaltung kam. Solche Romane waren damals Publi-
kumserfolge, weil sie lebendige Unterhaltung boten, dazu ein bißchen,
aber nicht zu viel, intellektuellen oder pseudointellektuellen oder religiösen Reiz, und weil die unanfechtbare Keuschheit des Helden und der
Heldin, ein neues beherrschendes Motiv in der westlichen Literatur, den
Anschein der Erbaulichkeit lieferte. Ein erregendes Flair von Sinnlichkeit
kommt hinzu, und trotzdem bleibt alles erfüllt von zartem, lauterem
Gefühl. Es ist Literatur für junge Menschen – oder für die Unreifen, die
gern jung sein möchten –, die alles schwarz-weiß sehen.

Vor allem las man die Romane, weil die Unwirklichkeit ihrer Handlung
eine Erholung von den öden und beängstigenden Realitäten des Alltagsle-
bens bot, wenn auch diese Unwirklichkeit keine völlige Flucht aus der
Realität bedeutete, denn die Gefahren der Welt wurden zwar nur symbol-
haft, aber durchaus ohne Beschönigung gesehen. Phantastische Romane
sind die typische geistige Kost von Menschen, die ihre normalen Impulse
nicht ausleben können. Die politischen Verhältnisse der griechisch-römischen Welt waren unerfreulich – jedenfalls konnte man sie nicht beeinflussen. Eine viel angenehmere, leichter erreichbare und schmeichelhaftere
Wunscherfüllung konnte man finden, wenn man sich in Gedanken mit
den jungen Liebenden in diesen Romanen identifizierte. Überdies boten
in einer Zeit, in der sehr schreckliche Dinge geschehen konnten, die entsetzlichen Prüfungen der Romanhelden den Nervenkitzel, der für harm-
lose Menschen heutzutage den Reiz von Kriminalromanen und Mordge-
schichten ausmacht. Außerdem konnte man immer sicher sein, daß die
Geschichte mit einer die Moral befriedigenden Hochzeit enden werde.
Diese durchschnittliche Romanliteratur der griechischen Mittelklasse –
unendlich weit entfernt vom Ideal des klassischen Griechenland – spielte
psychologisch eine äußerst wichtige Rolle im römischen Reich: mit viel
Geschick und Phantasie verschaffte sie dem Leser jenes Glück, welches
das wirkliche Leben nicht bot.

5. *Probus (276–282) ist zusammen mit Aurelian der Initiator der militärischen Erneuerung Roms. Die Münze zeigt ihn in prunkvollen Gewändern zusammen mit dem Wagen des Sonnengottes Sol.*

6. *Konstantin der Große erließ, als er in die Hauptstadt seines Vaters Augusta Treverorum (Trier) kam, eine Münzemission, die ihn selbst als Sieger über alle Völker (Victor Omnium Gentium) darstellt.*

7. *Schapur I. (ca. 229–70), die Geißel Roms, nahm den römischen Kaiser Valerian gefangen. Die Rückseite der Münze zeigt den Feueraltar der zoroastrischen Staatsreligion.*

8. Die Basilica Nova in Rom, das Werk des Maxentius (†312) und Konstantin. Die gewaltigen Gewölbe erhielten ihr Licht durch hohe Bogenfenster, die bereits romanische Stilelemente vorwegnehmen.

9. Salonae (Split/Jugoslawien), der Diokletianpalast.

Siebentes Kapitel

Evangelien des Selbstvertrauens

Die Selbstbetrachtungen Mark Aurels

Eine Welt scheidet diese einfallsreichen, religiös gefärbten Vergnügungen von dem trotz aller Sehnsucht nach einem zurückgezogenen Leben einzigartigen Pflichtbewußtsein jenes Kaisers, der während der Epoche herrschte, als der Roman sich zur höchsten Blüte erhob – nämlich Mark Aurels.

Die Romanautoren und ihre Leser halfen sich gegen die Übel und die Ängste des Zeitalters dadurch, daß sie sie nur beiläufig zur Kenntnis nahmen und sich in ihrer Phantasie erfolgreich darüber hinwegsetzten; Mark Aurel dagegen tat alles, was in seiner Macht stand, und zwar mit äußerster Gewissenhaftigkeit, um den Mißständen abzuhelfen.

Die ungeheuer intimen Enthüllungen seiner geheimsten Gedanken, von Herausgebern als seine Schriften an sich selbst betitelt und später als *Selbstbetrachtungen* bezeichnet, sind griechisch geschrieben; sie haben literarischen Charakter, weil der Kaiser literarisch gebildet war, aber sie waren an sich private Notizen, nicht zur Veröffentlichung bestimmt. Auch bilden sie kein einheitliches Ganzes. Die Aufzeichnungen und Reflexionen, die sie enthalten, stellen ein höchst persönliches, vertrauliches Tagebuch dar; es ist ein Werk der Selbsttröstung und Selbstermutigung, eine beispiellose Selbstprüfung; jede Stelle spiegelt eine besondere Stimmung. Die unprätentiösen und lebensnahen Briefe Mark Aurels an seinen Freund und Lehrer Fronto, der eine Reform des lateinischen Stils versuchte, enthalten seine Gedanken vom siebzehnten bis zum fünfundvierzigsten Lebensjahr. Die *Selbstbetrachtungen* geben auf tiefgründigere Weise seine Gedanken in den letzten zehn oder fünfzehn Jahren seines Lebens wieder.

Die Notwendigkeit und die Schwierigkeit aller moralischen und sozialen Bemühungen kommen in den Schriften Mark Aurels verständlicher zum Ausdruck als je zuvor. Was das rechte Verhalten angeht, so liegt hier der Höhepunkt des heidnischen Rom. Aber es ist ein strenger Glaube, der keine anderen Tröstungen bietet als die, nach ihm zu leben. Denn der Mensch muß immer weiter vorwärts streben und seine mühseligen Anstrengungen unablässig fortsetzen, so gut er kann. Wenn Mark Aurel seinen Vorgänger und Adoptivvater Antoninus Pius dankbar preist, so wird dabei vor allem dessen langes geduldiges Ausharren deutlich.[1] Und genauso lautet die konkrete Hauptanforderung Mark Aurels an sich und andere: wende dich nach innen, festige dich und finde den Mut, deine Aufgabe zu vollenden! Und der Kaiser selbst hatte eine fast unerträglich schwere Aufgabe zu bewältigen. Das Leben ist kurz, sagt er, und es kommt allein darauf an, daß du verantwortungsvoll und uneigennützig denkst und handelst.

«Zu jeder Stunde sei tapfer darauf bedacht – als Römer und als Mann – das, was dir gerade obliegt, mit ernster und ungekünstelter Würde und Liebe zu deinen Mitmenschen, in hoher Gesinnung und Gerechtigkeit, zu tun ... Wenn du der rechten Vernunft folgst und die Forderung des Tages erfüllst, voll Ernst und Kraft, in guter Gesinnung und nichts als nebensächlich behandelst, sondern deinen eigenen Dämon rein und lauter bewahrst, als wenn du ihn bereits zurückgeben müßtest – wenn du an diesem Grundsatz festhältst, ohne etwas zu erwarten oder zu fürchten, sondern dir genügen läßt an der gegenwärtigen naturgemäßen Betätigung und der heroischen Wahrhaftigkeit, in dem, was du sagst und äußerst, dann wirst du glücklich leben ...»[2]

Übereinstimmung mit der Natur und mit dem Göttlichen im Menschen sind Ideale, die auf Zenon von Kition auf Zypern zurückgehen, der etwa 300 v. Chr. die stoische Philosophie begründet hatte. Die ‹Natur› ist die göttliche Vorsehung, die die Welt lenkt, und nach stoischer Lehre, die sich zum Teil auf den Idealismus Platons stützt, lebt ein Funken des Göttlichen in jedem von uns. Das ist die Religion Mark Aurels. «Der Geist eines jeden ist Gott und stammt von dort ... Was kann uns in unserm Innern geleiten? Einzig und allein die Philosophie. Eben dadurch, daß wir das Göttliche in unserm Innern vor Mißhandlungen und Schaden bewahren...»[3] Mark Aurel war auch ein frommer Verehrer der römischen Götter, denn derartige Riten waren für den Fortbestand des Staates und den Zusammenhalt seiner Bürger (S. 198) notwendig. Aber er sah in diesen göttlichen Mächten Erscheinungsformen einer universalen Gottheit. Er selbst glaubte, wie frühere Stoiker, daß diese Gottheit der Welt innewohnt, so daß sie zusammen mit der Welt ein einziges Ganzes bildet, wie Seele und Leib. Darum muß der Mensch sich selbst treu bleiben, treu dem edelsten Teil seiner selbst, der himmlischen Macht, die diesen Funken in seine Seele gesenkt hat. Ob man sie Gott oder Götter nennt, ist unwesentlich. Manchmal, so etwa einmal, als ihm schwindlig wurde, und einmal, als er Blut spie, spürte er ihre hilfreiche Stärke, und zwar im Traum. «Aus den Wirkungen ihrer Macht, die ich im einzelnen erfahre, schließe ich, daß sie existieren, und verehre sie.»[4]

Daher glaubte Mark Aurel, es gebe etwas Unendliches in der menschlichen Erfahrung selbst. Er vertritt eine eher düstere Variante jenes freudigen Sich-Ergebens in die transzendente göttliche Vorsehung, die den Glauben jenes anderen stoischen Missionars und Seelenarztes, des phrygischen Sklaven Epiktet († ca. 135 n. Chr.) ausgemacht hatte. Ihm verdankte Mark Aurel sehr viel, gar nichts dagegen den Erlösungshoffnungen, die eine ganze Reihe von Religionen der damaligen Zeit erweckten (S. 225), denn er teilte diese Hoffnungen nicht. Der Tod ist für ihn ein unlösbares Rätsel, und er sieht keine Möglichkeit, einen Trost oder ein Mittel gegen ihn zu finden. Trotzdem denkt der Kaiser, krank und im Angesicht des Feindes, oft ans Sterben, er schreibt darüber und rät, man solle jeden Tag so leben, als ob es der letzte wäre.[5] Es erforderte seinen ganzen Stoizismus, sich nicht von solchen Gedanken überwältigen zu lassen. Und selbst wenn die göttliche Macht gelegentlich gegenwärtig zu sein schien, gab es doch keinerlei Hoffnung, sie durch Gebete zu beeinflussen.

Aus diesen Gründen sind die *Selbstbetrachtungen* das traurigste aller Bücher genannt worden. Voll Ergebung, aber weit entfernt von Optimismus, verlangt ihr Autor nach göttlicher Lenkung, aber nur selten erfährt er sie bewußt; er versucht, sein Bestes zu geben, obwohl er größte Zweifel an einer Belohnung im Jenseits hat, von dieser Welt gar nicht zu reden. Er war kein Freidenker – das gab es damals noch nicht –, kein Ungläubiger oder Humanist im Sinne des modernen atheistischen Sprachgebrauchs. Aber Mark Aurel teilte auch nicht den irrationalen, unbeweisbaren Glauben, in dem sich alle Hauptreligionen einig sind, daß sich das Übersinnliche durch menschliches Tun beeinflussen läßt. Der Rhythmus der Welt ist eintönig, sinnlos und vorherbestimmt. «Was dich auch treffen mag, es war dir von Ewigkeit vorherbestimmt. Und die Verflechtung der Ursachen verkettete von Ewigkeit her deine Existenz mit diesem Ereignis.»[6]

Trotzdem glaubte er, daß noch sehr viel in unserer Macht und innerhalb der Grenzen unserer eigenen Kräfte und Fähigkeiten liegt. Dieser stoische Gedanke hat Epiktet sehr am Herzen gelegen. «In unserer Gewalt steht: Denken, Handeln, Wünsche und Abneigungen ... Hältst du aber nur das für dein eigen, was wirklich dein ist ... dann wirst du niemandem Vorwürfe machen ... und nichts wird dir zustoßen können.»[7] Das ist auch der Kern von Mark Aurels Glauben: Zwar ist vieles vorherbestimmt, aber viel läßt sich doch noch durch unseren eigenen Willen entscheiden, und kein Mensch hat die Macht, uns an solchen Entscheidungen zu hindern. Sie bleiben uns überlassen, und wir müssen das Beste daraus machen. Darum: «Bleibe ... ein Freund der Gerechtigkeit, gottesfürchtig und gütig, voll Liebe zu deinen Verwandten und stark zur Erfüllung deiner Pflichten.»[8] Die vornehmste Pflicht der Seele ist es, durch strenge Zucht ihre sittliche Vollendung zu erreichen. Zudem sind die Menschen, auch wenn es keine Belohnung nach dem Tode gibt, zu rechtem Verhalten durchaus fähig. Und da sie durch den Funken in ihrer Seele am Göttlichen Anteil haben, entspricht das sogar ihrer Natur. Denn der Gedanke, daß man moralische Prinzipien nicht mit den Geboten einer Gottheit gleichsetzen sollte, wäre Mark Aurel abwegig erschienen, zumindest, wenn man die Gottheit als die natürliche Einheit des Universums verstand; in diesem Sinne haben ‹die Götter› uns alle Macht verliehen, nicht dem Bösen anheimzufallen.[9]

Für Mark Aurel gab es keine orientalische Sinnlichkeit, sondern nur jene strenge Askese, die für seine Zeit typisch ist. Er stellte das klassische Prinzip der Verbindung von äußerer und sittlicher Schönheit in Frage, und nirgends sonst findet man eine derart schonungslose kritische Analyse der Augen- und Ohren-Lust, der Lust am Essen und am Liebesgenuß, jenen ‹Zuckungen der Gelüste›; er beschreibt sie in der gleichen derben und häßlichen Ausdrucksweise, die auch von vielen anderen Heiden und Christen der sich wandelnden spätrömischen Welt gebraucht wird. Das letzte Losungswort des Antoninus war ‹Gleichmut› gewesen. Man kann seinen Willen nur dann sicher durch die Stürme des Schicksals hindurchlotsen, wenn man diese vermeintlichen Freuden meidet und sich unbedingte Gelassenheit bewahrt.

«Das liegt im Wesen des vollkommenen Charakters, daß man ... weder tobt noch stumpf ist noch heuchelt ... Der Klippe gleich sein, an der sich ständig die Wogen brechen. Sie aber steht unerschüttert, und die sie umtobende See sinkt in Schlummer. ‹Ich Unglücklicher, daß mir das passieren mußte!› – Nicht doch! Vielmehr: ‹Ich Glücklicher, daß ich unbekümmert bleibe, trotzdem mir das passiert ist, ohne mich von meiner jetzigen Lage niederschmettern zu lassen oder Angst vor der Zukunft zu haben.› Denn so etwas hätte ja jedem passieren können, aber nicht jeder wäre bei solchem Ereignis unbekümmert geblieben!»[10]

Diese Ideale und die mannhaften und unablässigen Bemühungen Mark Aurels, nach ihnen zu leben, sind um so bemerkenswerter, als er ständig gegen melancholische Resignation anzukämpfen hatte, gegen das quälende Bewußtsein seiner eigenen Unzulänglichkeiten[11] und gegen die Unvollkommenheit der ganzen Welt. Er weiß oft nicht mehr, was man in solchem Dunst und Schmutz noch achten und mit Begeisterung betreiben kann. «So wie dir das Baden, das Öl, der Schweiß, der Schmutz, das klebrige Wasser, kurz, alles der Art ekelhaft vorkommt, so ist überhaupt jeder Teil des Lebens und jeder sichtbare Gegenstand.»[12] All das dient nur dem Fleisch. Die glänzenden Aussichten und Anreize des Hellenismus, der den materiellen Fortschritt förderte, hat man nun hinter sich gelassen. Der Mensch ist zwar noch immer das Maß aller Dinge, denn er muß und kann vorwärts streben. Insofern ist er noch Herr über seinen eigenen Lebensmut, aber nicht mehr in dem strahlenden klassischen Gefühl unbegrenzter Macht. Denn Mark Aurel schließt sich Epiktets Auffassung an, die Situation des Menschen sei prinzipiell unsicher.[13] Das Leben ist nicht nur abstoßend, sondern auch vergänglich:

«Gestern noch ein bißchen Schleim, und morgen schon Mumie oder Asche! – ... Des Menschenlebens Zeit nur ein Punkt, sein Wesen in ewigem Fluß, die Sinne trübe, des ganzen Leibes Gefüge ein Raub der Fäulnis. Die Seele ein Wirbel; was der Zufall bringt, schwer zu ergründen; unser Ruf etwas Ungewisses. Mit einem Wort, alles: im Bereich des Leibes ein Fluß, in dem der Seele Traum und Rauch ... Nichtige Wichtigkeit von Pomp und Gepränge, Dramen auf der Bühne, Herden und Horden, Lanzengetümmel; ein Knochen, unter die Hunde geworfen, ein Brocken, der in die Fischteiche fällt, Mühsal und Plackerei von Ameisen, Hinundherrennen aufgescheuchter Mäuse, Puppen, am Draht gezogen! – Unter solchen Verhältnissen mußt du mit guter Miene deinen Platz einnehmen ...»[14]

Wie sich Tolstoj als Waise fühlte und sich inmitten aller dieser Dinge, die ihm so fremd waren, isoliert vorkam, so betrachtete auch Mark Aurel das Leben als vorübergehenden Aufenthalt in einem fremden Land (S. 275).[15] Als ein qualvolles Jahr dem anderen folgte, wurden diese Stimmen des Zweifels und der Unzulänglichkeit immer stärker bis hin zu Erstarrung und Verzweiflung.

Was kann der Mensch daher anderes tun, als sich auf seine eigenen Mittel zurückzuziehen und Kraft zu schöpfen aus seinem Innenleben, dem kleinen, begrenzten Bereich seines Ich. «Da suchen sich die Menschen Stätten, um sich zurückzuziehen: Aufenthalt auf dem Lande, an der See, im Gebirge. Und auch du pflegst dich am meisten nach solchen Stätten zu sehnen. Und doch ist all solches Verlangen in höchstem Grade kindisch, während es doch möglich ist, sich zu jeder Stunde, wenn man will, in sich selber zurückzuziehen ... Suche dir daher ständig diese Zuflucht und erneuere dich selbst.»[16] Darin liegt die einzige Chance, eine beruhigendere Wirklichkeit zu finden. «Ziehe dich in dich selbst zurück ... Sieh auf dein Inneres! Denn da ist die Quelle des Guten, die stets wieder aufsprudeln kann, wenn du stets wieder nachgräbst.»[17]

Da ihm vor allem an dieser Wendung nach innen lag, die Plotin (S. 179) noch stärker betonen sollte, war Mark Aurel der Meinung, man solle «die Sünde eines anderen auf sich beruhen lassen».[18] Diese Auffassung ist kritisiert worden, weil sie die Toleranz zu weit treibe und sogar die Gesellschaft gefährde. Aber das lag Mark Aurel völlig fern. Im Gegenteil: «die Menschen sind um einander willen da. Belehre sie also eines Besseren oder ertrage sie.»[19] Jedenfalls darf die Zurückhaltung, für die er plädiert, nie zu einer Vernachlässigung der sozialen Pflichten führen. «Wer Unrecht tut, frevelt; hat doch die Allnatur die vernünftigen Wesen füreinander bestimmt, damit sie einander nach Gebühr helfen, aber in keiner Weise schaden ... Das Ziel, das wir uns setzen, muß die Gemeinschaft und den Staat einbeziehen.»[20] Da wir also durch den gemeinsamen göttlichen Funken Brüder sind, liegt der soziale Instinkt ebenso wie das sittliche Gefühl in unser aller Persönlichkeit. Wie schwierig es auch sein mag – und Mark Aurel fand es oft schwierig[21]–, wir müssen freundlich zu unseren Mitmenschen sein und tolerant gegenüber ihren Fehlern; wir müssen ihre Unkenntnis berücksichtigen und ihnen zu Hilfe kommen. Da die Menschen für Zusammenarbeit geschaffen sind, klingt der Gedanke des Dienens immer wieder an. Sich anders zu verhalten widerspricht der Natur, und trotz aller Kraft, die man durch den Rückzug auf das eigene Innere gewinnen kann – «der Mensch, der sich lossagt und absondert von der Vernunft der allumfassenden Natur, dadurch, daß er über das, was geschieht, ungehalten ist, ist ein Auswurf des Kosmos.»[22]

Als Herrscher des Römischen Reiches suchte Mark Aurel unablässig seine Prinzipien zu verwirklichen, und er dankte dem Himmel, daß er nicht der Versuchung erlegen war, sich auf die Theorie zu beschränken. Platon formulierte die Vorstellung vom Philosophenkönig, und spätere griechische Monarchen waren durch ihre stoischen Ratgeber dazu gebracht worden, in Wort und Tat den ‹glorreichen Sklavendienst› zu leisten, den diese Rolle mit sich brachte. Obwohl Mark Aurel von falscher Bescheidenheit frei war,[23] ließ er sich nicht durch den Glanz des Kaisertums beeindrucken. Er haßte das Hofleben, hegte eine starke Abneigung gegen viele von den Leuten, mit denen er zu tun hatte, und war sich der moralischen Gefahren zutiefst bewußt, die auf den Herrscher lauern. «Sieh zu, daß du nicht verkaiserst und daß der Purpur nicht auf dich abfärbt. Denn das kommt vor.»[24] Er war vierzig, als er den Thron bestieg, also, wie er sagte, in dem illusionslosen Alter, in dem ein durchschnittlich intelligenter Mensch wohl alles erfahren haben wird, was gewesen ist und was noch kommen kann. Er, der vom Wert der Kontemplation tief durchdrungen war, war gezwungen, den größeren Teil seiner Regierungszeit als Oberbefehlshaber der Heere an den fernen Grenzen des Reiches zu verbringen. Wenn er jedoch Sarmaten gefangennahm, meinte er, jeglicher Stolz darüber sei nicht besser als der Jubel eines Räubers oder die Freude einer Spinne, die eine Fliege gefangen hat.[25] Was ist denn schließlich selbst der kaiserliche Purpur? Nichts weiter als das Blut eines Fisches.[26] Er macht sich immer wieder klar, daß auch Ruhm nicht ewig währt.[27]

Aber Mark Aurel sah auch den ganz besonders engen Zusammenhang zwischen seiner Philosophie und seiner kaiserlichen Aufgabe. Denn das Römische Reich schien ihm auf Erden dem stoischen Ideal, alle Menschen seien Brüder, am ehesten zu entsprechen. «Ich gewann eine Vorstellung von einer demokratischen Verfassung, die auf bürgerlicher Gleichheit und Redefreiheit für alle beruht, und von einer Monarchie, der die Freiheit der Untertanen am höchsten steht.»[28] Und die Antwort darauf, die später in Augustins Gottesstaat wieder anklingt und umgeformt wird, war die römische Welt. «… Dann ist uns auch das Gesetz gemeinsam. Wenn das der Fall ist, dann sind wir Menschen Bürger. Dann aber haben wir an einer Art Staatsverfassung teil. Dann ist also der Kosmos gewissermaßen ein Staatswesen. Denn an welcher anderen gemeinsamen Verfassung sollte das gesamte Menschengeschlecht wohl teilhaben?»[29] Er hätte Caracallas Edikt gebilligt – was auch immer die Motive dazu gewesen sein mögen – daß alle Freien das römische Bürgerrecht erhalten sollten (S. 100).

Ein halbes Jahrtausend lang hatte fast jeder Philosoph, welche Überzeugung oder Richtung er auch vertreten mochte, es als seine Aufgabe angesehen, praktische Anleitungen für die wichtigsten Lebensfragen zu geben. Mit Epiktet und Mark Aurel wurde dieses Bestreben stärker und zwingender. Mark Aurel hat im zwanzigsten Jahrhundert zu wenig Beachtung gefunden, weil man ihn im neunzehnten so überschwenglich rühmte und weil dieser Ruhm zum Teil falsch begründet war. Zwar hatte Renan recht, wenn er die *Selbstbetrachtungen* trotz einer gewissen Härte als das menschlichste aller Bücher bezeichnete, die uns überliefert sind; John Stuart Mill urteilte sogar, ihr Verfasser habe den Gipfel aller früheren menschlichen Leistungen erreicht. Aber wenn Matthew Arnold sagt, er fände in Mark Aurels Gedanken christliche Güte und Sanftmut, so sind das die Worte eines liberalen Christen, wie er auch in der Antike hätte leben können, der alle heidnische Vortrefflichkeit einer unbewußten Sehnsucht nach dem christlichen Glauben zuschreibt (S. 255).

Doch da die Gelassenheit, die Mark Aurels Ideal war, einen Menschen verlangte, der Fanatismus und Erregungen mied und Zurückhaltung übte,[30] war er nur allzu weit davon entfernt, Sympathie für das absichtliche Märtyrertum der Christen zu empfinden, die auch während seiner Regierungszeit verfolgt wurden (S. 275). Denn nach seiner Meinung muß Todesbereitschaft «auf eigener Entscheidung beruhen, nicht etwa aus reinem Trotz entspringen wie bei den Christen, sondern aufgrund reiflicher Erwägung, mit Ernst und Würde und ohne theatralisches Gebaren zur Erscheinung kommen, so daß auch andere dadurch überzeugt werden».[31] Die Worte «wie bei den Christen» könnte man eventuell für einen späteren Einschub halten, aber auf jeden Fall sind es die Christen, auf die sich der Verfasser bezieht. Seine engsten Berater standen jenen Ausdrucksformen des christlichen Glaubens, die sie kennengelernt hatten, feindlich gegenüber; Fronto schrieb eine Abhandlung gegen das Christentum. Und Mark Aurel selbst, der als Stoiker – trotz aller Versuchungen, sich ihr zu entziehen – an die Pflicht des einzelnen Menschen gegenüber dem Staat glaubte, beurteilte die Gleichgültigkeit der Christen gegenüber diesem weltlichen Leben ungünstig. Besonders aber beklagte er ihre Bereitschaft zu sterben, weil sie dafür abgerichtet würden, offenbar ohne eine persönliche Entscheidung zu treffen. Der Güte Mark Aurels gegenüber seinen Mitmenschen fehlte es nicht an Liebe und Mitleid, aber sein Temperament ebenso wie die Tradition und sein Amt bewirkten, daß diese Haltung vom Verstand, nicht vom Gefühl geleitet war und daher keine Sympathie für die christlichen Märtyrer zuließ.

Aber die außergewöhnliche Bedeutung Mark Aurels liegt in etwas anderem: Es ist die erhabene Norm, die er aufstellte und erreichte, ohne den ständigen Ansporn irgendeiner persönlichen religiösen Inspiration oder Ermutigung. Er war ein religiöser Mensch, aber die stoischen Vorstellungen von Natur und Brüderlichkeit, von denen er seine Güte herleitete, waren unpersönlicher Art; er konnte auch nicht daran glauben, daß Güte im Jenseits durch Erlösung belohnt werden müsse. Obwohl es vieles gibt, woran wir nichts ändern können, glaubte er, daß es auch vieles gebe, das wir ändern können. Und deshalb hat das Leben des Menschen einen Sinn, und zwar den Sinn, den wir selbst, wir allein mit unseren eigenen Bemühungen und ohne Hilfe von oben, ihm zu geben vermögen. Wir sind der Natur der Dinge nach dafür verantwortlich, daß wir alles an Wert und Würde, was in unserer Macht steht, erreichen und verwirklichen. Mark Aurel ist der vornehmste aller jener Menschen, die allein aufgrund ihrer Einsicht und Charakterstärke das Gute um seiner selbst willen, ohne jeden Lohn, hoch geachtet und verwirklicht haben.

Plotin

Der bedeutendste Philosoph jener Zeit war Plotin, über dessen Leben wir durch seinen Schüler und Biographen Porphyrios (Malchos) von Tyros oder Batanea unterrichtet sind. Plotin wurde 205 n. Chr. geboren, wahrscheinlich in Lykopolis in Oberägypten, wandte sich mit 27 Jahren der Philosophie zu und studierte elf Jahre in Alexandria bei Ammonios Sakkas. Ammonios hatte sich als Autodidakt mit Mystik befaßt und war vom Christentum abgefallen, und sein Anspruch, Platon mit Aristoteles zu harmonisieren, war für seine Zeit charakteristisch; er soll Plotins Interesse an persischer und indischer Philosophie geweckt haben, so daß dieser sich einem römischen Feldzug gegen Persien anschloß (242-43), in der Hoffnung, mit östlichen Philosophen in Kontakt zu kommen.[32] Dieser Versuch blieb ohne Erfolg, und Plotin ließ sich in Rom nieder, um Philosophie zu lehren; er blieb dort – von Gallienus und seinem kultivierten Hof sehr geschätzt –, bis er sich kurz vor seinem Tod nach Kampanien zurückzog (269-70).

Plotins Unterricht, der sich über die Philosophie hinaus auch auf Musik und Mathematik erstreckte, bestand nicht aus Vorlesungen, sondern aus seminarähnlichen Untersuchungen und Diskussionen. Erst in den letzten siebzehn Jahren seines Lebens begann Plotin diese Schulungen aufzuzeichnen, und zwar in einer Reihe von philosophischen Essays in griechischer Sprache, die vor allem als Anleitung für seine Schüler gedacht waren. Porphyrios sammelte diese Essays und veröffentlichte sie schließlich etwa 301 n. Chr. Seine Anordnung in sechs Büchern oder *Enneaden* (Gruppen zu je neun Schriften) ist ziemlich unnatürlich und verworren; um wirklich alle Gedanken Plotins über ein bestimmtes Thema zu finden, muß man das gesamte Werk durchgehen, und selbst dann bleiben, obwohl eine chronologische Entwicklung seines Denkens nicht deutlich wird, ungelöste Spannungen und verschieden verteilte Schwerpunkte; denn immer aufs neue ging er die großen zentralen Fragen an, stets unter anderen Gesichtspunkten und in Beziehung zu verschiedenartigen Fragen und Einwänden.

Plotin sah im belebten Seienden eine vielfältige, hierarchisch gegliederte Struktur, die fortwährend aus ihrem transzendentalen obersten Prinzip hervorgeht, dem Einen oder Guten; sie steigt in einer ununterbrochenen Folge von Stufen oder Realitäten von dieser höchsten Macht über die Weltvernunft und dann die Weltseele bis hinab zu der letzten und niedrigsten Realität, der Körperwelt. Sie alle sind eng miteinander verbunden, in dem Gleichgewicht eines großen und letztlich homogenen Ganzen, vergleichbar einer Anzahl konzentrischer Kreise rings um das ursprüngliche Eine.[33]

In diesem lebendigen organischen Kosmos, in dem kein Teil vom andern durch unüberwindliche Schranken getrennt ist, gibt es zwei große Bewegungen: die eine strömt von dem Einen ausgehend abwärts, die andere wieder nach oben zurück. Alles Sein entsteht aus dem Überfließen und der selbsttätigen Schöpferkraft des unendlichen, immateriellen Einen – Grund alles Seins, gleichzeitig auch das Gute und Ursprung aller Welt. Das Vollkommene sendet in einem zwangsläufigen und unwillkürlichen Akt Strahlungen und Emanationen aus, die die niedrigen Realitäten schaffen und prägen und fortwährend ihre unterschiedlich abgestuften Formen der Verwirklichung ins Leben rufen.

«Das verwirklichte Leben, welches das Gesamtsein ausmacht, ist seinerseits gleichsam nicht das Erste, sondern quillt hervor wie aus einer Quelle. Stell dir eine Quelle vor, die keinen andern Ursprung hat, sich aber selber ganz den Strömen dargibt und dabei nicht verbraucht wird durch diese Ströme, sondern selber im Stillesein beharrt, die Ströme aber, die aus ihr entspringen, bleiben zunächst, ehe sie hierhin und dorthin auseinanderfließen, noch eine Strecke beisammen, der einzelne weiß aber gewissermaßen schon, wohin er seine Wogen ergießen wird; ... der Urgrund ist nicht selber Vielheit, sondern Ursprung dieses vielfältigen Lebens.»[34]

So bewegen sich diese Ströme in erhabenen, ewigen Bahnen durch Selbstbetrachtung. Wie bei Aristoteles der Geist zu dem wird, was er denkt, so verströmt sich spontan das Eine, indem es sich selbst betrachtet; dadurch wird Plotins geistige Welt zu einem Raum, der von sprudelndem Leben erfüllt ist und in dem unablässig unendliche Kraft in unbekümmerter Spontaneität hervorströmt, ohne Plan oder Notwendigkeit, und eine großartige Überfülle von lebendigen Formen hervorbringt.

Es findet jedoch nicht nur ein Abwärtsströmen von dem Einen her statt. Im ewigen Reigen des Universums gibt es immer eine zweifache Bewegung: Dieses Abwärtsströmen und Ausstrahlen ist stets verbunden mit einer gleichzeitigen Aufwärtsbewegung – einem Streben nach oben mit dem Ziel, sich mit dem Einen zu vereinigen und in ihm aufzugehen. So sieht die dynamische metaphysische Landschaft des Universums aus. Sie ist gleichzeitig ein Modell für das menschliche Individuum, dessen Lage das Gegenstück zu der kosmischen Ordnung und Bewegung ist. Das Leben der Menschen ist, ebenso wie das Universum, ein sehnsüchtiges Streben nach oben. Plotins Religion ist der Versuch, in uns selbst den universellen Drang nach Rückkehr zu dem Einen zu aktualisieren. «Versuche, das Göttliche in dir dem Göttlichen im All zurückzugeben», sagte Plotin auf dem Sterbebett.[35] Der Mensch kann sein wahres Selbst verwirklichen, indem er sich aus freien Stücken mit seinem Urquell identifiziert. Plotins Stufen des Bewußtseins und der Vollkommenheit des Menschen sind Entsprechungen bzw. Projektionen der kosmischen Wirklichkeit auf die psychologische Ebene. Plotin, der eine neue Phase in dem von Platon überkommenen sechshundertjährigen Erbe des Idealismus bedeutet, ist bekanntlich der erste Neuplatoniker. Vieles jedoch verdankte er einer früheren philosophischen Richtung, dem mittleren Platonismus. Jahrhunderte lang hatte die Philosophie sich hauptsächlich mit der Ethik befaßt, besonders unter dem Einfluß der Stoiker, deren Tradition noch Mark Aurel aufrechterhielt (S. 164). Aber kurz vor 100 n. Chr. hatten Vertreter des mittleren Platonismus, die die Einflüsse ganz verschiedener philosophischer Systeme aufnahmen, anstelle der Ethik allmählich der Metaphysik wieder ihren Ehrenplatz zugewiesen, den sie eingenommen hatte, bevor die stoische Lehre die führende Rolle zu spielen begonnen hatte.[36]

Aber das war ein ganz neuer Platonismus, denn er legte nun besonderen Wert auf das religiöse Element und betonte die Vorstellungen von einem höchsten transzendenten Prinzip oder von Gott oder dem Guten, der höchsten Stufe in der Hierarchie des Seins. Dieses höchste Prinzip war von der Welt völlig geschieden, hatte weder Berührung mit ihr noch lenkte es sie. Um daher lenkende und verbindende Kräfte einführen zu können, griffen die Philosophen des mittleren Platonismus auf ältere Vorstellungen zurück, nämlich daß es eine vermittelnde Macht oder Mächte gibt (S. 255). Im Rahmen dieser allgemeinen Tradition schuf Plotin seine eigene vierstufige Hierarchie des Einen, der Vernunft, der Seele, des Körpers.

Aber dieses vielfältige philosophische Erbe hat er mit dem kraftvollen Gepräge seines Genies zu einem lebendigen Ganzen verschmolzen. Das Eine steht nach Plotins Vorstellung jenseits des Denkens oder der Definition oder der Sprache. Hier ist die Transzendenz Platons zu spüren, aber sie besitzt letztlich eine Andersartigkeit, die über das platonische Gute hinausgeht. Da jedoch das Eine menschliches Verstehen übersteigt, wird es oft nur durch Negationen beschrieben. Das Eine ist unbewegt und hat keinen Ursprung, keine Eigenschaft, keine Quantität und keine Intelligenz; es ist unirdisch, unendlich, die Negation jeder Zahl, jenseits von Bewegung, Raum und Zeit.[37] «Da das Eine alle Dinge erzeugt, kann es nicht eines von ihnen sein.»[38] Und doch ist das Eine auf höchst paradoxe Art auch das genaue Gegenteil der Negation, da es ja überreiche Wirklichkeit ist; es ist das absolute, eine, reine und einfache Gute. «Wenn du es denkst wie Geist oder Gott, so ist es noch mehr ... es ist kein Denken, sonst wäre Andersheit in ihm ... Was sollte es denn auch denken? Sich selbst? Dann ... müßte es des Denkens bedürfen, damit es sich kennenlerne, es, das doch sich selbst genug ist.»[39] Plotins Eines, das bisweilen als etwas Unpersönliches, manchmal aber fast als personifizierte Gottheit erscheint, kommt dem christlichen Gott näher als irgend etwas anderes in der griechischen Philosophie. Allerdings ist es, im Gegensatz zum Christentum, nicht eine Macht, die sich um Menschen oder die Welt kümmert, abgesehen davon, daß es das höchste Ziel des Menschen darstellt.

Plotin ging sogar noch weiter als der mittlere Platonismus, indem er das Eine absolut über alle Kategorien und Ordnungen des Seins hinaushob. Um die grenzenlose Vollkommenheit des Einen auszudrücken, gebrauchte Plotin, der alle mechanistischen Auffassungen vom Universum ablehnte, Symbole und Bilder voll Helligkeit und Farbe. Das Eine wird als Licht beschrieben;[40] genau in diesen selben Jahren waren Licht und Finsternis auch Manis Grundprinzipien (S. 245). Um das Wirken des Einen klar zu machen, greift Plotin auf Platons Methaphern von einem strahlenden Leuchten zurück und erweitert sie noch. Auch die Stoiker hatten sich ein einziges organisches Ganzes vorgestellt, das durch das göttliche Feuer zusammengehalten wird, und ihrem dynamischen Vitalismus verdankte er viel. «Das Feuer ist schön, über alle anderen Körper hinaus»,[41] und «ein Gleichnis des Einen kann man in der Sonne sehen».[42] Das Eine gleicht in seinem ewigen Hervorbringen und seiner Emanation der Sonne, die ihr eigenes sie umgebendes Licht erzeugt, während sie selbst, ohne Minderung ihrer Substanz, unverändert bleibt (S. 212).

Da jedoch nach Plotins Auffassung die Struktur des Universums der des Menschen entspricht (S. 173), besteht das Eine nicht nur in seiner Gesamtheit, sondern der einzelne Mensch hat die Möglichkeit, sich mit ihm zu vereinigen. Denn das Eine ist nicht nur die unendliche Erweiterung jedes Individuums, es ist auch in ihm, in seinen innersten Tiefen. «Das Eine ist gewiß niemandem fern, und doch ist es allen fern; es ist gegenwärtig und doch nur für diejenigen gegenwärtig, welche es aufnehmen können und gerüstet sind, daß sie zu ihm passen und es gleichsam anfassen und berühren können, vermöge der Wesensähnlichkeit.»[43] Obwohl das Eine so fern ist, kann der Mensch sich bemühen, zu solcher Höhe zu gelangen und mit ihm eins zu werden. Und die ganze Philosophie Plotins sucht den abgestumpften Sinn des Menschen für das Übernatürliche wieder zu schärfen und uns zu unserer wahren Natur und zu unserem Ursprung zurückzubringen.

Das nächstniedere Prinzip, das im Prozeß des ewigen Hervorgehens eine Stufe unter dem Einen steht, ist die Vernunft (Nus). Plotins Überzeugung, daß die Welt der Materie durch göttliche Vernunft geordnet ist, war der von Platon begründete Glaube an den Kosmos; seit einem halben Jahrtausend hatten sich die meisten religiösen Denker auf verschiedene Weise zu dieser Überzeugung bekannt. Aber etwa so wie Thomas von Aquin Aristoteles abwandelte, verwob Plotin die verschiedenen Gedankenfäden Platons zu etwas Neuem,[44] und die Vernunft, wie Platon sie verstand, wird daher im Neuplatonismus von dem Einen unterschieden. Sie ist nun die erste und höchste Realität, die aus der ewigen Schöpferkraft des Einen abgeleitet ist, eine neue Version des Vermittlers, den die zeitgenössischen Lehrmeinungen brauchten, um die Transzendenz mit den niederen Bereichen zu verbinden. Analog der Selbstbetrachtung des Einen ist die Vernunft sowohl das Denken selbst als auch Gegenstand des Denkens; das Denken bildet stets eine Einheit mit dem, was es denkt, da der Gedanke sich selbst denkt. Und ebenso wie Plotins andere Realitäten vollzieht sich auch dieser Denkprozeß auf zwei Ebenen, im Kosmos und im Menschen. Die Vernunft ist eine ewige geistige Klarheit als ein einziges reines Denkvermögen von zeitlosem Begreifen; und doch ist auch sie aufgespalten in die Vielzahl der Geister der einzelnen Sterblichen, eine Vielheit in der Einheit, sowohl individuell als auch universell, und findet ihren Ausdruck im höchsten Erfassungsprozeß der Intuition oder spirituellen Erkenntnis.

Unter der Vernunft steht die Weltseele. Da sie, obwohl ebenfalls ewig, schwächer als der Nus ist, kann sie ihre Objekte nicht als Ganzes erfassen, sondern nur nacheinander und einzeln, und so entstehen Raum und Zeit, die den Rahmen unserer eigenen Welt bilden. Da die Seele unter der Vernunft und über der Körperwelt steht und das Bindeglied zwischen beiden ist, stellt sie sich, von unten her betrachtet, als ordnende und vernunftbe-

gabte lenkende Kraft dar, die von der Vernunft ausstrahlt; von oben her
gesehen, wird sie zum immanenten Prinzip lebendiger Organismen und
zur Grundlage kosmischer Harmonie. Wir verdanken Plotin, mehr als
irgend einem anderen, eine klarumrissene Darstellung der geistigen Existenz, und seine übernatürliche Welt ist äußerst real und anschaulich.
In dieser Realität jedoch, die unter dem Einen und der Vernunft steht,
zeigt sich bereits ein Nachlassen jener Strahlkraft, die den höheren Realitäten eigen ist. Die Seele ebenso wie das Eine und die Vernunft denkt
und ist Gegenstand ihres Denkens, ist also Subjekt und Objekt zugleich;
aber ihr Denken steht auf der letzten, niedrigsten Stufe, es ist eine Art
Traum.

Ihre Doppelnatur ist jedoch die gleiche wie die der Vernunft: Auch
sie ist kosmisch, aber andererseits gibt es wiederum eine Vielzahl individueller Seelen. Deren Sphäre allerdings ist nicht das hohe intuitive Denken
der Vernunft, sondern ein weniger erhabenes, diskursives Denken:
Urteilsfähigkeit und Empfindung, Einbildungskraft und die Welt der
Ideen. Die Seele informiert und eint den gesamten menschlichen Organis-
mus. Sie ist der wesentlichste Teil des Menschen, der, in seinem Normal-
zustand, auf der Stufe der Seele lebt. Diese These Plotins hat Eingang
in die christliche Tradition gefunden.

Das gleiche gilt für Plotins Betonung der Pluralität und der Autonomie
jedes individuellen Geistes und jeder einzelnen Seele. Denn jedes Individuum hat sein ganz eigenes Ich.[45] Die Analyse dieser Individualseele ist
das Kernstück der Plotinschen Lehre, und in diesem Bereich gelangte er
zu seinen originellsten Ergebnissen. «Wer bin ich wirklich?» Denn es gab
in dem weiträumigen, unruhigen Römischen Reich eine ähnliche Identi-
tätskrise wie in den Ballungsräumen unserer westlichen Welt. Plotins Antwort beruht auf der Doppelnatur der Weltseele. In der kosmischen Sphäre
war die Seele nicht nur der Urheber des natürlichen Lebens und Wachsens
in dieser Welt, sondern die unmittelbare Emanation des Geistes droben;
und auch als Individuen sind wir auf unserer höchsten Stufe Seele, die
vollkommen nach dem Vorbild des Geistes gestaltet ist[46] und mit bewuß-
ter und selbstbewußter Zielgerichtetheit handelt. Diese Seite der Persönlichkeit, vor allem jenseits des alltäglichen Bereichs niederer Zwecke, hat
Plotin am Menschen entdeckt und hochgehalten. Für ihn ist das Individuum keine hilflose Kreatur; der Wille, den Mark Aurel betonte, erscheint
hier in einem neuen philosophischen und psychologischen Rahmen.

Plotin war, soweit wir wissen, auch der erste Philosoph oder Psycho-
therapeut, der erklärte, wie die Seele des Individuums auf einer niedrigeren

Stufe oder in ihrem niedrigeren Teil, analog dem traumartigen, nach unten gewandten Aspekt der Weltseele, unbewußt funktioniert. Er nahm Freuds Unterscheidung zwischen Ich und Es vorweg, denn er wußte, daß einige unsrer Seelenregungen «im Bereich des Triebhaften bleiben und uns unbekannt sind»[47] und daß wir auch ständige Neigungen haben, die uns am stärksten beeinflussen können, wenn wir uns ihrer am wenigsten bewußt sind. Das bewußte, intellektuelle Leben ist nicht unser einziges Leben. Unsre persönliche Identität ist unstet und schwankt mit Ebbe und Flut unsres Bewußtseins; wir leben auf der Grenzlinie zwischen zwei Welten.

Auf ihrer höheren und vollbewußten Stufe spiegeln also unsre Seelen unsern göttlichen Geist wider, während sie in ihrer niederen Funktion den Körper hervorbringen und sich mit ihm verbinden.[48] Die Einzelseelen sind himmlische Wesen, aber in dieser niederen Form bewohnen sie sichtbare körperliche Materie. Wenn das geschieht, wenn die Seele im Leib wohnt, so ist das ein Unglück. Plotin hat sich weit entfernt von der klassischen Auffassung, daß der Mensch in der Welt der Materie lebe, um sie zu beherrschen; nach Plotins Ansicht lebt der Mensch in ihr nur gezwungenermaßen, während seine eigentlichen Belange auf höherer Ebene liegen. Obwohl es auch nach Plotin eine ständige Hin- und Herbewegung zwischen Seele und Leib gibt, war diese scharfe Trennung zwischen geistiger und Körperwelt von keinem der früheren Philosophen so stark empfunden und so klar ausgedrückt worden. Porphyrios schrieb, daß sein Lehrer «sich zu schämen schien, in einem Körper zu weilen».

Plotins Aufzeichnungen, wie sie uns überliefert sind, zeigen eine gewisse Unschlüssigkeit: Geschieht es aus Notwendigkeit oder freier Entscheidung, daß die Weltseele herabsteigt, um die Materie zu gestalten, und, dementsprechend, die Einzelseele in einen Leib eingeht? Und bedeutet dieser Vorgang einen Abstieg, oder ist er im Gegenteil ein guter und notwendiger Bestandteil der Weltordnung? Diese Unschlüssigkeit bezeichnet einen grundlegenden Konflikt in seinem Denken. Bisweilen scheint Plotin ein Dualist zu sein wie sein Zeitgenosse Mani, wenn er etwa behauptet, daß die Materie Finsternis und das Prinzip des Bösen sei, Ursache dafür, daß das gute Licht, das in der Seele wohnt, so schwach leuchte (S. 245).[49] Aber Plotin betrachtet die Materie nur deshalb als schlecht, weil sie negativ ist. Diese tiefe letzte Spiegelung der Seele ist das reine Prinzip des Mangels und der Negation, absolute Gestaltlosigkeit und abstrakter Raum für körperliches Geschehen. Darum erfährt die Seele, wenn sie der Materie verfällt, den «Eindruck des Gestaltlosen». Und so ist das Böse auch – hier nimmt Plotin Karl Barth und die Existentialisten vorweg – nicht eine

zweite Macht wie bei den Gnostikern und Mani, sondern das Nichtsei-
ende, das Chaos, das absolute Ende des Schöpfungsvorgangs: es ist ein
Fehlen, die völlige Privation, ein Nichts, nicht nur unwirklich, sondern
der Inbegriff des Wesenlosen, Zerfall ohne Ordnung und Form.[50] Obwohl
er von dieser negativen Natur des Bösen ausging, konnte Plotin doch
die Auffassung vertreten, daß der menschliche Leib durch das Böse in
ihm nicht völlig unterdrückt und eingeengt sein müsse und auch selbst
gar nicht ganz böse sei.[51] Denn der Körper ist ja eben doch die Emanation
der Seele – mögen beide auch noch so weit voneinander geschieden und
getrennt worden sein – und somit, wenn auch mittelbarer, eine Ausstrah-
lung der Weltvernunft und des Einen, von dem diese ausgeht. Auch der
Körper ist Teil des lebendigen organischen Ganzen, zu dem all diese höheren Wirklichkeiten gehören, ein Widerschein und Abbild der intelligiblen
Form, der gleichzuwerden er unbewußt erstrebt.

Diese Sinnenwelt ist also wichtig für die Natur der Dinge; das ist zwar
bedauerlich und lästig, aber man muß es ohne Ungeduld, Abscheu oder
Ablehnung hinnehmen.

«Der von der Seele geschaffene Körper ... ist wohl ein Lebewesen,
aber ein unvollkommenes, das mit seinem eigenen Leben als einem niedrigen hadert und daher mürrisch und rauh ist und aus einer geringeren
Materie gebildet, gleichsam dem Bodensatz der vorhergehenden Schöp-
fungsakte, der bitter ist und die Dinge bitter macht. ... Beruht die Notwendigkeit des Bösen in der Welt darauf, daß es notwendige Folge des
ihm Voraufgehenden ist, oder darauf, daß das All, wenn es das Böse
nicht gäbe, unvollständig wäre? Die meisten bösen Dinge, oder gar alle,
bringen ja der Gesamtheit Nutzen, zum Beispiel die giftigen Tiere; nur
daß man meistenteils nicht bemerkt, inwiefern. Ja, sogar das Laster selber
hat viel Nützliches und bringt viel Schönes hervor, zum Beispiel all die
künstliche Schönheit; auch regt es an zur Besinnung, da es uns nicht in
Sorglosigkeit schlafen läßt.»[52]

Da folglich Materie und Körper trotz all ihrer Mängel Teil der allgemeinen Harmonie sind, wendet sich Plotin gegen den durchweg pessimisti-
schen Dualismus der Gnostiker; denn diese vertraten die Thesen, die Plotin
eben noch umging, wonach die gesamte materielle Welt schlecht sei. Er
erklärt ihre Auffassungen für irrational, inkonsequent, anmaßend, zerstö-
rerisch und für ein schreckliches Unheil. Mit solch starken Worten kritisierte Plotin diejenigen, die lediglich ein wenig weiter gingen als er selbst.
Denn er stimmte mit den Gnostikern ja völlig überein in dem Glauben,
daß es unsere dringendste Aufgabe ist, der Finsternis und dem Bösen,

die in der Materie enthalten sind, zu entfliehen. Selbst wenn man zugibt, daß die sichtbare Welt Gutes und Edles enthält, muß man ihr trotzdem entsagen um einer besseren willen.[53] Das ist möglich, gerade weil der menschliche Leib ein Abbild dieser besseren, höheren Existenz ist. Die gesamte Ethik Plotins zielt darauf, die befreite und geläuterte Seele aus der materiellen Welt herauszuführen, zurück zu ihrem ursprünglichen Zustand der Bewußtheit, in dem sie gleichsam außerhalb des Körpers leben wird.

Der Prozeß, durch den man dieses Ziel erreichen kann, ist die Kontemplation; sie ist nicht nur die bewegende Kraft des Kosmos, sondern ermöglicht es auch dem Individuum, sich selbst zu verwirklichen (S. 173). «Wende dich von den äußeren Dingen ab, um nach innen zu blicken. Die Gesamtheit der Dinge ist in uns.»[54] Wir können den geistigen Kosmos nur erkennen, wenn wir ihn in uns selbst finden. Schon frühere Philosophen wußten, daß in jedem Menschen das Bedürfnis nach Kontemplation wohnt. Platon hob hervor, daß die Betrachtung des absolut Schönen unser Ziel sein sollte, Aristoteles sah in der Kontemplation das glückselige Leben,[55] und Mark Aurel empfand persönlich stark das Bedürfnis nach einer derartigen Zurückgezogenheit (S. 168). Aber es war vor allem Plotin, der den Menschen auf sich selbst verwies; anstelle der Schönheit des Himmels und der Welt betonte er die Notwendigkeit, regelmäßig mit dem eigenen Innern Kontakt aufzunehmen. Nach innen gewandte Kontemplation ist die einzige wirkliche Realität. «Blickt man aber auf andere Weise, so erscheint einem gar nichts.»[56]

Durch dynamische, alles überwindende Kontemplation werden Raum und Zeit und die Undurchsichtigkeit des Körpers hinweggedacht und werden bedeutungslos und nichtig; wir sehen und erkennen nicht nur. die höheren, wahren Wirklichkeiten, sondern wir werden völlig eins mit ihnen. Das ist nicht nur Vision, es ist Vereinigung. «Jeder, der das erreicht hat, betrachtet sich selbst und· alles andere und ist das Objekt dieser Betrachtung; er betrachtet es nicht mehr von außen her.» Daher hat es keinen Sinn zu fragen, ob diese letzte Vollendung transzendent oder immanent ist, denn die beiden Begriffe sind nun nicht mehr zu unterscheiden. Das gleiche, das sich am Universum im großen zeigt, daß nämlich jede Stufe der Realität Emanationen schafft, wenn sie sich selbst betrachtet (S. 172), geschieht auch beim Individuum. Hier besteht ebenfalls kein Unterschied mehr zwischen Subjekt und Objekt. «Wird der Seele aber Jenes glückhaft zuteil und kommt zu ihr, vielmehr tritt, da es zugegen ist, in Erscheinung, ... (so) steht ja nichts zwischen ihnen, sie sind nicht

mehr zwei, sondern beide sind Eines.»[57] Und dies ist das Grundprinzip
des Lebens, denn Plotin faßt Kontemplation als Schöpfung auf – eins
der gewaltsamsten Paradoxa der Philosophie.

Plotin glaubte, diese mystische Vereinigung, allein mit dem Alleinigen,
persönlich erfahren zu haben. Bei Porphyrios heißt es:

«So ist denn gerade diesem daimonischen Manne ‹schon oft›, wenn
er sich hinaufhob zum Ersten, Jenseitigen Gott mit seinem Denken, auf
den Wegen, welche Platon im ‹Gastmahl› gewiesen, Jener Gott erschienen,
welcher keine Gestalt und keine Form hat und oberhalb des Geistes und
der ganzen geistigen Welt thront ... während der Zeit aber, die ich bei
ihm weilte, erlangte er dieses Ziel wohl viermal, vermöge seiner unbeugsa-
men Kraft.»[58]

So überkam Plotin dieses ganz plötzliche, unbeabsichtigte, unerwartete,
unvorhersehbare und unpersönliche Gefühl einer göttlichen Gegenwart.[59]
Zuerst trat eine völlige Leere ein; dann, nach einem warnenden Schreck,
überflutete ihn selige Fülle und ließ ihn in freudiger Starre zurück. Aber
sein Selbst war dabei nicht besessen, vertauscht oder ausgelöscht, vielmehr
schien es zu seinem eigentlichen Sein erweckt oder wiedererweckt zu sein.
Denn hier handelte es sich um keine dualistische, manichäische Rettung
von einer Welt in eine andere, sondern um eine Entdeckung oder Wieder-
entdeckung, nicht um christliche übernatürliche Gnade oder Erlösung,
sondern um ein natürliches Ereignis. Die Fähigkeit, die göttliche Gegenwart wahrzunehmen, ist tatsächlich «allen Menschen eigen, obgleich nur
wenige sie nutzen»,[60] und dieser Zustand läßt sich nur gelegentlich und
für einen kurzen Augenblick erreichen. Es handelt sich nicht allein um
völlige Versenkung, um eine sehr hohe Stufe der Kontemplation, sondern
um eine unvergleichliche «andere Weise des Sehens, ein Aus-sich-Heraus-
treten, sich Einfachmachen und sich selbst Hingeben ...»[61] Plotin scheint
als erster den Ausdruck *ekstasis,* d. h. ‹außer sich sein›, für diese Verwandlung gebraucht zu haben. Dieses Wort könnte allerdings irreführen, denn
es scheint nicht das Erlebnis des Einswerdens auszudrücken, das Plotin
auch als *(h)enosis* bezeichnete, die momentane Enthüllung ewigen potentiellen Einsseins.

Plotin ist über die abstrakten Lehrmeinungen der Philosophen hinausgegangen, um die Höhen zu erreichen, über die sie sich schon lange in
Andeutungen ergangen hatten. Von achthundert Seiten seiner Lehrschrif-
ten rühren nur zwanzig bis dreißig an dieses mystische Thema, und an
diesen Stellen bemüht er sich immer wieder, Worte zu finden für das,
was ihm widerfahren ist, «wenn er gleichsam hinaufgerissen oder vielmehr

in ruhiger Gotterfülltheit in die Abgeschiedenheit eingetreten ist, in einen Zustand der Bewegungslosigkeit.»[62]

«Bei dem aber, welches schlechthin einfach ist, wie soll es da einen Ablauf des Denkens geben? Nein, dort genügt auch wohl ein geistiges Berühren. Indem man aber berührt, hat man, in dem Augenblick, wo man berührt, überhaupt weder Vermögen noch Muße, irgend etwas auszusagen, sondern man reflektiert erst nachträglich darüber. Man muß aber annehmen, daß man Jenen in dem Augenblick gesehen hat, wo die Seele mit eins von einem Licht erfüllt wird, denn das kommt von Ihm, das ist Er selbst; und in dem Augenblick soll man glauben, daß Er zugegen ist, wo er wie ein anderer Gott, den jemand in sein Haus herbeiruft, erscheint und ihm leuchtet. So ist denn auch die Seele, wenn sie von Jenem unerleuchtet ist, gottlos, ist sie aber erleuchtet, so hat sie, was sie suchte. Und das ist das wahrhafte Endziel für die Seele: Jenes Lichte anzurühren und es kraft dieses Lichtes zu erschauen, nicht in einem fremden Licht, sondern in eben dem, durch welches sie überhaupt sieht. Denn das, wodurch sie erleuchtet wurde, ist eben das Licht, das es zu erschauen gilt, denn man sieht ja auch die Sonne nicht in einem fremden Licht. – Und wie kann dies Ziel Wirklichkeit werden? – Tu alle Dinge fort! ...»[63]

«Da es nun nicht zwei waren, sondern er selbst, der Schauende, mit dem Geschauten eins war (es ist also eigentlich nicht ‹Geschautes›, sondern sozusagen ‹Geeintes›), so trägt er, wenn er sich nur an seinen Zustand im Augenblick der Vereinigung erinnert, ein Abbild von Jenem in sich. In diesem Zustand war er aber auch in sich selbst Eines; er hatte in sich keine Geschiedenheit zu sich selbst weder in seinen andern Funktionen (es bewegte sich in ihm nichts, kein Zorn, keine Begierde war in ihm, als er in der Höhe war) – aber auch kein Begriff noch irgendein Denken; ja überhaupt sein Selbst war nicht da, wenn denn auch das gesagt sein soll ... er wird in seinem ganzen Sein nirgends abgelenkt, auch nicht zu sich selbst hingedreht, völlig stillstehend und gleichsam selbst Stillestehen ...»[63a]

Als treibende Kraft dieser Verwandlung sieht Plotin nicht Wißbegierde oder Selbstsucht an, sondern Liebe, das tief-innere Verlangen der Seele nach ihrem Ursprung, ihr Streben nach Kontakt und Vereinigung. Ein Abbild dieses Einswerdens, sagt er, «sind auch hier auf Erden Liebende und Geliebte, wenn sie zur Vereinigung bereit sind».[64] Die Seele wird eins mit der Gottheit in einem aufwärts strebenden Liebesdrang. Dieses sehnsüchtige Streben nach Vereinigung entsteht durch die Sympathie, die naturgemäß zwischen den verschiedenen Teilen des Kosmos besteht; sie ist das alles durchziehende Band, das den Zusammenhang aller Dinge herstellt. Es ist wahre und vollkommene Liebe, weil sie sich nicht mehr auf ein illusorisches bestimmtes Objekt beschränkt; wir empfinden grenzenlose Liebe für das Gute, weil es selbst ohne Grenzen ist. Das ist der griechische Eros (S. 154), in eine Sphäre jenseits der Sinne erhoben, es ist Platons unaussprechliche Intuition des Schönen und der ‹Liebeswahnsinn›, was Plotin in ganzer Reinheit und Strahlkraft erlebt.[65]

«Zu erleben, welche Liebe und welche Sehnsucht nach Vereinigung den Menschen erfaßt, welch staunendes Entzücken! ... Durchströmt von einem schrecklichen Glücksgefühl, gepackt von heilsamen Schrecken! Jede Liebe außer dieser muß er verschmähen, alles, was ihm einstens schön schien, muß er verachten. Alle anderen Schönheiten sind Beifügungen, Mischungen, nicht ursprünglich. Das ist die wahre und ursprüngliche Schönheit, die alle ziert, die sie lieben, und sie der Liebe würdig macht. Nur wer dieses Ziel nicht erreicht, ist ein Unglücksmensch – nicht wer niemals schöne Farben oder schöne Körper gesehen hat oder niemals hat Macht, Ehren und Königreiche sein eigen nennen können. Das ist der wahrhaft Unglückliche, der diese Schönheit nicht erblickt, und nur er allein.»[66]

In dieser Verfassung würde die Seele ihren augenblicklichen Zustand für nichts in der Welt eintauschen, selbst wenn man ihr das ganze Himmelreich dafür böte. Denn dieser Zustand ist das Gute schlechthin, und es gibt nichts Besseres.

Aber die Dialektik der Liebe ist nicht nur eine ästhetische und mystische Erfahrung, sie ist die intellektuelle Grundlage einer Philosophie.[67] Plotins Ekstase ist der Gipfelpunkt intensiven Denkens, das in angespanntester Denkarbeit nach oben steigt und nach innen strömt. Obwohl sich die Grenzen zwischen einem Philosophen und einem Mystiker und religiösen Menschen verwischt hatten, ist Plotins Methode weder physiologisch wie bei den Orientalen noch sakramental wie bei den Christen, noch gründet sie sich auf Drogen wie bei den modernen Suchern nach psychedelischer Erfahrung; sie ist vielmehr intellektuell in der rationalen hellenischen Tradition. Alle Offenbarungen, die sich durch andere Mittel erreichen ließen, so etwa die ‹speziellen› wunderbaren Erleuchtungen der Gnostiker, waren für Plotin ohne Wert.[68]

Mystische Vereinigung ist kein Ersatz für intellektuelles Bemühen, sondern sein Ziel und seine Krönung. Nur durch strenge geistige Übung und mühevolle innere Selbstdisziplin wird es uns gelingen, unsere potentielle Ähnlichkeit und Verschmelzung mit dem Einen zu verwirklichen.

«Wer die Schau unternimmt mit einem durch Schlechtigkeit getrübten Auge, nicht gereinigt oder schwach, der kann aus Schwachheit das ganz Helle nicht sehen und sieht auch dann nichts, wenn einer ihm das, was man sehen kann, als anwesend zeigt. Man muß nämlich das Sehende dem Gesehenen verwandt und ähnlich machen, wenn man sich auf die Schau richtet; kein Auge kann die Sonne sehen, das nicht sonnenhaft geworden ist; so sieht auch keine Seele das Schöne, welche nicht schön geworden ist.»[69]

Wir kommen dem Guten näher durch äußersten und unnachgiebigen Einsatz.

Und dann folgt die beinah unvorstellbare Belohnung. Während die Luft mit zunehmender Höhe immer dünner und leuchtender wird, kommt der Suchende seinem Ziel nahe. Das Eine ist dicht über ihm und leuchtet bereits über die ganze erkennbare Welt. Dann läßt der Mensch alles eigene Mühen fahren, wird durch die Woge des Geistes aus seinem Selbst herausgetragen und durch ihren Schwung hoch emporgehoben, und seine Augen sehen plötzlich, ohne daß er weiß, wie das geschieht.

«Bist du so geworden und erblickst dich so, bist du nur und allein mit dir selbst zusammen, und nichts hemmt dich, auf diesem Wege eins zu werden, und keine fremde Beimischung hast du mehr in dir, sondern bist ganz und gar reines, wahres Licht, nicht durch Größe gemessen, nicht durch Gestalt umzirkt in engen Grenzen, auch nicht durch Unendlichkeit zu einer Größe aufgetrieben, sondern gänzlich unmeßbar, größer als jedes Maß und erhaben über jedes Wieviel: wenn du so geworden dich selbst erblickst, dann bist du selber Sehkraft, gewinnst Zutrauen zu dir, und dann schreite hinauf, dann brauchst du keine Weisung mehr, sondern blicke unverwandt.»[70]

Dies sind nicht bloß rhetorische oder dichterische Beschreibungen der Kontemplation auf ihrer höchsten Stufe. Es sind authentische Berichte darüber, wie man alle Schranken zwischen dem Individuellen und dem Absoluten in einem Prozeß der Übertragung, der Vereinigung und Identifikation überwindet oder zu überwinden glaubt. Diese mystische Haltung setzt voraus und behauptet eine tiefere Harmonie und Einheit der Welt und des Universums, als die Wissenschaft sie kennt, ein höchstes Eins-Sein, zu dem die Sinne und der Verstand nicht vordringen können, ein inniges Ineinandergreifen aller Dinge in gegenseitiger Abhängigkeit, vergleichbar etwa mit der Anziehung von Gravitationsfeldern. Die Mystik behauptet, daß es möglich sei, jenseits des Bewußtseins einen unbeschreiblich innigen und direkten Kontakt mit dieser scheinbar letzten Realität herzustellen.

Zeit, Raum und das eigene Selbst sind dabei ausgelöscht, alle Leidenschaften vergangen, und die Vielfalt der Dinge verblaßt zu bloßen Sche-
men. Diese Erfahrung kann zwei Formen annehmen: Der extrovertierte
Naturmystizismus erblickt das Eine hinter den Erscheinungen und hebt
deren äußere Getrenntheit auf, so daß das Eine durch sie alle hindurch-
scheint. Der introvertierte Mystiker dagegen blickt nach innen und
schließt die Sinne aus, um sich in die Tiefen des eigenen Selbst zu versen-
ken. Für Plotin widersprechen sich diese zwei Vorgänge nicht: Das Nach-
Außen-Treten begleitet die Sammlung.

Jeder Mensch ist potentiell ganz Geist. Allerdings müssen wir unter
normalen Umständen, um überleben zu können, alle Eindrücke durch
unsere Sinne filtern und unsere Wahrnehmungsfähigkeit beschränken.
Aber in seltenen Augenblicken kann ein Mensch einmal die archetypische
Welt des Geistes zurückgewinnen und den Rhythmus wiederfinden, der
ihm einst verlorenging. «Unser normales Bewußtsein ist nur ein einzelner,
besonderer Typus», beobachtete William James, «gleich daneben gibt
es sehr viele mögliche Arten von ganz anderem Bewußtsein, von ihm
nur durch einen hauchdünnen Schleier getrennt.» Zu diesen normalerweise unerreichbaren Regionen kann man, wie es Plotin geschah, durch
einen plötzlichen und heftigen Schock Zutritt erlangen, ohne Vermittlung
des logisch arbeitenden Verstandes oder der eigenen Absichten, Interessen
oder Gefühle. Der Mystiker gleicht dem Kapitän eines Schiffes mit gehei-
mer, versiegelter Order. Aber wenn der entscheidende Augenblick kommt
und er den verschlossenen Umschlag öffnet, sagte Arthur Koestler, findet
er nur einen unsichtbaren Text. Hin und wieder wird ein Wort sichtbar,
dann verschwindet es wieder. Niemals wird er den genauen Wortlaut
des Befehls erfahren. Trotzdem denkt und handelt er nun anders als zuvor;
er wird niemals mehr derselbe sein wie früher. In begrenztem Ausmaß
kann eine derartige Erfahrung durch chemische Mittel erreicht werden.
Visionäre und mystische Zustände wurden durch anhaltendes Schreien
und Singen hervorgerufen und durch langes Anhalten des Atems, was
zu einer hohen Konzentration von Kohlendioxyd in der Lunge und im
Blut führt. Andere Mittel zur Erlangung mystischer Erfahrung sind Fasten,
wodurch der Blutzuckerspiegel gesenkt wird und Vitaminmangel entsteht,
Geißelung, die einen Histamin- und Adrenalin-Rausch hervorruft, Herd-
infektionen, die Eiweißzersetzung zur Folge haben, sowie überhaupt jeder Zustand, der Schlaflosigkeit und Fieber erzeugt. Es gibt auch einen
sehr alten Zusammenhang zwischen Verzückung und halluzinogenen
Drogen,[71] von denen in unserer Zeit das Lysergsäure-Diäthylamid (LSD)

am beliebtesten ist bei jungen Menschen, die nach der Entpersönlichung, der Desintegration des Ich und den Zeitverzerrungen suchen, die solche chemischen Ferien bieten können. Während eine heftige Diskussion heute noch darum geht, wie sich die Gesellschaft zu diesen Drogen stellen soll, scheint sich bereits eine zweite und noch tiefergehende Kluft aufzutun zwischen denjenigen, die durch Drogengenuß gewonnene mystische und halluzinatorische Erfahrungen scharf trennen von religiösen Erlebnissen dieser Art, und jenen, die diese Trennung nicht machen (wobei die Erlebnisse und Erfahrungen in beiden genannten Fällen noch durch Geisteskrankheiten gefördert werden können).

Der Standpunkt Plotins in diesem Streit ist höchst bezeichnend und aktuell, weil er zeigt, daß es noch eine weitere Möglichkeit gibt. Für das Abendland ist er der Wegbereiter der psychedelischen Erfahrung, aber er erreichte sein Ziel durch rein intellektuelle Schulung des Gehirns, nicht durch Schizophrenie, nicht durch Drogen, und auch nicht durch Religion. Denn Plotin erklärt die Tatsache, daß der typische mystische Zustand zwar mit allen möglichen Religionen verknüpft sein mag, doch an sich nichts Religiöses enthält – die Einheit, die er zu erreichen scheint, ist undifferenziert, und kein Glaube oder Dogma ist dafür nötig. Aber worin besteht diese Einheit? Hat der, dem diese Erfahrung zuteil wird, wirklich etwas von außerhalb seines Selbst an sich gezogen, oder ist er nur auf bisher unausgelotete Urquellen in sich selbst gestoßen? Die meisten Anhänger einer Religion werden, wenn sie ihre Skepsis gegenüber der Mystik überwinden können, ersterer Ansicht zuneigen, genauso wie zumindest einige jener Anhänger der ‹Immerwährenden Philosophie›, wie sie Leibniz nennt, die zwar nicht an die etablierte Religion glauben, wohl aber behaupten, daß jenseits der Welt der Materie und des Bewußtseins ein göttlicher Urgrund existiere, zu dem einige wenige Menschen hin und wieder durch unmittelbare Intuition gelangen können. Andere, die an nichts Göttliches glauben, nicht einmal in so allgemeinen Begriffen, werden mit Freud darin übereinstimmen, daß dieses ganze Phänomen ein inneres Phänomen ist; und sie werden ähnlich wie Delacroix daraus schließen, daß der Gott der Heiligen Theresa eine Schöpfung ihres eigenen Unterbewußtseins war. Aber ganz gleich, ob nun die mystische Vereinigung nach innen oder außen gerichtet ist, alle, die sie erfahren haben, welcher Religion oder welcher sozialen Schicht sie auch immer angehörten oder wann und wo sie lebten, sind sich absolut einig darin, daß sie ein Wunder erlebt haben, das andern versagt blieb: ein ungeheuer strahlender und unsagbar verzaubernder Glanz hat auf sie herniedergestrahlt. Und

gerade Plotin hat mit seinen komplizierten, eindringlichen, aufregenden
Schriften, in denen er versuchte, das Unaussprechliche auszusprechen,
der westlichen Welt, die von allen nur erdenklichen politischen und wirtschaftlichen Umwälzungen gequält wurde, dieses Wunder geschenkt, das
alle ihre Nöte belanglos machte. Die sittlichen und gesellschaftlichen Konsequenzen seiner Lehre haben jedoch bisweilen Widerstand hervorgerufen. Mark Aurel fiel es nicht leicht, törichte Menschen zu ertragen. Trotzdem ergab sich für ihn als Folgerung aus dem Gedanken der Brüderschaft
der Menschen, die alle Anteil an dem göttlichen Funken haben, die absolute, über allem stehende Verpflichtung, seinen Mitmenschen zu dienen
(S. 168). Er hätte Plotin darin zugestimmt, daß die Selbstdisziplin, die er
lehrte, nichts für die Menge ist. Aber Plotin ist darüber hinaus der Überzeugung, daß mystische Vereinigung ganz offensichtlich für die Allgemeinheit
nicht möglich ist. Dieses Zeitalter glaubte an die Gnosis, an Erkenntnis
durch Offenbarung, die kleinen Gruppen von Eingeweihten und ihnen
allein zuteil wurde (S. 240). Plotin erhob zwar nicht wie die Gnostiker die
schlechte Materie zu einer positiven und oft ebenbürtigen Macht, aber
er war wie sie der Ansicht, daß nur eine Elite die Höhen erreichen könnte.

«Das ist es, was das in diesen Mysterien gegebene Gebot verkünden
will: ‹Offenbare nichts den Uneingeweihten›.» Weil das Göttliche nicht
enthüllt werden darf, verbietet es uns, es irgend jemand zu offenbaren,
der nicht selbst das Glück gehabt hat, es zu sehen.[72] Und ganz folgerichtig
schrieb Plotin – mit einer antidemokratischen Färbung, die modernen
Parlamentswahlen fremd ist – von der «gemeinen Masse, bloßen Instru-
menten, dazu bestimmt, den Grundbedürfnissen edler Menschen zu dienen». Sehr wahrscheinlich, fügt er hinzu, seien ihre Führer Schurken,
aber das sei die Schuld der Beherrschten, wenn sie keinen Mut besäßen.[73]
Die leidende Menschheit wird somit recht gefühllos behandelt, denn derartiges Unglück sei, bis die Seele sich zu einer höheren Ebene erhebe,
ein unvermeidlicher Teil des Bösen in der Welt (S. 178 f.)[74], ein notwendi-
ges Element in der großen Weltordnung. Und doch zeigte Plotin, laut
Porphyrios in Rat und Tat häufig großes Entgegenkommen; er war ein
Mann, der tatkräftig für die Kinder seiner Freunde sorgte, und sein weiser
Rat bewahrte Porphyrios selbst vor dem Selbstmord. Doch vertrat er die
Ansicht, niemand habe ein Anrecht darauf, Hilfe von guten Menschen
zu erwarten – ebensowenig wie von Gott selbst.[75]

Aber Leiden ist ohnehin etwas, was das wahre Glück nicht beeinträchtigt. Denn der gesamte Bereich des Handelns ist lediglich ein schattenhaf-
tes und minderwertiges Gegenstück zur Kontemplation, den geistig

Schwachen angemessen.[76] Staatsmänner und Künstler sind nichts weiter als verhinderte Philosophen, die ihren Traum projizieren, weil sie ihn nicht leben können. Plotin versuchte von Gallienus die Erlaubnis zur Gründung einer Gemeinde in Kampanien zu erlangen, in der die Menschen nach den platonischen Gesetzen leben sollten: Sein Ideal war «ein Leben, das es nicht nach dem Irdischen gelüstet, Flucht des Einsamen zum Einsamen».[77] Auch Mark Aurel hätte gern ein solches Leben geführt, aber er glaubte, daß ihn die Pflicht an eine andere Stelle rufe. Auch hätte er Plotin in dem Schluß nicht zustimmen können, Katastrophen des Staates seien nichts als Theaterspiel und Komödie.[78] «Der Weise wird dem Verlust seiner Stellung oder selbst dem Untergang seines Vaterlandes keinerlei Bedeutung zumessen»;[79] anders als Platon zeigte Plotin auch kein Interesse für das vordringliche Problem der Reichsverteidigung. Er riet seinen Freunden sogar, sich von öffentlichen Ämtern zurückzuziehen.[80] Mehr noch: um die ganze paradoxe Strenge seiner Auffassung darzutun, behauptete er, man müsse sogar persönliche Trauerfälle willig und gern hinnehmen.

All dieses sind lediglich Begleiterscheinungen der einen Notwendigkeit, sich auf das Wichtige zu konzentrieren. Wie ein Bildhauer muß man alles Unwesentliche wegschlagen.[81] Doch bedeutet diese Isolierung von der Gesellschaft keine Abschwächung der moralischen Bemühungen, denn die Selbstdisziplin, die Plotin für seinen Weg zur Vereinigung mit dem Göttlichen verlangte, erforderte sowohl größte moralische als auch intellektuelle Anstrengung. Tugendhaftigkeit ist ebenso notwendig wie Wissen, ehe das Eine sich offenbart. Teilhard de Chardin hat sich, ebenso wie viele frühere christliche Mystiker und Zen-Buddhisten, nachdrücklich dafür ausgesprochen, sich dem Irdischen ganz zuzuwenden und hinzugeben, und gab zu, daß das entgegengesetzte Ideal der Weltflucht, wie es H. F. Amiel ausgedrückt hat, «ein lebloses Vergnügen ist, in jeder Hinsicht den Freuden der Arbeit oder dem geheiligten Geschmack erfüllter Pflicht unterlegen». Für Plotin jedoch hat Maria das bessere Teil erwählt als Martha. Mit Pascal hätte er noch hinzufügen können, daß das Böse in der Welt stark abnehmen würde, wenn die Menschen nur lernen könnten, ruhig in ihren Zimmern zu sitzen. Offenbar waren auch Ordnung und Breite der Plotinschen Lehre und seine Vorstellung von der harmonischen Sympathie des Universums keine schlechte Grundlage für die Tugenden, die er selbst zweifellos praktizierte. Außerdem erforderte sein Streben nach mystischer Vereinigung dauernde Selbstverleugnung, um Torheit und Unwissenheit, die die Erkenntnis einengen, auszutreiben. Alles Nied-

rige, Gleichförmige und Triviale lag seiner staunenden Aufgeschlossenheit
für neue Wege und Möglichkeiten des Lebens völlig fern.

Denn Plotins Welt war kein Elfenbeinturm, sondern Wirklichkeit in
höchster Steigerung, auf dieses erhabene Niveau emporgehoben, stärkste
Konzentrierung auf das, was für ihn den höchsten Grad von Realität besaß.
Plotin ist kein schwacher, kranker Weltflüchtiger: So wie er nach Vereinigung mit dem Einen zu streben, bedeutet, das Leben mit einem Realismus
voller Mut und Hingabe anzupacken. Plotins mystische Erfahrung gründete sich auf eine intellektuelle Gedankenkonstruktion, die auf die hellenische Vergangenheit zurückging. Platons beredte Versuche, das Unbe-
schreibliche in Worte zu fassen, machte auf die Christen Eindruck als
Bestreben, «Gott von Angesicht zu Angesicht zu sehen»,[82] und die Idee,
daß Gott unbegreifbar und nur in seltenen Momenten der Intuition wahr-
nehmbar ist, hat im Platonismus Vorläufer.[83]

Aber inwieweit solche Erfahrungen schon vor Plotin bewußt gemacht
oder behauptet wurden, ist unsicher. Im vierzehnten Jahrhundert v. Chr.
sagte der Ägypter Echnaton, er habe in einer persönlichen Offenbarung
Aton umarmt, offensichtlich mehrmals. Bei dem hebräischen Propheten
Ezechiel (um 580 v. Chr.) zeigen sich Spuren von Halluzinationen, vielleicht infolge von Epilepsie oder andauernden starken Hitzeeinwirkungen.
Derartige prophetische Visionen bildeten die Basis einer mystischen Rab-
binerschule im ersten und zweiten Jahrhundert n. Chr.[84] Der hellenisierte
Jude Philon (45 n. Chr.) schrieb: «Seid mit göttlicher Verzückung erfüllt
wie Besessene und Korybanten, wie auch die Propheten erleuchtet sind.»
«Bisweilen ward ich erfüllt und Ideen strömten unsichtbar auf mich herab
… ich genoß das Licht, eine höchst offenbare Kraft.» In seiner Schrift
vom kontemplativen Leben scheint Philon Plotin vorwegzunehmen in seinem Glauben an die Fähigkeit des Menschen, über sich hinauszugehen.
Aber er gebraucht das Wort ‹Ekstase› nicht so sehr im Sinne einer mystischen Vereinigung, sondern im Sinne des von alters her bekannten Phäno-
mens der Bewußtseinsspaltung und der Trance eines Mediums, wobei
das Übernatürliche in den Körper des Menschen einzugehen scheint (nicht
umgekehrt); während das normale Bewußtsein entweder unverändert
bleibt oder vorübergehend verdrängt wird.

Berichte vom Leben Jesu enthalten nichts, was mystisch interpretierbar
wäre, lediglich Paulus behauptete, der Heiland sei ihm «erschienen».[85]
Aber auch dies scheint mehr eine mediale, abwärtsgerichtete Heimsuchung
als eine nach innen und vom Menschen zu Gott emporstrebende Einswer-
dung gewesen zu sein, und auch Paulus' Bekehrung auf dem Weg nach

Damaskus hat nichts Mystisches an sich. Aber Paulus war dem Leib entrückt, er glaubte, in den dritten Himmel entrückt zu sein, und hörte die
unaussprechlichen Worte:[86] «Ich lebe, aber nicht ich lebe, sondern Christus lebt in mir!» Dies könnte man als auf Christus bezogenes Äquivalent
der unpersönlichen und nicht spezifisch religiösen Erfahrung Plotins ansehen.

Jedenfalls gab es nun vom ersten Jahrhundert n. Chr. an sehr viele
Zeugnisse dafür, daß derartige Erfahrungen möglich waren. Und die Suche
nach mystischer Vereinigung, wie sie Auserwählten zuteil wird, trat an
die Stelle der altgewordenen und rückläufigen Bekenntnisse der griechisch-römischen und hebräischen Welt. «Durch Seine wunderbaren
Mysterien haben meine Augen das ewige Wesen erblickt – ein Wissen
der Erlösung, das dem Kenntnisreichen (im üblichen Sinne) verborgen
bleibt, ein Einblick der Weisheit, der den Menschensöhnen verborgen
ist; Ursprung der Rechtschaffenheit, Sammelpunkt der Kraft und Stätte
des Ruhms ... Das hat Gott von allen Sterblichen denen als ewigen Besitz
gegeben, die er auserwählt hat.»[87]

Auch die Mysterienreligionen bildeten einen fruchtbaren Boden für
ähnliche Erfahrungen: Aus Sarkophagen mit dionysischen Szenen spricht
die überwältigende Freude, das Gefühl, mit dem Gott eins zu sein, das
den Gläubigen als des Lebens kostbarstes Versprechen für das Jenseits
erschien (S. 227). In dem apokryphen ‹Eva-Evangelium› – eine aus einer
Reihe anonymer Schriften, die offensichtlich auf jüdischen Quellen basieren und die Lebensgeschichte Adams und Evas behandeln – spricht eine
Donnerstimme: «Ich bin du und du bist ich», eine Formel, die sich bei
christlichen, mohammedanischen und indischen Mystikern gleichermaßen häufig findet. In diesem Evangelium heißt es weiter: «Wo du bist,
da bin auch ich. Ich bin in allen Dingen zugegen: Wo immer du willst,
sammelst du mich, und indem du mich sammelst, sammelst du dich
selbst.»[88] Das ist die Beschreibung einer mystischen Philosophie oder
sogar Erfahrung. Das gleiche gilt für die Erklärung eines anderen Schrift-
stellers, er sei an der «Stätte der Ruhe gewesen. Wenn der Ruf an einen
ergeht, pflegt man sich dem Rufer zuzuwenden und zu ihm emporzustei-
gen.» Und ein anderer ruft aus: «Laßt uns frohlocken, laßt uns frohlocken
– wir haben erblickt, wir haben erblickt! Wir haben das erblickt, was
wirklich am Anfang war.»[89] In ähnlicher Weise singt die Hymne ‹Gewand
der Glorie› (? etwa 180 n. Chr.) oder ‹Gewand der Seele› in der apokryphen ‹Thomasgeschichte› (? etwa 180 n. Chr.) von der Heimkehr der Seele
in das himmlische Reich, wo sie ihre ursprüngliche Reinheit wiedererlangt.

Und kaum hatte ich die Herrlichkeit erblickt,
erschien sie mir wie mein eigenes Wesen.
Ich sah sie ganz in allen meinen Teilen
und sah mich ganz in allen ihren Teilen;
so waren wir zwei und verschieden
und waren doch eins und gleich ...
Und jetzt, in königlichem Schweben,
glitt mir das Glorienkleid entgegen,
fortstrebend aus der Hand des Spenders,
damit ich es nehmen und empfangen sollte.
Und auch mich drängte die Liebe voran,
ihm entgegenzulaufen, es zu erlangen.
Es zu empfangen, streckte ich mich ihm entgegen
und mit seiner Farben Pracht kleidete ich mich.[90]

Im ‹Hermetischen Corpus› (S. 242f.) lesen wir: «Die Vision vom Guten strahlt stark oder schwach – je nachdem derjenige, der sie erblickt, imstande ist, die Einstrahlung des unkörperlichen Glanzes zu empfangen. Die Schönheit des Guten taucht seinen Geist in Licht und nimmt seine ganze Seele zu sich empor und entzieht sie dem Körper und verwandelt sie völlig in das göttliche Sein ... Wenn du dich selbst nicht Gott gleich machst, kannst du ihn nicht erfassen; denn Gleiches wird nur vom Gleichen erfaßt. Verlasse alle Körperlichkeit und entfalte dich zu unmeßbarer Größe. Streife alles Zeitliche ab und werde Ewigkeit; so wirst du Gott erfassen. Nimm in dir selbst alle geschaffenen Dinge wahr, Feuer und Wasser, Trockenes und Feuchtes, sei überall gleichzeitig, auf dem Meer und dem Land und im Himmel. Sei zugleich ungeboren und im Mutterleib, jung und alt, tot und jenseits des Todes; und wenn du dies alles zusammen in deinem Denken fassen kannst, Zeit und Ort und Substanzen, Eigenschaften und Mengen – dann kannst du Gott erfassen.»[91]

Gedanken dieser Art flossen im ausgehenden zweiten Jahrhundert n.Chr. in den Anschauungen der Mittleren Platoniker zusammen, die einen personalen Kontakt mit der Gottheit suchten (S. 173). Besonderen Einfluß auf Plotin übte jedoch Numenius aus dem syrischen Apamea (etwa 150–200 n.Chr.) aus. Er nannte sich selbst zwar Mitglied der Sekte der Pythagoräer, aber da die verschiedenen Schulen nicht klar voneinander abgegrenzt waren, führte er auch zahlreiche Gedanken des Mittleren Platonismus ein. Für Numenius lebte das höchste Wesen wirklich in weiter

Ferne. Dennoch war es möglich, wenn auch nur sehr selten und nur für
sehr kurze Zeit, seine Gegenwart intuitiv zu erfahren und zwar durch
eine plötzliche Erleuchtung wie in einer Lichtflut; und Plotin zeigt häufig
Anklänge an den eindrucksvollen Bericht des Numenius von diesem Vorgang.

«Man muß sich weit zurückziehen aus der Welt der Sinne und eintreten
in die einsame Zwiesprache mit dem Guten, wo es kein menschliches
Wesen mehr gibt oder irgend eine Kreatur, keinen Körper, groß oder
klein, sondern nur eine Art göttlicher Verlassenheit, über die man in
Wahrheit nicht sprechen oder schreiben kann; dort ist der Aufenthaltsort
und die Heimat und der strahlende Glanz des Guten, dort ruht es in
Frieden und Güte als das herrschende Prinzip, das heiter über den Strömen
des Seins schwebt.»[92]

Vielleicht hat Numenius selbst mystische Ekstase erlebt, die Plotin später noch umfassender und vielseitiger analysiert hat. Bis ins einzelne gehende Analogien gibt es zwischen Plotin und der hinduistischen Mystik.
Die Verfasser der Upanischaden im achten Jahrhundert v. Chr. und später,
die nach einer letzten Wirklichkeit suchten, die befriedigender wäre als
die wedischen Götter früherer Zeiten, hatten den Anspruch erhoben,
durch unmittelbare intuitive Einsicht das höchste und universale Prinzip
zu kennen. Und Kennen hieß Werden: «Du bist dies.» Gott ist der Schöpfer
und Erhalter der Welt, aber das Reich Gottes ist auch in uns, hinter jeder
Erscheinung, inkommensurabel, aber dem Menschen zugänglich, der so
sein eigentliches, nicht nur sein oberflächliches Wesen realisieren kann.
«Wenn er sein eigenes Selbst als das göttliche Selbst erkannt hat, wird
er selbstlos …[93] Wenn jedes Ding das Eine Selbst ist, wer kann dann
etwas anderes sehen, wie kann er etwas anderes sehen?» – Oder riechen,
hören, sagen, denken, wissen?[94] Das Brahman ist die Gottheit, «all dieses
ist das Brahman». Das Brahman im Menschen ist das Atman, und der
Sinn des Lebens besteht nach der hinduistischen Philosophie (seit dem
Weda) darin, die Grenzen des Besonderen zu überwinden und das Atman
in sich zu verwirklichen. Der Erlebende ist gleichzeitig das Erlebte, und
Samadhi ist, jenseits der Zustände des Wachens, des Träumens und des
traumlosen Schlafes, eine vierte Art von Bewußtsein.

Die Selbstdisziplin, wie Plotin sie übte, ähnelt den psychologischen
Übungen, die von den Hindus und der wedischen Bewegung, die diese
mystische Entwicklung fortsetzte, als eigentlicher Mittelpunkt und Kern
des geistigen Lebens vorgeschrieben wurden. Die hinduistische Mystik,
hierin dem Ur-Buddhismus ähnlich, der seinem tiefsten Wesen nach my-

stisch war,[95] setzt ein, wenn überhaupt kein Gottesbegriff vorhanden oder wenn seine Existenz gleichgültig ist. Das dritte und vierte Jahrhundert n. Chr. war das klassische Zeitalter hinduistischer Kunst und Literatur, und es erhebt sich die Frage, ob die Ähnlichkeit der Gedanken Plotins mit dieser Art des Denkens auf direkten Kontakt zurückgeht. Sein Lehrer Ammonios Sakkas soll sein Interesse für indische und persische Philosophie geweckt haben (S. 171). Und erst kurz zuvor hatte ein Schriftsteller wie Philostrat – ganz ähnlich wie zeitgenössische Romanautoren – die Bedeutung der indischen Gelehrsamkeit betont (S. 221 f.) und den heiligmäßigen Helden Apollonius von Tyana die Bekanntschaft hinduistischer Weiser machen lassen.[96] Auch war es noch nicht so lange her, daß die ‹Bhagavadgita› – der indische Gesang von Gott, der gleichermaßen der Mystik des Handels und der des Glaubens Ausdruck verleiht, seine endgültige Form erhalten hatte.

In der Tat waren derartige Ideen seit der Zeit Alexanders des Großen und auch schon vorher langsam in den Westen eingesickert. Ihr direkter Einfluß auf Plotin scheint nur gering gewesen zu sein – lassen sich doch so viele seiner Gedanken aus griechischen Traditionen erklären, die freilich ihrerseits wieder von östlichem Gedankengut durchdrungen waren. Dennoch hat er in der Art seines Denkens mehr mit den Hindus gemeinsam als mit späteren westlichen Entwicklungen. Wie Plotin hatten die Upanischaden immer wieder die Identität des höchsten Selbst mit dem Selbst der einzelnen Menschen betont. Darüber hinaus ähnelt die Plotinische Mystik dem indischen Denken auch stark darin, daß sie natürlich, nicht übernatürlich ist und daß die Einheit, die sie anstrebt, nicht ein persönlicher Gott, sondern undifferenziert ist.

Plotins ‹Enneaden› stellen trotz der Schwierigkeiten, die sie so schwer zugänglich machen, die reichste und umfassendste Synthese in der gesamten Geschichte der Philosophie dar, und Plotin selbst war der bedeutendste Denker des gesamten Zeitraums von Aristoteles bis Descartes.

Dem Einfluß Plotins und anderer Philosophen auf öffentliche Meinung und Geschmack verdankten in der zweiten Hälfte des dritten Jahrhunderts n. Chr. sogar zwei Kunstformen ihre Existenz: die Philosophen-Porträtbüste – ein klassisches Ideal, mit einer neuen Betonung der Geistigkeit – und der Philosophen-Sarkophag, auf dessen Reliefs das Leben nach dem Tode mehr in Symbolen philosophischer Entdeckung als religiöser Erlösung dargestellt ist. Nach Plotins Tod bediente sich sein Schüler Porphyrios, der mehr zur Theologie neigte, seiner Worte in der Überzeugung, daß sie mit der richtigen Interpretation ein vollständiges System ergeben würden. Vor allem durch Hierokles wurde der Neuplatonismus in eine umfassende militante Religion mit eigenen Heiligen und Wundertätern umgewandelt; später kam durch Iamblichos von Chalkis in Syrien († 330) ungeachtet der Tatsache, daß er Mathematik als Naturwissenschaft verstand,[97] in den Neuplatonismus ein gewisser abstruser, phantastischer Okkultismus hinein, der auf der ‹höheren›, Theurgie genannten Zauberei basierte und von fanatisierten Volksmassen unterstützt wurde.

Anfangs hatten Plotins Lehren im Osten weniger Anklang gefunden als im Westen, wo sie ins Lateinische übersetzt wurden; später jedoch waren die Zentren der neuplatonischen Sekte Syrien, Alexandria und Athen. Kaiser Julian der Abtrünnige († 364) übernahm den Kult als Attribut seines sentimentalen Philhellenismus. Seinen stärksten Rückhalt besaß der Neuplatonismus bei der konservativen Aristokratie. Aber auch in weiteren Kreisen war er beliebt, denn während er auf der einen Seite den Gebildeten erlaubte, sich weit über die alten Götter zu erheben, behielt er deren Verehrung doch andererseits für das einfache Volk bei. Der Neuplatonismus war recht aufnahmefähig und umfassend, er rechtfertigte alle heidnischen Religionen, er machte alle Bedürfnisse ausfindig und befriedigte sie – mit Ausnahme von Forschungsdrang und wissenschaftlicher Beobachtung.

In der folgenden Generation jedoch kam es zu ernsten Schwierigkeiten zwischen Neuplatonikern und Christen. Obwohl Plotin die Erlösung durch die Philosophie bejahte, schien er doch unausgesprochen an dem christlichen Erlöser Kritik zu üben, der auf die Erde gekommen war, um die Menschen zu befreien und der gekreuzigt wurde. Ein wahrer Mensch war für ihn nicht imstande zu leiden; und auch die Sünde hatte in seiner Lehre etwas Unwirkliches, Nebensächliches an sich. So wurde die Auseinandersetzung mit dem Christentum allmählich immer schärfer. Porphyrios griff es aufs heftigste an, und Hierokles, Diokletians Statthalter in Bithynien und Ägypten, spielte bei den Christenverfolgungen eine aktive Rolle. Die Neuplatoniker waren nun zu den entschiedensten Feinden der christlichen Religion geworden; und trotzdem konnten sie sich letzten Endes mit den christlichen Ansprüchen nicht messen, weil ihre Lehren viel zu kompliziert waren und weil sie keinen Gegenspieler zu der packenden historischen Persönlichkeit Jesu aufzuweisen hatten. Obwohl Plotins Nachfolger der Lehre einen stärkeren Gefühlsgehalt gaben, blieb ihre Antwort auf die Grundfragen der menschlichen Existenz letzten Endes doch zu intellektuell.

Und doch hat trotz dieser Kluft zwischen Neuplatonikern und Christen

Plotin paradoxerweise einen profunderen Beitrag zur christlichen Philosophie und Theologie geleistet als selbst Platon: Er hat das christliche Denken stärker beeinflußt als jeder andere heidnische Schriftsteller, nicht zuletzt deshalb, weil Augustinus ihn als Brücke vom Manichäismus (der ihn zeitweise zu einer dualistischen Betrachtung von Gut und Böse veranlaßt hatte, (S. 247) zum Christentum benutzte.[98] Er fühlte sich vom Dualismus befreit durch Plotins unbeschwertere und offensichtlich vernünftige Ansicht, das Böse sei lediglich die Abwesenheit des Göttlichen – so daß es also nur *eine* wahre Wirklichkeit gibt, die ganz und gar geistig ist.[99] Augustinus übernahm von Plotin zahlreiche Vorstellungen von der Seele und der göttlichen Vorsehung,[100] und verstand seine Emanationen durch einen Willensakt als Äquivalent der christlichen Schöpfung; und die Dreiheit: Eins, Geist und Seele schienen die heidnische Vorausahnung der Dreieinigkeit zu sein.

Augustinus gewann durch die ‹Enneaden› auch zumindest einen Schimmer mystischer Erfahrung.[101] Dies spielt im Christentum zwar nur eine untergeordnete Rolle, fest steht jedoch, daß mit Ausnahme der biblischen Gestalten kein Mensch die christlichen Mystiker so stark inspiriert hat wie Plotin.

Hauptvermittler und Ausgangspunkt späterer Entwicklungen war Pseudo-Dionysius Areopagita im fünften Jahrhundert n. Chr.[102] Seine kühne Verschmelzung von Christentum und Neuplatonismus ist mehr philosophisch und weniger auf Christus ausgerichtet als das spätere mystische Denken; er befürwortete die völlige Aufhebung der Individualität und führt Plotins *via negativa* zur äußersten Konsequenz, wonach das höchste Wesen weder mit Worten noch mit Eigenschaften bezeichnet werden kann (S. 173). Der Einfluß des Dionysius auf den Katholizismus war ungeheuer groß, und seine Vision vom göttlichen Licht als dem Ziel der Sehnsucht inspirierte auch spätere Mystiker der orthodoxen Kirche.

In den Westen gelangte der Neuplatonismus durch Augustinus, Dionysius und durch syrische Christen, die Aristoteles und andere Werke aus dem Syrischen und Griechischen ins Arabische übersetzten (750–900).[103] Vom zwölften Jahrhundert an gewannen Plotins Ideen durch mittellateinische Übersetzungen dieser arabischen Autoren und späterer Neuplatoniker im Westen an Einfluß.[104] Daraufhin entwickelte sich der westliche Mystizismus, zum Teil als Herausforderung an das offizielle religiöse Establishment und als Aufruf zur Erlösung außerhalb der Kirche.

Im dreizehnten Jahrhundert gab es starke plotinische Strömungen. Thomas von Aquin († 1274) glaubte, daß der immaterielle neuplatonische Geist und Gedanke realer sei als die physische materielle Welt; und am Ende seines Lebens wurde auch ihm eine mystische Erfahrung zuteil, mit der verglichen alles andere «nichts Besseres war als Spreu und Stroh».

Meister Eckehart († 1327), dessen negative Beschreibung des Einen auf Dionysius und Plotin zurückzuführen ist,[105] vereinigt mit dem für christliches, mystisches Empfinden typischen Gott-oder-Christus-Mystizismus eine allgemeinere neuplatonische Haltung: «Was der Mensch durch die Kontemplation in sich aufnimmt, das läßt er in der Liebe wieder aus sich herausströmen.» Dante hat häufig Anklänge an Plotin, und sein letzter Gesang ist eine endgültige Schilderung mystischen Erfassens – und vielleicht eigener mystischer Erfahrung. Der bedeutendste unter den Neuplatonikern des Mittelalters war Jan van Ruysbroeck († 1381), der die introspektive Vereinigung in Plotinschen Begriffen als Liebe beschreibt, die strahlendes Licht ist und gleichzeitig das reine ‹dunkle Schweigen›, in dem alle Liebenden sich selbst verlieren. «Hier», erklärte Maeterlinck, «jenseits des geistigen Polarkreises, herrscht die Mitternachtssonne über die rollende See, wo die Psychologie des Menschen mit der Psychologie Gottes zusammenfließt.»

Auch während der Renaissance blieb Plotin lebendig und half den Menschen, den Geist zu den ewigen Dingen zu erheben. Marsilio Ficinos Übersetzung der ‹Enneaden› ins Lateinische (1492) beeinflußte nicht nur seine Landsleute, sondern auch Edmund Spensers platonische Hymnen. Durch Ficino wirkt Plotin noch nach in den Worten Henry Vaughans († 1695).[106]

Um die gleiche Zeit führten die Philosophen der Cambridger Schule Plotinsches Gedankengut in den Calvinismus ein; die katholische Kirche jedoch distanzierte sich in den zwei Jahrhunderten von 1700 bis 1900 fast völlig von mystischen Bestrebungen, aus Furcht vor deren undifferenziertem Gottesbild. In der Mitte dieses Zeitraums (1798) entdeckte Novalis Plotin für sich und bewunderte seine Anschauung, wonach das Materielle keine eigene unabhängige Wirklichkeit besitze, und William Blake, der Kirchen haßte, aber ein dogmatisches Christentum vertrat, bekundete in seinen Schriften und visionären Landschaften nachdrücklich die Ansicht: «Wenn die Tore der Wahrnehmung gesäubert würden, würde dem Menschen alles so erscheinen, wie es ist, nämlich als unendlich.» Aber von solchen seltenen Ausnahmen abgesehen, fließen die Quellen der Mystik schon seit Jahrhunderten immer schwächer; das Zeitalter der

Vernunft verstärkte noch die kirchlichen Bestrebungen, das Abendland
von diesen Erfahrungsbereichen fernzuhalten. Und dennoch

> Hin und wieder tönt eine Trompete
> von den verborgenen Zinnen der Ewigkeit.
> Die erschütterten Nebel öffnen sich ein Stück, dann
> spülen sie von neuem langsam
> um die nur halb erblickten Türme.[107]

Vor mehr als achthundert Jahren bezeichnete ein Araber die Mystiker
als Erhalter der Welt, als tiefste Quelle unseres geistigen Wissens – und
als das Salz, das die menschliche Gesellschaft vor dem Verfall bewahrt;
und heute, da die Macht der Vernunft aufs neue unzugänglich scheint,
sind Stimmen laut geworden, die behaupten, daß innerhalb wie außerhalb
der christlichen Welt das Bedürfnis nach dieser höheren Wirklichkeit immer dann besonders stark wird, wenn die Beherrschung der Natur und
die Reglementierung des Lebens ihren Höhepunkt erreicht haben. Ein
indischer Denker sieht in den Mystikern die größte Zukunftshoffnung,
im Begriff, eine neue Epoche einzuleiten, in der diese höhere Form des
Bewußtseins, das im Osten von Hindus und Buddhisten, im Westen von
Plotin entwickelt wurde, zu einer Gabe werden wird, die die Menschheit
in weit reicherem Maße nutzen wird.

Achtes Kapitel

Die Blütezeit des Heidentums

Die heimischen Götter

Während dieser gesamten Periode verloren die meisten offiziellen heidnischen Kultstätten immer mehr an Bedeutung. Schon Plinius der Jüngere hatte bei seiner Ankunft im nördlichen Kleinasien zu Beginn des zweiten Jahrhunderts bemerkt, daß die Tempel immer menschenleerer und immer stärker vernachlässigt wurden,[1] und der Rückzug des Heidentums hielt weiter an. Während des dritten Jahrhunderts wurden die Heiligtümer in Nordafrika aufgegeben und auch in Rom verloren die Kulte an Bedeutung. Das Volk sah in den alljährlich stattfindenden kultischen Zeremonien Gelegenheit zu ausgelassener Lustbarkeit[2] und sogar an der staatlichen Münzprägung zeigt sich deutlich, daß den meisten Göttern und Göttinnen weniger Beachtung geschenkt wurde als früher. Aus einer Inschrift geht hervor, daß die für eine religiöse Stiftung bestimmten Geldmittel im Jahre 241 n. Chr. nur noch ein Viertel der Summen früherer Jahre betrugen.[3]

Dieses Nachlassen religiösen Eifers war eine der Folgen von Krieg und Katastrophen. «Es war der Anblick ihres unverdienten Elends», wie Julian der Abtrünnige später bemerkte, «der die Menschen dazu brachte, die Götter zu verachten.»[4] Eine weitere Ursache für das schwindende Interesse an der alten Religion war die Zunahme monotheistischer Strömungen. Während dieser ganzen Periode wurden die olympischen Götter allmählich immer stärker als Teile oder Aspekte oder symbolische Vertreter einer einzigen, jenseits der menschlichen Erkenntnis stehenden Gottheit angesehen (S. 211).[5] Einen Schritt in dieser Richtung unternahm die Münzprägung des Commodus, in der Jupiter als ‹Exsuperator› oder ‹Exsuperantissimus› bezeichnet wird, als Hauptgottheit, aber noch als etwas mehr als das.[6] Eine solche Einstellung machte es fortschrittlichen Denkern der Zeit möglich, die olympischen Götter auch weiterhin zu akzeptieren, aber sie schwächte auch ihre Macht, die sie als autonome, individuelle Wesenheiten auf das Gemüt des römischen Volkes ausübten.

Jedoch gab es bei diesem Niedergang der alten Gottheiten zwei wesentliche Ausnahmen: Einmal waren die Mysterien-Kulte, die individuelle Erlösung verhießen, noch immer machtvoll (S. 226 ff.). Die zweite Ausnahme, die in der Münzprägung stärkeren Ausdruck fand, waren diejenigen Gottheiten, die den Staat schützten. Während die Götter des olympischen Pantheons zum größten Teil immer mehr in den Hintergrund traten, konzentrierte sich die nationale Propaganda auf solche, die die altehrwürdige Funktion ausübten, den regierenden Kaiser und das römische Volk zu beschützen. Während inmitten von Krisen und Not Plotin empfahl, sich in die Kontemplation zu vertiefen, rief mancher Kaiser diese Götter und Göttinnen in einem emotionalen Appell nationaler Sammlung an. Denn sie waren, das spürten die Menschen noch immer, die göttlichen Garanten des militärischen Erfolgs, auf dem die Sicherheit des Reiches beruhte; es herrschte noch immer eine starke instinktmäßige Überzeugung, daß die Macht Roms von gebührenden Kult-Akten für die traditionellen Gottheiten abhänge. Für römische Bürger und Untertanen, vor allem aber für die Soldaten verband sich die Unterstützung der herrschenden Gewalten mit der Anerkennung der Götter Roms. Deshalb empfiehlt Cassius Dio, obgleich er selber Grieche war, in der Rede, die er Maecenas, dem Ratgeber des Augustus, zuschreibt, der Kaiser solle die Verehrung der römischen Gottheiten obligatorisch machen, «gemäß den Sitten unserer Väter».[7] Denn wie viele andere in Regierungskreisen glaubte dieser Geschichtsschreiber, daß die Teilnahme an fremden Kulten eine unerwünschte unrömische Lebensführung beinhalten würde. Christen galten als Atheisten, weil sie nicht die Götter verehrten, die das Reich beschützten. Und umgekehrt waren die schlimmsten und gefährlichsten Feinde des Christentums, in den Augen seines Vorkämpfers Tertullian, nicht die Mysterienreligionen, sondern immer noch die nationalen Götter Roms.

Zweifellos, der römischste und patriotischste aller Kulte war die Verehrung der Roma selbst. Als die Stadt anfing, ihre politische und wirtschaftliche Bedeutung zu verlieren (S. 118), blieb doch die gefühlsbetonte Strahlkraft ihres Namens so groß wie eh und je; das sehr anspruchsvolle Schlagwort ‹Roma Aeterna› bewahrte und verstärkte diese Kraft. Kaiserliche Münzen illustrieren dieses Thema auf mannigfache Weise. Sie identifizieren das Schicksal der Stadt mit dem des regierenden Kaisers, wie es schon lange Zeit zuvor von Tiberius geheißen hatte, er sei «für die Ewigkeit des römischen Namens geboren».[8] Darüberhinaus wurde der Feier des Geburtstages der Stadt zusätzlicher Glanz dadurch verliehen, daß man sie in Verbindung brachte mit Hadrians großartigem Tempel, der

sowohl der Roma als auch der göttlichen Gründerin Venus geweiht war
(S. 201).[9]

Einer der alljährlichen Feiertage des Heeres, die in dem Militärkalender
von Dura Europos aufgezeichnet sind, wurde zu Ehren der Göttin Roma
begangen; und Aurelians Neugründung ihres Tempels hing zusammen
mit der Macht dieses Heer und Hof beherrschenden Kultes in seiner
Balkan-Heimat. Diokletian, ebenfalls Sohn dieser Donau-Provinzen, verlieh dieser Rom-Idee eine noch größere und weitreichendere Publizität
als jeder andere Herrscher. Denn er und seine Mitregenten setzten diesen
Begriff, ohne jede Variante, auf Millionen der versilberten Bronzemünzen ihrer reformierten Prägung, die überall umlief. Diese unzähligen und
uniformen Prägungen, die etwa von 294 an länger als zwanzig Jahre hindurch von vielen Münzstätten ausgegeben wurden, bilden eine der größten
Emissionen von Propagandamünzen in der gesamten römischen
Geschichte. Durch sie wurde für viele Jahre jeder Haushalt im Reich immer wieder an das ewige Rom erinnert.

Aber die Parole Diokletians und seiner Mitregenten bezog sich nicht
einfach auf die Stadt Rom selbst, sondern feierte den Genius des römischen
Volkes – *Genius Populi Romani*. Dieser Genius wurde durch eine jugend-
liche männliche Gestalt verkörpert, die ein Füllhorn in der Hand hielt
und die zinnenbesetzte Mauerkrone trug, das Wahrzeichen der Fortuna
(Tyche) der Städte. Da Genien in sehr früher Zeit oft als Schlangen dargestellt worden waren, hat man sie hypothetisch als Überbleibsel aus dem
Totemismus angesehen. Das Wort Genius bedeutet ‹der (Er-)Zeuger›; in
ihm personifiziert sich jene besondere göttliche Eigenschaft, ein dem
Menschenauge entzogenes männliches Prinzip, das die Gattung befähigt,
sich Generation für Generation fortzupflanzen. So wurde unter Commodus und Septimius[10] Herkules, die personifizierte Männlichkeit, dem
Genius beigeordnet und wurde zusammen mit ihm zum Schirmherrn von
Diokletians Herrschaft. Während einer Krise im Krieg gegen Hannibal
(218 v. Chr.) hatten die vom Staat vorgeschriebenen religiösen Riten vor-
gesehen, daß dem Genius fünf Menschen geopfert wurden – eine magische
Handlung, durch die Rom ein Anwachsen seiner männlichen Bevölkerung
erreichen und den Krieg gewinnen sollte. Auch in den späteren Notzeiten,
die das Ende der Republik ankündigten, erregten die wunderbaren Vor-
zeichen, die sich beim Tempel des Genius nahe dem Forum ereigneten,
Aufsehen.

Mittlerweile war die Vorstellung entstanden, daß Götter ihre eigenen
Genien hätten – Inbegriff ihres göttlichen Waltens. Unter dem Einfluß

der Griechen, deren ‹Daimon› in etwa dem Genius entsprach, wurde diese Vorstellung auch auf den einzelnen Menschen angewandt: Jedermann hatte einen Genius, der seine schöpferische Kraft darstellte und gleichzeitig sein Beschützer war. Das bedeutete, daß die römischen Kaiser, deren öffentliche Verehrung zwar der Tradition widersprach, dennoch wenigstens in ihren Genien verehrt werden konnten, nicht unähnlich den Kulthandlungen, wie sie zu Ehren des Daimons oder *fravashi* eines Partherkönigs vollzogen wurden.[11]

Überdies hatten nicht nur Menschen und Götter ihre Genien, sondern auch Institutionen, so etwa militärische Verbände wie die illyrische Armee des Decius (S. 19). Auch Städte besaßen ihren eigenen Genius, und das hatte schon lange Zeit für Rom selbst gegolten. Denn auf dem kapitolinischen Hügel wurde, wie aus alten Kalendern hervorgeht, alljährlich ein Fest zu Ehren des ‹Genius Publicus› und zugleich der Venus, der besonderen Schutzgöttin Roms, gefeiert,[12] und ein Schild auf dem Kapitol war dem Genius der Stadt Rom geweiht.

Die Römer hatten sich ihre Gottheiten niemals mit derselben Leichtigkeit wie die Griechen in menschlicher Gestalt vorgestellt, und diese Weihung an den genius Roms enthielt zusätzlich die vorsichtigen Worte «sei er männlich oder weiblich». Doch setzte sich immer mehr die Vorstellung durch, daß der «Genius des römischen Volkes» – so hieß die sich allmählich entwickelnde Formel –, wie zu erwarten stand, männlich war. Die Aufsicht über diesen Kult lag bei der Familie der Cornelier, eines der spätrepublikanischen Mitglieder dieser Familie hatte das Haupt des Genius auf eine Münze gesetzt – damals noch mit Bart, nicht bartlos wie in späteren Jahrhunderten.[13] Neben dem Kopf befinden sich Erdball und Ruder, die anzeigen, daß dieser Genius die Macht darstellt, die Roms universale Herrschaft verbürgt. Es folgen weitere Abbildungen auf Münzen, und dann ein Relief von Septimius, das den Genius des römischen Volkes mit der Mauerkrone der Stadt-Fortuna zeigt.[14] Die gleiche Krone, bisweilen kombiniert mit der Strahlenkrone der damals aufkommenden Sonnenverehrung, trägt der Genius auf der Vorderseite einer der letzten großen in Rom ausgegebenen Bronzemünzen. Gleichzeitig war dies seit 250 Jahren eine der ganz wenigen Münzen, die deutlich einen anderen Kopf zeigen als das Porträt eines Kaisers oder eines Angehörigen des Kaiserhauses. Diese Münzen stammen möglicherweise aus einem kurzen Interregnum, das unmittelbar auf den Tod des Gallienus folgte (268).[15]

Nachdem Aurelian den Tempel der Roma wiederhergestellt hatte, machte, wie schon erwähnt, Diokletian den Genius Populi Romani zum wichtigsten Propaganda-Thema seiner Münzprägung. In dieser Zeit, da viele frühere Parolen ihre Wirkung verloren hatten, gab es hier nun eine neue, die, ebenso wie die ungeheure Gleichförmigkeit der Prägungen selbst, den römischen Charakter und die Einheit des gesamten militärischen und zivilen Gemeinwesens betonen und das Heidentum dazu aufrufen sollte, die entscheidende Schlacht gegen die Christen zu schlagen (S. 286). Bald gab es noch weitere Münzen, die auf den Genius der Herrscher selbst verwiesen – *Genio Augusti Imperatoris Caesaris.* Das waren also die Führer, die den Erfolg der römischen Welt verbürgten und den schöpferischen Geist des römischen Volkes hochhielten.

Die großen Emissionen mit ‹*Genio Populi Romani*› – modifiziert durch die stärker variierte Palette von ‹Romanità› des Maxentius, dessen Hauptpfand die Herrschaft über die Hauptstadt war – wurden seltener und im Jahre 316 n. Chr. ganz eingestellt, als das Christentum begann, neue Parolen zu bieten (S. 218). Dennoch erlosch die Anziehungskraft Roms nicht. Ein großes Gemälde, offenbar aus der Regierungszeit Konstantins, zeigt eine sitzende Gestalt der Göttin Roma von vorn.[16] Während Fortuna (Tyche) und andere Gottheiten um diese Zeit verschwanden, behielt man die Vorstellung von den Fortunae oder Geistern der Städte bei und deutete gottgegebene und gottgewollte Wesen. Selbst Konstantin erbaute, trotz seines Christentums, in Konstantinopel einen Fortuna-Tempel und stellte in diesem Heiligtum eine Statue der Fortuna von Rom auf.[17] Münzen und Medaillons der neuen Hauptstadt ehren nicht nur *Constantinopolis,* sondern auch *Urbs Roma* und *Pop(ulus) Romanus.* Denn obgleich man nun glaubte, die Ewigkeit sei die wahre Realität, war es doch die Hoheit der Hauptstadt, die diese Ewigkeit widerspiegelte. In einer Zeit der Provinzialisierung und Barbarisierung, als die Hauptstadt verlegt worden war und die Kaiser nur selten nach Italien kamen, war das wichtigste Schlagwort immer noch ‹Rom›.

Der Roma-Tempel, den Hadrian errichtet und Aurelian wieder aufgebaut hatte, war der Stadtgottheit und der Göttin Venus geweiht, die durch ihren Sohn Aeneas die göttliche Mutter des römischen Volkes war. Als die anderen olympischen Götter untergingen, hatte Venus als Mitbegründerin Roms ihren Glanz bewahrt. Die ihr erwiesene Verehrung war auch weiterhin von einer Gefühlsstärke, die beweist, daß diese Überreste des traditionellen Heidentums tiefer wurzelten als in bloß offiziellen und oberflächlichen Schichten. Welchen Platz die Göttin noch immer in den Herzen der Römer einnahm, wird in dem hervorragendsten lateinischen Gedicht deutlich, das in dieser so völlig unpoetischen Epoche entstand.

Es ist das ‹Pervigilium Veneris› oder ‹Nachtwache der Venus› (um 307 n. Chr.) genannt. In seinen 92 exquisiten, melodischen, geschmeidigen Versen mit ihrem unklassischen, schwungvollen Rhythmus und dem wiederkehrenden Refrain fließen offizieller und persönlicher Kult, Patriotismus, Natur und Romanze zusammen. Sein Thema ist das drei Nächte dauernde sizilianische Fest der Dione, die Venus ist.

Morgen kehrt der Tag, da Aether erstes Liebesbündnis schloß;
Goß der Frühlingswolken Samen zeugend übers ganze Jahr.
In den Schoß der hehren Göttin strömte er als Regen ein,
Alles Wachstum draus ernährend in dem großen Weltenbau.
Aus der obern Feuchte schuf er und geballtem Meeresschaum
Die Dione in den Wogen zwischen grünem Seegetier.
  Morgen liebe, wer geliebt hat; morgen, wer noch nie geliebt ...

Sie läßt mit dem Purpur blumiger Sprossen färben sich das Jahr,
Sie treibt mit des Westwinds lauem Hauche Knospenschwall hervor.
Sie entfaltet ihn zu Büscheln; träufelt Feuchte über sie,
Welche Nacht zurückgelassen in dem Lichterspiel des Taus.
Seine Tropfen sinken nieder, ballen sich in ihrem Fall
Und sie funkeln und erbeben tränengleich von ihrer Last.
Schau, die Purpurblüten gaben die verhüllte Scham nun preis! ...
  Morgen liebe, wer geliebt hat; morgen, wer noch nie geliebt ...

Jene singt, indes ich schweige. Wann kommt auch für mich der Lenz?
Wann darf ichs der Schwalbe gleichtun, brechen meines Schweigens Bann?
Ich verscherzte durch mein Schweigen Phoebus' und der Musen Gunst.
  Morgen liebe, wer geliebt hat; morgen, wer noch nie geliebt.[18]

Das festliche Schauspiel, so hat man gesagt, endet mit einem Schluchzen; und hinter der Leidenschaft höre man gleichsam das dröhnende Stampfen der Barbaren, die gegen Rom marschieren. Die Tage der Olympier sind fast vergangen, und es herrscht Heimweh nach der ruhmvollen Vergangenheit. Aber da man sich die Welt noch immer ohne Rom nicht vorstellen kann, muß Venus bleiben, weil sie ja, wie es in einem anderen Teil des Gedichts heißt, die Mutter aller Herrlichkeit Roms war; und Hadrian und Aurelian hatten Rom und Venus gemeinsam den prächtigen Tempel errichtet, der dem Heidentum den Weg in neue und unbekannte Epochen zu weisen suchte.

Eine weitere vaterländische Göttin, die Einfluß auf die spätere römische Welt behielt und nicht dem Niedergang der Olympier anheimfiel, war Vesta. Ihr Heiligtum auf dem Forum wird mehrfach auf Münzen und Medaillons des Septimius und anderer Kaiser nach ihm gezeigt, und der angrenzende, ihrem Dienst geweihte Hofraum enthielt zahlreiche Weihungen, die bis in das vierte Jahrhundert n. Chr. reichten. Der Feuer-Kult der Vesta (Hestia) war ein Gegenstück zu der zeitgenössischen Sonnenverehrung und den Feueraltären der Sassaniden in Persien; und ihre Vestalinnen entsprachen der damaligen Neigung zu Asketentum und mönchischer Abgeschiedenheit. Als alte, immerwährende Beschützerin Roms und seiner Herrscher wurde Vesta in diesen Zeiten der Gefährdung mehr hingebungsvolle Verehrung zuteil als je zuvor.

Ähnliche Verehrung genossen für gewisse Zeit auch die großen römischen Kaiser der Vergangenheit, die man divi nannte, im Unterschied zu den ‹dei› des Olymp.[19] Die Römer griffen auf griechische Vorstellungen zurück, wonach Vergöttlichung als Belohnung für irdische Verdienste galt, und entwickelten ähnliche Legenden über Herkules und ihren Gründer Romulus.[20] Und so wie diese Männer menschliche Wesen gewesen waren, die für ihre gewaltigen Taten nach dem Tode zu Göttern erhoben wurden, so wurden auch Augustus und einige seiner Nachfolger, sowie deren Frauen und Verwandte nach ihrem Tod durch den dankbaren Staat ehrenhalber zu Gottheiten erhoben. Man betete zwar nicht gerade zu ihnen, aber bei wichtigen Gelegenheiten rückten sie für das einfache Volk nach Einfluß und Größe wohl in die unmittelbare Nähe Jupiters.

Als der Polytheismus unmodern wurde, verloren die ‹divi› wie die Olympier ihre persönliche Identität und wurden zu einer verallgemeinerten Vorstellung, die sowohl die ruhmreiche Vergangenheit wie auch die Idee des ewigen Rom, die sich im Fortbestand des Thrones verkörperte, repräsentierte. Nach der Zeit Mark Aurels wurden keine neuen Tempel mehr für einzelne Kaiser erbaut; stattdessen erhielten sie ihren Platz in einem allgemeinen ‹Tempel der divi› (275–76). Besondere Ehrungen wurden ihnen auch in den Hauptquartieren der Armeen dargebracht, und sie spielten eine entscheidende Rolle in den für Soldaten vorgeschriebenen Kulten. Der in Dura aufgefundene Militär-Kalender des Severus Alexander enthält 41 Eintragungen, von denen nicht weniger als 21 den ‹divi› und ‹divae› gelten; und als Aurelian barbarische Abgesandte empfing, stellte er an dem Ort, wo die Unterredung stattfand, die Bildnisse der ‹divi› auf.

In fast allen Perioden der Kaiserzeit wurden Münzen ausgegeben, die die Köpfe dieser vergöttlichten Persönlichkeiten zeigten. Ein typisches

Begleitmotiv ist der Scheiterhaufen der Konsekration, ein mehrstöckiges Kenotaph, wie es noch Jahrhunderte später in asiatischen Gebieten vorkam. Gewöhnlich wurde immer nur ein ‹divus› oder eine ‹diva› gefeiert, und meistens handelte es sich dabei um Persönlichkeiten, die noch nicht lange tot waren. Einige Emissionen sind außergewöhnlich groß, zum Beispiel sind die von Antoninus für seine verstorbene und vergöttlichte Gattin Faustina die Ältere herausgegebenen Prägungen ungeheuer umfangreich, und Mark Aurels Erinnerungsmünzen für die jüngere Faustina sind kaum weniger zahlreich.

Bei einigen wenigen Anlässen jedoch ließ die Regierung – im Rückblick auf die Vergangenheit, wie so oft – Münzserien prägen, die eine ganze Anzahl solcher kaiserlichen Gottheiten gleichzeitig ehrten. Die bedeutendste dieser mehrteiligen Emissionen ist eine ‹Konsekrations›-Serie aus schlechtem Silber von der Mitte des dritten Jahrhunderts. Aufgrund stilistischer Erwägungen und nach der Zusammensetzung von Münzschatzfunden kommt nur Decius (249-51) als Initiator in Frage.[21] Als Prägestätte wurde teils Rom, teils Mediolanum (Mailand) angesprochen; lokale Bronzemünzen mit ähnlichen Typen wurden in Philippopolis (Plovdiv) in Thrakien geprägt. Dort in den Balkangebieten, aus denen Decius, der erste illyrische Kaiser stammte, war ein glühender Unsterblichkeitsglaube lebendig. Aber jene Serie der Reichsprägung hatte ein größeres Umlaufgebiet und sprach weitere Kreise der römischen Welt an. Decius kämpfte verzweifelt gegen die Germanen, nicht um der alten Olympier willen, sondern für das Fortbestehen und Überleben Roms, dessen vornehmste Vertreter diese verehrten Kaiser der Vergangenheit waren, die ihre Tüchtigkeit durch Taten bewiesen hatten. Dieses Aufgebot von vergöttlichten Herrschern auf den Münzen des Decius, das an das Zurschaustellen der Ahnenbilder bei römischen Begräbnissen erinnert, war Teil jener Krisen-Propaganda, die seine Christenverfolgung begleitete (S. 281). In einer Zeit äußerster Spannung schloß er die Reihen um das Panier der vaterländischen Tradition.

Und dennoch erwies sich die Anrufung der divi als Fehlschlag, denn abgesehen von einigen Gebieten wie Afrika, wo sie ganz besonders verehrt wurden, überdauerte dieser Kult das dritte Jahrhundert nicht, und im Zuge der Wiederbelebung des Heidentums unter Diokletian spielte er nur eine drittrangige Rolle. Trotzdem erhob Maxentius seinen eigenen, im Knabenalter verstorbenen Sohn (ca. 310) zu göttlichen Ehren, und Konstantin ehrte Divus Claudius Gothicus, einen Kaiser, der wie er selber Illyrer und Anhänger des Sonnenkults war und von dem er seine Abstammung herleitete (S. 218). Überdies wurde sogar der Christ Konstantin nach seinem Tod zum divus erhoben. Dichter konnten auch jetzt noch christliche Kaiser unsterblich nennen, aber dieser Begriff bekam jetzt eine neue theologische Bedeutung; Münzen, die zu Ehren verstorbener kaiserlicher Frauen ausgegeben wurden, zeigen, wie die Hand Gottes oder des Elias ihre Wagen zum Himmel hinauf winkt.

Ein regierender Kaiser war, im Gegensatz zu den verstorbenen und konsekrierten, zu Lebzeiten niemals offiziell zu einer Gottheit erhoben worden. Aber sein Status war mehr als der eines Menschen. Denn je weniger die Olympier das religiöse Sehnen der Menschen befriedigen konnten, um so mehr gewann der Herrscher auf ihre Kosten an Größe. Lange ehe Rom Kaiser besessen hatte, war bereits in den griechischen Monarchien, die das Erbe Alexanders des Großen angetreten hatten, der Herrscher als Gottheit angesehen worden, und in der Tat als der mächtigste von allen, weil er im Fleisch gegenwärtig war (epiphanes) und sich deshalb nützlich machen konnte. Diesen und anderen regionalen und historischen Traditionen folgend, hielt das Volk während der ganzen römischen Kaiserzeit seinen Herrscher ebenfalls für eine Art von göttlichem Wesen.

Caligula spielte auf sein gottähnliches Wesen an, wenn er sich zum Beispiel wie Merkur kleidete; und das Thema der Gleichsetzung von Dutzenden von Augusti mit diesem oder jenem Gott wurde von einer Million Schmeichler in Wort und Schrift immer wieder bearbeitet. Als die Stellung des Kaisers immer autokratischer wurde, sprach man dem regierenden Monarchen immer häufiger und deutlicher, wenn auch nicht formell, den Rang des Göttlichen zu. Dinge, die in Bezug zu ihm standen, hatten schon geraume Zeit als ‹geheiligt› gegolten. Die Münzstätte mit ihrer wichtigen Aufgabe, das Geld für den Sold des Heeres zu beschaffen, hatte schon zu Beginn des zweiten Jahrhunderts n. Chr. dieses Attribut erhalten.[22] Hundert Jahre später wird ein kaiserlicher Erlaß als ‹sacrae litterae› bezeichnet.[23] Es wurde auch immer stärker die Ewigkeit und Unvergänglichkeit der einzelnen Kaiser betont, und auch die Frontalität ihrer Relief-Darstellungen deutete die Göttlichkeit an (S. 106). Dennoch vermeidet es die staatliche Münzprägung Jahrhunderte hindurch peinlich, den lebenden Kaiser zum Gott zu erklären, obwohl jede nur erdenkliche Form von Schmeichelei gebraucht wird. Der Kaiser wurde zu seinen Lebzeiten nie ‹divus› genannt, und erst gegen Ende des dritten Jahrhunderts wurde Aurelian auf einigen wenigen und seltenen Prägungen von Serdica (Sofia) in seinem Heimatland deus genannt. Aber das war ein ganz untypischer Einfall; das Kaiserreich war keine Theokratie.

Der Huldigung des Herrschers als Gott kam am nächsten die sehr häufige Identifizierung mit einem der Götter. Ein beliebtes Vorbild war Herkules; er verkörperte viele der Hauptideen einer aufgeklärten Monarchie und war, wie man glaubte, wegen seiner Heldentaten nach dem Tod selbst in den Himmel aufgestiegen (S. 203). Trajan, von römisch-spanischer Herkunft, war den Göttern von Gades (Cádiz) ergeben, besonders dem Hercules Gaditanus, dem er als Sieger über die Barbaren und als Eroberer der Welt nacheiferte. Hadrian sah in Herkules den Wegbereiter und Vorläufer seiner eigenen Reisen, Mark Aurel den Prototyp der Selbstaufopferung und der Hingabe an die Menschlichkeit; und Commodus, der letzte in dieser Herrscher-Reihe, faßte alle diese Vorstellungen zusammen und identifizierte sich selbst öffentlich mit Herkules, dessen Löwenfell er auf seinen Münz-Porträts trägt. Sehr zur Mißbilligung des Cassius Dio liebte Commodus, wie Herkules, das Jagen von Tieren;[24] wie viele persische und parthische Monarchen und wie Alexander der Große und seine eigenen Vorgänger war Commodus der königliche Jäger. Eine Münze, die ihn beim Angriff auf einen Löwen zeigt, trägt die Inschrift ‹dem Mut des Kaisers› *(Virtuti Augusti),* denn des Herrschers Wagemut bei der Jagd symbolisiert den militärischen Sieg, und die erlegten Tiere bedeuten die Mächte des Bösen.[25] Die letzten Bronzemedaillons aus seiner Regierungszeit rühmen seine Rolle als Herkules, die auch in den Heiligtümern des Heeres hervorgehoben wurde. Die Bezeichnungen ‹Sieger› und ‹unbesiegbar› (victor, invictus), die von nun an zu offiziellen Titeln des Herrschers wurden, beinhalten wiederum einen Vergleich mit Herkules und ebenso auch mit Alexander dem Großen.

Commodus pflegte sich auch in der Tracht anderer Götter zu zeigen. Einige seiner Münzen tragen die Weihinschrift ‹dem jungen Jupiter› *(Jovi iuveni),* und um diesen Vergleich zu verdeutlichen, trägt der Gott die Züge des Kaisers. Ähnlich führt auf dem Bogen des Septimius in Lepcis Magna der Triumph den Kaiser nicht mehr auf das Kapitol zu Jupiter: Er selbst ist in einer Person siegreicher Feldherr und zugleich Jupiter. Wenn auch die Kaiser zu ihren Lebzeiten nicht offiziell vergöttlicht wurden, so konnte darüber hinaus nicht viel mehr getan werden, um ihre Erhebung in den Rang der Götter zu unterstreichen.

Dennoch bekamen in einer immer stärker religiös bestimmten Zeit solche Ansprüche allmählich einen falschen Klang. Trotz seiner zunehmenden Autokratie und Herrlichkeit war der Kaiser doch nicht dasselbe wie die fast monotheistische, transzendente göttliche Macht, an welche die Menschen dieser Epoche glaubten (S. 197); während die Lobhudelei für die regierenden Augusti ständig zunahm, setzte sich andererseits eine völlig andere und geradezu entgegengesetzte Deutung ihres Verhältnisses zur Gottheit immer stärker durch: nämlich die Vorstellung, daß der Kaiser kein Gott, sondern stattdessen der von den Göttern erwählte und bevorzugte Stellvertreter und Regent auf Erden sei. Dieser Glaube ging auf das alte Persien zurück, wo Darius erklärt hatte «durch die Gnade Ahura Masdas bin ich König»;[26] und auch die parthischen und sassanidischen Herrscher jenseits der östlichen Grenzen des Römischen Reiches behaupteten, sie seien von den Göttern erwählt. In Ägypten war die gleiche Vorstellung geläufig; und ebenso hatten semitische Länder in ihren Herrschern Boten oder Engel (mal'ak) der Gottheit gesehen, die deren Charakter annahmen, sie verkörperten, zu ihren Stellvertretern wurden und sich schließlich zu ihrer göttlichen Höhe erhoben. Ähnliche Vorstellungen finden sich in der Ilias, in Plutarchs Lebensbeschreibungen der römischen Könige und Heerführer und in griechisch-römischen Theorien über das göttliche, monarchische Recht.[27] Die Erfolge der römischen Kaiser waren stets der himmlischen Führung zugeschrieben worden und die Auffassung setzte sich immer mehr durch, daß sie, ganz abgesehen von ihren eigenen Fähigkeiten, diese göttliche Führung nötig brauchten, um Erfolg zu haben.

So zeigt ein Medaillon von Mark Aurel ihn als winzige Figur, die neben der riesigen Gestalt Jupiters steht. Auch Commodus erhebt Anspruch auf den Schutz der Götter, wenn er sich nicht gerade mit ihnen identifiziert (S. 206). Jupiter wird nicht nur dem Kaiser äußerlich ähnlich dargestellt, sondern auch als der Verteidiger seiner Sicherheit bezeichnet. Commodus identifiziert sich nicht nur mit Herkules, sondern nennt ihn seinen Kameraden oder Gefährten *(Herculi Comiti)*. Münzen und Medaillons stellen von nun an die Götter immer mehr unter diesem Aspekt dar – das heißt nicht als Eigenwesen, sondern als Beschirmer, Beschützer und Gefährten des Kaisers. Der göttliche Gefährte war eine Art von Doppelgänger, ein Freund jenseits der Welt der sichtbaren Erscheinungen. Selbst die Schmeichler unter den Dichtern hatten manchmal zugegeben, daß es eine natürliche Hierarchie gibt, in welcher der Kaiser zwar *über* den Menschen aber *unter* den Göttern rangiert.[28] Daß er höher stand als gewöhnliche Menschen, wurde durch die Attribute betont, die seine beispiellose Frömmigkeit und sein Glück verkündeten (pius, felix); die Verbindung dieser beiden Attribute ist zum erstenmal im Jahr 184 belegt und entwickelte sich zu einem wesentlichen Bestandteil der Titulatur eines Herrschers. Daß seine Stellung niedriger war als die der Götter, zeigt sein zum Himmel

gerichteter Blick, der auch ein Charakteristikum der bildhauerischen Darstellungen ist (S. 111). Pertinax (193 n. Chr.) stellt die Vorsehung dar,
wie sie ihre Augen und Hände zu einem Stern erhebt, und seit
der Zeit des Gallienus ist der Kopf des Herrschers auf Porträtbüsten und
Medaillons betont nach oben gerichtet.[29] Der zum Himmel gerichtete
Blick war auf griechischen Darstellungen schon lange Zeit allgemein üblich gewesen und wurde nunmehr zum Symbol für die Bestrebungen Alexanders des Großen; und erste Spuren des gleichen himmelwärts gerichteten Gefühls fanden sich wohl schon auf Münzporträts der römischen
Republik.[30]

Dies also war die Gesinnung, aus der heraus Aurelian die Vergöttlichung, die ihm auf einigen seiner Münzen beigelegt wurde, ausdrücklich
zurückwies (S. 205), obwohl er die göttliche Gewalt als seine Gefährtin
bezeichnete (consors). Es entsprach dem Geist der Zeit mehr, die göttliche
Gnade anzurufen. Der Gott, so sagte er, habe ihm den Purpur verliehen
und die Dauer seiner Regierungszeit bestimmt,[31] und seine Münzen betonen verschiedene Aspekte der Übereinstimmung zwischen dem Kaiser und
dieser göttlichen Macht. Diokletian und sein Mitregent Maximian versuchten – ebenfalls als von den Göttern Auserwählte, nicht selbst als Götter –, den heidnischen Kult zu erneuern, in dem sie in ihrer bäuerlichen
Balkan-Heimat fromm erzogen worden waren. Im ganzen Reich wurden
diese Bestrebungen durch Münzen und Medaillons proklamiert, sowie
durch Reliefs, die heidnische Opfer und Gelübde darstellten, und durch
Inschriften. Die Propaganda Diokletians und seiner Mitregenten stützt
sich vor allem auf die Vergangenheit; auch Redner, die Lobreden auf
diese Kaiser halten, versichern, Erfolg beruhe auf den richtigen Kulthandlungen. Denn die Kaiser selbst waren offiziell keine Götter,[32] aber ihr
Reich war das irdische Gegenstück des Himmels. Ein Schriftsteller dieser
Zeit sagt: «Wir müssen uns darin üben, die irdischen Könige zu preisen,
und uns damit an die Verehrung der Gottheit gewöhnen und uns zu ihr
erziehen.»[33]

Die Verbindung wurde noch deutlicher, als Diokletian und Maximian
ihre ganze Theologie auf die besondere Freundschaft und den Schutz
gründeten, die sie von Jupiter und Herkules erfuhren und deretwegen
sie auch die persönlichen Titel Jovius und Herculius annahmen. Obgleich
das Heidentum noch lange fortdauerte und gelegentlich wieder auflebte,
war dies doch die letzte große staatliche Manifestation der olympischen
Kulte. Aber der Höhepunkt dieser ganzen Tendenz, den Kaiser als Auserwählten der heidnischen Gottheiten zu sehen, wurde unter Konstantin

erreicht, als er im ganzen Reich durch seine Münzprägung verkünden ließ, daß sein Gefährte der Sonnengott sei.

Die Sonnenverehrung

Etwa fünfzehn Jahre nachdem Diokletian all seine Bronze prägenden Münzstätten für eine uniforme Proklamierung des Genius des römischen Volkes eingesetzt hatte (S. 200), konzentrierte Konstantin in ganz ähnlicher Weise alle Möglichkeiten dieser Prägung einzig und allein auf das Thema und die Gestalt des Sonnengottes: Jedes Stück trug die Legende ‹Dem Sonnengott, dem unbesiegbaren Gefährten› (*Soli Invicto Comiti*) (um 309). Diese uniformen, umfangreichen Emissionen stellten, ähnlich wie bei Diokletian, ein großangelegtes Unternehmen dar, das ganz unmißverständlich die Absicht verfolgte, in die Herzen der Völker des Reichs eine bestimmte Idee einzupflanzen. Zu jenem Zeitpunkt war die Sonnenverehrung der Staatskult des römischen Reiches, und Millionen seiner Bewohner bekannten sich zu diesem Gott. Hätte nicht wenige Jahre später der Sonnenkult dem Christentum weichen müssen, so wäre er möglicherweise für immer zur beherrschenden Religion des Mittelmeerraumes geworden.

Nur wenige Völker in den heißesten Gebieten der Welt haben die Sonne für teuflisch und verderbenbringend gehalten.[34] Überall sonst zogen die Menschen seit den frühesten Zeiten der Antike aus ihrer Vergöttlichung der Natur die Schlußfolgerung – in der sie sich täglich von neuem bestärkt sahen –, daß sie die Sonnenscheibe als eine gütige Gottheit begrüßen müßten. Die Sonne ist der Ursprung allen Lebens auf unserem Planeten, und jede Kraft stammt aus ihr. In Ägypten zum Beispiel, wo die Sonnenverehrung allgemein verbreitet war, erscheint die aufgehende Sonne auf Reliefs von Amenophis IV. (Echnaton), der im vierzehnten Jahrhundert v. Chr. einen neuen, revolutionären Kult seines Sonnengottes Aton einsetzte; der König stellte dabei in neuartiger Weise die Sonne als Licht- und Lebenspenderin heraus und behauptete, ihm sei durch die liebende Berührung der Hände des Gottes (in welche die Strahlen der Sonnenscheibe übergehen) eine persönliche Offenbarung zuteil geworden. In Kleinasien und dem Nahen Osten war der alles sehende Marduk, der im babylonischen Pantheon zum höchsten Gott wurde, zuerst eine Sonnengottheit gewesen; ebenso auch Schamasch, der ursprünglich dem Mondgott untergeordnet war; aber die Himmelskundigen vertauschten deren Rollen.

Der gelehrte Sonnenkult, den diese Männer entwickelten, wurde in den späteren Stadien des semitischen Heidentums zur Sonnenlehre der ‹Chaldäer›, das heißt babylonischer Priester der griechisch-römischen Zeit; sie wandelten alle Baal-Götter in Sonnengötter oder Erscheinungsformen der einzigen Sonne um. Denn die Sonne wurde als Herz des Universums angesehen und als Herr seiner göttlichen Energie. Unter dem Einfluß der Astrologie wurde die Macht der Sonne, die Sterne, deren Lauf den Gang der Ereignisse bestimmt, anzuziehen und abzustoßen, als die Macht angesehen, die über die Schicksale der Menschen entscheidet und ihre Körper ebenso wie ihren Geist beseelt.[35] Das mit Vernunft begabte Feuer wird zum Schöpfer der besonderen Vernunftwesen, die den menschlichen Mikrokosmos bestimmen. Hier handelte es sich um eine zentrale und grundlegende Form jener Religion, die den Menschen mit dem Kosmos verband und die in der gesamten Alten Welt Verbreitung fand (S. 198).

Im Alten Testament stellt der feurige Wagen des Elias die Sonne dar;[36] in der Synagoge von Beit Alpha in Israel gab es eine Abbildung der Sonne, die ihre Rosse am Himmel lenkt. Aber der klassische Sonnen-Theologe der Juden ist Maleachi (um 460 v. Chr.), der letzte in der Reihe der Propheten des Alten Testaments, der voraussagt, daß den Gläubigen eine messianische Sonne der Gerechtigkeit aufgehen wird.[37] Auch in Persien wurden Sonne und Mond bereits sehr früh als Emanationen und beinahe Synonyme für den Lichtgott Ahura Masda verehrt (S. 237). Noch heute gibt es Sonnenanbeter im Iran, hauptsächlich in den Provinzen Isfehen und Komon, sowie bei den Parsen, deren Hauptzentrum Bombay ist. Das Wesen der königlichen Herrlichkeit im Avesta (S. 238) wird als Glanz oder Licht bezeichnet, und der persische Großkönig hieß ‹der mit der Sonne aufgeht›.[38] In seinen Palästen und später auf den Feueraltären und Feuertempeln seiner parthischen und sassanidischen Nachfolger fanden Feuerkulte statt.[39] Plotins Interesse an persischer Philosophie beruht namentlich auf deren Sonnentheologie, die das höchste Wesen mit einer Quelle von Strahlen verglich, die die Finsternis der Materie durchdringen und erleuchten.[40] Als Augustinus sich von den dualistischen Manichäern löste, kritisierte er deren Sitte, Sonne und Mond zu verehren.[41]

Auch in zahlreichen Werken der griechischen Literatur hatte die Sonne eine Rolle gespielt, angefangen von der Ilias, in der sie als Zeuge angerufen wird.[42] Das verlorengegangene Aeschylos-Drama ‹Bassarai› berichtet, wie Orpheus von Dionysos in Stücke gerissen wird, weil er nicht Dionysos für den höchsten Gott hielt, sondern die Sonne[43] – die zugleich Apollo

war. Die Schüler des Pythagoras sahen in der Sonne den Schöpfer der
menschlichen Vernunft, den Ursprung aller Zeugung und die Gottheit
der Toten.[44] Für Platon war der Sonnengott der Schöpfer allen Lichtes
und Lebens in der Welt der Materie, und er schildert, wie Sokrates ihm
ein Gebet darbrachte.[45]

In den astronomischen Spekulationen, die im Kreis um Platon entstanden, spielte die Sonne eine wichtige Rolle, und bald nach dem Tode Alexanders des Großen behauptete ein gewisser Alexarchus von sich, er sei
ihre Inkarnation.[46] Die Herrscher der Diadochenstaaten begannen die
Strahlenkrone der Sonne zu tragen[47] und Sonnenhymnen entstanden; eine
davon entstand vielleicht in Alexandria,[48] und eine spätere, aus dem persischen Susa, setzt den Sonnengott mit Dionysos gleich und begrüßt ihn
feierlich als den Herrscher des Universums. Tatsächlich herrschte nun
unter den Schriftstellern fast völlige Einstimmigkeit darüber, daß Sonne,
Mond und Sterne Götter seien und die höchste Gottheit die Sonne sei.
Oder aber, wenn sie schon selbst keine Gottheiten waren, so waren sie
doch wenigstens deren sichtbare Zeichen und der Weg, auf dem der
Mensch zu den Göttern gelangen konnte,[49] Zwischenstufen (demiurgoi)
also zwischen Gott und der rohen Materie (S. 173).

Zwar gab es zu jener Zeit nur wenige Menschen, die bereit waren,
Aristarchos von Samos in der Erkenntnis zuzustimmen, daß die Erde sich
um die Sonne drehe,[50] der Sonnenkult jedoch fand in den nächsten zweihundert Jahren in der gesamten Mittelmeerwelt Verbreitung. In dem Maß
wie semitische, persische und griechische Theologie, Astrologie und Philosophie sich mischten, wuchs auch die Tendenz, die traditionellen Götter
in Termini der Sonnentheologie zu erklären. Die Mischung und Verschmelzung von Göttern war nun an der Tagesordnung,[51] sie haben viele
Namen, aber nur ein Wesen, und ihr gemeinsamer Nenner ist die Sonne.
Auf Sarkophagen wird der Himmelsschild der Sonne dargestellt,[52] das
Abbild des kreisenden Alls, und auf einem goldenen Diadem aus Syrien
ist der Sonnengott die zentrale Figur unter dreizehn Gottheiten. Poseido-
nios aus dem syrischen Apameia (um 50 v. Chr.), der den Stand der
zeitgenössischen Wissenschaft in der ganzen Welt zusammenfaßte, verstand die Sonne als das brennende Herz der Welt und als ihr vernunftbe-
gabtes Licht.[53]

Ihre Emanationen und Strahlen wurden dauernd als Metaphern gebraucht, um die Beziehungen zwischen der Gottheit und den Menschen
zu beschreiben. Aber das war nur eine von den vielen Arten, in denen
die Sonnenliteratur auf den verschiedensten Ebenen förmlich ins Kraut

zu schießen begann. Der Dichter Statius schloß das erste Buch seiner ‹The-
bais› mit einem Hymnus auf Apollo, der gleichzeitig die Sonne, Titan,
Osiris und Mithras ist. (S. 222). Hadrians Freigelassener Mesomedes aus
Kreta schrieb einen metaphysischen Hymnus auf den Sonnengott, und
es gibt eine lateinische Litanei, die ihn als Ordner des Kosmos preist,
als Herrn über die vier Elemente und die vier Jahreszeiten (S. 231), der
Wärme, Fruchtbarkeit, Freude und Wissenschaft mit sich bringe.[54]
Lichtsymbolismus gab es in vielen östlichen Kulturen, und einer seiner
lebendigsten Exponenten ist Philon, der hellenisierte Jude aus Alexandria
(S. 188). Im dritten Jahrhundert erreichte diese Denkweise ihren Höhepunkt in den zur gleichen Zeit entwickelten Systemen Manis und Plotins.

Die Sonnenverehrung fand Anklang bei den Gebildeten, die zum
Abstrakten neigten, aber weniger gelehrte Bittgebete zu lokalen Sonnen-
gottheiten beweisen, daß die Intellektuellen durchaus kein Monopol besaßen.[55] Es gibt auch magische Papyri, die eine persönliche Einführung versprechen. Eins dieser Dokumente, das eine fast mystische Selbsthypnose
empfiehlt, verrät den Zauber, der es dem Benutzer ermöglichen soll, die
Öffnung der Sonnenscheibe und die goldenen Strahlen des ewigen Lichts
zu erblicken (S. 181).

Auf dem griechischen Festland hatte Helios normalerweise keine eigenen lokalen Kulte bessen. In Italien aber war es anders. Frühe Bronzemünzen aus dem Süden der Halbinsel zeigen das strahlende Antlitz des Gottes
in Frontalansicht (um 200 v. Chr.). In Rom ging, wie man sagte, der
Sonnenkult bis auf die legendären Tage des Königs Numa zurück.[56] Sol
war anscheinend in Rom heimisch; er hatte seinen Festtag am 9. August
und wird auf Inschriften mit der Feuergöttin Vesta (Hestia) zusammen
genannt, die jener Gottheit entsprach, die auf persischen Feueraltären
verehrt wurde (S. 203). Noch zur Regierungszeit Neros gab es einen ural-
ten römischen Sonnenaltar. Die Personifikation des Sol mit seiner Strahlenkrone erscheint auf Münzen der Republik und der frühen Kaiserzeit.[57]
Auf dem Giebel des Apollo-Tempels auf dem Palatin, der die Herrschaft
des Augustus repräsentierte, befand sich eine prächtige plastische Gruppe,
die Sol als Wagenlenker zeigte; so wurde die alte Identifizierung von Sol
und Apollon von den Zeitgenossen des Augustus ausdrücklich wiederaufgenommen und betont. Caligula und Nero wurden als ‹Neue Sonne› verehrt; Nero schuf einen Präzedenzfall für Jahrhunderte, als er seine
Münzporträts mit der Strahlenkrone griechischer Herrscher schmückte,
(S. 211), und eine Kolossalstatue in Rom stellte ihn offenbar in der Tracht
des Sonnengottes dar.[58]

Während der Bürgerkriege des Jahres 69 n.Chr. begrüßte die Dritte Legion die aufgehende Sonne, weil «es in Syrien so Sitte ist».[59] Der literarische und staatliche Symbolismus konzentrierte sich nun besonders in Verbindung mit den Kaisern auf diesen Aufgang der Sonne, dem von frühesten Zeiten an religiöse Beachtung geschenkt worden war (S. 209). Auf der Brustplatte des Panzers der Augustusstatue von Prima Porta wird die Morgenröte (Aurora) als Begleiterin des Sonnengottes dargestellt, und Statius berichtet in unterwürfiger Weise, wie Domitian «mit der neuen Sonne aufgeht – noch heller leuchtend als sie». Bald darauf lautete eine wichtige Propagandaparole des römischen Staats *Oriens* und später im dritten Jahrhundert *Oriens Augusti*, das Aufstehen des Kaisers, ein tägliches Heilsereignis für Rom, wie das Wiederaufgehen der Sonne nach der Nacht, in der ihr Glanz verborgen war. Hadrians strahlender *Oriens* ist der sich immer erneuernde Gott des Sonnenaufgangs, mit der Andeutung einer Analogie zum Kaiser selbst, angemessen der persönlichen Beziehung zu dem Gott, den Hadrian für sich beanspruchte.[60]

Ein Medaillon des Antoninus Pius betont gleichfalls den Sieg über die Mächte der Finsternis. Eine spätere Darstellung des Sol trägt die Gesichtszüge des Commodus, von dem sein Vater Mark Aurel auf dem Totenbett gesagt hatte, er sei die aufgehende Sonne. Ein Relief aus Ephesus zeigt, wie der vergöttlichte Mark Aurel im Wagen des Sonnengottes, der tote Seelen in ihr himmlisches Element zurückbringt, zum Himmel auffährt;[61] und es war die Familie der Aurelii, der traditionsgemäß die Pflege des Kults in Rom oblag. Der Sonnengott wird ‹Entdecker des Lichts› genannt, und seine charakteristische Bezeichnung ‹der Unbesiegbare› (invictus) wird nun immer häufiger gebraucht und direkt auf den Kaiser angewandt.[62]

Unter Septimius Severus und seiner Familie dominierte die Sonnenverehrung fast über das gesamte Pantheon. Das von Septimius errichtete Septizodium zeigte ihn als Sonnengott mit den sieben Planeten um ihn herum, den sieben Himmelssphären, über die der Gott herrschte. In diesem Septizodium saß der Kaiser zu Gericht, ähnlich wie die parthischen Könige zu seiner Zeit, die ebenfalls in einer mit Sternbildern besetzten Halle Recht sprachen (S. 121). Die politisch einflußreiche Frau des Septimius, Julia Domna, und ihre Schwester Julia Maesa waren Töchter des Hohenpriesters des syrischen Sonnentempels von Emesa (Homs), und Julia Domna war die Gönnerin Philostrats, der in seiner fiktiven Lebensbeschreibung des Zauberers Apollonius von Tyana besonderen Nachdruck auf Elemente des Sonnenkults legte (S. 221). Diese Atmosphäre bildet den Hintergrund für Darstellungen auf der Reichsprägung, die über den üblichen Konservatismus hinausgehen.[63] So wird der Knabe Geta, der Sohn des ‹unbesiegbaren› und ‹frommen› Septimius nicht nur selbst in einer neuartigen Brustbilddarstellung mit Strahlenkrone als Sonnengott abgebildet, sondern seine rechte Hand ist in der magischen Segensgeste Sols erhoben (um 200 n. Chr.). Diese Gebärde, die sowohl böse Einflüsse abwehrte wie auch Segen erteilte, war uralt und war bei Statuen von römischen Rednern wiederaufgetaucht.[64] Hofdichter schrieben von der heiligen oder göttlichen Hand ihres Kaisers, und auf Münzen Trajans aus Alexandria ist der Arm des Sonnengottes in ähnlicher Art erhoben. Dieses Symbol, übrigens noch heute das Zeichen des bischöflichen Segens, tauchte später häufig auf Sarkophagreliefs und in den Katakomben der Christen auf; dort streckt Jesus seine Hand aus bei dem bekanntesten aller christlichen Themen, der Auferweckung des Lazarus von den Toten (S. 267).

Als Getas Bruder Caracalla Kaiser wurde, wurde die Begeisterung für den Sonnenkult noch größer. Er behauptete, durchaus nicht ganz im Scherz, er lenke den Wagen auf die gleiche Art wie der Sonnengott.[65] Ein Löwe auf seinen Münzen zeigt die Herkunft seiner Herrschaft von Sol an, und ein kleines schildförmiges Bronzeporträt zeigt ihn mit den Strahlen der Sonne.[66]

Und dann schob Elagabal, obwohl er den Namen Marcus Aurelius Antoninus übernahm, den schon Caracalla vor ihm verwendet hatte, alle Vorsicht und Tradition beiseite in seinem Übereifer, die Sonnenverehrung der römischen Kaisertheologie einzuverleiben (218–22). Denn dieser ‹Sonnenkönig› importierte seinen heimischen, orientalischen lokalen Sonnenkult unverändert in das Zentrum und Herzstück der römischen Religion. Sein Gott von Emesa war ein schwarzer, phallischer Meteorit; er wurde zur selben Zeit auch von einem anderen gepriesen, der durch Abstammung und Temperament Anhänger dieses Kultes war, nämlich von dem Romancier Heliodor.

Ein riesiger Tempel wurde nun diesem Sonnengott in Rom errichtet, und der semitische Name der Gottheit *Elagab* (alus) oder Baal, der mit Sol gleichgesetzt wurde, bringt in die konservative Tradition der staatlichen Münzprägung eine exotische Note. Im Einklang mit den Stimmungen der Zeit, die in ihren Herrschern allmählich lieber Gefährten der Götter als wirkliche Götter sah, beanspruchte er jedoch für sich selbst nicht die Identifizierung mit dem Gott, sondern erinnerte lieber an seine ererbte Stellung als Priester des Kultes.[67]

«Den (Sonnen-)Gott brachte er auf einem mit Gold und Edelsteinen besetzten Wagen von der Stadt in die Vororte. Den Wagen zog ein Sechsgespann von riesengroßen makellosen Schimmeln, reich geschmückt mit Gold und buntem Geschirr, und die Zügel führte der Gott; denn keinesfalls durfte ein Mensch den Wagen besteigen, daher hatte man dem Gott die Zügel umgelegt, wie wenn er selbst der Lenker wäre. Antoninus (Elagabal) aber lief rückwärtsschreitend vor dem Wagen her, den Blick auf den Gott gerichtet und die Pferde am Zaumzeug führend. So legte er den ganzen Weg rückwärts gehend zurück, den Blick auf die Vorderseite des Gottes geheftet. Damit er nun nicht anstoße oder ausgleite – denn er konnte ja nicht sehen, wohin er trat –, war sein Weg mit Goldstaub bestreut und Leibwächter stützten ihn von beiden Seiten, die dafür zu sorgen hatten, daß er nicht zu Schaden käme. Das Volk lief auf beiden Seiten nebenher, mit vielerlei Fackeln in den Händen, und streute Kränze und Blumen auf den Weg. Den Zug des Gottes begleiteten Bilder aller Götter, alle möglichen kostbaren und prächtigen Weihgeschenke, die ganzen kaiserlichen Würdezeichen und Kleinodien, schließlich die Ritterschaft und die gesamte Garde.»[68]

Elagabal handelte zu vorschnell und wurde ermordet; aber trotz dieses Rückschlags blühte und wuchs die Sonnenverehrung auch weiterhin. Der neue Kaiser Severus Alexander, ein Vetter Elagabals, läßt Sol mehrfach auf seinen Münzen darstellen, aber in klassischer Form ohne das Beiwerk von Emesa. Denn um diesen Kult in Rom zu integrieren und heimisch zu machen, waren subtilere Methoden nötig als Elagabals fehlgeleiteter Versuch, ihm sämtliche Elemente der bisherigen traditionellen Religion völlig unterzuordnen.

Immerhin waren vierzig Jahre später die Dinge so weit gediehen, daß Gallienus es unternehmen konnte, am höchsten Punkt des Esquilin eine das Stadtbild beherrschende Wagengruppe aufzustellen, mit einer Kolossalstatue, die ihn selbst als Sonnengott zeigte.[69] Sein Nachfolger Claudius II. Gothicus (268–70) verehrte ebenfalls diese Gottheit, und der nächste Kaiser, Aurelian, vollzog bald darauf den folgerichtigen entscheidenden Schritt: Er führte als Zentrum und Brennpunkt der römischen Religion einen umfassenden und reich subventionierten Kult des ‹Sol Invictus› (274) ein, stiftete ihm einen prächtigen Tempel in Rom und gründete nach dem Muster der alten Priesterkollegien, und ihnen gleichgestellt im Rang, ein neues Kollegium von Sonnenpriestern.[70] Der Geburtstag des Gottes sollte am 25. Dezember gefeiert werden; umgewandelt in den Weihnachtstag, war das eins der Erbteile, die das Christentum dem Sonnenkult verdankt. Zu dieser Entwicklung trugen verschiedene Strömungen bei. Erstens hatte die offizielle Religion sich schon lange in dieser Richtung bewegt. Zweitens stammte Aurelian aus dem illyrischen Pannonien, wo die Sonnenverehrung durch die Astrasymbolik vieler Grabreliefs bezeugt ist (S. 231); und seine eigene Mutter soll in ihrem Heimatort Sonnenpriesterin gewesen sein.[71] Schließlich deutete sein eigener Name zufällig, aber passenderweise eine Verbindung mit der Familie der Aurelii an, die traditionsgemäß für die Pflege des althergebrachten römischen Sonnenkults verantwortlich gewesen war (S. 213). Außerdem war Aurelian stark beeinflußt von der in Syrien heimischen Sonnenverehrung, zu deren Verbreitung die aus diesem Land stammenden Verwandten des Septimius viel beigetragen hatten. Das wichtigste Ereignis in der Regierungszeit Aurelians war sein Sieg über Zenobia und die Wiedereroberung der östlichen Provinzen des Reiches (S. 23). Während dieser Feldzüge hatte Aurelian sowohl Emesa als auch Zenobias Hauptstadt Palmyra besucht; diese war ein weiteres Zentrum des Sonnenkults, wie der dortige Tempel des Sonnengottes Malachoel (Baal) noch heute zeigt. Zenobias Gatte Odaenathus war der von der Sonne gesandte Priester der Stadt genannt worden.[72] Aurelian stellte diesen Tempel in Palmyra nun wieder her, deutete dessen Gottheit als eine Ausdrucksform des ‹Sol Invictus› und schmückte seinen eigenen Sonnentempel in Rom sowohl mit Figuren des Helios-Sol als auch des Belos oder Baal.[73]

Ebenso wie Elagabal führte Aurelian in den römischen Kult die lebendigen Glaubensvorstellungen des nur teilweise hellenisierten Syrien ein, die im Denken dieser Zeit auf so beherrschende Weise wirksam wurden. Aber er ging dabei staatsmännischer vor als sein Vorgänger. Bei seinem entschlossenen Versuch, das Heidentum neu zu beleben und zu konzentrieren, schaffte er die römischen Kulte keineswegs ab, sondern fügte ihnen vielmehr etwas hinzu und verschob damit ihr Schwergewicht und ihre Machtverhältnisse, so daß Sol nun an der Spitze des Pantheon stand.[74] Das war mehr als bloß eine Integration, es war ein schöpferischer, neuartiger Akt religiöser Staatskunst, ähnlich der Tat der Ptolemäer in Ägypten, die einen zweitrangigen Gott, Serapis, einführten und aus ihm eine neue Staatsgottheit machten. Doch Aurelians Beschluß war noch weitreichender, weil er versuchte, die religiösen Hauptströmungen von Ost und West in einem einheitlichen kosmopolitischen Glaubensganzen zu vereinen.

Der stärkste Teil des Aurelianischen Heeres kam wie er selbst aus Pannonien, wo der Sonnenkult herrschte. Die Religion dieser Donau-Armee offenbart sich in Hunderten von kleinen Votivtäfelchen oder Amuletten, die in diesem Gebiet gefunden wurden und die beweisen, daß diese Menschen die Sonne als ihre Hauptgottheit verehrten. Auch in Syrien, der Heimat jener Soldaten, die den illyrischen Kontigenten an Bedeutung am nächsten kamen, hatte der Kult schon lange einen militärischen Charakter besessen. Typisch für die syrischen Truppen war die Verehrung der aufgehenden Sonne (S. 212). In den östlichen Grenzgebieten tragen die Statuen des Sonnengottes einen Panzer, dessen Schulterspangen mit Adlern verziert sind; diese waren nicht nur das Symbol des römischen Kaisers und des Heeres, sondern auch der Sonnenreligion.[75] Vom gleichen Geist zeugt ein neuer Münztyp Aurelians, die Personifikation der Treue (Fides). Sie hält zwei Feldzeichen und steht dem Sonnengott gegenüber, der seinerseits mit dem Globus der Weltherrschaft in der Hand den Kaiser der Treue der Legionen empfiehlt. Dieser Kult wurde nun offiziell verpflichtend für das Heer, und seine Symbole gehörten zu den militärischen Insignien.

Nach einer Auffassung, die sich im Laufe der letzten hundert Jahre herausgebildet hatte, war der Sonnengott der spezielle Begleiter und Gefährte des Kaisers (S. 207). Der Illyrier Probus (276-282) zeigt auf einem Bronze-Medaillon sein eigenes Porträt zusammen mit dem Strahlenhaupt des Sonnengottes, der als sein Gefährte bezeichnet wird. Etwas von dem, was das Volk nun für das stets sich erneuernde Sonnenlicht empfand, wird bei dem Neuplatoniker Iamblichos (S. 193) deutlich, der der Sonne den Ehrenplatz unter 360 Gottheiten zuwies. Und als Constantius I. Chlorus London von dem Usurpator Allectus zurückgewann (296) und Britannien zum Reich zurückbrachte, pries ihn ein Medaillon als Wiederbringer des ewigen Lichts *(redditor lucis aeternae)*. Diese Sprache kommt, obwohl sie von heidnischen Traditionen erfüllt ist, der Terminologie der christlichen Hymnen schon sehr nahe. Es ist auch die Sprache des Sonnenkults, denn Constantius war ein Monotheist, der die Sonne verehrte,[76] wie es seine Ahnen vor ihm in ihrer Balkanheimat getan hatten.

Dann, etwa 309 n. Chr., begann der Sohn des Constantius, Konstantin der Große, mit seinen riesigen, einheitlichen Emissionen von Münzen, die alle die Inschrift *Soli Invicto Comiti* trugen (S. 209).[77] Auf diesen Typ und dieses Thema konzentrierte er sich nun ein ganzes Jahrzehnt lang. Und tatsächlich betonte Konstantin, ehe er sich schließlich dem Christentum zuwandte, die Sonnenverehrung häufiger und stärker als alle seine Vorgänger. Vormals hatte er von Staats wegen den Herkuleskult gepflegt, der von dem Mitregenten Diokletians, Maximianus ‹Herculius›, gefördert worden war (S. 208). Aber als Maximian immer wieder versuchte, auf den Thron zurückzukehren, auf den er doch verzichtet hatte,

brach Konstantin mit ihm (308). Dem althergebrachten Brauch folgend,
Anspruch auf die blutsmäßige oder geistige Abkunft von früheren vergöttlichten Herrschern zu erheben, knüpfte er eine Verbindung zur Erinnerung
an einen Heldenkaiser, der aus seiner illyrischen Heimat gekommen war,
Claudius II. Gothicus († 270).[78] Claudius II. war ein Sonnenanbeter gewesen (S. 215), und im Jahre 310 n. Chr. – dem Jahr des politischen Zusam-
menbruchs und Todes Maximians – wurde an Konstantins Geburtstag
in Trier (Augusta Treverorum) die Erinnerung daran wachgerufen, daß
dem jungen Herrscher von seinem ‹Gefährten und Verbündeten› Apollon
im Heiligtum dieses Gottes in den Vogesen eine Vision zuteilgeworden
war: Der Redner grüßt den aufsteigenden Kaiser als die Personifikation
Apollons, des Bringers des Heils und der universalen Sonne.[79] Konstantin
hatte ein starkes Bedürfnis nach einem göttlichen Gefährten und Schirmherrn, und so fiel seine Wahl für eine Zeit auf den Sonnengott, dessen
Verehrung in seiner Familie angestammt gewesen war.

Konstantins Sieg über Maxentius an der Milvischen Brücke (312), den
der Kaiser und seine Lobredner später darauf zurückführten, daß er vor
der Schlacht eine Kreuzesvision empfangen habe, setzte seiner Bindung
an den Sonnenkult keineswegs ein Ende. Er behauptete, er habe das Kreuz
vor der Sonne erblickt (S. 289), und auf dem Reliefschmuck des Konstan-
tinsbogens in Rom (315) sind zwar die alten Götter nicht mehr zu sehen,
wohl aber die Sonne: Der Kaiser ist zwischen der aufgehenden Sonne
und dem Mond dargestellt, und die siegverleihende Gestalt ist der Sonnengott, dessen Statuetten auch von den Feldzeichenträgern des Heeres getragen werden. Eine Inschrift nennt Konstantin selbst die Sonne, die alles
sieht.

Erst 318–19, als die Christianisierung des Reiches größere Ausmaße
angenommen hatte, verschwand die Sonne von den Münzen, zusammen
mit der Strahlenkrone und dem Titel invictus, der jetzt durch das weniger
typisch heidnische victor ersetzt wurde. Die Münzen, konservativ wie
eh und je, hatten sich mit der Übernahme christlicher Züge Zeit gelassen.
Sie waren für das ganze Reich bestimmt, das noch immer vorherrschend
heidnisch war, und das gleiche galt zweifellos auch für die Verwaltung
der kaiserlichen Münzstätten. Sogar noch im Jahre 321, als das staatlich
anerkannte Christentum schon tiefe Wurzeln geschlagen hatte, verbot
Konstantin, an dem Wochentag, der «durch die Sonnenverehrung geheiligt» war, Gerichtsverhandlungen abzuhalten. Seit dem zweiten Jahrhundert war der siebente Tag der Woche für christliche Zusammenkünfte
bestimmt und diese Wahl dadurch gerechtfertigt worden, daß dies sowohl

der Tag der Schöpfung als auch der Auferstehung sei,[80] aber Konstantin
glaubte offenbar, daß die Christen diesen Tag deshalb feierlich begingen,
weil er schon dem Sonnengott heilig war. Außerdem suchte sein Mitkaiser
Licinius im Osten noch immer die Treue seiner Donau-Truppen durch
ein feierliches Bekenntnis zum «Hochheiligsten Gott» zu erhalten.[81] Aber
die Zukunft gehörte nicht dem Licinius, der bald darauf seinem Mitkaiser
unterlag. Konstantin war nun Alleinherrscher über die römische Welt
und Schiedsrichter über ihre Religion, die er bereits einem so revolutionären Wandel zu unterwerfen begonnen hatte. Doch seine Panegyriker können ihn immer noch von einem Glorienschein umgeben sehen, der Licht-
strahlen gleicht; und als seine Kolossalstatue im Zentrum der neuen
Hauptstadt Konstantinopel errichtet wurde (328-30), war er dort als
Apollon-Helios dargestellt, mit der Strahlenkrone des Sonnengottes. Diese
Krone aber war andererseits aus den Nägeln des Heiligen Kreuzes gearbeitet, denn Konstantin sah sich jetzt als Stellvertreter Christi. Konstantin
scheint auf eine eigene, geheimnisvolle Weise die Sonne und Christus
gleichzeitig verehrt oder sie für auswechselbar gehalten zu haben; er inte-
grierte den christlichen Glauben in die ererbte Tradition des Sonnenkultes,
so wie Aurelian seinerzeit die Sonnenverehrung in die römische Tradition.

Tatsächlich lag in einer derartigen Verknüpfung von Sonnenkult und
Christentum nichts absolut Neues. Die Sonnentheologie, die der Prophet
Maleachi zum Alten Testament beigesteuert hatte, war christianisiert
worden, ebenso wie die Auffahrt des Elias zum Himmel, die dem Aufstei-
gen der Sonne entsprach (S. 210). Zur Zeit Mark Aurels war die Taufe
Jesu als das Bad des Helios bezeichnet worden.[82] Christen in Ost und
West wandten sich in ihren öffentlichen und privaten Gebeten an Oriens,
die aufgehende Sonne, um ihre Auferstehung aus dem Gefängnis der Finsternis zu preisen, die sie mit der Auferstehung Christi identifizierten. Auch
Origenes († 254/55) setzte Christus mit dem Sonnenaufgang in Verbindung[83] – und aus derselben Zeit stammt ein Mosaik unter dem Petersdom
mit einer Gestalt, die gleichzeitig Christus und Helios darstellt (S. 266).
Manche Leute verwechselten die beiden Gottheiten miteinander, denn
christliche Autoren des vierten Jahrhunderts tadelten ihre Glaubensbrüder
wegen ihrer Sonnenverehrung und betonten, daß die christliche Sonne
der Gerechtigkeit dem heidnischen Sonnengott überlegen sei.[84] Infolge
solcher Verbindungen und Analogien wirkte der Sonnenkult wie eine
Brücke, auf der viele Menschen zum Christentum gelangten.

Das ist auch teilweise der Grund dafür, daß unter den Sonnenkultan-
hängern, trotz all dieser Verbindungen, mit die heftigsten Feinde der Chri-

sten anzutreffen waren. Als Julian der Abtrünnige (361–63) zeitweise
das Heidentum wieder zur Staatsreligion des Reiches machte, entschied
er sich aufgrund einer Prophezeiung für den Sonnenkult, die Religion
seiner illyrischen Vorfahren, und tadelte seinen Verwandten Konstantin,
weil er diesen Kult aufgegeben hatte. Julian selbst verkündete diesen
Glauben in seiner Hymne an Helios. Dem philosophischen Denken seiner
Zeit entsprechend erschien ihm der Sonnengott, der gemeinsame Vater
aller Menschen und Ziel unserer Sehnsucht, als Vermittler zwischen dem
Einen und der materiellen Welt, von der es so weit entfernt ist (S.
173); denn mit unseren eigenen Augen können wir erkennen, wie die Macht
der Sonne den Kosmos verändert und lenkt.[85] Noch im Jahr 400,
als das Reich wieder christlich geworden war, stellte Macrobius fest, daß
fast alle Götter im Grund Verkörperungen der Sonne sind, denn sie ist
der Geist des Universums.[86]

Papst Leo der Große († 461) klagte darüber, daß Christen noch immer
den Sonnengott verehrten. Byzantinische Kaiser wurden bei Akklamatio-
nen auch weiterhin mit dem Sonnengott verglichen, und Sonnen- und
Mondbilder spielten in der Zeremonie von Weihnachten und Epiphanias,
dem Lichtfest, noch lange eine Rolle.[87]

Warum blieb dann aber der Sonnenkult nicht auch weiterhin die
Reichsreligion? Anziehend machten ihn besonders die folgenden Eigenschaften: Er war einfach, augenfällig und leicht zu begründen. Die Sonne
war für jedermann sichtbar, und alle konnten ihre unentbehrliche, wohl-
tätige, schöpferische Tätigkeit erfahren. Dazu kommt, daß die abstrakte
und gelehrte Seite des Sonnenkults den Kaisern als theologische Basis
ihrer eigenen Herrschaft sehr gelegen kam; doch war der Kult keineswegs
auf die Intellektuellen und die herrschenden Klassen beschränkt; denn
nirgendwo gab es leidenschaftlichere Sonnenverehrer als unter den einfachen unintellektuellen Soldaten des römischen Heeres. Und dennoch fehlte
es dem Glauben an Tiefe, emotioneller Innigkeit und ermutigender
Menschlichkeit. Er packte nicht, wie die Manichäer es taten, das Grund-
problem des Bösen an. Er besaß nur wenig von der Zugkraft, die die
Mysterienreligionen für Millionen von Menschen so anziehend machten.
Auch fehlten zwei Anreize, die die Stärke des Christentums ausmachten: das ausdrückliche Versprechen der Unsterblichkeit, das armen Menschen in Zeiten der Verzweiflung Mut gab, und die erregende Botschaft
von einem Messias, an den man als an eine wirkliche historische Gestalt
glaubte.

Einige der Verteidiger des Sonnenkults waren sich dieser Nachteile bewußt und suchten ihnen abzuhelfen. So sorgten sie zum Beispiel für einen historischen Erlöser. Die syrischen Frauen aus der Verwandtschaft des Septimius, die dem in ihrer Familie erblichen Sonnenkult staatliche Förderung verschafften (S. 213), taten einen ersten Schritt auch in dieser Richtung, indem sie als weiteren Anziehungspunkt einen Sonnen-Messias schufen. Denn zu dem kosmopolitisch gesinnten Kreis von Schriftstellern und Gelehrten, die Julia Domna um sich scharte (namentlich Griechen oder hellenisierte Orientalen), gehörte auch Philostrat, [88] der auf ihre Veranlassung hin eine rühmende Lebensbeschreibung (ca. 217–18) des Apollonius von Tyana im östlichen Kleinasien verfaßte. Dieser Mann, der im ersten Jahrhundert n. Chr. gelebt hatte, erlangte den Ruf eines Zauberers und mag vielleicht wirklich spiritistische Kräfte besessen haben. Aber Philostrat macht aus ihm einen heiligen Mann, der eine kosmische Religion praktiziert und predigt, die auf den Sonnengott gegründet ist. Apollonius erklärt in Worten, die an Mystik erinnern, daß die Luft sein Wagen sei und daß alle, die sein Lob singen wollten, sich über die Erde erheben und mit dem Gott emporschweben müßten[89] (S. 190). Philostrat ist auch darauf bedacht, dem Sonnenkult jenes Interesse am Allgemeinmenschlichen einzuflößen, das ihm bisher am meisten gefehlt hatte. So werden nun alle möglichen saftigen und abstrusen Anekdoten dazu benutzt, den Sonnenverehrer Apollonius als einen tugendhaften, heiligmäßigen, asketischen, wundertätigen, vorbildlichen Menschen zu zeigen, der in seinem bewegten Leben seine Mitmenschen liebte und ihnen half und ebenso wie Pythagoras (dessen Lebensgeschichte er schrieb) Blutopfer verabscheute. Diese Laufbahn, die an die Evangelien erinnert und christliche Märtyrergeschichten parodiert, konnte dem Leben Jesu als gleichwertig oder sogar überlegen gegenübergestellt werden, denn der Trotz, den Apollonius angeblich Domitian geboten hatte, erschien verständlicher als die Erniedrigung Jesu (S. 260).

Der Glaube, den Apollonius angeblich propagiert hatte und der später mit seinem Namen verknüpft wurde, war ein philosophisches, auf den Sonnenkult ausgerichtetes Heidentum, das seinen eigenen historischen Messias besaß und fast ein religiöses System bildete. Östliche Einflüsse wurden auch ganz offen zugegeben. Tatsächlich betonte Philostrat in Übereinstimmung mit Julia Domnas Neigungen und der zeitgenössischen Vorliebe für orientalische Reiseerzählungen (S. 151) ausdrücklich, daß Apollonius indischen Denkern viel verdanke; hatten diese doch in ihrer Weisheit noch vor den Ägyptern dem Mystizismus gehuldigt und auf Tieropfer verzichtet.[90] Außerdem erwähnte Philostrat, in Anerkennung starker babylonischer Elemente im Gedankengut der Zeit, daß Nachrichten von Apollonius durch eine Denkschrift eines gewissen Damis, der aus diesem Babylonien stammte, an den Tag gekommen seien.

Caracalla errichtete einen bedeutenden Apolloniustempel, und im Privatheiligtum des Severus Alexander soll er gemeinsam mit Christus, Abraham und Orpheus dargestellt gewesen sein.[91]

Apollonius soll auch dem Aurelian in einer Vision erschienen sein; und Gegner des Christentums wiesen auf den Weisen von Tyana als ihr Vorbild hin.[92] Die Christen antworteten, indem sie ihn eines unverantwortlichen und unmoralischen Fatalismus, des Dämonenglaubens und der schwarzen Magie beschuldigten.[93] Und obwohl seine Religion vom Kaiser begünstigt wurde, unterlag sie dennoch der christlichen, weil sie sich zwischen die beiden Stühle Philosophie und Religion setzte und kaum mehr zustande brachte als eine modische professorale Künstlichkeit.

Evangelien der Erlösung

Inzwischen hatte eine völlig andersgeartete, tiefer im religiösen Gefühl verwurzelte Form des Sonnenkultes viel mehr Erfolg darin, jene persönliche, gefühlsbetonte und erregende Befriedigung zu gewähren, die dem Sonnenkult trotz all seiner eindrucksvollen Einfachheit fehlte. Es handelte sich dabei um den Mithraskult, der die Sonnentheologie mit der zweiten großen heidnischen Bewegung jener Zeit, nämlich dem Dualismus zwischen den Mächten des Guten und Bösen, verknüpfte (S. 235). Die Mithras-Religion enthielt diesen Dualismus in seiner alten persischen Form – oder, besser gesagt, in den volkstümlichen iranischen Versionen dieses Glaubens, wie sie an den Grenzen des persischen Reiches und jenseits davon verbreitet waren. Zwar glaubten die Römer, Mithras sei persischer Herkunft,[94] doch gelangte er, wie seine phrygische Mütze beweist, auf dem Wege über Kleinasien zu ihnen; dort nahm sein Kult hellenistische und, als er sich weiter nach Westen ausbreitete, im Balkan weitere Elemente in sich auf.

Ursprünglich war Mithras ein alter indoeuropäischer Gott, älter noch als der legendäre Zoroaster. In allen persischen Gebieten stand er im Dienste Ahura Masdas, in ewigem Gegensatz zu Ahriman, der Macht des Bösen. Er war der Verbündete und das Werkzeug (oder bisweilen sogar ein Sproß) des allmächtigen Sonnengottes, der mit ihm zusammen dargestellt wird, fröhlich feiernd und den Wagen fahrend, in dem Mithras schließlich zum Himmel auffuhr. Ein Sakrament feierte sein letztes Mahl, das er gemeinsam mit dem Sonnengott einnahm. Mithras selbst war der Gott der Morgensonne: ein kleiner Marmoraltar seines Kults trägt die Inschrift ‹dem Aufgehenden›[95] (S. 213). Und seit etwa dem ersten Jahrhundert n. Chr. wurden Mithras und der Sonnengott tatsächlich miteinander identifiziert.

So also konnte der Mithraskult als eine besondere Art der Sonnenverehrung angesehen werden, die ihrerseits bald immer stärker offiziellen Charakter erhielt (S. 214). Aber die Mithrasreligion bewahrte doch stets ihr privates Gepräge. Zweifellos wurde sie vom Staat anerkannt, sonst hätte es im Unterbau der Caracalla-Thermen weder ein großes Mithräum gegeben, noch wäre (obgleich Mithras unter den Skulpturen der Kaiserzeit selten vertreten ist) auf einem Diokletianrelief auf dem römischen Forum in den Falten des Schleiers der Roma eine Büste des Mithras-Sol dargestellt. Ohne Zustimmung der Obrigkeit hätte eine Weihinschrift in Carnuntum (Petronell) im Donauraum – wo der Mithraskult sehr stark war – den Mithras-Sol kaum als den Beschützer der Tetrarchen-Herrschaft bezeichnen können (307 n. Chr.).[96] Aber der private Charakter des Kultes wurde, selbst wenn es sonst kein anderes Beweismittel dafür gäbe, durch die numismatischen Zeugnisse – oder vielmehr durch das Fehlen derartiger Zeugnisse bestätigt. Denn die kaiserlichen Münzprägungen schweigen sich in beachtlicher Einstimmigkeit über diesen Kult aus. Unter den Hunderten von offiziellen Münzbildern, die der Sonnenverehrung gelten (und nicht wenigen, welche die Mysterienreligionen verherrlichen), gibt es nicht ein einziges, das speziell auf Mithras hinwiese. Das kann kein Zufall sein. Sogar auf den örtlichen Bronzemünzen, die die Städte für den rein regionalen Umlauf ausgeben durften, gibt es nur wenige Mithrasdarstellungen. In seiner charakteristischen Rolle als Stiertöter (S. 224) erscheint er nur auf einer einzigen städtischen Prägung von Tarsus in Kilikien unter Gordian III.; in dieser Provinz gab es berühmte Heiligtümer des Sonnen- und des Mondgottes, und hier trafen die Römer vielleicht zum ersten Mal auf Mithrasverehrer.[97]

Im Gegensatz zu seinem offiziellen Gegenstück, dem Sonnenkult, der immer stärker propagiert wurde, war der Mithraskult keine Religion des Kaiserhofes; aus der langen Reihe der Kaiser kennt man nur vier, die ein direktes Interesse für diesen Glauben zeigten.[98] Zudem umfaßt die Epoche, in der Aurelian den Sonnengott offiziell zum höchsten Gott erhob (S. 216), genau die Jahre, in denen Mithras-Inschriften besonders selten sind; am häufigsten sind sie vor dem Jahre 250 und nach 284 anzutreffen.

Trotz seiner Verwandtschaft mit der Sonnenreligion stand der Mithraskult im Gegensatz zu ihr, weil er kein öffentliches Ritual und kein Berufs-
priestertum kannte. Obwohl er regierungstreu war, hatte er ausgesprochen persönlichen Charakter und bot damit das intime Element, das der
Sonnenverehrung fehlte.

Trotzdem hatte sich der Mithraskult sehr rasch ausgebreitet. Dieser
Fortschritt zeigte sich weniger in Kleinasien, von wo der Kult ursprünglich
seinen Ausgang genommen hatte, als überall in den großen, kosmopolitischen Häfen und Handelszentren, im Westen sogar noch stärker als im
Osten. Fast fünfzig Mithrasheiligtümer lassen sich allein in Rom und seinen Vororten feststellen, und weitere achtzehn wurden in Ostia entdeckt
– elf aus dem späteren zweiten Jahrhundert n. Chr. und sieben aus der
Zeit nach 200. Mithras wurde auch in Alexandria und in Piraeus verehrt,
ebenso in Karthago, Puteoli (Puzzuoli) und London, wo sich das sechzig
Fuß lange Walbrook-Mithräum befindet.

Zu den Gläubigen gehörten viele Kaufleute und kaiserliche Beamte,
Mitglieder einer städtischen Mittelklassegesellschaft, die in der Frühzeit
dieser Periode zu Wohlstand gelangte; weiterhin auch viele Freigelassene
und gebildete Sklaven. Aber das Heer und dort besonders die Offiziere
waren es, die mehr als irgend jemand sonst für die Ausbreitung dieses
Glaubens sorgten. Denn Mithras hatte eine unermüdliche, heroische, her-
kulische Kraft entfaltet: Gleich der Sonne, mit der er identifiziert wurde,
war er der Unbesiegbare (S. 213). In harten Zeiten waren das die Eigenschaften, die man nötig brauchte, und sie spornten die Menschen zu einer
aktiven, kämpferischen Form der Askese an, die für dieses Zeitalter charakteristisch war (S. 165). Mithras hatte in der Tat viel zu bieten, so vor
allem ein starkes ethisches Fundament, das dem Sonnenkult fehlte und
in den anderen Mysterienreligionen nur schwach oder wenig eindeutig
ausgeprägt war (S. 227). Seine Verehrer mußten ihm an Reinheit und Enthaltsamkeit gleichen; als Gott des Lichts wurde er außerdem Schutzherr
der Kaufleute im Hinblick auf ehrliche Geschäfte und Verpflichtungen.
Das Licht muß nach dualistischer Vorstellung die Materie vernichten
(S. 245), daher muß Mithras, in den bekanntesten und typischsten seiner
plastischen Darstellungen, das erste aller Lebewesen, den Urstier, töten,
damit aus seinem Blut und Samen die Welt erschaffen werden kann. Aber
der Gott zeigte auch Erbarmen, denn die Künstler bringen in seinen
Gesichtszügen das Widerstreben und die Gemütsbewegung zum Ausdruck, mit der er diese Tat vollbrachte, in der die Tragödie der ganzen
Welt zum Ausdruck kommt.

Sein Kult umfaßte auch in einer melodramatischen und sogar gewaltsamen Form all diese Erregungen, die zur Einweihung eines Auserwählten gehörten – ein sehr wichtiger Gesichtspunkt der zeitgenössischen Religion (S. 240). Diese geheimen Weihen (Mysterien) bestanden aus äußerst strengen und manchmal absichtlich entsetzlichen Prüfungen, Proben und Entsühnungen, die darauf abzielten, durch grausame Mittel jene Unempfindlichkeit gegen äußere Umstände zu erzeugen, die bereits seit langem als Ideal gegolten hatte (S. 166). Damit er mit Mithras, der in den Himmel aufgestiegen war, vereint werde, wurden die Hände des Aufzunehmenden mit Hühnerdärmen zusammengebunden; und ehe er diese lösen konnte, wurde er über eine mit Wasser gefüllte Grube geworfen. In Procolita (Carrawburgh) hat man eine Zelle (Kammer) gefunden, die so eingerichtet war, daß die Einzuweihenden darin den äußersten Graden von Hitze und Kälte ausgesetzt werden konnten. Es gab auch Folterungen und Brandmarkungen und Blutvergießen. Aber auf diese Qualen folgten als Belohnung hohe Privilegien und Versprechungen für das Jenseits. Eine weitere Stärke des Mithraskults bestand darin, daß er bereit war, anderen Religionen freundliche Aufnahme und Angleichung anzubieten. So wurden zum Beispiel im Londoner Mithrastempel Statuen, Reliefs und Embleme ganz verschiedener Mysterienkulte gefunden. Möglicherweise sind sie dort gesammelt und versteckt worden, damit sie nicht christlichen Zerstörern in die Hände fielen.

Der Mithraskult bot also Ideen, moralischen Anspruch, Gefühlsstärke und eine großzügige Aufnahmebereitschaft. Außerdem zeigte er eine beachtliche äußerliche Ähnlichkeit mit dem Christentum. Der Kirche erschienen die mithräischen Taufen, Opfer, gemeinschaftlichen Mahlzeiten und Martyrien als ein böses Nachäffen ihrer eigenen Riten und Sakramente.[99] Aber das Christentum trug den Sieg davon; teils deshalb, weil die Lebensgeschichte des Mithras – eine ‹Biographie› schilderte zwar seine angeblichen Heldentaten im einzelnen – doch zu mythisch klang, um seine Anhänger glauben zu lassen, daß derartiges sich jemals auf dieser Erde hätte zutragen können. So schien Mithras in viel weitere Ferne gerückt als Jesus, an dessen Leben als historischem Faktum sich die Phantasie von Millionen entzündete. Dazu kam, daß der Mithraskult sehr rigoros war. Selbst wenn Mithras Mitleid zeigte, war es das Mitleid, das einen Akt des Tötens begleitete. Seiner Religion fehlte die Güte und das Mitgefühl, die allein die Armen in ihrem Unglück trösten konnten; ihm fehlte die universale Anziehungskraft, die das Christentum auf alle sozialen Schichten ausübte. Außerdem war der Mithrasglaube ein durchaus männ-

licher Glaube; er hatte keinen Platz für Frauen – die das Grundelement
der erfolgreichsten Religionen bilden –, während das Christentum sie als
seine treuesten Mitglieder aufnahm.

Der Mithraskult war nur eine von den Mysterienreligionen mit feierlicher Initiierung, die den Auserwählten Erlösung von den Nöten ihres
Lebens versprachen und schenkten. Diese Erlösung war, wenn auch nur
symbolisch, schon in dieser Welt wirksam, ganz besonders aber in der
kommenden. Denn wer sich einweihen ließ, würde in zunehmendem
Maße dem Zugriff des Schicksals und feindlicher Himmelskörper entzo-
gen. Weder diese noch die Anfechtungen und Dämonen dieser Welt können den Eingeweihten mehr berühren.

Einige Mysterienreligionen waren zwar schon sehr alt, doch fällt die
Zeit ihrer besonders raschen Ausbreitung erst in die ersten drei nachchristlichen Jahrhunderte, als die materielle Welt in steigendem Maße
für böse angesehen wurde. Ihre magischen Reinigungsriten versprachen
Befreiung und Rettung durch persönliche Vereinigung mit einem Erlöser-
Gott, der, wie vielfach geglaubt wurde, gestorben und wiederauferstanden
war. Die Weihen, die den Gläubigen auf diesem Weg zur Unsterblichkeit
begleiteten, brachten ihm eindringliche, gefühlsmäßige Erfahrungen und
vermittelten ihm einen neuen Begriff von der Macht und Heiligkeit der
jenseitigen Welt. Und jeder Trick einer wohldurchdachten Organisation
und Regie wurde ausgenutzt, um die Gefühlserregung zu steigern.

Der alte Kult der Demeter (Ceres) und Persephone (Proserpina) in Eleusis sicherte dem Gläubigen das Wohlwollen der unterirdischen Gottheiten,
die Gewalt über das Leben nach dem Tode haben. Dieser Stand der Gnade
wurde durch drei Weihestufen erreicht. Am Ende der heidnischen Zeit
waren die Eleusischen Mysterien die ehrwürdigste Institution der griechischen Religion, und auch römische Kaiser nahmen noch an den Riten
teil. Einer von ihnen war Gallienus, den offizielle Münzprägungen sonder-
bar verweiblicht und in eine dieser Göttinnen verwandelt als *Galliena
Avgvsta* darstellen, geschmückt mit Ähren und Kranz.

Ein anderer sehr alter Kult war der von Kybele und Attis. Ihre Priester
riefen: ‹Freut Euch, ihr Geweihten, denn der Gott ist gerettet, und auch
wir werden nach unserem Mühen Erlösung finden.›[100] Denn so wie Attis
diesem urtümlichen kleinasiatischen Kult zufolge stirbt und alljährlich
mit der Pflanzenwelt im Frühling wiedergeboren wird, so werden auch
die in seinen Kult Eingeweihten in einem hysterischen, orgiastischen Tau-
mel und unter dem Lärm von Cymbeln, Hörnern und Flöten errettet.
Dieser Kybele-Attis-Kult wurde oft von Stier- und Ziegenopfern begleitet;

ihr Blut floß nach unten in unterirdische Räume ab, um dort die Einge-
weihten zu netzen und ihnen die ewige Wiedergeburt zu verleihen.[101]
Sogar der vernünftige, ruhige Antoninus Pius war ein Anhänger des
Kybele-Kults, ebenso seine Gemahlin Faustina die Ältere. Anders als der
Mithraskult sprach diese Religion besonders die Frauen an, und von dieser
Zeit an wird auf den Reichsmünzen die Identifizierung vieler Kaiserinnen,
darunter besonders der Frau Mark Aurels, Faustina der Jüngeren, mit
der Göttin impliziert.

Aber die leuchtendsten und erregendsten Verheißungen, aus dieser Welt
in ein wunderbares zukünftiges Leben zu entfliehen, boten die Einweihung
in die Mysterien der ägyptischen Göttin Isis und ihr glänzendes Kult-
schauspiel, obgleich sie auf den Münzen weniger hervortreten. Jedes Jahr
im November am Fest der Auffindung ihres Bruder-Gatten Osiris, des
Gottes der Unterwelt, der Geburt und des Sterbens eines Jahres, mußte
der Eingeweihte symbolisch alle Elemente durchschreiten, besuchte die
Unterwelt und begegnete schließlich im Triumph den Göttern von Angesicht zu Angesicht. Plutarch identifizierte Isis mit der Weisheit, die die
Kenntnis vom Höchsten vermittelt, und der Romanschreiber Apuleius
machte sich zwar über die alten Götter lustig, glaubte aber inbrünstig,
daß Isis für ihn die Erlösung bedeute (S. 145). Er kleidet seinen Glauben
in bewegende Worte, die uns – über die Jahrhunderte und die Abgründe
hinweg, die unsere Denkweise von der seinen trennen – beinahe verstehen
lassen, warum zahllose Menschen das gleiche fühlten, besonders die
Frauen: denn Isis übte, noch mehr als Kybele, eine starke Anziehungskraft
auf Frauen aus.

Auch Dionysos (Bacchus), dessen Verehrung sich mit dem Sonnenkult
und anderen Stimmungen und Tendenzen der Zeit verband, bestraft die
Ungläubigen und belohnt, wie eine Unzahl von Grabreliefs bezeugt, in
der zukünftigen Welt auf dramatische Weise gleichermaßen männliche
und weibliche Eingeweihte. Aber in einer Zeit, in der nachdenkliche Menschen nach Entsagung strebten, wurde die Schwäche dieses Glaubens
deutlich: Seine Vorstellung von der künftigen Welt als einem fröhlichen
Ort der Sinnenfreude wog zu leicht. Auf die Dauer war ein derart gefälliger
Anspruch den asketischen Richtungen unterlegen. Immerhin gewann
Dionysos zahllose Anhänger. Grabreliefs zeigen sie zusammen mit ihrem
Erlöser, für alle Ewigkeit die heilige Vereinigung und Vermählung und
das ewige Gastmahl der Seligen miteinander feiernd.

Diese zahlreichen Darstellungen der durch Dionysos erlangten
Unsterblichkeit bilden nur einen kleinen Teil der Sarkophagreliefs, die

das heftige Verlangen der Menschen nach Erlösung von den Übeln dieser Welt zum Ausdruck bringen. Solche Sarkophage, in denen ein im Mittelmeerraum weitverbreiteter Brauch neu auflebte, der in klassischer Zeit aus dem Orient nach Griechenland gekommen war, wurden zu einer der bedeutendsten Kunstformen des späteren zweiten und des dritten Jahrhunderts n. Chr. Die römische Welt hatte eine große Umwälzung erlebt: von der Leichenverbrennung zurück zur Erdbestattung, die lange Zeit unüblich gewesen war.[102] Dieser Wechsel war dem Wunsch nach einem zukünftigen Leben zuzuschreiben, der auch so viele Menschen zu den Mysterienreligionen hinzog. Diese andere Welt stellte man sich in Bildern menschlicher Erfahrung vor. Es gab eine vage, aber nahezu allgemein verbreitete Auffassung, daß das Glück der Seele im Jenseits abhängig sei von einer angenehmen Ruhelage des Körpers, der ihr Tempel und Spiegel ist. Hierin lag allerdings ein Widerspruch. Zweifellos weilen die Toten bei den Göttern und Helden – oder in einer anderen spirituellen Sphäre. Dennoch schlafen sie aber auch in ihren Sarkophagen, auf denen oft ihre ruhenden Gestalten abgebildet sind. Was in den Sarkophagen beigesetzt ist, scheint eine mehr als nur rein symbolische Bedeutung zu haben; daher ist es für das Wohlbefinden der Toten notwendig, daß ihren sterblichen Überresten Ehrfurcht und Liebe entgegengebracht wird.

Da es sich dabei um individuelle Überreste handelte, mußten die Sarkophage und alle ihnen sonst zuteil werdenden Aufmerksamkeiten ebenfalls individueller Art sein. Denn das Leben nach dem Tode wurde nunmehr als ganz persönliche Angelegenheit aufgefaßt. Die Menschen hatten nach dem Tode eine Belohnung oder eine Bestrafung zu erwarten. Der Tod war nicht das absolute Ende, als das er Mark Aurel oft erschienen war (S. 165). Der selbständigen Persönlichkeit des Toten mußte daher freundlichere, ehrerbietigere Achtung gelten. Damit seine sterblichen Überreste nicht zerstreut würden, wurden sie begraben, und um sie zu ehren, wurden die Grabdenkmäler – Stelen, Altäre, Kapellen, Pyramiden, Türme, vor allem aber Sarkophage – oft mit Reliefskulpturen geschmückt, die zu den schönsten Arbeiten ihrer Zeit gehören. Sie halten auf verschiedene Weise taktvoll das Gleichgewicht zwischen der Würdigung des irdischen Lebens und der Darstellung der Erlösung nach dem Tode. Die Gesichtszüge sind meistens mit besonderer Sorgfalt und Kunstfertigkeit dargestellt (S. 108), weil sie das Weiterleben der Seele als einer persönlichen Ganzheit zeigen, die sich ein Anrecht auf das Paradies errungen hat.

Diese Sarkophagreliefs zeigen eine verwirrende, ins endlose verzweigte Vielfalt von Anschauungen über die Art und Weise, auf die die künftige

Welt das Entrinnen von den Übeln dieses Erdenlebens bringen wird. Diese Vielfalt spiegelt sich in der ebenso großen Mannigfaltigkeit der künstlerischen Methoden und Einstellungen. Der für Rom typische Sarkophag trägt auf drei Seiten Reliefschmuck, mit der vierten sollte er an eine Wand gestellt werden. Diese römischen Sarkophage dienen in erster Linie als Schaufläche für Abbildungen erzählenden Charakters. Entsprechend dem assyrisch-babylonischen Schema einer durchgängigen Komposition, wie es auch an der Trajans- und der Marcus-Säule angewandt wurde, zeigt ihre langgestreckte Vorderseite oft ein einziges, recht kompliziertes Relief mit vielen Figuren. Sarkophage aus den östlichen Provinzen zeigen weniger Interesse an erzählenden Darstellungen, dafür ein stärker ausgeprägtes Gefühl für die Komposition. Sie tragen nicht nur auf drei, wie ihre römischen Gegenstücke, sondern auf allen vier Seiten Reliefschmuck. Diese Grabdenkmäler sind freistehende Wohnräume für die Ewigkeit, und so zeigen ihre Reliefs, die manchmal das Grab selbst nachbilden sollten, einen architektonisch gegliederten Bau nach den klassischen Regeln. Zwischen diese Bauglieder sind Nischen eingelassen, in denen – teilweise auch in Hochreliefs oder vollplastisch – menschliche oder mythische Figuren stehen. Während attische Werkstätten eine mehr nüchterne Behandlung bevorzugen, ist diese Ausschmückung mit Nischen und Säulen in Kleinasien häufig anzutreffen. Von Kleinasien scheint das Wiederaufleben des Sarkophagschmucks seinen Ausgang genommen zu haben. Eines der frühesten bekannten Beispiele, das in Lydien gefunden wurde (etwa von 170 n. Chr.) hat gedrehte Säulen und in Rund- oder Spitzbogen auslaufende Muschelnischen.[103] Aber den Höhepunkt in Bezug auf Technik und Mannigfaltigkeit erreichen die asiatischen Sarkophage erst um etwa 220 n. Chr., als die architektonischen Reliefaufbauten eine raffinierte Eleganz erlangten und sich in stark plastischen Hell-Dunkel-Effekten auflösen.[104]

Ein Thema, das auf Sarkophagen dieser Zeit besonders häufig anzutreffen ist, ist die lebhafte, sorgfältig ausgearbeitete Schlachtszene, die die Überwindung von Tod und Unglück durch den siegreichen Toten versinnbildlicht. Jagddarstellungen, die, an eine alte mesopotamische Tradition erinnernd, im damaligen Persien wiederauflebten, haben eine ähnliche Bedeutung;[105] und einige Künstler geben dem gejagten Löwen eine mitleidslos grinsende Totenkopfmaske. Bisweilen sind die Jäger dieser Tiere Eroten oder Putten, Symbole der Liebe, die – wie auch bei den platonischen und anderen zeitgenössischen Philosophen und den romantischen Romanautoren – den Triumph des Guten über das Böse darstellen.[106]

Auch die vier Jahreszeiten sind fliegend dargestellt. Im ersten Jahrhundert n. Chr. waren sie noch als Frauen, später dann in männlicher Gestalt dargestellt worden. Ovid hatte sie mit den vier Altern des Menschen verglichen, aber auf den Sarkophagen erscheinen sie als kräftige Kinder oder Jünglinge, weil sie Wiedergeburt und Unsterblichkeit versinnbildlichen. Auf einem Sarkophag stehen sie neben dem zentralen Himmelstor, dessen Wächter sie sind.[107] Diese Darstellung inspirierte Michelangelo zu seinem ersten Entwurf für das Grabmal Julius' II., so wie italienische Bildhauer seit Nicola Pisano sich von anderen Sarkophagen hatten anregen lassen. Ein Sarkophag von etwa 220–40 zeigt die vier Jahreszeiten zusammen mit Dionysos;[108] er schenkt den frommen Toten Glück und Segen, symbolisiert in den Jahreszeiten. Der ruhige Vordergrund, aus dem die Sicherheit und Erlösung spricht, ist auf geschickte Weise mit einem belebten Hintergrund kontrastiert, der das überquellende Leben jenseits des Grabes veranschaulicht.

Oft ist auch ein Rahmen aus kosmischen Symbolen anzutreffen, die an die Beständigkeit der Natur erinnern. Castor und Pollux, die Dioskuren, die über den Wechsel von Tag und Nacht wachen, symbolisieren den Übergang von dieser Welt ins jenseitige Licht, und auf ähnliche Art stellt eine Reihe von Mosaiken in Edessa in Mesopotamien das zukünftige Leben der Seele u. a. durch einen die Auferstehung symbolisierenden Phoenix dar (235–36 n. Chr.). Etwas später im gleichen Jahrhundert zeigt ein Sarkophag Prometheus bei der Erschaffung der Menschen, eine Vorausnahme ihrer Wiedergeburt in einer anderen Welt. Ein neuer feiner Zug kommt hinzu, indem ein totes Kind so dargestellt wird, als ob es nicht tot sei, sondern nur schlafe.[109] Seit Plotin, als die Philosophie wieder neu aktualisiert wurde, wurden auf den Sarkophagen häufig auch der weise Philosoph und die Musen dargestellt. Es handelt sich dabei um verhaltene hellenische Darstellungen, die die Freiheit der Seele von den Leidenschaften und Bedrängnissen der Materie zum Ausdruck bringen und ihre sehnsüchtige Hoffnung, sich nach angemessener Belehrung und Einweihung (S. 193) mit den erhabenen Geistern der Vergangenheit zu vereinigen.

Reliefs, die Knaben in der Schule zeigen, sind gleicherweise Spiegelungen dieses Lehr- und Einweihungsmotivs. Diese Reliefs stammen aus Noviomagus (Neumagen) an der Mosel, aber in allen westlichen Provinzen gibt es örtliche Variationen und Bearbeitungen dieser römischen, attischen und kleinasiatischen Grabthematik. Außer den Schulszenen liefern Germanien und Gallien eine Reihe anderer reizvoller realistischer Arbeiten, die von romanischen Bildhauern nachgeahmt wurden. Sie zeigen den

Menschen bei seiner täglichen Arbeit im Leben – und sind ein Lob für seine irdische Tätigkeit, die gleichzeitig versinnbildlicht, wie seine Seele in dieser Welt zur Glückseligkeit der kommenden strebt.

Alle bisher aufgeführten Beispiele von Grabkunst spiegeln religiöse Auffassungen, die den Eingeweihten einen Ausweg aus den Übeln dieser Welt ins Jenseits versprachen. Andere bevorzugten die noch älteren Methoden der Astrologie und Zauberkunst. So sind zum Beispiel für Sarkophage aus dem Donauraum astrologische und Sonnensymbole typisch, und nordafrikanische Grabmäler tragen sehr häufig magische Zeichen, die das Böse abwehren sollen. Darüber hinaus hatte die Magie den Vorteil, daß sie das Schicksal des Menschen bereits in dieser Welt zu ändern vermochte, ohne daß sie auf die kommende warten mußte.

In vorangegangenen Jahrhunderten hatten einige Griechen und gelegentlich auch einige Römer mutige Ansätze zu einem rationalen Denken gemacht, aber solche Versuche hatten gewöhnlich keine weite Verbreitung gefunden und waren nicht von Dauer gewesen. Dem Leben in der weiten, unpersönlichen Welt des späten Rom hilflos ausgeliefert, verloren die Menschen den Mut, wenn sie darüber nachdachten, wie wenig Aussicht sie hatten, ihre Zukunft selbst gestalten zu können. Also flohen sie vor dem Denken in die totale Irrationalität. Für viele scheint lange Zeit der Zufall der einzige Herrscher des Universums gewesen zu sein. Oder war es das Schicksal? Wie ein Philosoph des dritten Jahrhunderts nachwies, konnte man logischerweise nicht zur gleichen Zeit an beide glauben.[110] In diesem religiös bestimmten Zeitalter schien ein die Schicksale bestimmendes Fatum aufs Ganze gesehen glaubhafter zu sein als eine launenhafte und unbeständige Fortuna. Außerdem war der Glaube an ein Fatum weniger entmutigend: Wenn es auch unmöglich war, Fortuna zu beeinflussen, so konnte doch das Fatum mit Sicherheit auf irgendeine Weise umgestimmt werden.

Das konnte nur über die Himmelskörper geschehen; denn eine überwältigende Mehrheit der Bevölkerung im Römischen Reich identifizierte das Fatum mit diesen himmlischen Mächten. Da eine allumfassende Sympathie Himmel und Erde verbindet, müssen die Bewegungen von Sonne, Mond und Sternen auch die Geschicke der Menschen lenken und alle künftigen Ereignisse vorherbestimmen (S. 212). Es gab zwar auch Andersdenkende,[111] aber wenige Denker zweifelten an dem Einfluß der Himmelskörper auf die Geschicke der Menschen. Trotzdem fanden viele Männer und Frauen es unerträglich, ein derart mechanistisches Schicksal hinzunehmen, und suchten nach Mitteln, um diesen Druck irgendwie zu

mildern. Der erste Schritt hierzu war, zu erforschen, was der Himmel
plante, und dann das eigene Tun so festzulegen und den richtigen Zeitpunkt dafür so zu bestimmen, daß die gefährlichsten Einflüsse vermieden
werden konnten. Aber diese schwierigen Aufgaben ließen sich nur mit
Hilfe von Berufsastrologen lösen, die infolgedessen zu einem außerordentlich einflußreichen Stand in der alten Welt wurden. Das Vertrauen
auf ihre Macht war nahezu unbegrenzt.

Die Astrologie war eine einfache und pseudowissenschaftliche Art, dem
unerträglichen Druck auszuweichen. Es gab darüber hinaus noch andere
‹Lösungen›, bei denen die Tünche der Vernunft noch dünner war. Denn
während dieser ganzen Periode nahmen magische Praktiker aller Art, die
stets häufig gewesen waren, an Umfang und Einfluß immer mehr zu.
Auch Träume schienen Rat zu bieten; selbst Mark Aurel glaubte an sie,
und Tertullians Christentum hinderte ihn nicht zu sagen, daß die meisten
Menschen ihre Kenntnis von Gott durch Träume erhielten.[112] Die
Romanschreiber dieser Zeit bezeugen oft einen starken Glauben an Orakel
und Prophezeiungen. Dieser Glaube erfuhr neuen Antrieb durch die
‹Chaldäischen Orakel›. Dieser theosophische Mischmasch aus der Horo-
skopküche, der vorgab, Übersetzungen aus Zoroaster zu bieten, profitierte
von dem nach Trajans Eroberungen einsetzenden allgemeinen Interesse
für babylonische Altertümer. Dieser Pseudoglaube gewann in der Zeit
Mark Aurels noch an Einfluß, als ein gewisser Julianus eine höhere oder
religiöse Art von Magie entwickelte, die als Theurgie bekannt und später
von Neuplatonikern, wie Iamblichos, gefördert wurde (S. 193). Auch bediente man sich immer stärker privater spiritistischer Medien, namentlich
Knaben.[113] In Ägypten hatte man stets versucht, das Geschehen durch
Magie zu beeinflussen,[114] und das Koptische diente, ehe es zur nationalen
Literatursprache wurde, den Magiern als Zaubersprache. Die Magier und
nur sie allein schienen fähig zu sein, sich gegen die Nöte der Zeit zu
behaupten und eine Fülle besonderer Aufgaben zu lösen: In afrikanischen
Inschriften zum Beispiel wird Zauberei zur Beeinflussung von Rennpfer-
den angewandt. Im gleichen Maße, in dem diese primitiven irrationalen
Elemente emporstiegen und das am Menschen orientierte Selbstbewußtsein der klassischen Zeit ertränkten, wuchs auch die Bereitschaft, an Wunder zu glauben. Sie wurde auch keineswegs immer von staatlicher Seite
gedämpft. Auf der Marcussäule sieht man, wie eine feindliche Kriegsma-
schine aufgrund eines Gebets von einem Blitzschlag zerstört wird; auch
wird die Rettung der römischen Heere durch das Regenwunder (ca. 173)
in Form einer geisterhaften, halb-personifizierten Gestalt dargestellt.

Diese Rettung wurde später den Gebeten christlicher Soldaten der zwölften Legion zugeschrieben. Aber in heidnischen und staatlichen Kreisen führte man sie auf die Anrufung des Thoth (der mit Hermes-Merkur gleichgesetzt wurde) durch Arnuphis, einen ägyptischen Magier aus der Begleitung des Kaisers, zurück (S. 242).

Warum, so fragte man, interessieren sich ernsthafte Menschen für Lügengeschichten von Wundern, und warum haben kranke Menschen den Wunsch, derartige Wunder zu erfinden und glaubhaft zu machen?[115] Weil die Zeit damals jede Hoffnung, jede Aussicht, jedes Verlangen verloren hatte, ihre Probleme mit Hilfe des gesunden Menschenverstandes zu lösen; es war eine Epoche, in der kaum noch jemand mit beiden Füßen auf dem Boden der Realität stand.

Wer aber kann eine solche Frage überhaupt gestellt haben – besitzt sie doch gerade jenen Unterton von Zweifel, der damals so ungewohnt geworden war? Der Fragesteller war der gleiche Mann, der sich auch über die ‹Reise›-Literatur seiner Zeit lustig gemacht hatte, Lukian von Samosata am Euphrat (S. 151f). Seine Muttersprache war das Syrische, aber seine Bücher schrieb er auf Griechisch, das er in der Schule gelernt hatte.[116] Und er schrieb mit eindringlicher Schlagfertigkeit während vieler Jahre des späteren zweiten Jahrhunderts n. Chr. In einer Epoche feierlicher Ernsthaftigkeit, Spannung und Unvernunft «wird das stete Vordringen des Irrationalen als weltflüchtiger Mystizismus oder banaler Aberglaube von dem Gelächter eines Mannes (begleitet), dessen Weltsicht die Skepsis und dessen Beruf der Spott war».[117] Mancher geistsprühende, spöttische Dialog oder literarische Brief von Lukian kritisiert kräftig, wenn auch manchmal in oberflächlicher Weise, diese überwältigenden Tendenzen seiner Zeit. In manchen seiner Pamphlete ist die Religion die Zielscheibe seines Spottes: So berichtet er etwa, wie der vernünftige Philosoph, der den anti-konventionellen kynischen Grundsätzen des Diogenes folgt, in den Himmel fliegt, um sich über das Durcheinander widersprüchlicher Dogmen zu erheben. – Jupiter selbst, und an anderer Stelle dem Totenrichter Minos, fällt es schwer, sein Verhältnis zum Fatum zu begreifen. Die Götter sind völlig aus der Fassung – weil man ihnen bewiesen hat, daß sie gar nicht existieren. Und einer ihrer Sprecher beklagt den starken Zustrom neuer Mitglieder im olympischen Klub.[118]

Diese unterhaltsamen Pamphlete gehören mehr oder weniger in den Bereich religiöser Literatur, aber dann wendet Lukian sich einigen der für seine eigene Zeit typischen hysterischen Erscheinungen zu. Er schreibt mit vernichtendem Spott über den falschen Wanderprediger Peregrinus,

einen Casanova, zeitweiligen Christen, Flagellanten und des Vatermordes
Verdächtigen, der wegen seiner Vielseitigkeit nach dem vielgestaltigen
Proteus benannt wurde. Seine krankhafte Sucht, berühmt zu werden, trieb
ihn dazu, sich bei den Olympischen Spielen (165 n. Chr.) ins Feuer zu
stürzen; daraufhin wurde sein Andenken zum Gegenstand frommer Verehrung, das zahlreiche Pilger anzog.[119] Als nächsten entlarvt Lukian einen
noch schändlicheren Abenteurer, der die Leichtgläubigkeit der Zeitgenossen lange Zeit schlau ausgenutzt hatte, Alexander von Abonuteichos im
nördlichen Kleinasien. Der quacksalbernde Prophet einer Schlange, deren
grausiges Bild mit einem Schafskopf und Menschenhaaren vor einiger
Zeit in Tomi (Constanta in Rumänien) gefunden wurde, setzte alle möglichen Tricks, Hochstapelei und Geilheit ein, um eine beachtliche Anhängerschaft, darunter vor allem viele Frauen der Oberschicht, zu gewinnen.
Seine Tochter heiratete den Statthalter von Asien, und sein Kult existierte
sogar noch nach seinem Tode weiter.

Lukian untersucht die Methoden genau, mit denen ein solcher Schurke
zum höchsten Ansehen gelangte:

«Gerade als Alexander der Bart zu wachsen anfing, starb sein Lehrmeister; das brachte ihn in eine schlimme Situation, denn gleichzeitig war
auch seine Schönheit, von der er hätte leben können, im Verblühen begriffen. Da beschloß er, sich nicht mehr mit kleinen Dingen zu befassen und
tat sich daher mit einem Dichter von Chorliedern aus Byzanz zusammen,
einem von denen, die auch an Wettbewerben teilnahmen, einem noch üble-
ren Burschen – Kokkonas hieß er, glaube ich –, und so zogen sie als
Quacksalber und Betrüger umher und schröpften die Fettsäcke (so nennen
nämlich Zauberkünstler in ihrer Sprache die Reichen). Dabei lernten sie
eine reiche Makedonierin kennen, die zwar über ihre erste Jugend hinaus
war, aber immer noch gerne als attraktiv gelten wollte. Auf deren Kosten
lebten sie eine zeitlang, und als sie von Bithynien nach Makedonien zurückkehrte, zogen sie mit … Da (in Pella) sahen sie einige ungewöhnlich
große Schlangen, ganz sanft und zahm, so daß auch Frauen sie als Haus-
tiere hielten und Kinder sie sogar mit ins Bett nahmen. Sie ließen sich
mit Füßen treten und zwicken und tranken sogar wie Säuglinge Milch
aus der Brust … So kauften sich die beiden für ein paar Kupferstücke
ein besonders schönes Exemplar, und damit – wie Thukydides sagen
würde – fing alles an. Denn wie es von zwei so skrupellosen und frechen
Abenteurern nicht anders zu erwarten war, überlegten sie und kamen
zu der Erkenntnis, daß das menschliche Leben von zwei großen Tyrannen
beherrscht wird, nämlich von Hoffnung und Furcht, und daß man aus

beiden viel Geld schlagen könne, wenn man sich ihrer richtig zu bedienen wisse. Denn sie sahen, daß für Menschen, ob sie nun fürchten oder hoffen, nichts wichtiger und ersehnter ist als Wissen über die Zukunft, und daß deshalb schon lange Orte wie Delphi, Delos, Klaros (Kolophon) und Branchidai (Didyma) so reich und berühmt geworden sind, weil nämlich die Menschen wegen dieser Tyrannen, von denen ich sprach, aus Hoffnung und Furcht immer wieder diese heiligen Stätten besuchten und die Zukunft haben erfahren wollen und dafür Hekatomben von Vieh und Goldbarren geopfert haben. Nachdem sie dies alles wohl durchdacht hatten, faßten sie schließlich den Entschluß, ein eigenes Orakel zu gründen. Falls alles gut ginge, würden sie über Nacht reich werden – und tatsächlich übertrafen die Resultate ihre kühnsten Träume ...»[120]

Aber Lukians Skeptizismus solchen Betrügern gegenüber war, wie Skepsis überhaupt, damals nicht mehr zeitgemäß – ein fast ganz isoliertes Überbleibsel aus einer vergangenen Zeit, in der intellektueller Scharfblick weiter verbreitet und höher geschätzt war. Jetzt waren die Probleme, die die Gemüter der Menschen bewegten, religiöser Art, und die Lösungsmöglichkeiten dieser Probleme reichten von der Scharlatanerie eines Alexander von Abonuteichos bis zur Tiefgründigkeit eines Plotin oder Mani.

Mani: Die guten und die bösen Mächte

Der letzte Abschnitt hat gezeigt, wie Millionen Menschen verschiedene Arten religiöser Rettung aus den Übeln der Zeit suchten. Aber noch mehr Menschen, besonders die Nachdenklichen unter ihnen, quälten sich mit dem ewigen Hauptproblem herum: Warum gibt es dieses Böse überhaupt? Wie ist das möglich, wenn die Welt von einem gütigen, allmächtigen Gott oder Göttern geschaffen wurde und gelenkt wird? Browning nannte es in seinem ‹Mihrab Shah› das tragischste und auswegloseste Dilemma des Menschen:

> Warum soll Menschen Böses widerfahren
> Ob Schmerz des Fleisches, ob der Seele Qual
> Wenn Gottes Allerbarmen Allmacht schafft?
> Warum erduldet Böses er gar selbst?

Der amerikanische Philosph William James fragte: Wenn eine Gewehrkugel aus Versehen offenbar sinnloses Unglück anrichtet, sollte Gott (1) dies verhindern, (2) die Kugel ablenken, (3) den Schaden ungeschehen

machen? Jeder dieser Fälle enthält eine Aufhebung der Naturgesetze, und
(3) führt durch seinen Anfangsirrtum zum Zweifel an Gottes Allmacht.
Und ebenso wird durch jede dieser drei Antworten die menschliche Wil-
lensfreiheit geleugnet, dieser grundlegende Glaubenssatz des Christentums, den bereits Epiktet und Mark Aurel betont hatten (S. 165). Und
der russische Philosoph Berdjajew sagte, wenn die Welt gezwungen wäre,
gut und glücklich zu sein, dann hätte der Mensch seine Ähnlichkeit mit
Gott verloren, die vor allem in seiner Freiheit liege. Die Argumente der
katholischen Theodizee verteidigen Gottes Gerechtigkeit und Rechtschaffenheit angesichts der Tatsache, daß es das Böse gibt. Mit Rilkes Worten
ausgedrückt:

> Diese dunklen, tödlichen, vernichtenden Wege,
>   wie kannst du sie tragen und erleiden? Ich lobe!

Die Anhänger der Christian Science lösen dieses Problem dadurch, daß
sie das Böse zwar nicht gerade als größte Unwirklichkeit abtun wie Plotin
(S. 177), aber doch als Illusion. Andere moderne Denker sprechen von
einem inneren Dualismus und nehmen einen Gegenpol zum Guten innerhalb der einen göttlichen Natur an. Aber als die Menschen in der Spätantike sich mit der Frage beschäftigten, warum es so viel Böses in der Welt
gibt, suchten sie andere Erklärungen. Man fühlte, daß die bedauerlichen
und stets gegenwärtigen Tatsachen des Lebens nicht in Einklang zu bringen sind mit der Annahme, daß die Welt von einem allmächtigen und
allgütigen Gott (oder Göttern) erschaffen und gelenkt wird, denn wenn
sie allmächtig und allgütig wären, gäbe es das Böse nicht. Dieses kann
daher nur durch die Existenz von *zwei* Mächten erklärt werden – nicht
nur einer guten, sondern auch einer bösen –, die diese Welt erschaffen
haben.

Eine derartige dualistische Auffassung von der göttlichen Macht findet
sich in den früheren ägyptischen Legenden, die vom Kampf zwischen
Horus und Set, Tag und Nacht, Gut und Böse, berichten; und das Problem
des Bösen wird in dem ‹Zwiegespräch eines Misanthropen mit seiner eigenen Seele› behandelt (ca. 2000 v. Chr.). Die klassische Formulierung dieses
Zwiespalts jedoch findet sich bei Hiob. «Das Land aber wird gegeben
unter die Hand des Gottlosen, daß er ihre Richter unterdrücke. Ist's nicht
also, wie sollt es anders sein?» Hiob wagt sich nicht an eine dualistische
Lösung heran, ebensowenig der Prediger Salomo, der dasselbe Thema
behandelt. Doch in den folgenden Büchern des Alten Testaments wird
Satan aus einem übereifrigen Glied der himmlischen Heerscharen zwar

nicht gerade zu einer zweiten Hauptmacht, aber doch zu einem bösen Geist, der den Menschen dazu verführt, den göttlichen Befehlen nicht zu gehorchen.[121] Satan wird in den späteren Büchern des Alten Testaments häufiger erwähnt als in den früheren. Der Wandel ist zum Teil auf persischen Einfluß zurückzuführen, denn die Perser hatten, durch den legendären Zoroaster beeinflußt, einen konsequenten Dualismus entwickelt. Obgleich sie an viele Götter glaubten, war die für sie grundlegende theologische Wahrheit der Kampf zwischen der guten Macht des Lichts, Ahura Masda (Ormuzd), und der Macht der Finsternis, Ahriman. Selbst wenn aufs Ganze gesehen Optimismus vertretbar war – und Zoroaster lobt die Schöpfung in überschwenglichen Tönen[122] –, so war die beherrschende Einstellung im westlichen Asien, soweit es sich um die absehbare Zukunft handelte, doch pessimistisch. Ahriman, der ältere der beiden Götter, beherrscht die Welt, und der Kampf muß weitergehen, bis schließlich Ahura Masda den Sieg erringen wird; sein Ebenbild auf Erden ist der persische Großkönig, dessen Siegel ihn selbst mit dem Gott zusammen zeigen.

Auch den indogermanischen Sprachen scheint ein solcher Dualismus immanent zu sein, denn mit Ableitungen von ‹zwei› wird das Schlechte ausgedrückt, wie etwa in den Worten Zweifel, dishonourable, Dyspepsie, dubios, bévue. Das buddhistische ‹Dhammapada›-Epos fragt: «Wie kann es Lachen, wie kann es Freude geben, da die Welt doch stets in Flammen steht?» Für den Hindu-Weisen Yajnavalkya ist das Dasein «dieses provisorische Versteck».

In Griechenland hatten sich die athenischen Tragödiendichter intensiv mit dem Problem des Bösen beschäftigt. Der Gegensatz zwischen der himmlischen und irdischen Welt wurde von Platon betont, der Aussagen moderner Theologen mit seiner Behauptung vorwegnahm, Zeus sei nicht voll verantwortlich für das Böse, das geschehe.[123] Später formulierte Epikur das Problem in zeitlosen Begriffen: Ist die göttliche Kraft ohnmächtig oder übelwollend? Und wenn sie keins von beiden ist, woher kommt dann das Böse?

In der späteren griechischen und römischen Zeit wurde das Dilemma erneut mit den alten Namen für die beiden Mächte formuliert, mit Gut und Böse. Innerhalb dieses dualistischen Gefüges gab es wieder tausenderlei verschiedene Fassungen, die zusammen eine der herrschenden Religionen dieser Zeit ergaben. Es gab viele Gründe für dieses Phänomen, einer davon war, daß man sich in zunehmendem Maße mit Moral und individueller Erlösung beschäftigte, was sowohl in Mark Aurels ‹Selbstbetrachtungen› als auch auf unzähligen Sarkophagen seinen Ausdruck fand. Aber der Dualismus wurde auch durch das offensichtliche Anwachsen des Bösen gefördert – wie es sich in Bürgerkriegen und wirtschaftlichem Zusammenbruch zeigte – und dadurch, daß die traditionelle olympische Religion nicht imstande war, eine Erklärung dafür zu geben. Auch für die Juden schien das Scheitern ihrer Aufstände gegen die Römer ein Zeichen dafür, daß Gott nicht eingegriffen hatte und nicht eingreifen konnte.[124] Philosophen wie Epiktet und Mark Aurel hatten mit Nachdruck betont, wie absolut unsicher die Situation des Menschen sei. Ein anderer Schriftsteller schrieb, sie sei nichts anderes als ein Alptraum.

Zudem war seit Jahrhunderten persisches Gedankengut nach dem Westen durchgesickert, besonders über Mesopotamien, die Arena, in der Reiche und Religionen zusammenstießen; und so sah der griechisch-römische Dualismus in Zoroaster einen seiner Propheten. Die vierzig Abhandlungen, die man bei Chenoboskion (Nag'Hammadi) in Ägypten gefunden hat, enthalten auch eine ‹Apokalypse des Zoroaster›, und einer der in Qumran am Toten Meer gefundenen Texte, das ‹Handbuch der Disziplin› erklärt den Ursprung des Bösen in Begriffen des zoroastischen Dualismus. Dieser Dualismus war seit dem zweiten Jahrhundert v. Chr. durch die griechischen Schriften persischer Priester in Kleinasien nach dem Westen gekommen. Diese ‹Magier› verfaßten eine gereinigte Version ihrer heiligen Schrift, des Avesta, das in Parthien in aramäische Schriftzeichen übertragen und dadurch leichter zugänglich wurde. In seiner Ablehnung der materiellen Natur als einer Illusion zeigte der Dualismus auch Spuren buddhistischen Einflusses, und sogar Zauberei und Dämonenlehre trugen ihr Teil bei. Viele Dualisten schöpften auch stark aus dem Christentum und hielten sich tatsächlich für Christen.

All diesen bunten, vielfältigen Glaubensvorstellungen lag der gemeinsame Gedanke zugrunde, daß die Welt, die durch die Macht des Bösen erschaffen wurde, verdammenswert sei, und daß der Mensch, um dem gemeinen Kerker des Leibes zu entfliehen, alles läutern müsse, was in ihm ungeistig sei. Denn auch in ihm sei der Geist und warte auf Verwirklichung. Daraus spricht die Vorstellung, daß der Geist des Menschen nur ein im Körper gefangengehaltener Funke des unendlichen göttlichen Lichts über den Himmeln sei (S. 212). Einige zogen aus diesem Stand der Dinge positive und optimistische Schlüsse, wogegen ausgesprochene Pessimisten meinten, es wäre besser, wenn das materielle Universum überhaupt nicht existierte. Ziel und Zweck all dieser Glaubensmeinungen war es jedoch, ein Wesen zu befreien und aufzurichten, das gut, aber gefallen ist, weil das sichtbare Universum ein schlimmes Gefängnis ist. Auch von der Zeit muß sich der Mensch frei machen. Die persische (sassanidische) Staatsreligion im dritten und in den folgenden Jahrhunderten n. Chr. sah in der Zeit das Urprinzip, das gleicherweise gute wie böse Geister hervorbringt,[125] aber vielen Dualisten erschien sie als Schändung, feindlich und voll Grauen, in dem ein Mensch tausend Myriaden von Jahren leben könnte, ohne daß jemand wüßte, daß er da war.

Aber eine Flucht aus der Welt und ihren Übeln ist möglich: Der Mensch besitzt das Bewußtsein des Guten, das ihm eine solche Flucht möglich macht. Es gibt einen Weg aus dem Gefängnis, während wir noch unserem Körper verhaftet bleiben. Wir müssen dem Geistigen in uns Ausdruck verleihen: das ist unsere Heimat, in der wir Zuflucht finden müssen. Ein Fresko, das bald nach dem Jahre 200 n. Chr. in Rom (Viale Manzoni) gemalt wurde, stellt diese Idee in Form der Heimkehr des Odysseus dar – die Heimkehr der Seele in das Land, in das sie gehört.

Aber wie können wir dorthin gelangen? Die Antwort auf diese Frage gibt der zweite charakteristische Grundzug der dualistischen Lehre, der ihr ihren anderen Namen Gnostizismus eingetragen hat. Denn die Flucht ist nur durch Erkenntnis (Gnosis) möglich. Aber es handelt sich dabei nicht um die vernunftbetonte Art der Erkenntnis, um die die führenden Denker der alten Welt sich bemüht hatten. Hier geht es weder um Wissenschaft noch um gesunden Menschenverstand. Die letzte große Erkenntnistheorie, die Chrysipp, das stoische Schulhaupt, im dritten Jahrhundert v. Chr. formuliert hatte, war von Karneades († ca. 128 v. Chr.), der die Neuere Akademie in der Nachfolge Platons begründete, vor allem aber ein Skeptiker war, erschüttert worden. Karneades hatte jegliche Möglichkeit der Erkenntnis verneint,[126] und diese Tradition wurde im späteren zweiten Jahrhundert n. Chr. fortgesetzt von dem Arzt Sextus Empiricus, dem wir den einzigen vollständigen Bericht über den antiken Skeptizismus verdanken. Sein oberstes Prinzip ist, sich jeden Urteils zu enthalten: «Es gibt keine allgemeingültige Meinung über Gerechtigkeit, Mut oder Religion.»[127] Wie vor ihm bereits Karneades, so wandte sich auch Sextus gegen jegliche durch vermeintlich rationale Mittel erworbene Erkenntnis. Keiner von beiden wollte damit ausdrücken, daß stattdessen die Achtung vor einer völlig irrationalen ‹Erkenntnis› gefördert werden sollte, aber darauf lief ihre Mißbilligung der rationalen Erkenntnis letztlich hinaus.

Ein Zeitgenosse des Sextus, Lukian von Samosata, mit seinem Hang zu den Kynikern, versuchte, sich über die ständig wachsende Irrationalität seiner Zeit lustig zu machen, und zwar auf sehr amüsante Weise (S. 233), aber er löckte nur wider den Stachel. Man hatte kein Vertrauen mehr zur Realität. Die Dualisten oder Gnostiker sind keine Intellektuellen. Ihre ‹Erkenntnis› der Geheimnisse des Universums wird durch Frömmigkeit und innere Schau erworben. Das ist die Erleuchtung, die nicht aus dem logischen Denken oder dialektischen Bemühungen kommt, sondern aus verkündeter Offenbarung: Was Prämissen für die Philosophen bedeuteten, das war die Offenbarung für die Dualisten. Der Name Gnosis stammt von persischen Magiern, die in Babylon und Ägypten wirkten. Aber die dem Gnostizismus zugrundeliegende geistige Haltung erinnert an den Glauben an die magische, befreiende Macht der Erkenntnis, der sich bereits in der frühen vedischen Philosophie und dann in den ersten Upanishaden (seit dem achten Jahrhundert v. Chr.) und der Bhagavadgita, etwa sechshundert Jahre später, gezeigt hatte. Inzwischen hatten die Anhänger des Pythagoras der griechisch-römischen Welt die Idee von durch Schulung und Disziplin erworbener Erkenntnis als Vorbedingung und gleichzeitig als Ziel der Einweihung vermittelt.

Die Erkenntnis, die die Gnostiker erlangten, verlieh ihren Empfängern besondere Vorrechte, nicht nur in dieser, sondern auch in der jenseitigen Welt. Ein Stelenrelief zeigt, wie die Wahl zwischen Gut und Böse im Leben sich auch in der künftigen Welt wiederholt: Die Besitzer von Gnosis werden nicht nur für den Augenblick, sondern für alle Ewigkeit erlöst. In einer Gegenbewegung zu den gleichmacherischen Tendenzen des Zeitalters (S. 100) fühlten sich die Gnostiker als Auserwählte, die sich hoch über die gemeine Masse erhoben. Dennoch war der Gnostizismus keine einheitliche Religion, sondern bestand aus einer Vielfalt kleiner, intimer, geistiger Aristokratien, von denen jede ihre eigenen elaborierten Schriften besaß. Es waren esoterische Bewegungen, die die Namen und Rituale ihrer Gottheiten in eine dichte Atmosphäre des Geheimnisvollen hüllten und der Geheimhaltung durch Androhung eines Fluchs Geltung verschafften. Ihre Botschaften und Schriften waren daher oft kompliziert, zu kompliziert. Eine göttliche Offenbarung müßte zwar für den, der sie empfing, verständich sein, aber komplizierte Lösungen wirken erhaben und inspiriert und zeigten, daß nur ein wirklich Eingeweihter die oberste Stufe erreichen konnte. Die Gnostiker sammelten endlose und oft widersprüchliche Theorien und mythologische Erklärungen anonymer Seher; immer neue kosmische Modelle wurden heraufbeschworen und frühere Offenbarungen neu interpretiert, weil sie bis dahin fehlerhaft und falsch verstanden worden seien. Besonders das Christentum war derartigen Neu-Interpretationen ausgesetzt. Christen wie Irenaeus und Eusebius wandten dagegen ein, die größte Schwäche des Gnostizismus sei seine verwirrende

Vielfalt und das Fehlen eines Kanons. Denn er war kein Lehrgebäude, sondern ein Sammelsurium unterschiedlicher Anschauungen, eine mythologische Haltung, ein Meinungsklima, ein Geisteszustand.[128] Aber all diese fantastischen Gebilde der Vorstellungskraft waren von der einen Idee beherrscht, man müsse sich von der physischen Umwelt des Menschen abwenden und entfernen; denn da sie von einer bösen Macht erschaffen worden sei, sei sie heillos verderbt. Die meisten uns überlieferten Texte des Gnostizismus stammen aus der Zeit vom ausgehenden dritten bis zum Anfang des fünften Jahrhunderts n. Chr.[129] Aber es gibt auch frühere, darunter ergreifende Hymnen, die unser Gefangensein in der Materie beklagen, und die begabtesten und einflußreichsten Vertreter dieser Lehren erreichten den Höhepunkt ihres Einflusses in der Zeit von Antoninus Pius und Mark Aurel.

Die ersten Anfänge des Gnostizismus können noch weiter zurück datiert werden. Die Legende schrieb später dem Simon Magus die Rolle des Begründers zu, einem Zauberer, den seine Anhänger wie einen Gott verehrten und der auch in der Apostelgeschichte erwähnt wird.[130] Simon stammte aus Gitta in Samaria, und in diese Gegend lassen vielleicht auch die Ursprünge der gnostischen Lehre sich zurückverfolgen. Später soll dann der Diakon Nikolaus von Antiochia die charakteristische gnostische Lehre formuliert haben, indem er feststellte, daß die sichtbare Welt, da sie böse sei, nicht von Gott, sondern von einem ‹Demiurgen› erschaffen worden sei. Später, zur Zeit Hadrians, gab es Gnostiker in Ägypten, wo viele ihrer Texte aufgefunden worden sind – und nach der Mitte des zweiten Jahrhunderts n. Chr. tauchte die größte ihrer Gruppen, die sich ausdrücklich selbst Gnostiker nannte, in Rom auf.[131]

Markion von Sinope im nördlichen Kleinasien, der den christlichen Glauben etwa um das Jahr 138 aufgab und wahrscheinlich um 170 starb, scheint so etwas wie eine dualistische Kirche gegründet zu haben. Markion kam vielleicht aus einem zum Teil iranischen Kulturmilieu; ihm fiel insbesondere der Gegensatz zwischem Altem und Neuem Testament auf, und diesen nicht zu vereinbarenden Widerspruch machte er zur Grundlage seines Dualismus. Er haßte das Alte Testament und stellte der alttestamentarischen Gerechtigkeit die Gnade Jesu gegenüber, seine Liebe der Strenge des Alten Bundes.[132] Er tilgte alle Judaismen aus dem Neuen Testament und übernahm nur das Lukasevangelium und zehn Briefe von Paulus. Die paulinischen Lehren nahm Markion gerne an und baute sie bis zum Extrem weiter aus, denn er hatte einen krankhaften Abscheu vor der Welt. Seine Überzeugungen waren von einer auffallenden Einfach-

heit, die im Gnostizismus sonst so oft fehlte; hinter ihnen stand eine wirksame Organisation, die zwar in Rom nicht Fuß fassen konnte, aber anderswo weiterlebte und ihren Gründer Jahrhunderte lang überdauerte.

Ebenfalls im Osten wie im Westen vertreten, wenn auch mit einer weniger straff organisierten und einheitlichen Basis waren die Schüler des Valentin, eines Ägypters, der um die Mitte des zweiten Jahrhunderts n. Chr.
in Rom wirkte. Sein Dualismus war zwar äußerst kompliziert und gelehrt,
aber auch von einer spekulativen Kühnheit und einer für ihn bezeichnenden psychologischen, fast psychoanalytischen Frische und Originalität. In seiner Weltordnung spielte Jesus zwar eine Rolle, aber nur am
Rande. Der Ursprung des Bösen lag im ‹Sündenfall›, der sich zutrug, noch
ehe es Menschen gab; es war ein Fall der Weisheit (Sophia). Der Demiurg,
der Schöpfer der Welt, besitzt nur ein unvollkommenes Verständnis –
er hält sich nämlich für den einzigen Gott –, aber er ist nicht durch und
durch böse. Valentin könnte auch der Autor oder noch wahrscheinlicher
der Inspirator des ‹Evangeliums der Wahrheit› sein.[133] Das Thema dieses
meditativen Werkes ist die Errettung der Menschheit aus ihrem Elend,
an dem – wie er im Gegensatz zu Paulus glaubt – nicht Sünde, sondern
Unwissenheit schuld ist. Es wird darin auch auf das Neue Testament
verwiesen, aber es handelt sich nicht um eine ausgesprochen christliche,
sondern gnostische Sicht, die zeigt, «woher der Mensch gekommen ist
und wohin er geht».

Eine zweite Abhandlung, die ebenfalls Valentin zugeschrieben wurde
und den Sinn des Universums erklären will, ist als ‹Poimandres› bekannt.
Hier ist der Mensch selber abgefallen, nicht die abstrakte vormenschliche
Weisheit wie bei Valentin. Der ‹Poimandres› ist das früheste und beste
aus einer Reihe heiliger Bücher, mehr literarischer als liturgischer Art,
die sich auf verschiedene Weise eingehend mit den Offenbarungen befassen, die auf den Dualismus der guten und bösen Kräfte gegründet sind.
Diese Schriften, in Ägypten während des zweiten und dritten Jahrhunderts
n. Chr. von griechischsprachigen Männern verfaßt, tragen den Namen
des Hermes, des dreimal Größten (Trismegistos), der dem Gott Thoth
entspricht und als Verfasser aller heiligen Schriften galt, die in ägyptischen
Tempeln aufbewahrt wurden (S. 233). Die Weisheit Ägyptens schien, wegen des Ansehens, das sie aufgrund ihres hohen Alters genoß, am besten
geeignet, mit ihren Offenbarungen den Schlüssel zur Erkenntnis und dem
Leben nach dem Tod zu liefern.

Die Hermetischen Traktate waren von sehr verschiedener Art, und ihre
Zusammenfassung unter dieser einen Überschrift mag zufällig sein. Alle

zeitgenössischen Einflüsse spiegeln sich in ihnen, mit starken Untertönen damals geläufiger platonischer und jüdischer Ideen. Wie die Gnostiker scheinen die Hermetiker aus einer Unzahl kleiner, quasi-religiöser Gruppen oder Sekten bestanden zu haben; und in ihren Schriften finden sich Spuren der allgemeinen gnostischen Auffassung, nach der alle Forschung der Offenbarung untergeordnet ist, die den Erwählten zuteil wird, und die Offenbarung hat den Zweck, den Konflikt von Gut und Böse zu erklären. Einige dieser Erklärungen sind populär und magisch, andere sind von erhabener gelassener Größe beseelt. Es gibt pessimistische Schlußfolgerungen wie etwa die Aufforderung in ‹Poimandres›, die Welt völlig zu meiden. Aber es gibt auch hoffnungsvollere Argumente, die die materielle Welt für gut halten, weil sie von der Gottheit durchdrungen sei. Der Demiurg, der Gott die Verantwortung für die Erschaffung der Welt abnimmt, wird häufig nicht als unabhängiges, Gott feindliches göttliches Wesen angesehen, sondern als dessen Emanation, als sein Vermittler oder Untergebener, über den durch das Ritual Verbindung mit der Gottheit selbst hergestellt und dadurch individuelle Erlösung bewirkt werden kann. Einer anderen weitverbreiteten Idee zufolge wird die Wiedergeburt nicht durch einen persönlichen Erlöser bewirkt, sondern dadurch, daß das alte Selbst durch eine neue göttliche Persönlichkeit ersetzt wird. Wie bei Plotins Vereinigung mit dem Göttlichen (S. 181) liegt die Betonung auf der persönlichen Erfahrung, die durch private Unterweisung vermittelt wird. Die Hermetiker beeinflußten die jüdische Kabbala, und ihre Lehre fand sogar Eingang in die westliche Ikonographie des vierzehnten und späterer Jahrhunderte.

Zu Mark Aurels Zeit besaßen die Dualisten bereits eine ansehnliche Anhängerschaft. In Alexandria lehrte Basilides, daß die Menschen eine gute und eine böse Seele haben und daß alles Böse die Folge persönlicher Sünde ist, von der die Auserwählten sich aber befreien können. Sein merkwürdiges Modell von 365 Himmeln – eine jener Überkompliziertheiten, die dem Gnostizismus schließlich zum Verhängnis wurden – zeigt nur noch ein weiteres Mal das Bestreben, Gott einen Platz außerhalb des materiellen Universums zu geben, für das er deshalb nicht verantwortlich ist. Noch im vierten Jahrhundert gab es in Gallien Anhänger des Basilides; und mit ihm standen vielleicht auch verschiedene andere Gruppen in Verbindung, die Seth, dem dritten Sohn Adams, göttliche Offenbarungen zuschrieben; dieser ist nicht mehr (wie der Pharaonische Set) ein Feind der anderen Hauptgötter, sondern empfängt Offenbarungen an den Toren des Paradieses.[134] Diese Überlieferung findet sich noch in einer syrischen

Chronik des 8. Jahrhunderts,[135] nach der «Adam seinem Sohn Seth Offenbarungen mitteilte und ihm seine ursprüngliche Größe vor dem Sündenfall und seiner Vertreibung aus dem Paradies zeigte».

Die große Zeit in der Geschichte des Dualismus und eine entscheidende Phase in der Religion des Römischen Reiches ebenso wie seiner östlichen Nachbarn setzte etwa um das Jahr 240 n. Chr. ein. Damals begann der junge Mani mit seinen Predigten in der persischen (sassanidischen) Hauptstadt Ktesiphon und in Seleukia am gegenüberliegenden Tigris-Ufer. Mani, ein Zeitgenosse Plotins, der zweiten hervorragenden geistigen Persönlichkeit dieses Jahrhunderts, lehrte dreißig Jahre lang. Als er starb, war das persische Reich von manichäischen Lehren erfüllt, und bis zum Ende des folgenden Jahrhunderts hatten sie auch in weiten Gebieten des römischen Reiches Verbreitung gefunden. Mani wollte eine religiöse Gemeinschaft gründen, die zum ersten Mal die ganze Welt umfassen sollte.

Er verband ein ausgezeichnetes Organisationstalent mit hohen künstlerischen und dichterischen Fähigkeiten, besaß eine umfassende Kenntnis der orientalischen Literatur ebenso wie der griechischen Philosophie, hatte Talent zum Inszenieren von Zeremonien und war berühmt wegen seiner Wundertaten wie Levitation und Heilung von Dämonen. Da er in einer christlichen Gemeinde aufgewachsen war, nannte Mani sich selber ‹Apostel Jesu Christi›, aber zu seinen gottgesandten Vorgängern zählte er Buddha und Zoroaster ebenso wie Jesus. Ihr Platz war an der Peripherie, er dagegen stand in Babel oder Babylon, dem Mittelpunkt der Erde, als späteste und letzte Inkarnation des Erlösers und als Siegel der Propheten.

Manis Religion und Philosophie können aus Schriften, die in Griechisch, Latein, Arabisch und Syrisch, im Türkischen und Persischen Zentralasiens und im Koptischen Oberägyptens geschrieben sind, rekonstruiert werden. Seine Lehre bietet den grundsätzlichen Dualismus, in dem persische und griechisch-römische Strömungen zusammenfließen. Er nimmt eklektisch Lehren aus vielen Quellen und verschmilzt sie zu einer Einheit,[136] er ist Theosoph, Zahlenmystiker, aber auch Erbe des Markion und der letzte der großen Gnostiker, er beendet eine Epoche und führt die nächste herauf. Aber seine Lehre ist noch radikaler als die Markions und geht mit ihrem unverblümten umfassenden Anspruch, durch eine Synthese des zeitgenössischen Denkens und mittels der Inspiration die Probleme des Universums zu lösen, über das Christentum weit hinaus.

Manis fundamentaler Grundsatz ist die Unterscheidung zwischen Licht und Finsternis. Der Licht-Symbolismus war ein wesentliches Element der Philosophie und Religion jener Zeit (S. 212 f.), aber Mani hatte eine be-

sondere Einstellung zu dem Konflikt dieser beiden Prinzipien wahrscheinlich von einem Mesopotamier namens Bardesanes (Bar Daisan) übernommen, der ebenso wie Mani selbst Anspruch darauf erhob, ein Erbe des
Christentums zu sein.[137] (S. 285) Licht und Dunkel sind seiner Lehre
nach zwei absolut verschiedene, ewige Formen des Seins. In der Vergangenheit brach die Finsternis in das Reich des Lichts ein und ein Teil des
Lichts mischte sich mit dem Dunkel, wie es heute noch in dieser Welt
um uns her zu sehen ist. Trotzdem werden in der Zukunft Licht und
Finsternis säuberlich getrennt werden. Für Mani war die Idee des Lichtes
verbunden mit allem, was geordnet, friedvoll, intelligent, klar war – mit
der Finsternis dagegen alles Anarchische, Aufgewühlte, Materielle,
Schmutzige, ein Bereich voll erstickendem Rauch, zerstörendem Feuer,
Wind und Wasser, einer «Dunkelheit, die man fühlen könnte».[138]

Dieser Mißstand, unter dem wir noch heute leiden, entstand, als die
Finsternis das Licht angriff. Dann wurde der Urmensch entsandt, um
den Angriff zurückzuschlagen, aber es gelang ihm nicht. Das Leiden dieses
Erlösers, der selbst der Erlösung bedarf, ist ein zentrales Thema, da Versa-
gen und Sturz die Welt schufen, in der wir leben. Als der Urmensch auf
diese Weise zeitweilig von den Dämonen der Finsternis bezwungen worden war, verlor er vorläufig sein göttliches Licht. In Adam, der darauf
geboren wurde, lebten Licht und Finsternis zusammen, und von ihm und
seinem Sohn Seth stammen wir selbst mit unserem verderbten Wesen
ab (S. 244). Aber während die Welt so ihren beschwerlichen Weg geht,
gibt es doch Grund zu Optimismus, weil alles Schmutzige in ihr langsam,
aber fortwährend ausgelöscht wird durch das Emporsteigen der Lichtteile
zu ihrem eigentlichen Reich. Wenn das einmal geschehen sein wird, wird
Jesus wiederkommen.[139] Die irdische Existenz des Menschen wird ein
Ende haben, und die eingekerkerten göttlichen Funken werden in ihre
Heimat zurückkehren. Bis dahin ist der Körper eine Last. «Wehe, wehe
über den Schöpfer meines Leibes», klagt Adam. «Wehe ihm, der meine
Seele an den Leib gefesselt hat und an die Aufrührer, die mich unterjocht
haben.»[140] Die Manichäer beriefen sich oft auf Paulus' Antithese von Geist
und Fleisch, und suchten das Licht in sich selbst zu vermehren, indem
sie sich vom Geschlechtsverkehr und vom Genuß von Fleisch und Wein
enthielten. Abgesehen von einigen, die die Unwichtigkeit des materiellen
Lebens in entgegengesetztem Sinn auffaßten, nämlich als Aufforderung
zu uneingeschränktem Sinnengenuß, schien Askese notwendig, um den
kosmischen Konflikt siegreich zu bestehen und Erlösung von dieser ver-
haßten Welt zu erlangen.[141] Mani hatte seine Apostel, Bischöfe, Priester,

Lehrer, Mönchgemeinschaften, Fastenregeln und Beichten. Er predigte in Persien und Nordwestindien, wo ihn der Buddhismus beeindruckte. Aber das Zentrum seiner Bewegung lag in Mesopotamien, in Syrien und dem westlichen Asien, und in diesen Ländern nahm sie die Masse der dem Dualismus und dem Gnostizismus anhangenden Menschen in sich auf. Manis kreuzzugsähnlicher Eifer gewann ihm die Gunst des persischen Monarchen Schapur I., der ihn persönlich kannte. Aber mit der Zeit wurde Mani von einem anderen verdrängt, der nun staatliche Förderung genoß: Kartir, dem Schöpfer der persischen Staatsreligion. Obgleich Mani dieser Religion so viel verdankte, hieß es, daß sie zu ihrer Interpretation keines Propheten wie Mani bedürfe; es genügte ihr der König der Könige als Anführer des Glaubens. Inschriften, die vor einigen Jahrzehnten in Mittelpersien entdeckt wurden, zeigen, wie Kartir zum obersten Magier und Richter des ganzen Reichs aufstieg, zum Hüter der nationalen Orthodoxie und zum Begründer der traditionellen Feueraltäre. Juden, Buddhisten, Brahmanen, Christen und Manichäer wurden von ihm gleichermaßen verfolgt. Die Staatskirche mußte vom Euphrat bis nach Indien gesichert werden. Schapur I. konnte Kartir und Mani gleichzeitig fördern. Aber als Schapur tot war, verlor Mani die königliche Gunst; denn warum, so fragte Bahram I., war ihm und nicht seinem König die Offenbarung zuteil geworden? Mani wurde verhaftet und vor Gericht gestellt, und in Gandischapur brach er unter dem Gewicht seiner schweren Fesseln zusammen und starb (ca. 274–77). Dennoch breiteten sich seine Lehren während der nächsten zwanzig Jahre weiterhin derartig schnell nach Westen wie nach Osten aus, daß die Kaiser Diokletian und Maximian darin die größte Gefahr für die römische Staatsreligion sahen. Ein grausames kaiserliches Edikt gegen die Manichäer wurde dem Statthalter von Afrika geschickt (ca. 297). Ähnlich wie in der Erklärung, mit der Rom im Jahre 139 n.Chr. die Juden verurteilt hatte, verurteilt dieses Edikt die verderbliche Zauberkraft und die schändlichen Bücher, durch die das Volk verführt worden sei. Aber vielleicht waren die Manichäer auch in einen ägyptischen Aufstand mitverwickelt.[142]

Die römische Regierung glaubte, derartige Aufstände und östliche Ideen überhaupt trügen pro-persischen Charakter. Persien war Roms Feind, und die Manichäer waren von dort gekommen. Zum mindesten waren sie ein unsicheres und sozialrevolutionäres Element an der empfindlichen persischen Grenze und gehörten zu den verdächtigen Einwanderern, die durch diese Grenze in die Welt Roms einsickerten. Tatsächlich bildeten sie nur einen Teil eines größeren Problems, das dadurch entstand, daß viele Anhänger des Manichäismus umherwanderten und von milden Gaben lebten, weil sie die Welt viel zu sehr verachteten, um zu arbeiten oder sich weltlichen Regeln zu fügen.

Trotzdem wurde im Laufe des Jahrhunderts nach Manis Tod seine Lehre zu einer Weltreligion, ja nahezu zu *der* Weltreligion. Ihre Gemeinden reichten von Turkestan bis Karthago. Doch waren sie zu pazifistisch und leisteten zu wenig Widerstand, um sich gegen die Unterdrückung durch den römischen und den persischen Staat auch nur einigermaßen behaupten zu können, und ihren Märtyrern fehlte die erregende Anziehungskraft, die von den christlichen Märtyrern ausging. Als das Christentum zur römischen Staatsreligion wurde, konnten die Manichäer wiederum nicht mithalten. Sie waren einerseits zu passiv, um eine starke Opposition zu bilden, und zu antisozial, um eine Nationalkirche zu schaffen. Das Christentum schloß sein Bündnis mit der Regierung, Manichäertum hingegen bedeutete Unverantwortlichkeit, asketische Weltflucht und den potentiellen Selbstmord der Nation. Auch die geistigen Bedürfnisse der Zeit vermochte es nicht voll zu befriedigen. Dies spiegelt sich in den Erfahrungen seines berühmtesten Konvertiten, des Augustinus, wieder. Neun Jahre lang war er Anhänger des Manichäismus (373–82), weil er einfach nicht glauben konnte, daß ein gütiger Gott das Böse geschaffen habe. Auch die anscheinende Geschlossenheit der manichäischen Lehren faszinierte ihn, weil sie auf alles eine einleuchtende und logische Antwort zu geben schienen. Aber es bedeutete einen Wendepunkt der Weltgeschichte, als Augustin, zum Teil durch sein Studium des Plotin (S. 194), zu dem Schluß kam, es sei im Grunde «eine erschreckende und abscheuliche Blasphemie, den Keil der Finsternis das innerste Wesen Gottes spalten zu lassen».[143] Zudem, wenn Satan die Welt erschaffen hätte, wie und warum konnte Gott dann zulassen, daß etwas Gutes in ihr gefangengehalten würde? – Das Dilemma blieb ungeklärt, und die angeblich wissenschaftliche Weltschau löste sich in Mythen auf. Augustin fand, es sei eine edlere und dankbarere Aufgabe, sich um den Glauben zu bemühen, wie ihn das Christentum verlangte.

Ein weiterer Pluspunkt des Christentums lag darin, daß es älter war als Mani und daß an seinem Ursprung eine Reihe angeblich historischer Ereignisse stand, mit denen die verschwommenen Mythen der Manichäer nicht wetteifern konnten. Ein weiterer Grund, warum es den Manichäern nicht gelang, die große Allgemeinheit für sich zu gewinnen, lag darin, daß Mani trotz seiner weltweiten Ambitionen eine Vollkommenheit predigte, zu der nur eine Elite von Eingeweihten gelangen konnte. Auch das

Christentum machte solche esoterischen Phasen durch – im Neuen Testament gibt es viele Anzeichen dafür –, aber es wuchs darüber hinaus und richtete sich mit seinen Anforderungen an die große Allgemeinheit (S. 253).

Und dennoch nahmen die Manichäer auf den verschiedensten Wegen auch weiterhin entscheidenden Einfluß auf die Geschehnisse in der Welt. Trotz der Passivität ihrer Anhänger konnte die persische Verfolgung sie im Osten nicht völlig unterdrücken. Verwandt mit ihren Lehren waren die der Mandäer; sie glaubten an einen großen König des Lichts, als dessen Gegenspieler sie die Tierkreiszeichen und die sieben Planeten, Schöpfungen böser Geister, ansahen. Die frühesten Texte der Mandäer gehen bis auf ca. 400 n. Chr. zurück, scheinen aber ihren Ursprung in einem unorthodoxen Judentum zu haben, das noch mehrere Jahrhunderte früher anzusetzen ist. Noch heute gibt es Menschen mit ähnlichen Glaubensvorstellungen, die Sabier im südlichen Irak.[144]

Die Lehren Manis wurden auch ins Arabische übersetzt, und die Manichäer wurden von den Kalifen verfolgt. Persische Schriftsteller wurden als Dualisten kritisiert, und dualistische Missionare wurden am chinesischen Hof, den sie besuchten, verurteilt, obgleich ihr Glaube für die westlichen Barbaren zugelassen wurde. Der uigurische Fürst Bugug Khan (760–80) ließ sich bekehren und erklärte den Manichäismus zur Staatsreligion. Im östlichen Turkestan blieb er bis zum Ende des ersten Jahrtausends lebendig. Vom elften bis zum vierzehnten Jahrhundert fanden die Lehren Manis Anklang in der Provinz Fukien, und zwei manichäische Werke finden sich im taoistischen Kanon. Noch bis in die moderne Zeit gab es chinesische Manichäer – möglicherweise bis heute.

Im Byzantinischen Reich wurde – trotz der Macht seiner Kirche – die reiche gnostische Tradition von evangelischen Dualisten am Leben erhalten. Diese Gruppe, die der Anschauung des Basilides folgte, wonach jeder Mensch zwei Seelen habe, von denen eine der Sitz eines Dämons sei (S. 243), wurde der Unsittlichkeit beschuldigt, weil ihre Mitglieder der Meinung waren, daß ein Mensch bis zu seiner Einweihung sich in der Gewalt des Teufels befinde. Aber diese Lehre gewann in einem armenischen Fürstentum am Euphrat viele Anhänger und wurde von den Byzantinern, die diese Entwicklung beunruhigte, im neunten Jahrhundert verfolgt. Als diese Häretiker nach Thrakien deportiert wurden, lebte dort der Dualismus in der starken Bogomilen-Sekte weiter. Im zwölften Jahrhundert wurden ihre zahlreichen Anhänger in Konstantinopel von der dortigen Regierung als Gegner behandelt, aber zweihundert Jahre später florierte sie immer noch in den Athos-Klöstern. Und inzwischen war der Bogomilismus zur nationalen Religion Bosniens geworden, wo er auch noch nach 1400 großen Einfluß besaß.[145] Viele Volkslegenden und Märchen haben diese Tradition lebendig gehalten.

Aus solchen Quellen des östlichen Europa gelangte der Dualismus dann nach Italien, wo die Gnostiker im zehnten und elften Jahrhundert als Katharer (die Reinen) in Erscheinung traten. Von dort breitete sich die Lehre nach Frankreich, Flandern und Deutschland aus. «So geschah es, daß eine große vereinigte dualistische Kirche entstand, die sich vom Schwarzen Meer bis zum Golf von Biskaya erstreckte.»[146] Die Hochburgen dieses neuen, hartnäckigen Manichäismus lagen vor allem in der Lombardei, der Provence und im Languedoc, wo die Strenge der Albigenser – wie diese Katharer nach ihrem Hauptort Albi genannt wurden – gut zur melancholischen Fröhlichkeit der Troubadour-Kultur paßte. Aber Ludwig IX. von Frankreich (1226-70) wandte jedes Mittel an, um die Dualisten von ihrem Glauben abzubringen, und mißbrauchte schließlich den Namen Kreuzzug, um sie zu vernichten. Das Katharertum erschien als ernsthafte Bedrohung der sozialen Struktur, weil es die meisten der damals geläufigen Elemente des Irrglaubens und möglichen Umsturzes in *einer* Gruppe und religiösen Lehre zusammenfaßte: Ablehnung des weltlichen Materialismus, eine asketische, leidenschaftliche Elite, nichtöffentliche und eigenartige religiöse Bräuche und einen Appell an die unzufriedenen Armen.

Aber selbst die Ritter des Heiligen Ludwig konnten Überzeugungen nicht ausrotten, die tief im Geist des Menschen verankert sind. Der Glaube, daß es einen mächtigen Teufel gibt, der aber die physische Welt nicht geschaffen hat, ist durchaus christlich. Dagegen war es manichäische Häresie zu glauben, daß dieser Teufel der Schöpfer ist und daß das Böse nicht Gottes, sondern sein Werk ist. Ein solcher Dualismus hat auch für unsere eigene Zeit etwas sehr Verlockendes gehabt. Carl Gustav Jung zum Beispiel betrachtete den Teufel als einen äußerst nützlichen und brauchbaren physischen Besitz – und wir genießen Kriminalromane, und wenn der Löwe brüllt, wissen wir, daß der Teufel umhergeht. Schon inmitten der Umwälzungen des dritten Jahrhunderts mußte man eine außerordentliche Glaubensstärke besitzen, um zu glauben, daß eine einzige allmächtige allgütige Macht für alles Geschehen verantwortlich sei, oder auch nur, um fest davon überzeugt zu sein, daß der Kampf zwischen den zwei Mächten Gut und Böse bestimmt von der Macht des Guten gewonnen werden würde. Inmitten der unsagbaren Schrecken der Verfol-

gungen im zwanzigsten Jahrhundert wurde der dualistische Glaube noch
verführerischer. «Wenn Gott viel stärker» – sagte Freitag zu Robinson
Crusoe – «warum Gott nicht töten den Teufel?» Die Personifizierung
der Mächte des Guten und Bösen mag nicht mehr zeitgemäß sein; aber
die Tage, da es Millionen nicht schwer fiel zu glauben, daß es diese beiden
Kräfte gibt und sie mehr oder weniger gleich stark sind, sind nun wiederge-
kehrt.

Neuntes Kapitel

Der Triumph des Christentums

Der Erlöser der Christen

Die ersten zwei Jahrhunderte unserer Zeitrechnung brachten eine große Zahl von Schriften mit Darstellungen von Leben und Lehre Christi hervor, die auf die verschiedenste Art von den vier kanonischen Evangelien abweichen. Eins dieser Werke, das verhältnismäßig früh entstand, das volkstümliche Thomasevangelium, nennt eben diesen Apostel als ausdrücklichen Erben und besonderen Vertrauten des Erlösers und verzeichnet 120 Sprüche und Begebenheiten, die Christus zugeschrieben werden.[1] Auch eine Reihe anderer Autoren legt ihm Aussprüche in den Mund, die sich in den vier Evangelien nicht finden.[2]

Schritt für Schritt gewannen jedoch diese vier Evangelien Anerkennung, obwohl zwei davon nicht einmal den Namen eines Apostels trugen. Das sogenannte Johannes-Evangelium wurde, obwohl es einer Betrachtungsweise entspringt, die in einzigartiger Weise griechische und stark jüdische Züge verbindet und obwohl es erst im zweiten Jahrhundert entstanden ist, allmählich ebenfalls mit aufgenommen, weil man glaubte, der Verfasser – fälschlich mit dem Apostel gleichen Namens identifiziert – sei ein Augenzeuge von Christi Leben und Sterben gewesen, habe selbst ein hohes Alter erreicht und die Überlieferung weitergegeben. Dementsprechend wird dieses Evangelium schon in den Schriften Justins von Neapolis (Sichem/Nablus) in Samaria († 165/67 n. Chr.) mit den drei anderen zusammen erwähnt.[3] Justins syrischer Schüler Tatian, der Begründer der syrischsprachigen Christengemeinde von Edessa, wo apokryphe Schriften im Überfluß existierten, harmonisierte alle vier Evangelien unter einem Titel, der den vierfachen Ursprung des Werkes unterstrich (Diatessaron, um 170). Die Aufnahme weiterer Bücher, die später unter der Bezeichnung Neues Testament bekannt wurden, ging Schritt für Schritt vor sich, aber noch vor dem Ende des zweiten Jahrhunderts n. Chr. galten die ‹Apostelgeschichte› und eine Auswahl von Apostelbriefen allgemein als unter göttlicher Anweisung geschrieben; und die meisten Kirchen erkannten auch das Buch der ‹Geheimen Offenbarung› des Johannes als unter göttlicher Inspiration verfaßt an.[4]

Die Aufstellung dieses einheitlichen Kanons war von entscheidender Bedeutung für die spätere Entwicklung des Christentums. Das Neue Testament hatte jetzt einen handlichen Umfang, der den endlosen, verworrenen Schriften anderer Religionen fehlte. Außerdem waren nun weitere Veränderungen des Kanons unmöglich geworden, allerdings hatte in späteren Jahren die Anrufung der Autorität des Kanons unweigerlich eine Fülle von künstlichen Interpretationen zur Folge. Freilich gab es auch zwischen den aufgenommenen Schriften Widersprüche. Origenes, ein hervorragender Theologe des dritten Jahrhunderts, hat das zugegeben, und Porphyrios, der gefährlichste Gegner des Christentums, bezeichnete das Neue Testament – zu Hieronymus' großer Empörung – in seiner Kritik als widersprüchlich, zusammenhanglos und unlogisch (S. 193). Aber der Kanon erfüllte seinen Hauptzweck, nämlich gewisse Lehren auszumerzen, die leicht der ganzen Entwicklung der Kirche und des Glaubens eine andere Richtung hätten geben können.

Dies gilt vor allem deswegen, weil ein Großteil der apokryphen Literatur, der bei der Säuberung ausgeschieden wurde, dualistische Züge trug; diese Werke versuchten, Gottes Allmacht zu verringern, indem sie erklärten, daß das Übel in der Welt keine Schöpfung Gottes sei (S. 236). Ein derartiges Eingeständnis hätte jedoch dem konsequenten jüdischen Monotheismus des Christentums widersprochen; daher reagierte man auf Seiten der Theologen mit Ungeduld, wenn Mitglieder abtrünniger Sekten und Philosophen immer wieder die Frage stellten: «Wie kommt das Übel in die Welt und warum?»[5]

So sorgfältig die Kompilatoren des Kanons auch gewesen waren, so gab es im Neuen Testament doch noch Abschnitte, die sich für eine dualistische Auslegung anboten. Das «Wort» *(logos)* der griechischen Philosophie, das im Johannesevangelium als reale, historische Persönlichkeit, die gleichzeitig göttlich ist, vorgestellt wird, konnte auch als der Mittler oder Demiurg verstanden werden, der die Gottheiten der Dualisten ermächtigte, die niedere Materie zu erschaffen und mit ihr in Verbindung zu treten. Auch bei Paulus, der zwar an der monotheistischen jüdischen Lehre festhielt, wonach das ganze Menschengeschlecht nach Gotttes Ratschluß wegen Adams Fall bis zu seiner Erlösung in der Sünde verharren müsse, konnte man dualistische Tendenzen erkennen, wenn man an seinen ständig wiederholten Konflikt zwischen dem Fleisch mit der ihm eigenen Neigung zum Bösen und dem Geist dachte. Außerdem fand sich bei Paulus auch der zweite Hauptzug des Dualismus, nämlich die Vorstellung von *Gnosis* (Erkenntnis), die nur den Auserwählten bzw. den Eingeweihten zuteil werden sollte: eine solche Lehre mußte, auch wenn sie den Evangelien nicht ganz fremd ist, den universalen Anspruch des Glaubens unterminieren (S. 280). Obwohl nach Paulus schließlich alle Menschen durch Christus Gnade erlangen können, brauchten die Christen noch Jahrhunderte, um die Vorstellung zu überwinden, daß es Auserwählte gebe. Währenddessen beeinflußten und befruchteten Christentum und Dualismus einander auch weiterhin, so daß Heiden wie Porphyrios die Dualisten sogar als christliche Sekte oder Sekten ansahen; und so sahen die Dualisten sich oft auch selbst (S. 243). In einer apokryphen Literatur von so enormer Spannweite wurden die beiden Richtungen assimiliert und verschmolzen.[6]

Irenäus von Smyrna, später Bischof von Lugdunum (Lyon) in Gallien, bekämpfte die Dualisten in seinen ‹Fünf Büchern gegen die Häresien› (um 185). In diesem umfassenden Werk, das nur in Teilen erhalten ist, wendet er sich heftig gegen ihre Anschauung, daß es außer dem Schöpfer selber noch einer Zwischenmacht bedürfe, um das Böse zu erklären. Doch unterscheidet sich der Autor gleichermaßen von denen, die an Adams Sündenfall und der daraus resultierenden Sündenhaftigkeit der ganzen Menschheit festhalten. Denn nach Irenäus ist die Menschheit Rohmaterial in der Hand Gottes, das sich noch im dynamischen Schöpfungsprozeß befindet: Gott arbeitet an der Verwirklichung seines Ratschlusses, auf das künftige höchste Gut hin, von dem schon die Apostel gesprochen hatten.[7]

Irenäus hat einen großen Einfluß auf die orthodoxe Kirche ausgeübt. Es hat auch in der Neuzeit Irenäer gegeben, bis die Kriege des 20. Jahrhunderts die Aufwärtsentwicklung zu zerstören schienen, und in jüngster Zeit haben – ähnlich wie auch nichtreligiöse Denker – Teilhard de Chardin und Austin Farrer dieselbe evolutionistische Auffassung vertreten. Zweihundert Jahre nach Irenäus, in einem Zeitalter, da das Selbstvertrauen der Menschen geringer geworden war, setzte Augustinus an die Stelle dieser optimistischen Anschauung die paulinische Lehre vom Sündenfall der Menschheit und ihrer daraus folgenden verzweifelten Unwissenheit, Sündhaftigkeit, Schuld und Hilflosigkeit;[8] ein Zustand, aus dem sie nicht die Evolution, sondern nur die göttliche Gnade erlösen kann. Augustinus' britischer oder irischer Zeitgenosse Pelagius vertrat nicht diese Ansicht. Er verwarf Sündenfall und Erbsünde und lehrte wie Irenäus, daß der Mensch das ewige Leben mit Hilfe seiner eigenen natürlichen Kräfte gewinnen könne; «wenn ich soll, kann ich». Aber aufs ganze gesehen haben

Theologen und Kirchen des Westens der entgegengesetzten Lehre des Augustinus zum Sieg verholfen.[9]

Irenäus und Augustinus vertraten sehr gegensätzliche Positionen, und doch gingen sie von demselben Ausgangspunkt aus; denn sie versuchten beide, die dualistische Auffassung zu widerlegen, Gott könnte nicht allmächtig sein, weil das Böse von einer anderen Macht erschaffen worden sein müsse. Beide sahen, bei all ihrer Verschiedenheit, daß das Leugnen der Allmacht Gottes das Christentum an der Wurzel treffen mußte.

Ein weiterer grundlegender und dabei schwieriger und einzigartiger Glaubenssatz war die Vereinigung von Göttlichkeit und Menschlichkeit in der Person Jesu.

Es erforderte große Glaubensstärke, gleichzeitig an diese beiden Seiten seiner Natur zu glauben; eben darum spielte der Glaube eine so außergewöhnliche Rolle im frühen Christentum. Es bedurfte eines Glaubens, der jedes heidnische Maß übertraf, um an einen Erlöser zu glauben, der als Mensch auf Erden gelebt und dabei seine Göttlichkeit voll bewahrt hatte. Anfänglich versuchte man gar nicht erst zu behaupten, Verstand, Gelehrsamkeit oder *Gnosis* – abgesehen von den Prophezeiungen des Alten Testaments – könnten in irgendeiner Weise den Glauben an das Leben Jesu als Gottmensch erhärten oder beweisen. «Ein Mensch», sagte Paulus, «wird gerecht durch den Glauben allein, ohne die Werke des Gesetzes», und Tertullian (S. 277) erklärt ausdrücklich, daß nichts anderes nötig sei – alles was über diese Forderung hinausgeht oder unter ihr bleibt, ist «Wissen, das zu Unrecht Wissen genannt wird».

Das war ein Bekenntnis, das Mut erforderte, physischen Mut wegen der Verfolgungen, aber auch geistigen Mut, da es sich nur auf den Glauben stützen konnte. Augustinus legte später dar, daß es in unserem Leben noch viele Dinge gebe, die wir auf Treu und Glauben akzeptieren müßten – z.B. Informationen über Länder, die wir nie gesehen haben – und daß wir, «falls wir an diese Dinge nicht glaubten, in diesem Leben überhaupt nichts zustandebrächten». Die heidnische Opposition – und dessen war er sich bewußt – hatte einen Verzicht auf auch die geringste rationale Begründung immer als ungewöhnlich angesehen. Der Arzt Galen beklagte trotz seiner eigenen nicht immer streng wissenschaftlichen Methoden die Verachtung der Christen für empirisches Wissen (S. 139f.), und ihre erklärten Gegner kritisierten immer wieder dieses merkwürdige, unreflektierte blinde Vertrauen in den Glauben – diese Haltung des *nicht fragen, sondern glauben.*

Bald tauchte bei einer kleinen, aber wachsenden Anzahl von Christen, die die traditionelle griechisch-römische philosophische Erziehung erhalten hatten, eine andere Vorstellung auf. Sie versuchten, ihre Bildung mit ihrem Glauben in Einklang zu bringen, und stellten dabei fest, daß das nur möglich war, wenn sie Christus seines wirklich göttlichen Status beraubten. Denn die philosophischen Schulen, die sie vertraten, ließen den Gedanken an einen Gott auf Erden nicht zu; die transzendentale oberste Macht, deren Existenz sie wie die meisten Denker akzeptierten (S. 197), war ihrem Wesen nach eins und unteilbar und konnte daher nicht einen Vater im Himmel und daneben noch einen Sohn auf Erden umfassen. Da Jesus, der in dieser Welt lebte, demnach nicht Teil dieses Gottes sein konnte, mußte er ganz oder doch zum größten Teil Mensch sein – glorreicher als andere große Männer vor ihm. Das war ein wenig im Sinne der evolutionistischen Tendenzen eines Irenäus, aber gleichzeitig in der Tradition der klassischen, humanistischen Vorstellung, daß manchmal Menschen, die Großes geleistet haben, schließlich einen Platz im Himmel erringen (S. 203).

Einer der ersten, die versuchten, Christentum und heidnische Philosophie miteinander in Einklang zu bringen, war Justin (S. 251). Das rettete ihn freilich nicht vor dem Märtyrertod in Rom, wo er während der antichristlichen Welle unter Mark Aurel (um 165/67) gelehrt hatte.[10] Denn er bewies weniger Takt als Mut bei seinen Angriffen auf heidnische Götzenverehrung und Legenden und auf die Vergöttlichung von Kaisern, denen seiner Ansicht nach die Größe fehlte, die sie einer derartigen Erhöhung würdig gemacht hätte. «Was jemals einer Edles gesagt hat, gehört in Wirklichkeit uns Christen»; und doch hatten für das Christentum Platon und die Platoniker und andere unwissentlich eine ganz wesentliche, vorbereitende Rolle gespielt. Jesus war nicht völlig einmalig, da das Wort (Logos) Gottes, eine Art stoischer göttlicher Weltvernunft, bereits früher in verschiedenen Gestalten erschienen war – dem Abraham als Mensch, dem Moses als brennender Dornbusch. Das Wort war in der damaligen Philosophie ein vermittelndes Prinzip zwischen dem höchsten Wesen und der Welt der Erscheinungen (S. 173) – und genau dies schien Jesus zu sein, einerseits nicht von Gott getrennt im Sinne einer dualistischen zweiten Macht, andererseits doch unterschieden vom Schöpfer und daher nicht im gleichen Sinn göttlich wie er, aber dennoch mit dem Anspruch auf Verehrung «an zweiter Stelle».[11]

In dieser Zeit begründete ein gewisser Pantainos nach einem Besuch in Indien, das damals eine starke Faszination ausübte, die christliche Schule von Alexandrien (um 170?). Zwei Jahrzehnte lang war dann Clemens von Alexandrien Haupt dieser Schule, bis er vor den Verfolgungen des Septimius von dort fliehen mußte. Er war vom Heidentum zum christlichen Glauben gekommen wie so viele dieser Apologeten, deren Schriften daher der Verteidigung ihrer ganz persönlichen Entscheidung dienten. Justin und Männer seiner Überzeugung, bekannt als die griechischen Apologeten, hatten versucht, gebildete Heiden und Juden für ihren Glauben zu interessieren. Die Alexandriner, die einer alten, reichen und kultivierten Christengemeinde angehörten, gingen noch weiter; sie arbeiteten mit aristotelischen Logikern zusammen, um eine einheitliche, intellektuell befriedigende Philosophie des Christentums aufzustellen. Für Clemens war der Glaube allein nicht genug; in ihm sah er nur eine knappe Zusammenfassung unentbehrlicher Wahrheiten, gut für eilige Leute. Er wollte vielmehr dem Neuen Testament eine rationale Grundlage geben, d. h. Wissen und Gelehrsamkeit darauf verwenden, ein Glaubensgebäude zu errichten, das wissenschaftlich war; zu diesem Zweck bediente er sich der Philosophie als «offenbarem Abbild der Wahrheit, den Griechen verliehene göttliche Gabe» – diese Gabe war freilich etwas esoterisch (in der gnostischen Tradition), besonders da die Elite auch in der zukünftigen Welt eine Elite bleiben würde. Für den Irrglauben der Vielgötterei waren seiner Ansicht nach Dämonen verantwortlich; doch Clemens' Monotheismus ist seinem Geist nach eher hellenisch als hebräisch, und seine Erklärung der Sünde – die durch den freien Willen des Menschen und nicht aufgrund eines dualistischen Prinzips entstehe – enthält humanistische Anklänge (S. 236).[12] Wie Justin sah er Christus als die höchste Äußerung des hellenischen Logos oder der göttlichen Vernunft und Platon als attischen Moses und Vorläufer Christi. Clemens jedoch gab seiner christlichen Vorstellung von der Rolle der Philosophie jubelnden und kraftvollen Ausdruck.

In Origenes († 254/5), dem fruchtbarsten Autor der Antike, hat die Kirche zum erstenmal einen Theologen gefunden, der wirklich das griechische Denken und besonders Platon beherrschte und selbst in engem Kontakt mit dem Haupt einer philosophischen Schule gestanden hatte, und zwar mit Ammonios Sakkas, der auch Lehrer Plotins war (S. 171). Origenes war ein Asket mit dem Einfühlungsvermögen eines Dichters und von edlem Charakter; er löste Clemens als Leiter der Schule in seiner Heimatstadt Alexandrien ab und machte aus ihr ein Institut für fortgeschrittene christliche Studien (202–231/32). Seine scharfsinnige Widerlegung des Celsus, dessen Platonismus antichristlich war (S. 276), wird nur noch von Augustins ‹Gottesstadt› übertroffen und stellt einen Markstein im Kampf gegen das Heidentum dar. Mit seinem Werk ‹Über die Grundlagen› schenkte er der gebildeten Öffentlichkeit seiner Zeit ein christliches System der Theologie, das einen intellektuell ernstzunehmenden Fortschritt gegenüber anderen Glaubensrichtungen darstellte. Entweder stellte sich Origenes den Problemen, die jeden erwarten, der die Geschichte Jesu rational anstatt durch den Glauben zu rechtfertigen versucht, oder er ließ sie einfach beiseite; stattdessen betonte er die alexandrinische Tradition, daß ein auf die Vernunft gegründeter Glaube fester und Gottes würdiger sei und den Menschen näher zu ihm führe. Er hätte weder Karl Barth beigepflichtet, noch hätte er in Pascals Ruf eingestimmt, daß der Gott, den er brauche, nicht bewiesen werden könne.

Diese rational forschende Methode war jedoch nur durchführbar, weil Origenes die Überlieferung sehr großzügig auslegte. Denn er glaubte, die Schrift sei nicht wörtlich zu nehmen, sondern müsse symbolisch oder allegorisch auf den tieferen Sinn hin interpretiert werden, den man, wenn man sie richtig mit philosophischen Methoden erforsche, in ihr entdecken werde – «Formen und Gestalten verborgener und heiliger Dinge». Für diese Art der Auslegung gab es antike philosophische Vorbilder in den allegorischen Kommentaren zu Homer, und Origenes führte Paulus an, «wir haben solchen Schatz in irdenen Gefäßen».[13] Seinen Einfallsreichtum in der Auslegung der Heiligen Schrift illustrieren die Bibelkommentare, die von all seinen Werken die stärkste Wirkung hatten. Origenes' heidnischer Kritiker Porphyrios beschrieb diese Methode als ein geschicktes Hineininterpretieren hellenistischer Überzeugungen in die Lügengebäude von Ausländern. Auf jeden Fall interpretierte er wie Bultmann und andere heutzutage kühn viele Teile der Bibel hinweg, indem er sie mit einem grandiosen Gebäude platonischer und stoischer Ideen überlagerte. Ähnlich wie Justin und Clemens, aber mit einer eindrucksvolleren Reihe von Argumenten, sah Origenes im Sohn des höchsten unkörperlichen Gottes eine Vision des Göttlichen, die sich auch schon in anderen Formen zu anderer Zeit manifestiert und dabei die menschliche Seele immer weiter befreit hatte.[14] Der Sohn war also Gott untergeordnet, und auch potentiell vielgestaltig; die philosophische Tendenz, dem Neuen Testament seine einmalige Bedeutung abzusprechen und die Göttlichkeit Jesu zu leugnen, war damit noch deutlicher zum Vorschein gekommen.

Doch war Origenes ein enthusiastischer christlicher Missionar, der sein Leben für seinen Glauben hingab; er starb in Tyrus an den Folgen der Folterungen, die er während der Verfolgungen von 250–51 erlitten hatte (S. 281). Dieser Märtyrertod trug dazu bei, seinen Denkansatz weiterzuführen, weniger in Alexandrien (wo er sich seinem Bischof entfremdet hatte) als in Syrien und Palästina – wo er die letzten beiden Jahrzehnte seines Lebens verbrachte – und ganz besonders in Kleinasien. Philosophen, gleich ob Heiden oder Christen, waren jetzt wieder gefragt; und wie in der zweiten Hälfte des dtitten Jahrhunderts heidnische Sarkophage das Leben nach dem Tod in Bildern von philosophischer Ruhe darstellen (S. 230), so zeigen auch ihre christlichen Gegenstücke Jesus in der Gestalt eines Philosophen. Während das Heidentum seinen Höhepunkt mit Mark Aurel und Plotin erreichte, gewann das Christentum intellektuelle Geltung durch ihre Zeitgenossen Irenäus und Origenes – obwohl die Ansichten weder des einen noch des anderen von allen Christen späterer Zeiten geteilt wurden.[15]

Nicht anders erging es einem Denker, der eine ähnliche Richtung vertrat, nämlich dem alexandrinischen Presbyter Arius († 336). In seinem Werk erreichte die Betonung der menschlichen Natur Jesu, wie sie von diesen philosophisch gebildeten Apologeten vertreten wurde, mit der daraus resultierenden Preisgabe seiner Gottesnatur ihren Höhepunkt. Aufgewachsen mit der Lehre des Origenes von der Einheit Gottes betrachtete Arius wie später die Unitarier Christus als von Gott verschieden, ihm untergeordnet und, obwohl er vor jeder Zeit erschaffen wurde, ihm gewissermaßen nachgeordnet: Er hätte sogar sündigen können, was er freilich, aus seinem freien Willen heraus, nicht tat. Arius' Einfluß war stark am Hof des Licinius, der gegen die Kirche vorging, als diese eine andere Haltung einnahm (320). Konstantin berief das Konzil von Nicäa (325) und förderte das dort beschlossene Glaubensbekenntnis, um einen Konsens zu erreichen, aber das Ergebnis war, daß Arius exkommuniziert wurde: dennoch wurde seine Lehre zeitweise vorherrschend, nachdem beide, Arius und der Kaiser, schon tot waren,[16] und später dominierte sie in den führenden germanischen Königreichen in Italien und im Westen.

Die all diesen Lehren zugrundeliegende Tendenz, Jesus eher als Menschen denn als Gott anzusehen, wurzelte trotz ihrer Unausgewogenheit zumindest in dem festen Wunsch, den Anspruch des Christentums auf einen konkreten Platz in der Geschichte nicht aus den Augen zu verlieren. Denn das Christentum nahm unter den Religionen der antiken Welt eine einzigartige Sonderstellung ein, da sein Erlöser im Gegensatz zu Mithras und Isis und den übrigen als historische Gestalt galt, die an einem bestimmten Ort zu einer bestimmten Zeit gelebt hatte und gestorben war. In Jesus waren Gott und Mensch eins, Geist und Materie vereinigt, und es hatte den Anschein, daß die Welt eine neue Dimension erhalten hätte, als der ewige Schöpfer sich ein für allemal in der konkreten Substanz unseres Lebens enthüllt hatte. Und die Überzeugung, daß dies geschehen war und auf einen exakten Augenblick in der Geschichte festgelegt werden konnte, gab den Christen eine solide Grundlage für ihren Glauben, weitaus packender als die fadenscheinigen mythischen Gewebe, die andere Religionen zu bieten hatten.

Und doch gab es zur gleichen Zeit starke und leidenschaftliche christliche Kräfte, die eben diese Doktrin aus ganz anders gearteten Motiven in Gefahr brachten. Während die Alexandriner und andere Apologeten das Menschentum Christi unter Hintansetzung seiner göttlichen Natur betonten, gab es viele, die in ihm lieber Gott als einen Menschen sehen wollten. Zunächst einmal wurde die ganze philosophische Methode an sich heftig angegriffen, etwa von Tertullian und seinem ungestümen afrikanischen Landsmann Arnobius (um 305).[17] Es war einfacher und vertrauter, an einen göttlichen Erlöser zu glauben als an die Vorstellung eines Erlösers, der Mensch und Gott zugleich war. Und so nahm die Schilderung der Ereignisse, die sich angeblich während Christi Erdenwandel zugetragen hatten, manchmal eine völlig untergeordnete Stellung ein.

Auch durch starke äußere Einflüsse wurde das Christentum in diese Richtung gedrängt. Seine Gegner konzentrierten ihre Angriffe auf die durch nichts gerechtfertigte Überheblichkeit, mit der ein so unbedeutendes Ereignis zum entscheidenden Brennpunkt der menschlichen Geschichte gemacht wurde und bezeichneten die Menschwerdung Christi verächtlich als einen plumpen, mit dem transzendentalen Gottesbegriff Platons unvereinbaren Versuch, die Kluft zwischen der göttlichen und der menschlichen Sphäre, die die christliche Lehre auseinandergerissen habe, zu überwinden. Außerdem gab es auch im Christentum selbst ähnlich starke Tendenzen, die die Bedeutung der Menschwerdung Christi herunterzuspielen suchten. Das wird deutlich an dem dringlichen Aufruf des Ignatius von Antiochia († um 117) an die Städte Kleinasiens, «niemals von dem Glauben an die menschliche Natur Jesu zu lassen». Doch gerade das geschah auch weiterhin in einigen Sekten – vor allem bei den Monarchianern unter der Führung des Sabellius (um 215-20), eines nordafrikanischen Predigers.

Der ‹christliche Cicero› Lactanz († um 317) faßte den Standpunkt dieser Menschen, die glaubten, Christus sei niemals Mensch gewesen, sondern nur eine zeitweilige Manifestation Gottes auf Erden, in folgenden Worten zusammen: «Schließlich erklären sie, es sei Gottes nicht würdig, daß er habe Mensch werden und sich mit des Fleisches Schwäche habe belasten wollen... Warum habe er sich so sehr erniedrigt, daß er von den Menschen

verspottet und bestraft werden konnte? Warum habe er von schwachen
Sterblichen Gewalt erlitten? (... Warum habe er nicht einmal im Tod
seine Göttlichkeit offenbart?)»[18] Die Vorstellung von einer leidenden Gottheit – Orpheus, Attis, Osiris, Adonis, Baal, Isaak –, deren Tod symbolisch
für den Tod des Jahres steht und deren Wiederauferstehung den Gläubigen
Wiedergeburt und Unsterblichkeit garantiert, war in zahlreichen Ländern,
in denen die Menschen von der Landwirtschaft lebten, schon lange bekannt gewesen (S. 226). Aber in der Erzählung des Neuen Testaments
erhält dieses Thema eine neue und bohrende Aktualität, da es an einem
fixen Punkt der Geschichte angesiedelt wird. Genau das machte es vielen
zu schwer, diese Lehre zu akzeptieren. Die Menschen wünschten sich
einen Erlöser, und wenn es schon höchster Glaubensanstrengung bedurfte,
die Menschennatur Christi zu akzeptieren, so fiel es ihnen doch noch
schwerer, der subtilen Vorstellung, ihr Erlöser habe schmerzliche Schmach
und Demütigung erduldet, Glauben entgegenzubringen.

Aus all diesen Gründen legt das frühe Christentum – abgesehen von
einigen wenigen griechischen und alexandrinischen Gebildeten – keinen
besonderen Nachdruck auf das irdische Leben Jesu. Und mit Ausnahme
der Schwärmer, die sich vom Martyrium inspirieren ließen (S. 282), ver-
weilte es noch weniger bei seinen Leiden. Die Reliefs auf den Sarkophagen
sprechen nur wenig von seinen menschlichen Prüfungen. Sie waren von
heidnischem Gedankengut beeinflußt und in Zeiten der Not wollten sie
nicht die Schwäche Christi betonen, sondern seine *erlösende Kraft*. Erst
ziemlich spät erscheint Christus auch als Dulder statt als göttlicher Lehrer
und Wundertäter, und selbst dann wirkt die Wiedergabe als versteckter
Triumph, ohne jede Demütigung. Die Kreuzigung wird vor dem vierten
Jahrhundert nur selten dargestellt. Was Konstantins angebliche Vision
des Kreuzes am Himmel und seine spätere Verwendung des *labarum*-
Monogramms ⳨ (= Christos) (S. 289) angeht, so bedeutete ihm das
Kreuz vor allen Dingen ein magisches Zeichen; dazu stand es ohnedies
weniger als Symbol für die Passion als für die Wiederauferstehung – für
ein neues Zeitalter und eine neue Stufe im göttlichen Heilsplan. Wer Christus lieber als Gott denn als Menschen sehen wollte, konnte sich auf
das Johannesevangelium stützen; denn dieses hatte sich trotz seines griechischen Charakters in mystischer und allegorischer Art auf die göttliche
Natur Christi konzentriert und sah in ihm nicht den Menschen, sondern
die personifizierte Idee (S. 251 f.).

Die Wandmalereien in den Katakomben von Rom und an anderen
Orten zeigen starke Einflüsse dieses Evangeliums; dazu paßt, daß sie auch

nur wenig von der menschlichen Natur Jesu zu berichten wissen. Wie bei den Heiden war es Brauch, die Leichen zu beerdigen und nicht zu verbrennen, um eine Auferstehung im Fleisch zu ermöglichen (S. 228). Die frühen Christen hatten ihre Toten anfangs am liebsten auf Friedhöfen im Freien beigesetzt, aber ab etwa 200, als der Platz knapp wurde und verstärkte Verfolgung drohte, bestatteten sie sie in diesen unterirdischen Gängen und Kammern. In Rom waren die Vorbilder für derartige Katakomben unterirdische Gräber von Juden und anderen westlichen und östlichen Grabtraditionen. Der dunkle, weiche vulkanische Tuff, der zwar fest, aber leicht zu bearbeiten war, wurde zunächst zu dem wie ein einfaches griechisches Kreuz aussehenden Gangsystem des Coemetrium Callisti ausgehöhlt – benannt nach Calixtus, dem Papst Zephyrinus († um 217) die Verwaltung des ‹Coemetrium› übertrug[19] – und später dann zu meilenlangen, mehrstöckigen Labyrinthen, die 500 000 bis 750 000 Gräber enthielten. Während der Verfolgungen mögen einige Katakomben zeitweilig auch als Zufluchtsort gedient haben. Nachdem das Christentum offiziell anerkannt worden war, wurden sie zu Pilgerstätten, obwohl Beisetzungen in ihnen bis Ende des vierten Jahrhunderts vorgenommen wurden.

Die Katakomben sind mit religiösen Malereien bedeckt, in denen sich alle Tendenzen der zeitgenössischen Kunst widerspiegeln: von der überkommenen Kunst Roms bis zu den Kunstrichtungen Alexandriens und Mesopotamiens, vom naturnahen klassischen Stil zum impressionistischen oder illusionistischen Barock auf der einen und der einfachen Strenge der Volkskunst auf der anderen Seite. Die Kunst der Katakomben ist eine dogmatische, erzählende Kunst, die den zahlreichen Reliefs der römischen Tradition viel verdankt. Sie ist von zeichenhafter Knappheit, nicht aus einem Wunsch nach Geheimhaltung heraus (denn sie sollte unterrichten und nicht verbergen), sondern weil übernatürliche Wahrheiten sich jeder Analyse entziehen. Die Malereien scheinen Bilderzyklen lehrhaften Charakters wiederzugeben, die teilweise jüdischen Quellen entlehnt sind; es finden sich Anklänge an Gebete der Liturgie und an Schriften, die den großen Heiligen zugeschrieben werden, sowie Wiedergaben christlicher Gedichte und Paraphrasen des Auferstehungsthemas.

Die Künstler der Katakomben zeigen ein nahezu völliges Desinteresse an der Menschennatur Christi und seinen Leiden. Stattdessen betonen sie seine Macht als göttlicher Erlöser. Denn die am häufigsten dargestellte Szene aus seinem Leben ist die Erweckung des Lazarus von Bethanien von den Toten, die nur im vierten Evangelium erwähnt wird.[20] Bereits vor geraumer Zeit hat man in den Katakomben von Rom nicht weniger

als 53 Darstellungen dieses Themas gezählt; sie alle zeigen eine Segensgeste, wie sie sich auch auf der Reichsprägung findet (S. 214). Denn was
die meisten Christen tatsächlich von ihrem Glauben erwarteten, war, daß
auch sie wie einst Lazarus gerettet würden, wenn die Zeit ihrer Auferstehung käme. In der Erweckung des Lazarus sahen sie ihre eigene Auferstehung. Die Lehre von der Auferstehung aller Menschen von den Toten
und vom Überleben des Leibes oder der Aufnahme aller Toten in den
Himmel findet sich schon bei Ignatius von Antiochia und auch schon
in den ältesten Versionen des Glaubensbekenntnisses, die aus dem späten
zweiten Jahrhundert stammen. Denn das Christentum kam ausdrückli-
cher und einladender als jede andere Religion dem nahezu universalen
Verlangen nach Flucht und nach Erlösung von den Übeln dieser Welt
in der nächsten entgegen (S. 228). Der Mensch, sagt Arnobius, hat die
bisher unbekannte Gabe der Unsterblichkeit empfangen[21] – das ist die
entscheidende Tatsache, und die Befreiung von einer schrecklichen Angst.
Sein Schüler Lactanz bekennt, daß er selbst deshalb Christ geworden
sei, weil ihm die Bekehrung die Unsterblichkeit garantiert habe.

Die Erlösung in der zukünftigen Welt ist auf vielen Sarkophagen dargestellt,[22] am deutlichsten in einer betenden Gestalt, dem Orans, der für
den Menschen oder die personifizierte Menschheit steht, die um Einlaß
in das christliche Paradies bittet.[23] So findet sich dieses Motiv auf
Hunderten von Stelen aus Terenuthis (Kom Abu Billu) in Ägypten. Einige
zeigen die Auferstehung als Selbstaufgabe und Hingabe an die jenseitige
höchste Macht: Der Orans wird vom Schiff der Erlösung fortgetragen
oder erwartet dessen Ankunft. Andere Reliefs von Terenuthis schildern
auf einem materialistischeren Niveau die selbstsichere Ruhe einer zurück-
gelehnten Gestalt, die an einem Gastmahl im Jenseits teilnehmen darf.
Eine Christin im afrikanischen Thabraca träumt vom ewigen Frieden im
Schutz der Mutter Kirche. Konstantin selbst erklärt dem Konzil von Arelate, daß er nach dem Tode ein Gericht über seine Taten erwarte. Vieles
davon ist halbgare Theologie (ein ewiger Lohn für ein wohlgefälliges
Leben scheint die Erlösung unnötig zu machen), zeigt aber die überwältigende Verehrung, die Jesus als Erlöser entgegengebracht wird.

Vor allem von den Mühseligkeiten dieser Welt wollten die Menschen
erlöst werden. Doch existierte auch der Gedanke an eine Erlösung von
den Sünden (S. 228), und daneben gab es eine ganz klare Vorstellung
davon, daß eine Erlösung von den Dämonen nötig sei – von jenen übel-
wollenden, aktiven, bösen Geistern, die zwar übernatürliche Wesen, aber
nicht göttlichen Ranges waren (S. 173).[24] Wie christliche Autoren in rei-

chem Maße bezeugen, trug zur Beliebtheit und Macht der Kirche vor allem die Tatsache bei, daß sie für eine wirksame Austreibung der Dämonen sorgte. Lactanz erklärt, daß sie eine heillose Angst vor dem Kreuzzeichen hätten, und Eusebius betont, wie gut wir selbst aus Erfahrung wüßten, daß lästige und boshafte *daimones* Körper und Seele der Menschen in Besitz nehmen. Genauso wie Philosophen an Zwischenwesen glaubten, so sah auch die Kirche von allen Seiten Dämonen anstürmen. Und Christus befreite die Menschen von ihren Schrecken. Exorzismus, das Heilen von Kranken durch Austreibung der Dämonen «ohne alle Zauberei und Magie oder ärztliche Behandlung»,[25] war eine christliche Therapie, die die Phantasie des Volkes beeindruckte – und dabei handelte es sich um eine planmäßige Aktivität der Kirche und nicht, wie in anderen Religionen, um ein privates profitorientiertes Unternehmen. Darin spiegelt sich die gängige christliche Ansicht, die von Justin in Worte gefaßt wurde, nämlich daß der Gottessohn Mensch geworden sei, um die Dämonen zu vernichten: das war seine Aufgabe als Heiland.[26]

Dementsprechend sahen viele Gegener der Christen Jesus als einen der vielen Scharlatane dieser Zeit an, die vorgaben, magische Kräfte zu besitzen (S. 232). Zauberei war ein beliebtes Thema in christlichen Kreisen. In Ägypten, wo diese Tradition immer sehr stark gewesen war, entwickelte sich das Koptische aus der Sprache Zauberpapyri zur Kirchensprache. Konstantin gewährte ohne Billigung der Kirche der weißen Magie Zugeständnisse, aber gegen Zauberei war man wachsam – die Synode von Laodicea (bei dem heutigen Denizli, 360) faßte Beschlüsse gegen christliche Geistliche, die sich als Magier, Wahrsager, Zauberer, Astrologen und Amuletthersteller betätigten. Prophetische Visionen spielten in der frühen Kirche ebenfalls eine ungeheure Rolle. In den fanatischen Bewegungen des ländlichen Christentums war dies ein besonders starkes Element: Erweckungsbewegungen wie der Montanismus hatten ihren Ursprung im Prophetentum (S. 294) und betonten auch später diesen Aspekt des Neuen Testaments gegenüber anderen Christen. Der Montanismus richtete seine Aufmerksamkeit in noch stärkerem Maß als die Mutterkirche auf Frauen, da sie sich besonders gut als Medien eigneten; eine dieser Frauen hatte eine Vision von Christus in weiblicher Gestalt.

Eine andere Art, durch die Gläubige Kontakt und Verbindung mit dem christlichen Erlöser aufnehmen konnten, war die der mystischen Vereinigung und Einheit, eine Erscheinung, die zu der Zeit auch im Heidentum eine so bemerkenswerte Entwicklung durchlief (S. 179). Denn beim Christentum kam zu dem Glauben an den persönlichen Gott (des Alten Testaments) der Glaube an die Erfahrung des Reiches Gottes in den Seelen der Menschen hinzu. Das fortgesetzte Wirken des Heiligen Geistes auf Erden nach Christi Tod war von Paulus als Prinzip des neuen Lebens betont worden. Und dann sprach das Johannesevangelium von einem personalisierten Tröster, der gesandt werden sollte, um die Offenbarung zu bestätigen.[27] Ob nun der Verfasser des Evangeliums und die Autoren vergleichbarer apokrypher Schriften mystische Verzückungen erlebten oder nicht, auf jeden Fall wurde das vierte Evangelium zur Charta des mystischen Christentums (S. 189). Auch Origenes, ein älterer Zeitgenosse Plotins, fühlte oft, daß der Bräutigam, «so weit nur möglich», bei ihm weilte, aber «dann verschwand er plötzlich, und ich vermochte nicht zu finden, wonach ich suchte».[28]

Doch gab es noch andere und viel weiter verbreitete Wege, auf denen die Christen die Vereinigung mit dem Erlöser suchten. Die nächst dem Lazaruswunder wohl beliebteste Szene aus dem Neuen Testament, die sich unter den Katakombenmalereien findet, ist die Speisung der Vier- oder Fünftausend durch die wunderbare Vermehrung der Brote und Fische. Außerdem war der Bericht von diesem Wunder nicht weniger als sechsmal in den vier Evangelien aufgezeichnet – öfter als jede andere Begebenheit und jedes andere Wunder. Diese besondere Hervorhebung verdankte es der Tatsache, daß es gleichzeitig für die beiden Sakramente – die Eucharistie (Danksagung, Abendmahl) und die Taufe – stand. Das Christentum stand keineswegs allein unter den damaligen Religionen, wenn es sich auf Sakramente stützte, aber dank des besonderen, persönlichen Charakters des Erlösers, mit dem der Gläubige durch die Sakramente eins werden konnte, spielten diese eine bemerkenswert große Rolle im christlichen Leben. Die Szene der wunderbaren Speisung ist ein Symbol für die Eucharistie, denn sie ist «das wahre Brot und der Fisch des lebendigen Wassers». Und der Fisch – abgesehen davon, daß dieses Wort im Griechischen (*ichthys*) die Anfangsbuchstaben der Titel Jesu ergibt – erinnert an die Taufe, weil «auch wir Fischlein im Wasser geboren sind und nur im Wasser können wir leben».[29]

Der größte Vorzug des Christentums war jedoch, daß durch diese Sakramente jederzeit eine Vereinigung mit Gott möglich war. Christus selbst war von Johannes dem Täufer getauft worden. Und seine Prophezeiung der Taufe mit dem Heiligen Geist wurde mit dessen Ausgießung zu Pfingsten, wie es die ‹Apostelgeschichte› schildert, als erfüllt angesehen. Dies waren die glorreichen Vorbilder für die Taufe einzelner Christen, deren Sünden dadurch weggewaschen wurden. Da Menschen nun einmal in dieser Welt leben mußten und vermeiden wollten, nach ihrer Taufe erneut zu sündigen, empfingen sie das Sakrament oft erst auf dem Sterbebett (S. 290), obwohl im dritten Jahrhundert auch die Kindertaufe schon üblich war. Mehr noch als die Einführungsriten der heidnischen Religionen bot die Taufe einen direkten, persönlichen Kontakt mit der Gottheit; in ihr berührten sich Sakrament und Transzendenz und verbanden sich Herrlichkeit und Schlichtheit. Vor allem glaubte man daran, daß dieser Ritus Erlösung von der Verdammnis und damit die Unsterblichkeit brachte; er war eine Wiedergeburt, ein Heilsbad, ein helles und reines Licht, das sich von oben in die von Sünden gereinigte Brust des Getauften ergießt.[30] Aber die Verpflichtungen, die auferlegt und gefordert wurden, waren streng: Reue und Glauben.

Das Band, das durch diese Initiation geknüpft worden war, wurde ständig durch die Sakramente und das Opfer der Eucharistie erneuert. Die symbolische Handlung, mit der Jesus seine Jünger zu freiwilligen Teilhabern an seinem Tod gemacht hatte, wurde im Christentum als Erneuerung dieses Ereignisses immer wieder gefeiert. «Das Brot, das wir brechen, ist es nicht die Gemeinschaft des Leibes Christi?»[31] Zuerst wurde dieses feierliche Letzte Abendmahl im Zusammenhang mit den Liebesfesten (Agapen) oder Liebesmahlen gefeiert. Aber nachdem diese im Laufe des dritten Jahrhunderts zu gewöhnlichen Festessen geworden waren, blieb die Eucharistie ein gesonderter Ritus, voll besonderer und wunderbarer Wirkungskraft. Seinen Höhepunkt nach der ausführlichen Aufzählung der Gnadengaben Gottes bildete die Austeilung von Brot und Wein. Dieses eucharistische Mahl, das in den Katakomben als Baum des Lebens[32] dargestellt wurde, war das zentrale Mysterium und der höchste geistige Ausdruck des Christentums: Es erneuerte das durch die Taufe gegebene Versprechen der Unsterblichkeit, versinnbildlichte die brüderliche Gemeinschaft aller Christen auf der ganzen Welt und schenkte die personale Vereinigung mit Christus.

Die Verleihung dieser Gaben war besonders notwendig, weil der Glaube an eine bevorstehende Wiederkehr, wie er für das Urchristentum charakteristisch war, allmählich infolge der Überlagerung jüdischer Lehre durch griechisch-römisches Gedankengut verblaßte. Puritanische Erwekkungsbewegungen wie der Montanismus erwarteten nach wie vor das nahe Ende der Welt, und Verfolgung und Bedrückung nährten diesen Gedanken noch, aber nur bei einer ungebildeten Minderheit.[33] Schon um 200 war das Gefühl lebendig, daß das Römische Reich das Weltende hinauszögern könnte (S. 275). Folglich mußten die Sakramente, die die

Gläubigen hier und jetzt mit Christus vereinten, die Trösterrolle übernehmen, die vorher der Glaube an die Wiederkehr des Herrn gespielt hatte.
Die Künstler der Katakomben machen deutlich, wie die Christen jener
Zeit ihren Erlöser sahen. Normalerweise wird er nicht direkt dargestellt,
da das Christentum vom Judentum die Scheu vor bildlichen Darstellungen
Gottes geerbt hatte, und es gibt schriftliche Zeugnisse dafür, daß diese
Gedanken auch noch im dritten Jahrhundert lebendig waren. Eine christliche Kapelle in Dura Europos, weitab von den zeitgenössischen Haupt-
trends, enthielt ein Gemälde von 232–33 n. Chr., das ausnahmsweise
schon Christus abbildet (einige Autoren legten das Alte Testament so
aus, daß es sich eher gegen plastische als malerische Darstellungen gewandt
habe). Das Mausoleum der Julier unter der Peterskirche in Rom, das
um 250–75 von Christen neu ausgestaltet wurde, zeigt eine weniger direkte Wiedergabe, denn das Mosaik im Gewölbe setzt Christus mit dem
Sonnengott gleich, der jetzt allmählich zum offiziellen Gott Roms wurde
(S. 219). Christus ist dargestellt, wie er das Viergespann des Sol fährt,
ein Symbol nicht nur der vier Evangelien, sondern auch der Auferstehung.
Das alles spielt vor einem goldenen Hintergrund, der die byzantinische
Farbzusammenstellung vorwegnimmt und das himmlische ewige Licht
symbolisiert, das die Auferstehung ankündigen wird. Des weiteren war
die Vorstellung beliebt, Christus mit Orpheus gleichzusetzen, jenem
Bezauberer der Natur, der einen so gewaltsamen Tod erlitt, und als mythi-
scher Begründer der antiken religiösen Bewegung der Orphik galt – eine
Idee, die in den Fußbodenmosaiken der Landhäuser der Reichen genauso
wie in den Malereien der Katakomben ihren Niederschlag findet. Diese
Gleichsetzung scheint auf ein David zugeschriebenes Gedicht zurückzuge-
hen, das auf den Orpheusmythos[34] anspielt – und Orpheus, wie er auf
einem Mosaik in Edessa dargestellt ist, sieht genauso aus wie David in
einer Synagoge in Dura Europos. Viele Christen teilten die Überzeugung,
Orpheus und andere Religionsstifter seien Philosophen gewesen, die Symbole verwandten, die erst spätere Generationen entschlüsseln konnten.
Da sie den Stifter ihrer eigenen Religion als historische Gestalt sahen,
vermochten sie, was das Heidentum nicht konnte, einen *echten* Orpheus
oder Odysseus oder Herkules zu zeigen. Wie in der heidnischen Kunst
wird Orpheus als Sänger dargestellt: Als Christus wurde er zum Friedens-
fürst, den Jesaja geweissagt hatte, und übernahm die göttliche Schutzpa-
tronschaft des liturgischen Gesangs, der ersten nachweisbaren Form des
gemeinsamen Gebets oder Lobpreises bei den Christen.
Noch mußte eine Reihe von Hindernissen überwunden werden, bevor

sich der byzantinische Brauch, Jesus direkt bildlich darzustellen, weithin durchsetzen konnte.[35] Noch um 305 nahm die Synode von Elvira (Illiberis bei Granada), die nicht vom Kaiser einberufen war, eine kritische Haltung gegenüber der Kunst in Kirchen ein, und Eusebius tadelte Konstantins Halbschwester Constantia wegen ihres Wunsches, eine Darstellung Christi zu sehen und zu kopieren. Im Jahrhundert zuvor war die Jungfrau Maria, deren Lebensgeschichte das Protevangelium *(Buch des Jakobus)* berichtet und die die auffällige Hervorhebung der Frauen im Christentum symbolisierte, zum erstenmal von den Katakombenmalern dargestellt worden.[36] Doch Christus bildeten sie wie die zeitgenössischen Bildhauer weiterhin indirekt ab. Besonders häufig wird er als der Gute Hirte gezeigt, der seine Herde rettet, indem er sie «vor dem Rachen des Löwens» beschützt. Diese Bilder finden sich mehr als doppelt so häufig wie die Erweckung des Lazarus und mehr als dreimal so häufig wie die wunderbare Speisung. Der Hirte trägt seinen Widder oder sein Lamm quer über die Schultern gelegt wie mancher heidnische Hirte in griechischen Skulpturen seit archaischen Zeiten. Manchmal ist nicht klar, ob die Darstellung heidnisch oder christlich ist, ob sie heidnische Menschenfreundlichkeit *(philantropia)* oder christliche Liebe symbolisiert. Dieser lockige Jüngling ist nicht nur ein David, sondern auch ein Apollo oder Hermes, der Seelenführer, der das Lamm, eine Seele, die der Vernichtung entrissen wurde, rettet. Aber gleichzeitig trägt er auch das Osterlamm zum Opfer, als göttliches Opfer, das die vergangene Errettung mit der gegenwärtigen Gemeinschaft und der zukünftigen Hoffnung vereint.

Der Gute Hirte kommt auf einem der frühesten bekannten christlichen Sarkophage vor, zwischen Porträts der Verstorbenen unter den Bäumen des Paradieses. Von der Mitte des dritten Jahrhunderts bis etwa 280 ist dieses Motiv ein beherrschendes und zentrales Thema, das höchste künstlerische Leistungen hervorbrachte und einen Stil und eine Ikonographie begründete, die sich noch viele Jahrhunderte hindurch behaupteten. Gelegentlich trägt er kaiserliche Gewänder, die daran erinnern, daß es diesen Darstellungen nicht um die menschliche Natur Christi oder um seine Leiden geht, sondern um seine erlösende Kraft.[37] Obwohl die Märtyrer Mut daraus schöpften, daß ihre Leiden in den seinen vorgezeichnet waren, sahen die Gläubigen in ihm im allgemeinen weniger das Vorbild, das zur Nachfolge aufrief, als den Heiland: einen Gott, der in die Welt kam, um den göttlichen Plan zu vollenden und die Gläubigen zum Heil zu führen.

Die gleiche Botschaft spricht auch aus den Katakombenmalereien der

Zeit nach etwa 280 n. Chr., als durch eine Änderung der Geschmacksrichtung die heiteren, statischen Kompositionen, in denen der Gute Hirte dargestellt worden war, von einer Reihe lebhafter, bewegter, beschreibender Szenen abgelöst wurden. Diese konzentrierten sich auf die wunderbare Macht Gottes, mit der er in die Geschichte eingreift und gegen alle Wahrscheinlichkeit diejenigen errettet, die ihm vertrauen. Aber mit der einzigen Ausnahme der Erweckung des Lazarus, deren unmittelbares Thema die Errettung ist (S. 261), stammen die gewählten Begebenheiten nicht aus der Lebensgeschichte Jesu und nicht einmal aus dem Neuen Testament. Sie sind dem Alten Testament entnommen und berichten von der Errettung der Menschheit zur Zeit der Hebräer und ihrer Propheten. Dieses Thema wird an den Erzählungen von Noah, Abraham, Moses, Susanna, Daniel, Sadrach und seinen Helden und Jonas[38] illustriert. Von 233 dieser alttestamentarischen Szenen, die man gezählt hat, zeigen 68 Moses, wie er Wasser aus dem Felsen schlägt, 57 die Geschichte von Jonas und 39 die Geschichte von Daniel. Wie in der arabischen und heidnischen Tradition gab Moses nach Gottes Rat seinem Volk das Wasser, das ihnen das Leben rettete, und Jonas und Daniel wurden durch Gottes Eingreifen aus ihrer schrecklichen Lage befreit – Jonas aus dem Bauch des Meeresungeheuers, mit dem die großen Verfolgerstaaten verglichen wurden[39] (die drei Tage und Nächte, die Jonas im Walfischbauch zubrachte, verstand man als Prophezeiung der Grabesruhe Christi), und Daniel aus der Löwengrube des persischen Unterdrückers. Das also waren die Themen, die jetzt im Denken der Christen alle anderen in den Schatten stellten. Das Schwergewicht liegt auf dem Alten Testament als dem Zeugnis für die Macht Gottes, seine treuen Anhänger zu retten. Unter dem Druck der Verfolgungen kehrte das Christentum zu seinen jüdischen Ursprüngen zurück, wo diese Erlösung so nachdrücklich geweissagt worden war.

Eine weitere Folge dieses Drucks war der völlige physische und geographische Rückzug aus der Welt, die ihn ausübte. In diesem Zeitalter, in dem Askese und Kontemplation als die beiden höchsten menschlichen Tugenden angesehen wurden, glaubten viele Menschen der verschiedensten Glaubensrichtungen, daß diese Tugenden in Einsamkeit geübt werden müßten.[40] Die griechische Welt besaß ihre pythagoräische Tradition von mönchischer Abgeschiedenheit. Außerdem hatte es sogar schon unter den Ptolemäern Einsiedler in Ägypten gegeben,[41] und um den in Ägypten gelegenen Mareotis-See lebten jüdische Eremiten, die sich Therapeuten nannten.[42] In Palästina wohnte die Sekte der Essener in Zurückgezogenheit in den Bergen bei Hebron.[43] Im zweiten und dritten Jahrhundert n. Chr.

nahmen diese Tendenzen zu. Die Christen begründeten sie mit der Verachtung für den menschlichen Leib und das Menschenlos, die Paulus und sogar, wie argumentiert wurde, Jesus gezeigt hätte, der gewacht, gebetet und gelehrt hatte: «Verkaufe, so wirst du besitzen». Seine eigenen Jünger konnten sich ‹Einsiedler› *(monachoi)* nennen, da sie, wie er, dem Fleisch nur vorübergehend angehört hatten.[44]

Glatter Abscheu vor der menschlichen Natur war eins der Hauptmotive. Ein zweites war ein heftiges und weitverbreitetes Schuldgefühl, das ebenfalls für die Epoche charakteristisch war. Einige zogen sich aus der Gemeinde wegen ihrer mit Abscheu gemischten Verständnislosigkeit für das gelehrte alexandrinische Christentum zurück. Der erste bekannte christliche Einsiedler (Anchoret), Narcissus im zweiten Jahrhundert, suchte in der Einsamkeit Zuflucht vor Verleumdungen, andere wollten Familienstreitigkeiten entgehen. Aber die meisten flohen vor sozialer Ungerechtigkeit, Zwangsmaßnahmen und Militärdienst und vor dem Steuereintreiber, und viele flohen auch vor Verfolgungen (S. 281 ff.). Fanatisch-puritanische Bewegungen wie der Montanismus spornten diesen Drang, der Welt zu entsagen, weiter an (S. 294).

Und so wurde im dritten Jahrhundert in Ägypten das christliche Mönchtum geboren. Gefördert wurde diese Idee durch die Verbannung christlicher Führer, wie etwa des Dionysius von Alexandrien, den die Verfolgung unter Valerian zwang, sich in die Oase Kufra zurückzuziehen. Aber schon vorher hatte die Verfolgung unter Decius (250) einen jungen Asketen, Paulus von Theben, zur Flucht in die Wüste getrieben, wo er bis zu seinem Tode blieb; er wurde angeblich 113 Jahre alt. Bald darauf begann Antonius sein Leben in Abgeschiedenheit, das die mönchische Lebensform berühmt machen sollte. Er wurde um 251 in Oberägypten geboren. In der Nähe seines Heimatdorfes lebte schon ein viel älterer Eremit.[45] Antonius gab seinen weltlichen Besitz auf (um 270), besuchte darauf Paulus von Theben und begann selbst ein Einsiedlerleben zu führen. Fünfzehn Jahre später zog er sich zu einem Leben in völliger Isolation zurück, und zwar in ein Grab auf der Spitze eines Berges in der Wüste.[46] Es gab jedoch viele Menschen, die seinem Beispiel folgen und sich ihm anschließen wollten, und während der letzten großen Verfolgungen teilte er seine Anhänger in Gruppen ein, die in verstreut liegenden Zellen lebten und sich nur zu gemeinsamem Gottesdienst trafen (um 305–06).[47] Während der letzten Jahre der Verfolgung half Antonius vielen Opfern, die in den Bergwerken und den Gefängnissen von Alexandrien eingesperrt waren. Darauf verbrachte er jedoch den Rest seines Lebens in seinem

Zufluchtsort in der Wüste nahe dem Berg Quolzoum, wo er 105 Jahre alt geworden sein soll. Ständig strömten Menschen dorthin, um sich ihm anzuschließen, jetzt, da die Verfolgungen aufgehört hatten, nicht mehr aus Furcht vor Verfolgung, sondern aus Sehnsucht nach einem Ersatz – Märtyrer der Askese zu einer Zeit, als es blutige Martyrien nicht mehr gab. Diese Selbstkasteiung, die sogar so extreme Formen wie Entmannung annehmen konnte (die dann im vierten Jahrhundert durch kanonisches Gesetz untersagt wurde), schien solchen Menschen die einzige Möglichkeit zu sein, als Soldaten Christi zu leben und den weltlichen Versuchungen und der ewigen Verdammnis zu entgehen. Diese übertriebene Flucht aus der Welt war den damaligen Vertretern der Kirche fremd, bekam aber innerhalb kurzer Zeit einen bemerkenswerten Auftrieb.

Obwohl Antonius aus einer wohlhabenden Familie stammte, konnte er weder lesen noch schreiben und sprach nur koptisch. Er lehrte einen sehr schlichten biblischen Glauben und behauptete – gleichgültig gegenüber Spekulationen und Doktrinen –, daß die Heilige Schrift für die Erlösung ausreiche.[48] Solche Männer hielten an der Bergpredigt und den richtigen Formen fest, kümmerten sich aber nur wenig um Jesus selbst. Dafür beschäftigten sie sich stärker mit Dämonen (S. 263). In der Wüste trieben sie ihr Unwesen, und Antonius mußte sich ihrer sein ganzes Leben lang erwehren und lehrte die anderen Einsiedler, die zu ihm als ihrem Führer aufsahen, dasselbe zu tun. Wie manch ein Maler, der an der Dämonologie Gefallen fand, genüßlich gezeigt hat, glaubte Antonius, daß Dämonen ihn quälten und verletzten, bis er nicht mehr aufrecht stehen konnte: Sie erschienen ihm in der Gestalt lüsterner Weiber und er beobachtete auch, wie die vier Wände seiner Zelle sich öffneten und Dämonen in Gestalt von Löwen, Bären, Leoparden, Stieren und Skorpionen unter schrecklichem Getöse hereinstürzten.

Amun, der vor Antonius starb, gründete Gruppen von drei oder vier ähnlich zerstreut liegenden Zellen, deren Bewohner halb Eremiten, halb Mönche waren.[49] Sie hatten keine Ordensregel, aber es wurde Ehrerbietung gegenüber der persönlichen Autorität der Ältesten erwartet. Amun war nicht wie Antonius von der Notwendigkeit überzeugt, sich auf die Bibel zu konzentrieren, die ihm wegen ihres göttlichen Ursprungs unheimlich und unverständlich erschien; er hielt es für sicherer, den ‹Sprüchen der Väter› zu folgen.[50] Dagegen unterstützte ein anderer Ägypter, Pachomius (um 292–346), das Studium der Heiligen Schriften und nahm es in sein ausgefeiltes und ehrgeiziges Meditations- und Disziplinprogramm auf, das er für seine Einsiedler aufstellte. Als erster faßte Pachomius sie zu einem echten Gemeinschaftsleben zusammen, und zwar in einem Kloster, das er auf Tabennisi, einer Insel im oberen Nil, gründete (um 320). In diesem Zentrum lebten schon bald 1400 Mönche; bis zu seinem Tod gründete er noch neun weitere Klöster, dazu auch zwei für Frauen, mit insgesamt 7000 Mönchen und Nonnen.[51] Zu Askese, zu Abgeschiedenheit und zu vager Ehrerbietung kam jetzt äußerer Gehorsam hinzu: Jedes Haus wurde von einem Superior geleitet, der wiederum Pachomius als Generalabt unterstand.[52] Wie die Einsiedler in früheren Zeiten verdienten die klösterlichen Bewohner ihren Lebensunterhalt mit der Arbeit ihrer Hände; die Klöster waren in einem beträchtlichen Ausmaß Produktionsstätten und Wirtschaftseinheiten, Bastionen gegen das Elend der damaligen Zeit. Viele Mönche und Nonnen flochten Matten und kamen in bebaute Gebiete, um Schilf zu sammeln und die fertigen Produkte zu verkaufen und um als Saisonarbeiter den Boden zu bestellen.

Schon bald lebten zwischen hundert- und zweihunderttausend Mönche in den Wüsten Ägyptens. Diese christliche Mönchsbewegung, die so rasch ungeheure Ausmaße angenommen hatte, ist eins der bemerkenswertesten Geschenke an die Welt, mit allem, was der Nationalcharakter an Gutem und Schlechtem enthielt; sie war gleichzeitig das einflußreichste aller Phänomene, die während dieser Hochblüte der römischen Kaiserzeit entstanden, und eine der höchsten Leistungen des östlichen Christentums.

Etwa im Jahre 307 besuchte Hilarion von Gaza Antonius und begründete dann eine Mönchskolonie in der Nähe seines Heimatortes Tabatha bei Gaza.[53] Eugenius, ein Zögling aus den Klöstern des Pachomius, verpflanzte das Mönchtum nach Nisibis (Nusaybin) in Mesopotamien. Basilius der Große von Caesarea in Kappadokien (um 330-79) kleidete die Ideale des koinobitischen Klosterlebens in klare Worte, seine Ordensregeln setzten sich im ganzen Osten durch und werden noch heute in orthodoxen Klöstern befolgt.

Allmählich näherte sich das Mönchtum der Kirche. Zunächst waren seine Vertreter nicht nur dem Staat und seiner städtischen Zivilisation gegenüber feindlich eingestellt, sondern auch den größtenteils städtischen christlichen Hierarchien. Die Mönche waren oft ein Stachel im Fleisch des Episkopats, vor dessen Macht einige sogar geflohen waren. Pachomius wollte nicht, daß sie Priester wurden, und einige hatten sich absichtlich die Ohren abschneiden lassen, um der Weihe zu entgehen. Die Mönche des vierten Jahrhunderts waren gegenüber der Geistlichkeit und den Bischöfen noch immer recht unehrerbietig.[54] Aber sie brauchten Priester, denn ein guter Mönch sollte das Sakrament täglich empfangen,[55] und so wurden mit der Zeit die östlichen Klöster zu Pflanzstätten der Priester-schaft. Von nun an begannen sie ihren langen Weg nicht nur als Kritiker der Kirche, sondern auch als ihre mächtigen Hilfskräfte.

Hieronymus, der in Bethlehem eine religiöse Gemeinschaft gründete (389), gehörte zu den Hauptverfechtern der strengsten Askese, deren Ver-treter von Gibbon und Hume mit dem aufklärerischen Haß des 18. Jahr-hunderts als finstere und unbesonnene Enthusiasten, Wahnsinnige und Trauerklöße abgelehnt wurden. Aber schon als Hieronymus noch ein Kind war, hatte Athanasius einen der einflußreichsten Bestseller aller Zei-ten geschrieben, sein ‹Leben des Antonius› (356-62). Dieses Werk, eine Mischung aus Phantasie und Tatsachen nach Art eines etablierten heidni-schen Genre (S. 146f.), diente vielen späteren Heiligenviten als Vorbild. Diese Tradition wurde den Ländern des Westens durch die lateinische Version vermittelt. In Irland blieb das halb-einsiedlerhafte Mönchtum in der Nachfolge des Antonius lange Zeit vorherrschend; in Gallien dage-gen gründete Martin von Tours ein Kloster in Liguqé bei Poitiers (um 360).[56] Es blieb Benedikt von Nursia vorbehalten, dem westlichen Mönch-tum seine besondere und dauernde Form zu geben. Seine ‹Regel› (um 515) stellte neben die morgenländische Askese die römischen Tugenden des Ernstes, der Stabilität und der Mäßigung, die die abendländischen Mön-che zu Missionaren, Forschern, Landwirten und Bewahrern der ererbten Kultur werden ließen.

Juden, Christen und der Staat

Trotz aller griechisch-römischen Züge, die das Christentum angenommen hatte, blieb der Grundcharakter seiner Theologie hebräisch, und das Ansehen der Christen unter den Römern wurde stark von ihren jüdischen Ursprüngen beeinflußt.

Die Stellung der Juden im römischen Reich war ambivalent. Da sie nicht die Götter Griechenlands und Roms anbeteten, erschienen sie als Atheisten. Außerdem sonderten sie sich ab, sowohl was ihre Bräuche be-traf – Beschneidung, Speisevorschriften des mosaischen Gesetzes, Heilig-keit der Familie –, als auch wegen ihrer Überzeugung, das Auserwählte Volk zu sein. Diese Absonderung gefährdete sie, weil sie sich damit bei ihren Nachbarn unbeliebt machten, für die sie ihrerseits nur Verachtung übrig zu haben schienen. «Sie betrachten den Rest der Menschheit mit dem Haß von Feinden», sagt Tacitus. Ihr Verhältnis zu den Griechen

vor allem war immer gespannt, ganz besonders in Alexandrien, wo die
Juden lange Zeit eine große Kolonie bildeten. Außerdem wurde das römi-
sche und griechische Empfinden für die Fremdheit der jüdischen Gemeinden durch die zwei Aufstände der Juden in Palästina genährt (66–70,
132–35 n. Chr.); dem zweiten gingen neue Erhebungen in Ägypten, der
Cyrenaica und anderswo voraus. Und doch diente diese Isolation den
Juden der Diaspora im ganzen Reiche, die innerhalb der verschiedenen
Städte in eigenständigen Gemeinden organisiert waren, nicht nur als
Quelle ihrer moralischen Stärke, sondern wirkte sich auch auf ihre Stellung gegenüber den Römern günstig aus, da ihr Gott dadurch als eine
nationale Gottheit erschien, was die Regierung verstehen und tolerieren
konnte. Kaiser der Frühzeit beschützten die Juden und ihr Recht, nach
ihrem eigenen religiösen Gesetz zu leben und zu handeln. Während die
Beschneidung von Nichtjuden strikt verboten war, durfte ein Jude nicht
am Sabbath vor Gericht gestellt werden und auch nicht zum Militärdienst
einberufen werden, wo er seine vorgeschriebene Lebensweise nicht hätte
einhalten können. So blieb es bei diesem labilen Gleichgewicht zwischen
Schutz und Mißtrauen. Das späte zweite Jahrhundert n. Chr., als auch
die Mischna (der früheste Teil des Talmud) Gestalt annahm, war für
die Juden eine erfolgreiche Periode. Der Name Antoninus besaß einen
guten Klang in ihrer Überlieferung, denn die Zeit von Mark Aurel bis
Caracalla – die beide den Namen Antoninus trugen – war eine Blütezeit
für das Judentum, unter dem Rabbi Jehuda Hanassi I. (135–217 n. Chr.)
errang es offizielle Anerkennung.[57] Das Privileg des Rabbi, in einer Staats-
kutsche zu fahren, ist wohl im Bildschmuck einer Synagoge in Kapernaum
dargestellt, und trotz des Mißtrauens des Septimius (S. 274) gab es viele
prächtige Synagogen in Galiläa. Bedeutende Schulen entstanden in Sura
am Euphrat und anderswo.[58] Aufgrund der schlechten wirtschaftlichen
Bedingungen und der ständigen Epidemien wurde Palästina als kulturelles
jüdisches Zentrum allmählich durch Mesopotamien abgelöst. Eine Synagoge der polyglotten mesopotamischen Stadt Dura Europos enthält
Gemälde, auf denen die Zerstörung und Erneuerung des nationalen
Lebens Israels allegorisch dargestellt ist: Wie bei den Christen wird betont,
wie die lange jüdische Geschichte die Belohnung und Bestrafung durch
Gott als Folge von Gesetzestreue und -bruch verstanden hat (um 235
n. Chr.). Der Bau in Dura macht in seiner Ausschmückung deutlich, wie
die Hellenisierung die Juden dazu brachte – sie sprachen ebenso wie die
frühen Christen sehr oft eher griechisch als hebräisch – das talmudische
Bilderverbot zu mißachten. Auch anderswo zeigen Synagogen Darstellun-

gen von Nike, vom Sonnengott und sogar von Leda und dem Schwan. In Dura Europos ist trotz der großen Vielfalt künstlerischer Vorbilder die griechische Tradition deutlich erkennbar in drei Nymphen, die das Kind Moses pflegen. Esra, der in einer Schriftrolle liest, sieht aus wie ein griechischer Redner, und auch David mit seiner Harfe ähnelt Orpheus, den die Christen ebenfalls mit Jesus gleichsetzten, obwohl das Bild in Haltung und Komposition orientalisch ist (S. 266).[59]

Doch halten es die Ausgräber von Dura für wahrscheinlich, daß die Juden hier angegriffen wurden. Vielleicht wurden sie von den Römern als persische Sympathisanten verdächtigt. So mögen die Wandmalereien mit dem Erlösungszyklus eine aktuelle Bedeutung besessen haben. Erst vor ein paar Jahren hatte Septimius Severus den Juden jede missionarische Tätigkeit verboten, und Philostrat (S. 221) griff alte Vorwürfe wieder auf und behauptete, die Juden seien Feinde Roms und der Menschheit und lebten unversöhnlich in ihrer Abgesondertheit. «Von ihnen trennt uns ein tieferer Abgrund als von Susa oder Bactra oder dem noch entfernteren Indien.»[60] Und umgekehrt findet sich eine stark jüdische Färbung in den antirömischen und antigriechischen Orakeln, die damals zirkulierten. Dennoch blieben die Juden von den großen Christenverfolgungen verschont oder bekamen zumindest nicht ihre volle Wucht zu spüren.

Als das Reich christlich wurde, behielten die jüdischen Gemeinden im ganzen Reich zwar ihre eigenständige Stellung bei, wurden jedoch zur Zielscheibe strengerer staatlicher Maßnahmen und einer feindlichen öffentlichen Meinung, da ihnen die Verantwortung für die Kreuzigung Christi zugeschoben wurde. Konstantin trat den Juden entschieden entgegen, indem er ihnen verbot, ihre christlichen Sklaven zu beschneiden oder die zu belästigen, die den hebräischen Glauben aufgegeben und das Christentum angenommen hatten. Dennoch ließ auch er zu, daß ihre Rabbinen von den städtischen Ämtern befreit waren.

Es dauerte lange, bis das Christentum deutlich vom Judentum, dem es entstammte, unterschieden wurde. Obwohl die römischen Behörden offenbar seit der Verfolgung unter Nero (64 n. Chr.) gewisse Unterschiede zwischen den beiden Religionen bemerkt hatten, wurden die Christen auch weiterhin als extremer Flügel des Judentums behandelt.[61] Während ferner die Juden entschuldigt werden konnten, da sie nur der Religion ihrer Väter anhingen, gab es keine solche Entschuldigung für die Christen, infolgedessen waren sie also noch unbeliebter. Außerdem konnte die Anziehungskraft des Christentums auf die unteren Klassen und die Sklaven und seine Verheißung eines klassenlosen Paradieses[62] leicht als subversiv gedeutet werden, besonders natürlich in nationalen Notzeiten (S. 280).

Die griechisch-römische Gesellschaft fühlte sich in der Tat von der ganzen Lebensweise der christlichen Gemeinden provoziert. Ohne die jüdische Rechtfertigung, eine nationale Sekte mit eigenen Bräuchen zu sein, lebten sie ebenfalls abgesondert, hielten eigene Gottesdienste, hielten sich für auserwählt und setzten Werte und Normen, die im Widerspruch zu den traditionell üblichen standen. Auch nachdem eine unmittelbare Wiederkehr Christi nicht mehr erwartet wurde (S. 265), lehrten sie weiterhin, nicht die Welt oder irgendwelche Dinge in der Welt zu lieben. Denn ein Christ, der «Gott ganz dient, ist selbst in seiner eigenen Stadt ein Fremder». «Wir müssen bedenken, daß wir der Welt entsagt haben, und hier einstweilen nur wie Fremdlinge und Pilger leben.»[63] Viele nachdenkliche Heiden dachten damals zwar ebenso (S. 167), aber man kann leicht verstehen, wie derartige Vorstellungen zu Mißverständnissen über das Christentum führten, die sich dann in Gewaltausbrüchen entluden. schon unter Nero dienten Christen als Sündenbock, angeblich wegen Brandstiftung, in Wirklichkeit aber, wie Tacitus aufgezeigt hat, weil sie «die Menschheit zu hassen» schienen – eine Anklage, die man auch gegen die Juden vorbrachte.

Und doch waren die Kaiser noch ein weiteres Jahrhundert und länger – wie immer damit beschäftigt, das politische Klima abzukühlen – eher geneigt, die Christen vor der feindlich gestimmten Öffentlichkeit in Schutz zu nehmen als sie wegen irgendwelcher Verbrechen zu verurteilen. Im frühen zweiten Jahrhundert war Plinius d. J. als Statthalter von Pontus und Bithynien beunruhigt durch ihre Weigerung, von diesem verdrehten und übertriebenen Aberglauben zu lassen. Er ersuchte daher Kaiser Trajan um Direktiven; dieser erwiderte ihm darauf: «Man soll ihnen nicht nachspionieren. Falls sie angezeigt und überführt werden, sind sie zu bestrafen, jedoch unter der Bedingung, daß jeder, der leugnet, Christ zu sein, und dies durch die Tat – nämlich durch die Anrufung unserer Götter – unter Beweis stellt, aufgrund seiner Reue Verzeihung erlangen soll, mögen die Verdachtsgründe gegen ihn in der Vergangenheit noch so stark gewesen sein».[64] Andere Kaiser ordneten zwar keine Verfolgungen an, fühlten sich aber nichtsdestoweniger gezwungen, sie von Zeit zu Zeit in einem begrenzten Maß zuzulassen. Denn sonst wäre die Unruhe im Volk zu heftig geworden, zum Nachteil für Gesetz und Ordnung.[65] Dennoch war es ein bemerkenswertes Privileg – in der Tat einmalig, wo es um verbrecherische Handlungen gegen den Staat ging –, daß bei Widerruf

Straffreiheit gewährt wurde. Denn wer als Christ lebte, konnte dadurch leicht Strafmaßnahmen der Provinzstatthalter auf sich ziehen, deren Generalvollmacht sich auch auf den Schutz der Staatsreligion erstreckte. Aber diese Verordnungen wurden nur sporadisch angewandt und zeitweilig ganz aufgehoben.

Unter Mark Aurel jedoch verschlechterte sich die Lage. In Gallien wie in Kleinasien wütete die Bevölkerung gegen die Christen, die in ihren Augen schuld an den militärischen, wirtschaftlichen und Naturkatastrophen waren, und die romanisierten Gallier in den Tälern der Rhône und Saône haßten die christlichen Geschäftsleute aus dem Osten, die als Einwanderer immer leicht dem Fremdenhaß zum Opfer fielen. Um die erregte öffentliche Meinung zu besänftigen, kam es zu Verhaftungen und sadistischen Hinrichtungen, unter Commodus griff die Verfolgung auch auf Nordafrika über.

Eins der Opfer unter den Verfolgungen Mark Aurel war Polykarp, der Bischof von Smyrna; sein Richter konnte nicht verstehen, warum er sich weigerte, beim Genius des Kaisers zu schwören (S. 199).[66] Andererseits konnte Polykarp darauf verweisen, daß den Christen gelehrt worden war, «Fürsten und Obrigkeiten, die von Gott eingesetzt sind, wenn es uns nicht schadet», Ehre zu erweisen[67] und ähnlich behauptete sein christlicher Zeitgenosse Irenäus (S. 253) – einer der Väter des mittelalterlichen abendländischen politischen Denkens –, daß wegen der Laster und Unvollkommenheit des Menschen eine Regierung notwendig sei. Unter den Christen war außerdem die Ansicht verbreitet, daß das gleichzeitige Erscheinen des Heilands und der Pax Augusta kein Zufall gewesen sei. So war Melito von Sardes in seinem Schreiben an Mark Aurel voll des Lobes für das kaiserliche Regiment.[68] Aber Mark Aurels Lehrer Fronto war gegen die Christen eingestellt, und in einem regelrechten Angriff auf die Christen, der uns durch die Widerlegung des Origenes bekannt ist, faßte der Philosoph Celsus (? um 177-78; S. 256) ihren Satz «niemand könne zwei Herren dienen» als offene Rebellion auf. Celsus hält die Christen für ungebildete, bornierte Gegner der Tradition und für Barbaren, die die Gesetze gegen Geheimbündelei verletzten. Warum übernähmen sie denn nicht ihren Teil der Verantwortung, indem sie öffentliche Ämter bekleideten und als Mitkämpfer des Kaisers stritten? Wenn jeder ihre pazifistische Haltung einnähme, führte er ihnen vor Augen, dann wäre bald Schluß mit allem Sinnvollen – und auch mit ihrer eigenen Religion.[69]

Wohl im späten zweiten Jahrhundert schrieb Minucius Felix, anscheinend ein Nordafrikaner, die erste uns erhaltene Verteidigung des Christentums auf lateinisch. Dabei zitierte er, um sie zu widerlegen, eine weit-verbreitete antichristliche Ansicht, aus der hervorgeht, wie leicht die wildesten Schauergeschichten von obszönen Handlungen und Kanniba-lismus in die kaum bekannten Moralvorstellungen und Sitten der Christen hineingelesen werden konnten.[70] Und aus den Reihen der Christen ant-wortete mit gleicher Münze der Syrer Tatian, der den Heiden nachsagte, sie äßen Christenfleisch, um dessen Auferstehung zu verhindern.

Der erste, der koordinierte Maßnahmen gegen die Christen im ganzen Reich ergriff, war Septimius. Er verbot Übertritte zum Christentum wie zum Judentum und unterwarf Konvertiten schweren Strafen (201–03). In Nordafrika, wo auch Hinrichtungen nachzuweisen sind, litten die Christen unter der feindlichen Gesinnung der Priester des ägyptischen Gottes Serapis, dem die besondere Verehrung des Kaisers galt (S. 111). Das ermutigte die Priester dazu, Anklagen gegen die Christen vorzubrin-gen, und veranlaßte die Statthalter von Afrika und Ägypten dazu, ihrem Druck nachzugeben. «Wir werden belagert» rief Tertullian (um 160–228 n. Chr.), «gejagt und bei unseren geheimen Versammlungen überrascht.»

Aber dieser temperamentvolle, streitbare, gelehrte Afrikaner, der Über-zeugungskraft in sein geschliffenes, verletzend scharfes Latein einfließen ließ, hatte schon früher einen neuen Ton angeschlagen, der von jeder Versöhnlichkeit weit entfernt war und eine neue aggressive Zuversicht zeigte. Denn in seinem ‹Apologeticus› griff er die Heiden mit einer neuen Direktheit und Heftigkeit an (197). Er verabscheute die unreinen Zungen ihrer Propheten und die schmutzigen heidnischen Opfer, das Blut, den Rauch und die stinkenden Brandopfer toter Tiere. Wegen ihrer Sünden seien sie zu einem weit schrecklicheren Brandopfer am Tag des Jüngsten Gerichts verdammt, sie und all ihre Werke.[71]

Dennoch ließ es Tertullian, ein Jurist, der römische Rechtsvorstellungen für die christliche Lehre adaptierte, damals noch nicht an Loyalität ge-genüber dem Staat fehlen, die seiner Meinung nach auch ganz im Interesse der Christen lag. «Wir wissen nämlich, daß die dem ganzen Erdball bevor-stehende Veränderung und das mit schrecklichen Trübsalen drohende Ende der Zeiten nur durch die dem Römischen Reiche eingeräumte Frist aufgehalten wird. Daher wünschen wir dies nicht zu erleben, und indem wir um Aufschub dieser Dinge beten, befördern wir die Fortdauer Roms.»[72] Aber in dem Maße, wie Tertullian seine zunehmend puritani-schen Anschauungen entwickelte, die ihn dann zum fanatischen Monta-nismus führten (S. 294), sanken seine früheren patriotischen Gefühle bis auf den Nullpunkt. Denn jetzt wandte er sich direkt gegen die Kultur

und die Tradition, auf denen das Reich ruhte. Die Christen werden angewiesen, an keinerlei heidnischen Veranstaltungen teilzunehmen, nicht einmal an Familienfesten, und Mischehen zwischen Christen und Heiden
werden als Götzendienst verurteilt. Religiöse Zwangsmaßnahmen des
Staates werden bedauert. Er bemüht sich nicht einmal mehr, dem Staat
auch nur äußerlich Loyalität zu erweisen, jeglicher Ansatz zu einem Kompromiß fehlt. Ein wahrer Christ kann kein öffentliches Amt bekleiden,
das Schwert wird als antichristliche Waffe verworfen, die seinem Träger
ein böses Ende bringen werde. Der einzige erlaubte Militärdienst ist der
im Heere Christi. Tertullian vertrat jetzt die Ansicht, daß es für einen
Christen nicht mehr genügte, nicht dem Kaiser zu opfern, sondern daß
er es auch vermeiden sollte, sich für den Kaiser zu opfern.[73]

Die Positionen verhärteten sich immer mehr, so schickte der Kaiser
Maximinus Thrax, der nach einer Periode der Toleranz auf den Thron
kam, rivalisierende christliche Bischöfe nach Sardinien ins Exil (235).
Während die Feindseligkeit gegenüber den Christen durch militärische
und wirtschaftliche Krisen und Erdbeben gesteigert wurde, begann er,
die bestehenden Verfügungen gegen die Sekte und besonders gegen ihren
Klerus mit Nachdruck anzuwenden. Darauf folgte wieder eine Zeit der
Ruhe. Aber als Origenes seine Widerlegung des Celsus schrieb (248-9
n. Chr.), wußte er schon, daß die Christen neue Schwierigkeiten zu erwarten hatten und daß es furchtbare Umwälzungen im ganzen Reich geben
werde. Und doch fühlte sich Origenes jetzt imstande, zuversichtlicher als
Tertullian Bedingungen zu stellen. Das Reich hat den Weg für das Evangelium geebnet und «wir verteidigen es, indem wir sowohl für das Reich
wie für den Kaiser beten»[73a]: aber nur, wenn er ein guter Herrscher ist,
und für seine Soldaten auch nur, wenn sie in einem gerechten Krieg kämpfen. Denn Christus ist mächtiger als der Kaiser und alle seine Offiziere,
stärker als der Senat und das Volk von Rom.

Origenes sieht die Kirche als eine Institution neben dem Reich,[74] und
tatsächlich war sie ein Staat im Staat. In ihrer Organisation, die leistungs-
fähiger war als die irgendeiner anderen Religion, waren die oligarchischen
und demokratischen Elemente der Frühzeit zugunsten einer episkopalen
Autokratie unterdrückt worden. Die ersten Christen waren dem jüdischen
Brauch gefolgt, nach dem jede Synagoge nicht nur über Schriftgelehrte
und Priester verfügte, sondern auch über einen Rat der Ältesten, ein
System, auf dem noch heute die Verfassung der presbyterianischen Kalvi-
nisten basiert. Die Verfasser des Neuen Testaments verwenden die Wörter
Ältester und Bischof *(episkopos)* oft als Synonyme, aber im Laufe des

zweiten Jahrhunderts wird eine Unterscheidung deutlich. Ignatius († um 117) konnte bereits das System der bischöflichen Oberaufsicht loben, und um 140 waren die Bischöfe von Rom (Päpste) besondere Amtsträger mit geistlichen und liturgischen Funktionen, denen die Sorge für die Armen oblag. Gestützt auf Irenäus' Beweis, daß sie direkte Erben der Apostel seien, traten auch die Inhaber anderer großer Bistümer in den Vordergrund (um 190).

Die wachsende Bedeutung der Bischöfe bedeutete eine Machteinbuße nicht nur für die Ältesten, sondern auch für die Masse der Laien. Gemäß der Vorstellung vom allgemeinen königlichen Priestertum aller Christen hatten diese früher kraftvoll in der kirchlichen Verwaltung mitgewirkt. Noch in der Zeit des Origenes hören wir von Entscheidungen, die von der ganzen Gemeindeversammlung einschließlich der Laienmitglieder bestätigt wurden.[75] Diese aktive Teilnahme des Laientums sollte ein Merkmal der östlichen Kirchen bleiben, in denen die Zahl der gebildeten Laien größer war (S. 298), aber der Westen übernahm jetzt die Führung in einer Bewegung, die nach und nach wieder auf ältere Ideen zurückgriff, wonach der Klerus von den Laien getrennt war. Seit dem vierten Jahrhundert waren alle kirchlichen Funktionen und Gottesdienste klerikalisiert, was, wie behauptet wurde, seine Grundlage im Gesetz hatte.

Schon in den fünfziger Jahren des 3. Jahrhunderts wurde die Einzigartigkeit und die daraus folgende sakramentale Reinheit der Geistlichkeit betont. Dies war z. B. die Haltung des ersten bedeutenden nordafrikanischen Bischofs, Cyprians († 258), eines friedfertigen und besonnenen Mannes (dennoch wurde er ein Opfer der römischen Regierung). Er vertrat die Ansicht, daß die Aufgabe demokratischer Verfahrensweisen zugunsten der bischöflichen Macht durch den Gewinn an Harmonie und Stärke mehr als wettgemacht werde. Denn in seiner Schrift ‹Von der Einheit der katholischen Kirche›, die er der Synode von Karthago vorlegte (256), unterstrich er, daß die Bischöfe zwar einzelne Werkzeuge des göttlichen Ratschlusses seien, daß sie jedoch ein einziges Bischofsamt verkörperten. Cyprian war auf diese Weise bemüht, die vereinte, dynamische Solidarität der Christen zu betonen. Das war ohne Parallele in den zeitgenössischen Religionen, und das straffe Führungsprinzip, worauf sich diese Solidarität gründete, bildete das notwendige Gegengewicht zur kaiserlichen und munizipalen Bürokratie. So war z. B. der Freigelassene Calixtus, in den Jahren 217–22 Papst oder Bischof von Rom, selbst ein wohlhabender Bankier, der diesen Würdenträgern gewachsen war.

Es wurde versucht, den Verlust an Demokratie durch Wohlfahrtsmaß-

nahmen auszugleichen, die keine sozialen Unterschiede machten. Vorläufer dafür gab es in jüdischen Wohlfahrtsorganisationen und den auf
Gegenseitigkeit beruhenden griechisch-römischen Fürsorge- und Bestat-
tungsvereinen und Waisenhäusern. Aber all diese früheren Einrichtungen
wurden weitgehend übertroffen von der einfallsreichen Sorge, mit der
sich jede christliche Gemeinde um ihre Alten und Witwen, Armen und
Bedrückten, Opfer der Pest und anderer Krankheiten kümmerte. Um die
Mitte des dritten Jahrhunderts unterstützte die römische Gemeinde mehr
als 1500 Witwen und Arme, und angeregt durch das verbindende
Bewußtsein gemeinsamer Gefahr wurde die Gemeindeorganisation weiterhin verbessert.

All diese Unternehmungen hatten eine solide Grundlage in einer Bank,
die sich unter Commodus und Septimius entwickelt hatte. Die Priester
erhielten ein Gehalt, und die Kirche begann, Besitz zu erwerben. Die Christen hatten seit langem ihre karitative Tätigkeit als entscheidend angesehen, im Gegensatz zu abtrünnigen Sekten, die «sich nicht um die Nächstenliebe kümmern, nicht um die Witwe, nicht um den Waisen, nicht
um den Betrübten, nicht um den Hungernden oder Dürstenden.»[76] Seht,
rief Tertullian, wie wahrhaft Christen einander lieben. Ihre Leistungen
auf sozialem Gebiet beeindruckten sogar ihre Gegner, wie z.B. den skepti-
schen Lukian, und zwei Jahrhunderte später schrieb Julian den Erfolg
des Christentums nicht nur der ausgesprochen strengen Lebensweise der
Christen und der sorgsamen Bestattung ihrer Toten zu, sondern auch
der Unterstützung der Armen, ganz gleich, ob es sich um Christen oder
Nichtchristen handelte, während sich die Heiden nicht um ihre Armen
kümmerten.[77] Solche Maßnahmen und die menschliche Wärme, von der
sie getragen wurden, trugen in einer erschreckend unpersönlichen Welt
schließlich zur Vorherrschaft des Christentums bei. Außerdem führte dieselbe menschliche Einstellung langsam aber stetig zur Verurteilung von
Gladiatorenspielen, von Eltern, die ihre Kinder bei der Geburt aussetzten,
und von Selbstmord (S. 102). Aber mittlerweile waren die Leistungen
im sozialen Bereich das sichtbare Zeichen einer außerordentlichen Kraft.
Die Evangelien zeigten höchst dramatisch und eindringlich, wie das Christentum auf so umfassende, revolutionäre, uneingeschränkte Weise Liebe,
Wohltätigkeit, Mitleid und Trost ohne Unterschied der Geburt, des
Geschlechts, des Berufs, der Rasse und der Bildung verkündete und praktizierte und in sein Versprechen des ewigen Lebens auch die Sünder, die
Hoffnungslosen und die Verlassenen, die die Gesellschaft ausgestoßen
hatte, miteinschloß. Der Bettler Lazarus ruhte in Abrahams Schoß, und

der Reiche wurde den Qualen der Hölle überlassen, denn «Selig seid ihr Armen: denn das Reich Gottes ist euer. Selig seid ihr, die ihr hier hungert, denn ihr sollt satt werden». Neunzig Prozent der christlichen Moralvorstellungen waren bereits im Judentum vorhanden, einschließlich der Nächstenliebe; die Aufforderung, seinen Feind zu lieben, war die augenfälligste Neuerung. Aber das Drama eines Messias- und Erlöserkultes, der sich, wie kein anderer, auf eine angebliche, in jüngster Zeit erfolgte Erscheinung des Messias auf Erden stützte, war unwiderstehlich. Zwar war die Kirche noch immer relativ klein und einflußlos, aber ihre leistungsfähige Verwaltung erschien der in Schwierigkeiten befindlichen Regierung als Provokation. Und so nahm sich Decius, als er sich gegen die Christen wandte, zuerst ihre Führer vor (250-51). Das hatte auch schon Maximinus Thrax getan, aber Decius erkannte mit noch größerer Klarheit den straffen Aufbau der Organisation, die er bekämpfte. Denn nachdem er ihren römischen Führer Fabian hatte hinrichten lassen, soll er bemerkt haben: «Ich würde viel lieber die Nachricht über einen Thronrivalen als über einen zweiten Bischof in Rom erhalten.» [77a]

Der Staat setzte seine Maschinerie für die Aufgabe ein, überall einigermaßen gleiche Verhältnisse zu schaffen. Die Universalität des römischen Bürgerrechts (S. 100) förderte nicht unbedingt Verfolgungen, aber sie rief den Gedanken hervor, daß alle Bürger den Göttern, von denen die Wohlfahrt des Staates abhing, Achtung erweisen sollten. Decius verlangte von den Christen nicht, ihre Religion aufzugeben, aber ihre Weigerung, an öffentlichen Gemeinschaftsveranstaltungen teilzunehmen, ließ er nicht gelten. Decius war Soldat, und das war der Befehl eines Soldaten. Es war gleichzeitig auch eine psychologisch fundierte politische Geste in einer Krisenzeit, als das Vertrauen abzubröckeln begann – ein Akt des Staates, um das Volk von seinem Elend und seinen Sorgen abzulenken. Außerdem scheint während eben dieser Monate auch eine einzigartige Serie von Münzen zu Ehren früherer, vergöttlichter Kaiser ausgegeben worden zu sein (S. 204): alle Bürger Roms, ungeachtet ihrer religiösen Unterschiede sollten sich um diese verehrten Gestalten der glorreichen römischen Vergangenheit scharen. Decius verlangte von den Christen nur eine einzige religiöse Handlung. War sie vollzogen, dann überreichten die örtlichen Opferkommissionen Opferbescheinigungen *(libelli),* von denen man Exemplare in Ägypten gefunden hat. Die Kirche war, da sie hauptsächlich städtisch war, äußerst verletzlich. Dennoch konnten sich viele Christen diesen Untersuchungen heimlich entziehen. Andere bestachen die Komissionsmitglieder, um die Bescheinigung ohne Opfer zu erhalten, und eine große Anzahl von Christen fiel zeitweise von ihrem Glauben ab.[78] Wer sich weigerte, wurde hingerichtet. Das Martyrium (von *martys*, Zeuge) war kein neues Phänomen. Die Hinrichtungen unter Mark Aurel hatten den Glauben gestärkt zu einem kritischen Zeitpunkt, als Toleranz die Entstehung aller möglichen extremistischen Sekten begünstigt und zur Auflösung geführt hätte. Hinzu kommt – mochten Mark Aurel und andere Heiden diese Widerspenstigen auch als Exhibitionisten verachten (S. 170) –, daß die Geschichte ihres Todes von ihren Mitchristen (nach stoischen und anderen heidnischen Vorbildern) zur Inspiration und Nacheiferung aufgezeichnet wurde.[79] Diese Selbstopferung entsprang einem Todeswunsch, der auf dem Verlangen beruhte, sich von aller Schuld zu reinigen, indem man den Leiden Christi nachfolgte. Sie glaubten außerdem, daß ihr auf Christi Passion gegründeter Opfertod die Versöhnung zwischen Gott und seinem Volk beschleunigen werde. Bis zur Wiederkehr Christi wird niemand außer den Märtyrern im Paradies sein. Selig ist der Mensch, den Gott verschlungen hat, erklärte Tertullian. «Das Blut der Christen ist ein Same ... Gerade jener hartnäckige Trotz, den ihr uns zum Vorwurf macht, ist der Lehrer ... So sicher ein Widerstreit zwischen dem Göttlichen und dem Menschlichen besteht, so sicher werden wir von Gott losgesprochen, sobald wir von euch verurteilt sind.»[80]

In Rom waren bei Künstlern und Gemeinden Darstellungen Christi als mächtiger Erlöser beliebter als solche, die ihn als leidenden Märtyrer zeigten (S. 261). Aber in strenger denkenden Kreisen, besonders in Nordafrika, wurde das Christentum als Leidensweg gedeutet, der im Kampf gegen die Teufel und Dämonen, die die Regierung zu Verfolgungen aufstachelten, zum Triumph führte. «Wie selig sind in Ketten gelegte Füße, die nicht der Schmied, sondern Gott lösen wird.»[81] Und die Gläubigen warfen ihre Kleider auf den Platz, auf dem Cyprian selbst hingerichtet werden sollte, in der Hoffnung, daß diese von seinem Blut durchtränkt würden. Origenes war ebenfalls ein eifriger Befürworter des unerschrockenen Märtyrertodes als des besten Mittels, zu zeigen, daß «wir mit unseren Taten den Himmel zu gewinnen suchen».

Zu dieser Zeit gab es bereits Märtyrerheiligtümer analog denen für heidnische Heroen. In Kleinasien gehen solche Kulte auf das 2. Jahrhundert zurück. Am stärksten wurde die Stätte des Martyriums des Petrus in Rom verehrt, von dem man zumindest schon um 100 n. Chr. glaubte, daß Nero ihn habe hinrichten lassen; auf einen Schrein (von etwa 160–70), der kürzlich unter der dem Petrus geweihten Basilika (S. 134) im Vatikan entdeckt wurde, ist jenes Tropäum bezogen worden, das seinen Sieg über Tod und Heidentum feiert und einem Priester an der Wende des dritten Jahrhunderts in einer Vision erschienen war. Von da an traten liturgische Feiern und Gedenkgottesdienste für Märtyrer immer stärker in den Vordergrund. Denn «von dem Ort, wo ihre Gebeine begraben sind, fliehen die Teufel wie vor Feuer und unerträglicher Pein».[82] Das Christentum hatte bewiesen, daß es sich lohnte, dafür zu sterben, und eben dieser Beweis ließ es auch als lohnenswert erscheinen, dafür zu leben.

Wenige Jahre nach der Aktion des Decius eröffnete Valerian eine neue Kampagne gegen die Christen (257–58). Ohne Zweifel nahm er auch den Appell an den Patriotismus wieder auf, besonders da sich die militärische Lage zusehends verschlechterte – und die Loyalität der Christen angezweifelt wurde, nachdem einige beim Goteneinfall in Pontus zu diesen übergelaufen waren. Aber in erster Linie dürften für Valerian finanzielle Motive eine Rolle gespielt haben. Der Kirchenbesitz stellte eine Herausforderung und Versuchung dar, und die Männer, die die bezahlten Priesterstellen innehatten, waren in exponierter Stellung. Als daher Valerian gegen die Organisation und das Gemeindeleben der Kirche losschlug, verbannte er nicht nur die Bischöfe, sondern beschlagnahmte erstmals auch die Versammlungshäuser, Kirchen und Friedhöfe; außerdem zog er den Besitz wohlhabender Christen ein.

Als jedoch Valerian in persische Gefangenschaft geraten war, beendete sein Sohn Gallienus die gegen die Christen gerichtete Politik.[83] Daher mag es kommen, daß antike heidnische Quellen Valerian als guten Kaiser und Gallienus als schlechten schildern. Allerdings lag die Aufhebung der Verfolgung nicht in irgendeinem persönlichen Hang des Gallienus zum Christentum begründet, denn viel stärker interessierte er sich für die heidnische Philosophie Plotins. Aber am Hof gab es auch Christen, und in den verzweifelten Zeiten des Bürgerkrieges angesichts der fast anarchischen Zustände hielt es Gallienus für angebrachter, die Parteien zu versöhnen als Sündenböcke zu suchen.

Die von Gallienus eingeleitete Politik der Toleranz währte vierzig Jahre lang, und in dieser Zeit schuf sich das Christentum eine zunehmend solidere Basis. Während die Verbreitung des Glaubens in den ländlichen Gebieten des Ostens extremistische und fanatische Konvertiten hervorbrachte (S. 294), stützte er sich in der Hauptsache immer noch auf die unteren und mittleren Schichten in den Städten, wo ihm Ladenbesitzer, Seeleute, Schreiber, kleine Händler, Handwerker und Tagelöhner angehörten. So verzeichnete der griechische Geschichtsschreiber Cassius Dio das Anwachsen des Christentums nicht, während Tertullian andererseits erklärte: «Wir Christen sind erst gestern in die Welt gekommen und schon erfüllen wir sie» und hinzufügte, daß die Christen unter der Stadtbevölkerung schon fast eine Mehrheit bildeten.[84] Das war eine Übertreibung oder aber eine Verallgemeinerung von ein paar Fällen, dennoch konnten bedeutsame Erfolge verzeichnet werden. Auf der Synode von Karthago im Jahre 256 waren 87 nordafrikanische Bischöfe vertreten: Fünfzig Jahre später hatte sich ihre Zahl verdreifacht. Auch schon in früherer Zeit hatte es – wenn auch nicht sehr viele – Glaubensanhänger in hohen Stellen der kaiserlichen Reichsverwaltung gegeben: in Alexandrien und anderswo gab es ein paar christliche Intellektuelle (S. 255 f.), und am Ende des dritten Jahrhunderts gehörten sogar Provinzstatthalter dem christlichen Glauben an.[85] Im ganzen südlichen und östlichen Mittelmeergebiet, wo ein nennenswertes jüdisches oder semitisches Element existierte, verlagerte sich das Gleichgewicht langsam aber deutlich erkennbar in diese Richtung. Die Christen wuchsen mit der griechisch-römischen Gesellschaft zusammen.

Kleinasien war das Land religiöser Unruhen, wo die christlichen Kirchen am schnellsten den Impetus erzeugten, der zu weiteren Erfolgen in anderen Gebieten führte. Dieses kleinasiatische Christentum hatte seinen Ursprung in den griechischen Städten an der Westküste und breitete sich von dort nach Osten zu den Völkern im Hochland aus. Gregorios Thaumaturgos (der Wundertäter) von Neocaesarea († 272), selbst bekehrt von Origenes, bediente sich in Pontus und Kappadokien intelligenter missionarischer Methoden; er entlarvte dort den Pseudo-Charakter heidnischer Orakel und Wunderheilungen und ersetzte die örtlichen Feste durch festliche Gedenkfeiern für christliche Märtyrer. Aber auch hier entstand, wie in Ägypten und Syrien, mit der Ausbreitung des Glaubens auf die Dörfer eine nonkonformistische, von der offiziellen Lehre abweichende Religion (S. 270). Um 300 n. Chr. dürfte die Bevölkerung Ägyptens zu fünfzig Prozent christlich gewesen sein, und dieser Prozentsatz wuchs durch neue Mönchskolonien noch weiter an, Syrien und die Levante besaßen expandierende Kirchen (angeführt von Antiochia, Caesarea und Tyrus), die dem Christentum erstmals eine stärkere regionale Prägung verliehen, gestützt auf die neue syrische und aramäische Literatur. Syrien betätigte sich auch auf dem Feld der Mission, und als ein Bischof von Antiochia erstmals einen Kollegen für das Bistum von Edessa (Urfa), der Hauptstadt von Osrhoene in Mesopotamien, weihte (um 200), war der Boden reif für eine Kirche, die nicht mehr nur regional, sondern auch national gegliedert war. Denn kurz darauf trat der König dieses römischen

Klientelstaates zum Christentum über und schuf mit seiner Heidenverfol-
gung einen verhängnisvollen Präzedenzfall (S. 293).[86] Er war mit Bar
Daisan (Bardesanes) (154–222) befreundet, der ebenfalls das Christentum
angenommen hatte. Dieser syrischsprachige Intellektuelle, Astronom und
Astrologe, der seinerseits Mani beeinflußte (S. 245), bekannte sich zu
einer so eigentümlichen Form des Christentums – darunter der Auffassung, daß Christi Leib eine Illusion sei –, daß ihm nachgesagt wurde,
«er trüge eine Legion Dämonen im Herzen und Unseren Herrn auf den
Lippen».[87] Aber in einem Werk mit für die damalige Zeit bereits sehr
fortschrittlichen politischen Thesen, das Caracalla oder Elagabal gewidmet war, argumentierte Bar Daisan, daß christliche Freiheit, die bei ihm
freier Wille bedeutet, sich in den nationalen Merkmalen eines Volkes
ausdrückt, und obwohl er den römischen Reichsidealen nicht unbedingt
feindlich gegenüberstand, modifizierte er sie doch durch dieses Gedan-
kenschema.[88]

Edessa brachte eigene Theologiemodelle hervor, und seine Priester er-
richteten ein Bistum in Arbela (Arbil) jenseits des Tigris. Ein armenischer
Dichter pries Edessa als «Braut des Gottessohnes».[89] Denn gegen Ende
des dritten Jahrhunderts war auch Armenien von Gregor dem Erleuchter,
einem Angehörigen des früheren parthischen Königshauses, bekehrt worden. Der König dieser umstrittenen armenischen Gebiete, der das Christentum angenommen hatte und es dabei mit heidnischem Tempelbesitz
reich dotiert hatte, machte das Christentum zu einem internationalen
Konfliktstoff.

Die lateinischsprachige Christenheit trat demgegenüber zunächst verhältnismäßig langsam hervor. Dann entstanden jedoch in Karthago die
überragenden Werke des Tertullian (S. 277). Ein halbes Jahrhundert später war die nordafrikanische Kirche trotz vieler Ketzerbewegungen tolerant und hochorganisiert, und konnte sich auf wohlhabende Mitglieder
und eine weltläufige Geistlichkeit stützen. Später, unter Augustinus, gewann die christliche Religion in dieser Gemeinde und durch sie einen
festen Halt in der westlichen Mittelmeerwelt.

Das britische Christentum machte bald nach 200 größere Fortschritte.
Die spanische Kirche schenkte im frühen vierten Jahrhundert Konstantin
seinen religiösen Ratgeber Ossius von Corduba, und richtete 306 die
Synode von Elvira aus. Im Gallien des zweiten Jahrhunderts waren
die Christen noch hauptsächlich griechischsprachige Orientalen,
deren fremde Herkunft mit zu ihrer Verfolgung durch die gallische Bevölkerung beitrug. Auch in Rom bediente sich die Kirche bis ins dritte und

sogar vierte Jahrhundert der griechischen Sprache. Um 200 n. Chr. dürfte es etwa 10 000 Christen in Rom gegeben haben, deren Zahl hundert Jahre später auf 30 bis 40 000 gestiegen war und unter Konstantin vielleicht insgesamt doppelt so hoch war.

Eine solche Zahl schien bei weitem nicht groß genug, um die Vorherrschaft im Reich zu übernehmen, und eben diese Jahre sahen die furchtbarsten Angriffe, die Porphyrios († um 305), Plotins geistiger Erbe, gegen die Grundlagen des Christentums richtete. Die Zitate, die aus seinem Werk ‹Gegen die Christen› in fünfzehn Büchern erhalten sind, zeigen eine Stoßkraft, die früheren Anschuldigungen weit überlegen ist. Hieronymus, einer der vielen, die diese Angriffe zurückzuweisen versuchten, nahm sie so ernst, daß er ihren Autor als Schurken, Denunzianten, Wahnsinnigen und tollen Hund beschimpfte. Nichtsdestoweniger war Porphyrios ein religiöser Mann, genauso fest entschlossen wie die Christen, Offenbarung, Erlösung und Unsterblichkeit zu finden, und sogar bereit, falls erforderlich, die Anbetung der Heidengötter aufzugeben.[90] Dem Porphyrios, dem besten antiken Kenner der Geisteswelt des Ostens, ging es im Gegensatz zu seinen Vorgängern weniger um römisch-patriotische Motive,[91] sondern seine Kritik setzte auf einer höheren Ebene an. So galten seine Angriffe der Abstammung Jesu, dem Kanon des Neuen Testaments, den angeblichen Verzerrungen der Evangelisten und dem Gottesverständnis und der Persönlichkeit des Paulus.

Porphyrios' Kollege Hierokles war einer der Hauptanstifter der anschließenden Großen Verfolgung (303–13 n. Chr.), die Diokletian und sein Caesar Galerius anordneten. Entweder hatte die Regierung die Stärke des Glaubens unterschätzt oder die Christen hatten Freunde am Hof, jedenfalls begann die Verfolgung erst, als Diokletian schon neunzehn Jahre und Galerius schon zehn Jahre an der Macht waren. Ihr Ziel war jedoch Vernichtung. Es war ein Glaubenskampf auf Leben und Tod, ein Kampf der alten Ordnung gegen die neue.

Nachdem Diokletian die römischen Götter, die Sibyllinischen Bücher und das Orakel des Apollo in Branchidae (Didyma) befragt hatte, wurden Edikte erlassen. Das erste verbot alle Zusammenkünfte von Christen zum Zwecke des Gottesdienstes und ordnete die Zerstörung ihrer Kirchen und heiligen Bücher an. Aus dem Staatsdienst wurden diejenigen entlassen, von denen bekannt war, daß sie Christen waren, ebenso aus dem Heer, in dem der Kaiserkult im Rahmen der militärischen Disziplin gefordert wurde. Darauf folgten zwei weitere Proklamationen, deren Wirkungsbereich auf die östlichen Provinzen beschränkt war. Sie waren allein gegen die Geistlichkeit gerichtet; ein Edikt befahl ihre Festnahme, das zweite ordnete an, daß sie den Staatsgöttern opfern sollten. Schließlich dehnte ein viertes Edikt diese Anordnung auf jeden Anhänger des christlichen Glaubens aus (304).[92] Kurz darauf trat Diokletian zurück. Ihm folgte als Augustus des Ostens Galerius, der zusammen mit seinem Neffen und Unterkaiser (Caesar) Maximinus II. Daia die Statthalter aufforderte, bei allen Männern, Frauen und Kindern streng darauf zu achten, daß sie ihrer Pflicht, den Göttern zu opfern, genügten. Die Unterdrückung der Widerspenstigen wurde verschärft und Maximinus II. verfügte, daß alle, auch Säuglinge an der Mutterbrust, bei diesen Opfern anwesend sein und vom Opferfleisch kosten müßten (309).

Doch sie stießen auf beispiellos entschlossenen und festen Widerstand. Natürlich gab es viele Renegaten, aber eine beträchtliche Zahl von Menschen wurde hingerichtet. Im Westen, wo Konstantins Vater, Constantius I. Chlorus herrschte, der die Christen nicht verfolgte und sich darauf beschränkte, bestimmte Kirchen zerstören zu lassen, gab es nur wenig Todesopfer. Stattdessen traf die Verfolgung mit voller Wucht jene afrikanischen und östlichen Provinzen, in denen sowohl die zäheren Bauern wie die Stadtleute inzwischen treue Anhänger des Christentums waren. Für Palästina sind 83 Hinrichtungen überliefert, unter den Opfern waren 32 Palästinenser und 51 Ägypter. In Ägypten selbst, von wo wir keine derartig detaillierten Berichte besitzen, war es zu politischen Unruhen und Aufständen gekommen, und dieses Land war von den einander folgenden Schlägen am stärksten betroffen. Vermutlich kamen in allen Teilen des Reiches zusammen ungefähr 3000 Menschen um.

In den östlichen Provinzen wirkten Zivilverwaltung und Militär zusammen, um die Maßnahmen gegen die Christen durchzuführen, die mit Unterbrechungen zehn Jahre anhielten. Aber dies waren die letzten blutigen Akte der Tragödie.[93] Denn im Laufe dieser qualvollen Jahre wurde klar, daß die Verfolgung sich erschöpft hatte. Die Zeiten hatten sich geändert. Die heidnischen Gemeinden hetzten die Behörden nicht mehr mit demselben Ungestüm auf wie früher. Im Gegenteil, sie hielten dieses Hinmetzeln für übertrieben,[94] denn ihre Abneigung gegen die Christen (die nicht mehr so exzentrisch waren wie früher) war geringer als ihre Abneigung gegen die totalitäre Regierung, die die ganze Bevölkerung tyrannisierte. Und daher erließ der todkranke Galerius unter Umständen, die wir nicht mehr rekonstruieren können, ein Edikt, das allen Anhängern des christlichen Glaubens Religionsfreiheit gewährte (311). Die Verfolgung, so erklärte der im Sterben liegende Kaiser, habe sie nur starrsinnig gemacht oder dazu geführt, daß sie überhaupt keinen Gott mehr anbeteten.

«Angesichts unserer überaus milden Güte und in Anbetracht der immer gepflegten Übung, wonach wir allen Menschen verzeihen, haben wir beschlossen, auch jenen Vergebung zu gewähren, so daß Christen wieder existieren und ihre religiösen Zusammenkünfte abhalten können, vorausgesetzt sie tun nichts gegen die öffentliche Ordnung ... Sie sollen daher für diesen Beweis unserer Vergebung zu ihrem Gott beten, für unser Heil, für das Heil des Staates und für ihr eigenes, auf daß der Staat in keiner Richtung Schaden erleide und sie selbst ohne Sorge in ihren Wohnungen leben können.»[95]

Das heißt nichts anderes, als daß zum erstenmal in der Geschichte Christen in gewisser Weise gesetzlich anerkannt wurden. Und es ist nicht bloß das nackte Leben, das ihnen das Edikt sichert: Mit der Auflage, für Kaiser und Staat zu ihrem Gott zu beten, anerkennen ihn die Herrscher mittelbar als göttliche Macht. Keine bindende Aussage findet sich über Kircheneigentum; immerhin gab Maxentius, Augustus in Rom (306–12), der Kirche ihre Besitzungen zurück, die während der Verfolgungen konfisziert worden waren, auch wenn er selbst ein frommer Anhänger heimischer Kulte war und zwei christliche Bischöfe verbannt hatte.

Im Osten führte jedoch Maximinus II. Daia, der nun dem Galerius auf den Thron gefolgt war, ein heftiges Rückzugsgefecht gegen das immer weitere Vordringen des Christentums. Anfänglich hatte er das Edikt des Galerius, wenn auch widerwillig, akzeptiert. Aber dann änderte er seine Haltung, und die Verfolgung begann von neuem. Von den städtischen Behörden in Nikomedia und Tyrus und von Provinziallandtagen gingen Anträge ein mit der Bitte, die christlichen Einwohner aus den Städten auszuweisen – und Daia gewährte huldvoll ihre Bitten.

«Falls sie jedoch in ihrem verfluchten Wahnsinn verharren, so sollen sie gemäß euren Wünschen aus eurer Stadt und Nachbarschaft entfernt und vertrieben werden, damit eure Stadt, wie es eurem lobenswerten Eifer in dieser Angelegenheit entspricht, von allem Makel und Frevel gereinigt werde und ihrem natürlichen Streben, mit der gebührenden Ehrfurcht den unsterblichen Göttern zu opfern, folgen kann ... Wir gewähren eurer Ergebenheit, zum Lohn für euer gottgefälliges Streben jedwedes Entgegenkommen zu fordern, was immer ihr wollt ... Die Erfüllung eures Wunsches wird für alle Zeiten von eurer gottgefälligen Frömmigkeit gegenüber den unsterblichen Göttern Zeugnis ablegen.»[96]

Um diese Unterdrückungsmaßnahmen zu fördern, zwang Maximinus

Daia Prostituierte zu der Aussage, sie hätten an christlichen Orgien teilgenommen, und ließ diese Geständnisse öffentlich verbreiten. Er ordnete außerdem an, daß die gefälschten antichristlichen ‹Pilatusakten› in den Lehrplan der Schulen aufgenommen werden sollten. Es kam zu Hinrichtungen, aber ihre Zahl blieb gering, da Maximinus Folterungen der Todesstrafe vorzog, um seine Abfallstatistik zu verbessern: Die Widerspenstigen wurden auf einem Auge geblendet und an einem Bein wurden die Kniesehnen durchschnitten; so wurden sie in die Bergwerke und Steinbrüche geschickt. Aber mehr als an solchen Strafmaßnahmen war Daia daran interessiert, konstruktiv eine heidnische Organisation aufzubauen, die es mit ihrem tatkräftigen christlichen Gegenstück aufnehmen und es ausstechen konnte. Daher schuf er ein ausgefeiltes, einheitliches, heidnisches Kirchensystem mit einer eigenen Priesterhierarchie.

Während sich in den östlichen Provinzen eine derartige Entwicklung vollzog, besiegte Konstantin den Maxentius in der Schlacht an der Milvischen Brücke außerhalb Roms und schwang sich damit zum Alleinherrscher im Westen auf (312). Konstantin befand sich zu der Zeit auf jenem entschlossenen, aber ziemlich widersprüchlichen Weg vom Sonnenkult zum Christentum (S. 217f.). Als er älter war, erzählte er dem Eusebius, daß er auf dem Marsch durch Gallien kurz vor der Eroberung Italiens ein Lichtkreuz vor der Sonne[97] gesehen habe, umgeben von der mit Sternen geschriebenen Aufforderung, «in diesem Zeichen siege». Es mag sein, daß er eine seltene Naturerscheinung beobachtet hatte, bei der die Sonnenstrahlen wie ein Kreuz aussahen. Vielleicht handelte es sich aber auch um eine visionäre Erfahrung, wie sie in diesem Zeitalter so häufig vorkam. Aber ob nun das eine oder andere zutrifft oder ob es eine Kombination von beiden war oder gar ein Zeichen des Himmels – die Vision spornte Konstantin zu der Kühnheit an, die er in seinem erfolgreichen Feldzug gegen Maxentius bewies. Lactanz berichtet ferner, Konstantin sei vor der Schlacht an der Milvischen Brücke in einem Traum ermahnt worden, das Monogramm ☧ *(Christos)* auf die Schilde seiner Soldaten schreiben zu lassen.

Im Osten hatte es Konstantin mit zwei Kaisern zu tun: mit Maximinus Daia im Nichteuropäischen Teil des Reiches und mit dessen Rivalen Licinius (einem Freund des verstorbenen Galerius) in den Donauprovinzen. Er erklärte, daß er zu beiden freundschaftliche Beziehungen unterhalten wolle, forderte Daia auf, die Christenverfolgung einzustellen und gab dem Licinius seine Halbschwester Constantia zur Frau. Bei der Hochzeitsfeier veröffentlichten Konstantin und Licinius das sogenannte Edikt von Mailand, das allgemeine religiöse Toleranz verkündete; es wurde im Osten vier Monate später bekanntgegeben. Vom Entscheidungskampf zwischen Maximinus und Licinius hielt sich Konstantin dann fern (313). Daia unterlag und stimmte noch kurz vor seinem Tode einer Politik der Toleranz zu; Licinius blieb elf weitere Jahre Mitkaiser Konstantins als Herrscher des Ostens. Am Vorabend der entscheidenden Schlacht gegen Maximinus will auch er eine Engelsvision gehabt haben. Aber sie war nicht ausgesprochen christlich, genauso wenig wie die monotheistische Litanei, die seine Truppen vor Beginn der Schlacht dreimal sprechen mußten,[98] denn diese war an den Höchsten Heiligen Gott (S. 218) gerichtet.

Auch Konstantin machte oft noch recht vage Bemerkungen über die höchste Gottheit. Doch schon bald setzte er die göttliche Macht mit Jesus gleich, sprach von der «rechtmäßigen und hochheiligen» christlichen Religion und führte über einen Zeitraum von mehreren Jahren Maßnahmen durch, die die Christen deutlich begünstigten. Ihre Priester – außer denen nonkonformistischer Sekten (S. 295) – wurden wie die Priester der Juden von städtischen Amtspflichten befreit. Aber ein noch entscheidenderer Schritt war schon vorher getan worden, als nämlich Gelder (die die Staatskasse schwer belasten sollten) zur Unterstützung von Provinzkirchen z. B. in Karthago überwiesen wurden. Die Wohnungslage des Bischofs von Rom oder des Papstes verbesserte sich ungemein, als er den königlichen Palast der Laterani als Wohnsitz erhielt,[99] dazu großartige neue Kirchen. In die Liturgie wurden eindrucksvolle Züge aus dem Staats- und Hofzeremoniell übernommen. Außerdem wurde der Kirche in Übereinstimmung mit ihren neuen Privilegien öffentliche Verantwortung übertragen. Trotz der Unterschiede zwischen christlichen Anschauungen und heidnischer Gesetzestradition erhielten Bischofsgerichte die Rechtsprechung auch in Zivilfällen (318). Es wurde gestattet, der Kirche Besitz zu vermachen, damit wurde ihre Rechtsfähigkeit anerkannt.[100] Schließlich ließ sich Konstantin auch selbst taufen, und zwar wie viele Christen erst auf dem Sterbebett, wo er nicht mehr sündigen konnte (S. 265).

Kirche und Staat sollten getrennt eine gemeinsame Linie verfolgen. Aber als sich der Kaiser zunehmend seiner persönlichen Mission bewußt wurde, zeigten die Konzile von Arelate (314) und dann von Nicäa (325) – das erste wurde von westlichen, das zweite hauptsächlich von östlichen Bischöfen besucht –, daß Konstantin die Macht in Händen hielt; ihm hatte der himmlische Wille die Herrschaft über alle irdischen Dinge anvertraut. Folglich hieß Mitgliedschaft in der Kirche, sich den Ansprüchen des Staates zu beugen, und dieser Staat war ein regelrechter Zwangsstaat (S. 76 ff.). Da jedoch das Ziel in einer Staatskirche lag, konnte nichts außer der erzwungenen Unterordnung die Machtstruktur hervorbringen, die nötig war, um zu gewährleisten, daß Staat und Kirche – und mit ihnen das Reich – nicht auseinanderfielen. Eusebius, der in seiner ‹Lebensbeschreibung Konstantins› die neue Theorie der christlichen Herrschaft formulierte, indem er das Verhältnis des Kaisers zu Christus mit demjenigen Christi zu Gottvater verglich,[101] fürchtete so sehr eine Rückkehr zu den wenig leistungsfähigen früheren christlichen Institutionen, deren Verfolgung durch Diokletian ihm sogar gerecht und barmherzig schien, daß er der Kapitulation der Kirche vor Konstantin Beifall spendete. Hieronymus († 420) andererseits glaubte, daß «die Kirche im selben Maß, in dem sie an Einfluß gewann, an christlichen Tugenden verlor». Und auch Augustinus, der sich an die weniger schönen Aspekte der Herrschaft Konstantins erinnerte, konnte nicht voll in Eusebius' Loblied auf jenen Herrscher einstimmen; uneingeschränktes Lob hatte er nur für den zu seiner Zeit regierenden Monarchen Theodosius I. († 395). Erst Ambrosius leitete eine neue Ära unerschrockener Kirchenmänner ein, indem er Theodosius zurechtwies. Auch Konstantin war von Ossius von Corduba aufgefordert worden, sich nicht in kirchliche Angelegenheiten einzumischen, aber seine Kirche versuchte nicht, mit dem Kaiser zu rivalisieren, der ja der Begründer ihrer revolutionären Umgestaltung war.

Konstantin selbst besaß ein impulsives, gefühlsmäßiges, äußerst starkes Bedürfnis nach göttlichem Beistand – und eben dieser Glaube verhieß mit seiner Erlösergestalt eine tiefere Befriedigung dieses Bedürfnisses als die verschiedenen Formen des Heidentums. Er oder seine Ratgeber mögen auch in zunehmendem Maße die Überzeugung gewonnen haben, daß das Christentum die einzige Kraft sei, die die auseinanderstrebenden gesellschaftlichen Elemente des Imperiums wirkungsvoll zusammenhalten könne. Wie dem auch sei, die Christianisierung des Staates war ein rasches und bemerkenswertes persönliches Wagnis – eins der apokalyptischen Geschehen in der Geschichte, die die moderne Auffassung widerlegen, wonach der Lauf der Geschichte nur durch unpersönliche Tendenzen beeinflußt werde.

Das Christentum hatte schon vorher die Tendenz gehabt, sich auszubreiten, aber in zu geringem Ausmaß, um große Auswirkungen zu erzielen; es bedurfte eines kräftigen Anstoßes von oben. In Rom zählte die christliche Bevölkerung, obwohl größer als zuvor, nicht mehr als siebzig- oder achtzigtausend (S. 286), und verhältnismäßig wenige darunter gehörten zur politischen oder gesellschaftlichen Prominenz. Das Reich wurde christlich, weil das Unwahrscheinliche eintrat – ein christlicher Kaiser kam zur Macht. Ohne einen solchen christlichen Herrscher auf dem Thron, der dazu noch von einzigartiger Tat- und Entschlußkraft war, hätte die Christianisierung der römischen Welt, wenn es überhaupt dazu gekommen wäre, sehr lange gedauert. Persien etwa, obwohl es unter der Bevölkerung viele Christen gab, hatte niemals einen christlichen Monarchen und wurde daher auch nie ein christlicher Staat.

Die große Mehrheit der Untertanen Konstantins waren jedoch immer noch Heiden, und im Interesse der Einheit bestand er darauf, daß seine Mission nicht nur den Christen gelte, sondern daß er auch Bischof der Menschen außerhalb der Kirche sei. Doch machte seine Einstellung gegenüber diesen Heiden, die noch immer wichtige Posten fest besetzt hielten, einen vorhersehbaren Wandel durch. Zunächst gedachte er, «diejenigen, die im Irrtum leben, den gleichen Frieden und die gleiche Ruhe genießen zu lassen wie diejenigen, die glauben». Zwar wurde von ihnen verlangt, daß sie ein allgemeines monotheistisches Glaubensbekenntnis ablegten, und aus den Staatsgelübden wurde allmählich die heidnische Terminologie entfernt. Es wurden aber nur einige wenige prominente heidnische Tempel geschlossen,[102] in zwei Fällen wurde diese Maßnahme mit dem dort praktizierten unannehmbaren Brauch der Tempelprostitution begründet. Der heftige antiheidnische Ton in Lactanz' Werk ‹Die Todesarten der Verfolger› (um 316) ließ jedoch bereits vermuten, daß die Koexistenz nicht von langer Dauer sein würde. Als Licinius, durch den Arianerstreit aufgebracht (S. 258), erneut Sanktionen gegen die Christen im allgemeinen einführte (320/1), belastete dies sein Verhältnis zu Konstantin, und jener antwortete seinerseits mit wachsender Feindseligkeit den Heiden gegenüber. Im Jahr von Licinius' Sturz (324) erließ Konstantin ein strenges Gesetz gegen Wahrsagerei. In den östlichen Gebieten, die Konstantin nun seinem eigenen westlichen Reich angliederte, gab es in Zukunft nur noch wenige Provinzstatthalter, die nicht dem christlichen Glauben angehörten. Tempelschätze wurden eingezogen (331); und schließlich wurden heidnische Opfer ganz verboten. Dennoch brauchte es trotz all dieser Unterdrückungsmaßnahmen noch zwei Generationen, um dem Heidentum den Todesstoß zu versetzen.

Indessen stellten die Heiden für Konstantin ein weniger schwer zu lösendes und folgenreiches Problem dar als der Ungehorsam seiner christlichen Mitbrüder. Im Jahre 313 taucht zum erstenmal der Begriff ‹katholisch› im Gegensatz zu ‹häretisch› auf, und zwar in einem kaiserlichen

Schriftstück. Im folgenden Jahr schrieb er einem hohen Funktionär in Nordafrika, daß Gottes Segen nur durch eine gemeinschaftliche Gottesverehrung gewonnen werden könne, die über allen Zank und Streit, wie ihn der Allerhöchste Gott so verabscheue, erhaben sein müsse.[103] Nicht nur die Kirche mit dem Kaiser, sondern auch die Christen untereinander müßten einig sein. Wie Eusebius betonte, fordert Uneinigkeit unmittelbar die Strafe Gottes heraus – nichts erzürne Gott mehr als die Spaltung der Kirche, die eine Zerstückelung des Leibes Christi bedeute.[104]

Konstantins Ökumenismus stellte nicht wie sein modernes Gegenstück einen Zusammenschluß aller Kräfte zum Zweck der Verteidigung dar, sondern ein missionarisches Ausgreifen zu einem Zeitpunkt, da nach seiner Einschätzung die Lage der Dinge das Christentum begünstigte. Außerdem handelte Konstantin im Gegensatz zu den meisten modernen Vertretern des Ökumenismus aus einem politischen Motiv heraus, wie König Jakob I. von England anerkennend feststellte. Denn Ketzer- und Spaltungsbewegungen würden, abgesehen davon daß sie Gottes Zorn hervorriefen, mit ihrem Widerstand und Ungehorsam gegenüber der Staatskirche, die Konstantins ureigenes Werkzeug war, auch zu Anarchie und Chaos in den Gemeinden führen und folglich die Pläne des Kaisers durchkreuzen. Um solche Spaltungen zu verhindern, berief der Kaiser das Konzil von Nicäa (325) ein, dem er auch vorstand. Dieses Konzil sollte die gegensätzlichen Interpretationen der Göttlichkeit Christi, wie sie von Arius und seinen Gegnern vertreten wurden (S. 258, 292), und die die Einheit der Kirche zu sprengen drohten, harmonisieren. Als es zu einer Übereinkunft gekommen war, interessierte sich Konstantin nicht mehr dafür, wie die Bischöfe diese auslegten.

Und dennoch blieb die Einheit der Kirche auch weiterhin von schwerwiegenden Hindernissen bedroht, die weit über den rein theologischen Bereich hinausgingen. Eines dieser Hindernisse war der nonkonformistische Puritanismus, der sich am dramatischsten in der Massenflucht in die Einsamkeit und die Klöster äußerte (S. 269). Aber eine solche Bewegung, die in ihren Anfängen zwar gegen Bischöfe, Herrscher und Gesellschaft gerichtet war, verfügte dennoch über zu wenig Kraft, als daß offizielle Stellen entschieden hätten gegen sie vorgehen müssen. Gewissen Kontrollen unterworfen, wurde die Klosterbewegung als legitimes Ventil für unvermeidbare Tendenzen der Zeit toleriert. Dennoch waren auch diejenigen, die zuhause blieben, von Konstantins Vereinigung von Kirche und Staat nicht sehr angetan. Auf dem Konzil von Arelate (314) wurde noch die Ansicht vertreten, der Dienst für den Kaiser sei kaum mit der Zugehörigkeit zur Kirche vereinbar. [105] Die versammelten Geistlichen entschieden sich zwar schließlich anders, aber es hatte in der Tat einer geistigen und geistlichen Kehrtwendung bedurft, einer Kirche anzugehören, die – anstatt ständigen Verfolgungen ausgesetzt zu sein – jetzt unter der Führung des Kaisers vom Lateranpalast aus gestützt und gelenkt wurde. In den Zweifeln des Hieronymus, ob eine solche Situation wünschenswert sei, klang ein weitverbreitetes und stark empfundenes Gefühl der Beunruhigung an. [106]

Dieses Gefühl war nicht neu. Vor der offiziellen Anerkennung der Kirche hatten viele christliche Autoren deutlich ihren Abscheu nicht nur vor dem römischen Staat, sondern vor der ganzen philosophischen Gelehrsamkeit geäußert, in die die Apologeten die jüdischen Lehren des Christentums zu kleiden versucht hatten (S. 256). So hatte sich etwa im Osten Tatian im zweiten Jahrhundert des christlichen «Barbarentums» gerühmt. [107]. Ähnlich äußerte sich Tertullian, der anfangs zwar jegliche Abweichung von der offiziellen Lehre heftig bekämpft (um 197), [108] sich aber später selbst ihrer extremsten Richtung, dem Montanismus, verschrieben hatte. Diese Neue Prophetie war ein Produkt der apokalyptischen ekstatischen Kulte in Phrygiens Dörfern (S. 263), wo man früher Bußinschriften für die heidnische Gottheit Men errichtet hatte. Es handelte sich dabei um eine ländliche Bewegung, die von der Mehrheit der Christen in Asien abgelehnt wurde. [109] Dennoch breitete sie sich schnell unter der bäuerlichen Bevölkerung Syriens, Ägyptens und besonders Nordafrikas aus, wo Tertullian sich zu ihren Ideen bekehren ließ.

Bis dahin war das Christentum hauptsächlich ein städtisches Phänomen gewesen, seine Ausbreitung auf ländliche Gebiete warf neue Probleme auf. Die Landbevölkerung des Reiches brachte zwar den Großteil des Volkseinkommens auf, war aber immer den Stadtbewohnern untergeordnet gewesen, und beide Seiten hegten füreinander alles andere als freundschaftliche Gefühle (S. 74). Die Landbevölkerung verband mit dem neuen Glauben nicht nur den Haß auf die Verfolgerkaiser, sondern auch soziale Unzufriedenheit und Abneigung gegenüber den herrschenden Schichten. Das bedeutete, daß sie auch für das Christentum in den Städten nichts übrig hatte. Es war für ihren Geschmack zu formalistisch, zu institutionalisiert und zu zentralisiert, und sie war der Auffassung, daß die zunehmend offizielle Hierarchie im Namen eines einheitlichen und friedlichen Wachstums zu viele unzulässige und bedauernswerte Kompromisse mit der Welt eingegangen sei.

Aus Tertullians herber Eloquenz spricht auch semitischer – punischer ebenso wie jüdischer – Abscheu gegenüber römischer und griechischer Art und Sitte und die Hinwendung zu einem brennenden, dem Wüstenleben entsprungenen Fundamentalismus, ein Erbe wildgrausamer heidnischer Lokalkulte.[110] Dies ist ein Rückfall in eine strenge, prophetische Kirche, die sich auf Gottes Wort beruft, voll Enthusiasmus die Welt verabscheut und nach der Märtyrerkrone strebt. Das Christentum in Nordafrika hat niemals Liebe und Barmherzigkeit besonders herausgestellt. Erst recht nicht der Montanismus, da es ihm mehr um die Abwendung des göttlichen Zornes und die Schrecken des Jüngsten Gerichts ging. Grundlage der Erlösung, so formulierte es Tertullian, ist Furcht.[111]

Zwischen diesen Puritanern und den Hauptvertretern der christlichen Kirche in Nordafrika kam es durch die Verfolgungen unter Septimius zum Bruch. So stieß Calixtus, Papst und Bischof von Rom, auf Widerstand, weil er Abgefallenen, die sich dem Druck des Staates gebeugt hatten, wieder gestattete, in die Herde zurückzukehren. Zu einer ähnlichen Situation kam es nach der Verfolgung unter Decius, als Novatian – sicher zur Freude der Regierung, die eine Politik des Teilens und Herrschens betrieb – sich an die Spitze einer schismatischen römischen Gemeinde stellte, die es ablehnte, sich von solchen Abtrünnigen beflecken zu lassen (251). Große Unterstützung fand er in Antiochia und anderen Orten in Syrien, ebenso bei den unteren Schichten der kleinasiatischen Bevölkerung, denn diese Menschen führten ein so unscheinbares Leben und hatten so wenig zu verlieren, daß für sie die Versuchung, von ihrem Glauben abzufallen, nicht sehr groß war. Daher brachten sie keinerlei Verständnis für das städtische Bürgertum auf, das so gehandelt hatte. Auch ältere Montanisten unterstützten Novatian, und noch Jahrhunderte lang behaupteten sich beide Sekten mit ihrem urtümlichen Glauben und ihrer Märtyrerfrömmigkeit.

Während der vier Jahrzehnte der Toleranz, die auf die Verfolgungen unter Decius und dann unter Valerian folgten, stieg die Zahl dieser nonkonformistischen Christen in den ländlichen Gebieten der östlichen Provinzen und Nordafrikas in bemerkenswertem Maß an. Schauplatz des nächsten Ausbruches war Nordafrika wie in den Tagen Tertullians, und wiederum war der Anlaß eine Welle staatlicher Unterdrückung. Ein neugewählter Bischof von Karthago wurde von seinen Kollegen aus den kulturell zurückgebliebenen Regionen Numidiens angegriffen, weil er es ablehnte, bewußt den Märtyrertod zu suchen. Statt seiner wurde ein Gegenbischof eingesetzt, dessen Nachfolger Donatus war. Die Donatisten, wie sich seine Anhänger nannten, lehnten, ähnlich einer anderen

Sekte jener Zeit in Ägypten, die humanistische, städtische, traditionelle
Kultur völlig ab und verwarfen gleichzeitig die Souveränität der Kirche.
Konstantin sah in diesen Donatisten unversöhnliche Feinde der von ihm
angestrebten Einheit und sperrte ihnen die Unterstützungsgelder, die den
christlichen Kirchen gewährt wurden. Trotz endloser Debatten nahm die
Haltung auf beiden Seiten unwiderruflich politische Formen an, die einen
waren für, die anderen gegen die Regierung (316). Als Konstantin wiederholte Appelle ablehnte, formulierten die Donatisten die neue und für jene
Zeit entscheidende Frage: *Was hat der Kaiser mit der Kirche zu tun?*
Der Kaiser, der gegen die christlichen Splittergruppen schärfer vorging
als gegen die Heiden, konfiszierte nun seinerseits ihre Kirchen und verbannte ihre Bischöfe. Die Donatisten begannen, einen eigenen Märtyrer-
kalender zu führen.

Fünf Jahre später trat an die Stelle militärischer Unterdrückung eine
verächtliche Toleranz. Denn als sein ihm unfreundlich gesonnener Mitkaiser im Osten, Licinius, gereizt durch die Hartnäckigkeit der Arianer,
die Verfolgungen wiederaufleben ließ (S. 292), hielt es Konstantin aus
Kontrastgründen für das Beste, die ungehorsamen Donatisten nicht zu
bestrafen, sondern ihre Bestrafung Gott zu überlassen. Dennoch war bereits ein verhängnisvoller Präzedenzfall geschaffen worden: Sobald das
Christentum anerkannt worden war, hatte es damit begonnen, Christen
zu verfolgen. Auch im Osten konfiszierte Konstantin die Kirchen der verschiedenen Sekten und untersagte ihnen, Gottesdienste abzuhalten.[112] Die
Doktrin von der Einheit der Kirche bedeutete, daß sie im Gegensatz zum
Judentum eine universale und missionarische Einrichtung war, was wiederum beinhaltete, daß sie die Nonkonformisten auch mit Gewalt eingle-
dern mußte. Weit davon entfernt, die ersehnte Einheit zu schaffen, war
das Erbe dieser Zwangsmaßnahmen, die Konstantin einführen zu müssen
glaubte, ein viele Jahrhunderte währender Haß zwischen Christen und
Christen, der sich oft in tödlichem Blutvergießen entlud.

Trotz weiterer Verfolgungen blieb der Donatismus weiterhin erfolgreich, bis nach dem arianischen Zwischenspiel, von dem alle wichtigeren
barbarischen Königreiche im Westen betroffen waren, die arabischen
Eroberungen im achten Jahrhundert alle Formen des Christentums in
Nordafrika vernichteten.[113] Den Donatisten war es nicht wie der Kirche
Konstantins darum gegangen, die ganze Welt zu bekehren. Aber sie nahmen für sich das Recht in Anspruch, ihre eigene Identität als Bewahrer
des von Gott gegebenen Gesetzes zu verteidigen. Ihre Bewegung trug auch
sozialrevolutionäre Züge, sie sprach besonders flüchtige Sklaven und mit-

tellose Bauern an. In Inschriften aus Dorfkirchen in Numidien wird wieder und wieder das Christentum als Zuflucht vor den Mühen und Plagen dieser Welt gepriesen. Es gab auch einen linken Flügel der Donatisten, der aus anarchistischen ‹Vagabunden› (Circumcellionen) mit eschatologischen Heilserwartungen bestand. Zwar sprachen und schrieben die Führer der Donatisten lateinisch, aber im ganzen war die Sekte weniger in den Städten verbreitet, wo ihre Verfolger zu stark waren, als in den Landgebieten wie etwa in den Hochebenen Algeriens, wo sich später auch die Hochburgen puritanischer Spielarten des Islam befanden. Die Donatisten waren gegen die zivilisierten Städte mißgünstig eingestellt; da sie gleichzeitig den herrschenden Kulturen feindlich gegenüberstanden, waren sie in jenen Gebieten am stärksten, in denen Elemente der einheimischen Berber oder der Punier überwogen.

Es handelte sich also beim Donatismus in vielfacher Hinsicht um eine Protestreligion. Zunächst hatte Konstantin ihren Anhängern gegenüber Geduld bewiesen. Als sie erschöpft war, folgten Gewaltmethoden, die in Widerspruch zu seinen Einigungsbestrebungen standen und den Grund legten für die protestantische Tradition, die zwölf Jahrhunderte später voll Gestalt annahm.

Ein weiterer fundamentaler Riß in dieser Einheit begann sich jedoch bereits lange vor dem sechzehnten Jahrhundert, nämlich schon im fünften und sechsten Jahrhundert auszuwirken, und zwar der Bruch zwischen der katholischen Kirche mit dem Zentrum in Rom und der orthodoxen Kirche mit dem Sitz in Konstantinopel. Und mag auch diese Spaltung vielleicht schon zu Konstantins Zeit unvermeidbar gewesen sein, so wurde sie von ihm doch unabsichtlich beschleunigt, nämlich durch die Gründung von Konstantinopel.

Während der Gründungsvorbereitungen für diese Stadt erklärte das Konzil von Nicäa Rom, Alexandrien und Antiochia zu Patriarchaten (325). Die östlichen Zentren bestritten Roms Primat, aber Rom hatte schon seit langem besondere Verehrung genossen. Schon vor 100 n. Chr. hatte der Papst oder Bischof von Rom z.B. in die Angelegenheiten Korinths eingegriffen. Im zweiten Jahrhundert erkannte die Kirche in Karthago deutlich ihre Abhängigkeit von Rom, und die römische Gemeinde war sich ihrer Sonderstellung bewußt.[114] Ein Grund, warum die anderen Gemeinden auf die römische Gemeinde blickten, war ihre schicksalhafte und verantwortungsvolle Lage in der Hauptstadt des Reiches. Aber auch als sich der Charakter des Imperiums zu wandeln begann und Rom allmählich seine politische und wirtschaftliche Macht verlor, büßte die abstrakte Idee vom ewigen Rom bei Christen wie Heiden dennoch nichts an Gewicht ein, sondern nahm sogar noch zu (S. 198). Schon im späten zweiten Jahrhundert begründete Irenäus Roms Anspruch auf Vorrang, und zwar gestützt auf die apostolische Nachfolge. Er erklärte, daß die Hauptmacht der Kirche ihre Überlegenheit gegenüber Irrlehren einer direkten Autoritätskette verdanke, die von den Aposteln bis zu den Bischöfen seiner Zeit reiche, und verwies darauf, daß in Rom diese ungebrochene Kontinuität auf Petrus, den ersten unter den Aposteln Jesu, und auf Paulus zurückgehe und daß dementsprechend in Rom die reine Lehre zu finden sei, mit der die anderen Gemeinden übereinstimmen sollten.[115] Ein Märtyrerschrein des Petrus, der hoch verehrt wurde, stammt noch aus derselben Zeit (S. 282f.).

Die Gemeinden im Osten erkannten den besonderen Rang der Kirche von Rom zwar an, waren aber viel weniger geneigt, ihr irgendein Recht zuzugestehen, ihnen bindende Vorschriften über Lehre und Organisation zu machen. Bei ihnen setzte sich nicht die im Westen immer stärker werdende Tendenz durch, Laien von der Kirchenverwaltung auszuschließen. Sie teilten außerdem nicht den Glauben, daß kirchliche Autorität an eine einzelne Person gebunden sei, sondern waren der Ansicht, daß sie nach Aussage der Heiligen Schrift einem *jeden* Bischof verliehen sei (ungeachtet eines Ehrenvorrangs, der den Inhabern einiger historischer Bischofssitze zugestanden wurde) und daß sie durch sie alle zum Ausdruck komme, wenn sie sich zu ihren allgemeinen Versammlungen zusammenfänden (S. 279).

Aber Römer und Griechen hatten sich auch außerhalb des religiösen Bereichs gegenseitig niemals geschätzt und hatten für die Einstellungen des anderen kein Verständnis aufgebracht. Die Bewunderung, die gebildete Römer wie Cicero für die vergangene hellenische Kultur hegten, schloß nur selten ihre lebenden Vertreter ein, und die meisten Griechen verachteten zu allen Zeiten die reicheren, mächtigeren und weniger kultivierten Römer, um deren finanzielle Hilfe sie so oft nachsuchten. Trotz der Bemühungen um Versöhnung, die ein paar weniger engherzige Denker wie Vergil auf der einen Seite und pro-römische Führer der Griechen auf der anderen Seite unternahmen, vertiefte sich die Kluft. Außerdem gab es immer weniger gebildete Männer, die beide Sprachen beherrschten (S. 143). Diese Schwierigkeiten wirkten sich auch im kirchlichen Bereich aus. Die römische Kirche war zunächst durch und durch griechisch gewesen. Aber nach Hippolytos († um 236) gab es keinen Sprecher dieses griechischsprachigen Christentums mehr in Rom; Novatian schrieb lateinisch, und im vierten Jahrhundert war Griechisch auch als Sprache der Liturgie ungebräuchlich geworden. Wenige Kirchenmänner des Ostens sprachen überhaupt Latein – auch sahen sie keinen Grund dazu, da das Neue Testament auf Griechisch abgefaßt war und sie sich als die Bewahrer der in ihm enthaltenen Wahrheit fühlten.

Dementsprechend gab es sowohl psychologische als auch sprachliche Gründe, warum die westlichen und die griechischen Christen nicht in der Lage waren, ihre gegenseitigen Standpunkte zu verstehen. Ein Streit um die Begehung des Osterfestes brachte den römischen Bischof (Papst) Viktor († um 199) dazu, entgegen den Wünschen des Irenäus mit den Gemeinden Kleinasiens zu brechen. Die Lage spitzte sich zu, als Papst Stephan (254–56) sich anläßlich eines Streits über die Taufe veranlaßt sah, die Unterordnung aller Kirchen unter Rom zu fordern, und zwar in Anbetracht des Primats, der dem Petrus verliehen worden sei, dessen Tradition inzwischen in der Hauptstadt völlig etabliert war (S. 282). Firmilian von Caesarea bestritt in seiner Erwiderung jeglichen gesetzlichen Vorrang des Petrus und seiner Nachfolger und blieb dabei, daß *jeder* Bischof Nachfolger der Apostel sei.[116] Denn die Griechen konnten die legalistische, zentralistische und autokratische Art nicht teilen, die die Römer ihrem Erziehungswesen verdankten sowie der juristischen Prägung, die ihr Glaube durch Rechtsgelehrte wie Tertullian erfahren hatte. Ihrerseits konnten die Römer den hellenischen, philosophischen Tendenzen der Apologeten (S. 256), die in den griechischsprachigen Gebieten so ausgeprägt waren, nichts abgewinnen. Wie H. H. Milman in seiner ‹History of Christianity› bemerkt hat, trat der Osten für christlichen Pluralismus ein, der Westen für Disziplin.

Aurelian stärkte die Kirche von Rom, indem er sie in einem Streit, der das Bistum von Antiochia betraf, unterstützte. Aber die Differenzen zwischen Ost und West wurden durch Konstantins Gründung von Konstantinopel hervorgehoben und verewigt. Da das Imperium nun nicht mehr von Rom aus regiert wurde, besaß das Haupt der römischen Kirche zwar weit größere Möglichkeiten, seine Unabhängigkeit zu beweisen und auch in Zivilsachen Autorität auszuüben, als jemals zuvor. Doch verhalf jetzt die Anwesenheit des Kaisers in Konstantinopel allmählich auch dem Patriarchen dieser Stadt zu einer besonderen und eigenen Bedeutung, die, obgleich die anfänglichen Privilegien der neuen Stadt begrenzt waren (S. 120), im Laufe der Zeit als zweiter Rang nach Rom anerkannt wurde (381). Schon zwei Jahrzehnte zuvor war die neue Stadt von Gregor von Nazianz als Unterpfand des Zusammenhaltes von Ost und West, wo die

Menschen von allen Seiten aus den entferntesten Gebieten zusammenströ-
men und zu der sie als dem gemeinsamen Mittelpunkt und Treffpunkt
des Glaubens emporblicken, beschrieben worden.

Aber das war angesichts der folgenden Auseinandersetzungen zu opti-
mistisch gesehen. Diese entzündeten sich am Zölibat der Geistlichkeit,
dem Sündenfall und dem Wesen des Heiligen Geistes. Wie immer betonte
der Osten die Unteilbarkeit der höchsten Gottheit, und der Westen hob
die göttliche Natur Christi hervor (S. 259)[117]. Konstantins Entscheidung,
Konstantinopel zur Hauptstadt des Reiches zu erheben, hatte seit langer
Zeit bestehende kulturelle, psychologische und sprachliche Unterschiede
verschärft. Das Ergebnis war nicht religiöse Einheit, wie er gehofft hatte,
sondern der entscheidende Bruch zwischen Katholizismus und Orthodoxie, der bis heute anhält; ganz ähnlich ließ seine Einstellung zu den Donatisten und deren Einstellung ihm gegenüber bereits jenen anderen großen
Bruch ahnen, als dessen Folge sich die verschiedenen protestantischen
Kirchen bildeten. Konstantins ökumenisches Streben bewirkte paradoxerweise nicht die Einheit, sondern eine dauernde Spaltung der Christen
– mit der ganzen Schwäche, die Uneinigkeit mit sich bringt, aber auch
mit der ganzen hingebungsvollen Kraft und Frömmigkeit, wie sie für Sekten typisch ist.

Epilog

Können wir aus all diesen Ereignissen irgendeine Lehre oder Warnung für uns selbst ableiten? Das Studium einer bemerkenswerten Geschichtsperiode ist zwar auch dann lohnend und interessant, wenn es nicht unmittelbar Licht auf unsere eigene Zeit wirft, doch kann auch das der Fall sein, und es gibt gute Gründe für die Annahme, daß die Jahre, die in diesem Buch dargestellt wurden, für unsere Zeit nur zu relevant sind. Die antike griechisch-römische Welt, der wir soviel von dem verdanken, was für uns selbst charakteristisch ist, ist die einzige Kultur bzw. der einzige Kulturkreis, der uns zur Untersuchung vollständig zugänglich ist, und zwar von den Anfängen bis zu den letzten Jahren – denjenigen Jahren, die ich in diesem Buch zu schildern versucht habe. Diese Kultur brachte künstlerische, literarische und politische Spitzenleistungen in unvergleichlicher Fülle hervor. In einzigartiger Weise hat das Römische Reich ungeheure Gebiete in Europa, Westasien und Nordafrika – wo sich später die modernen Nationalstaaten entwickeln sollten – unter einer zentralen Regierung zusammengefaßt. Zwar kennt die Geschichte keine genauen Analogien, doch wird aus diesem Zusammentreffen von Umständen deutlich, daß eine so bemerkenswerte Kultur auch auf spätere Epochen Licht werfen kann.

Während Rom aufgrund von Umständen, die sich nicht allzusehr von denen unterscheiden, die uns selbst bedrängen, unter eine autoritäre Herrschaft geriet, erlebte es gleichzeitig auf militärischem Gebiet eine derartige Wiedergeburt, daß dieses Geschehen uns aus heutiger Sicht die Theorie, in der Geschichte gebe es unvermeidliche Bewegungen, zu widerlegen scheint, ein Eindruck, den sicher zahlreiche Beobachter damals geteilt haben. Der ganze Prozeß von offensichtlichem Zerfall und Zusammenbruch wurde in voller Fahrt angehalten und um anderthalb Jahrhunderte hinausgeschoben. Sicher war dies nicht die Leistung eines verfallenden Reiches. Nachdem die scharfe Besteuerung, die das Überleben des Reiches ermöglichte, von den einflußreichsten und vielleicht begabtesten Juristen, die die Welt je gekannt hat, gesetzlich fixiert worden war, wurde dieses Wiedererstarken auf dem militärischen Sektor durch eine Reihe von Jahresbudgets, den ersten, die je eine Regierung erstellt hatte, abgesichert. Und schließlich wurde – eine der weitsichtigsten Taten der Geschichte – in Konstantinopel eine neue Hauptstadt gegründet. Sie brachte nicht nur ihrerseits eine der großen Kulturen der Welt hervor, sondern überlieferte auch einen ungeheuren Teil des klassischen Erbes, das durch die Wiedererstarkung im dritten Jahrhundert der Vernichtung entrissen und bewahrt werden konnte.

Dies waren gewaltige Geschehnisse, aber ich bezweifle, daß sie allein es rechtfertigen würden, diese Zeit als Höhe- und Wendepunkt des römischen Imperiums zu bezeichnen. Diese Bezeichnung hat sich das dritte Jahrhundert durch eine Reihe gleichzeitiger oder aufeinanderfolgender künstlerischer, intellektueller und geistiger Entwicklungen verdient. Trotz der ununterbrochenen militärischen und finanziellen Krise entwickelten sich die schönen Künste in Bahnen von außergewöhnlicher Originalität und Qualität. Die kaiserliche Porträtplastik, die rasch nacheinander unterschiedliche Entwicklungsstufen durchlief, erreichte eine Brillanz und ein Einfühlungsvermögen, wie sie keine andere Zeit, weder früher noch später, je erreicht hat. Die kaiserlichen Architekten verwandten auf ganz neue Weise ältere Ideen, um die riesigen Säle, Kuppeln, Apsiden und Gewölbe der größten bisher dagewesenen Paläste und ebenso großartiger christlicher Kirchen und Heiligtümer zu erbauen, die eine noch eigenständigere Leistung darstellten. Zusammen mit den Rechtsgelehrten und dem letzten bedeutenden Arzt der Antike, Galen, waren diese Architekten und Ingenieure aus einem Bildungssystem hervorgegangen, das in seinen anderen höheren Zweigen unfruchtbar geworden war. Doch hatte es viel weitere Kreise erfaßt als zuvor, und im Gegensatz zu den verschiedenen traditionellen literarischen Gattungen war das typische Produkt dieses Bildungssystems daher der Roman für das breite Bürgertum, der seinen Höhepunkt in dieser Epoche erreichte und die Lesegewohnheiten noch vieler späterer Jahrhunderte tief beeinflußte.

Zur gleichen Zeit jedoch, da ringsum die Irrationalität flutartig anschwoll, gab es zwei Philosophen von einzigartiger und bleibender Bedeutung, Mark Aurel und Plotin, die ernstere Lehren anzubieten hatten. Mark Aurel ist unter diesen Lehrern, die sich nicht in erster Linie auf religiöse Hoffnung stützen, die edelste und bewegendste Gestalt: die Stärke, die er für seine Rolle als Kaiser brauchte, schöpfte er aus sich selbst. Zwar ist noch immer die alte klassische Welt des Selbstvertrauens und des mutigen Handelns lebendig, aber alles ist nach innen gekehrt, in Kanäle geleitet, die zu mittelalterlichem Denken führten. Einen großen Schritt in der gleichen Richtung tat auch Plotin. In seinem großartigen und eindringlichen philosophischen System, das in seiner Ethik den Existentialismus und in seiner originellen Psychologie des Unbewußten Freud vorwegnimmt, kommt auch er zu dem Schluß, Aufgabe des Menschen sei die auf sein Inneres gerichtete Betrachtung. Aber er kennt Mark Aurels klassisches Pflichtbewußtsein dem Staat gegenüber nicht mehr. Und darüber hinaus machte Plotin mit dieser Selbstbetrachtung die höchste Erfahrung, die er als mystische Vereinigung mit der das Weltall bewegenden Kraft und seinem Wesen deutete. Plotin stimmt darin mit den Porträtbüsten seiner Zeit überein, deren Blick über die sichtbaren Realitäten unserer Alltagswelt hinaus auf eine wahrhaftigere Wirklichkeit gerichtet ist; und er ist ein Vorläufer jener reichen Tradition der Mystik, von der viele glauben, daß sie unserer modernen Welt etwas Bedeutsames zu sagen hat, etwa als ‹transzendentale Meditation› oder in noch strengeren Disziplinen.

Während die antike Philosophie so ihren Höhepunkt erreichte und den Übergang zum Mittelalter vorbereitete, rief die römische Staatsmacht zur Rückbesinnung auf die traditionellen Kulte und den Kaiserkult auf. Diese patriotische Stimmung, die auch bei der militärischen Rettung Roms eine Rolle spielte, konzentrierte sich mit der Zeit auf eine neubelebte und nahezu monotheistische Form des Sonnenkults. Mit seiner edlen und globalen Unkompliziertheit schien er noch auf die letzten Tage des staatlich geförderten Heidentums die Herrschaft über das Reich antreten zu wollen. Wer eine persönlichere Religion vorzog, dem bot die Sonnenverehrung einen Ableger im Mithraskult, einer moralischen Spielart der Mysterienkulte, die den Eingeweihten das persönliche Weiterleben nach dem Tode versprachen, das inzwischen zum Hauptanliegen jeglicher Religion geworden war. Aber der bedeutendste geistliche Führer jener Zeit war Mani; er lebte zwar in Persien, übte aber außerordentlich starken Einfluß auf die griechisch-römische Welt aus. Die von ihm gestiftete, zugkräftige manichäische Religion, die von einem Auserwählten an den anderen weitergegeben wurde, lehrte, daß das Böse existiere, weil es nicht einen, sondern zwei hohe Götter gebe. Schon die Gnostiker hatten nicht nur eine gute Macht, sondern auch einen bösen Schöpfer der Welt gesehen, da das Gute nicht das Böse erschaffen oder zulassen könne. Mani drückte dies mit den alten persischen Begriffen vom fundamentalen Gegensatz zwischen dem Licht und dessen ewigem Gegner, der Finsternis, aus; es ist unsere eschatologische Aufgabe auf Erden, das Licht von der Finsternis zu befreien, mit der es vermischt ist.

Dieser Dualismus, der im Mittelalter große Kirchen hervorbrachte und niemals seine Anziehungskraft für die verloren hat, die den Teufel am Werk zu sehen glauben, war weder für den jüdischen Monotheismus noch für das von ihm abstammende Christentum annehmbar. In der Zeit, von der dieses Buch handelt, wurden die schicksalhaften Entscheidungen getroffen, durch die das Neue Testament seine heutige Gestalt annahm. Spekulative Theologen von unerhörter Begabung verschmolzen hebräisches und griechisch-römisches Gedankengut zu unterschiedlichsten Verbindungen, die für das künftige geistliche Leben von Millionen von Christen von unendlicher Bedeutung waren, sei es daß sie sie ablehnten, sei es daß sie sie akzeptierten. Gleichzeitig wurden andere, weniger gelehrte, zeitgenössische Deutungen des Glaubens und der Unsterblichkeit, die er verlieh, von Künstlern in den Katakomben und auf Sarkophagen dargestellt, die damit die Mentalität und die Sorgen jener Menschen illustrierten, deren Glaube, Ausdauer und Zusammenhalt das Christentum allmählich zu einer Weltreligion werden ließen. Seine Botschaft der Liebe war von einer Universalität und Einfachheit, die, wie sich herausstellte, eine größere Anziehungskraft besaß als die Lehren irgendeiner anderen Religion. Die christlichen Gemeinden verwirklichten dieses Konzept durch den Ausbau der Wohlfahrtsorganisationen, die sie von den Juden und Griechen übernommen hatten, und verhalfen damit den humanitären Tendenzen der Zeit zu bisher unbekannter praktischer Wirksamkeit.

Dies war auch das Zeitalter, in dem die Haltung des römischen Staates zu dieser kleinen, aber zunehmend besser organisierten Kirche eine Wandlung durchlief, für die es in der Geschichte keine Parallele gibt. Die Entfremdung zwischen der griechisch-römischen Gesellschaft und den Christen hatte sich wiederholt in staatlichen Christenverfolgungen entladen. Aber auf seinem Sterbebett blies Galerius diese Angriffe ab, Konstantin erklärte sich als Anhänger dieser Religion, die nur von einer Minderheit seiner Untertanen getragen wurde, und aus einem Feind der Regierung wurde die Kirche zu einer von dieser unterstützten Hilfstruppe. Diese apokalyptische, das ganze Reich umfassende Wandlung erfaßte nicht das persische Reich, dessen christlichen Gemeinden kein ähnlich unerwarteter königlicher Beschützer erschien. Aber der Umschwung verwandelte die Zukunft Europas und der Mittelmeerwelt. Die kirchliche Einheit, die Konstantin verfocht, war genauso universal wie die eines modernen Befürworters der ökumenischen Bewegung, aber es war ein zuversichtlicher, aggressiv expansionistischer Ökumenismus – in der Tat war das Ziel einer einzigen vereinigten Kirche niemals mehr so nahe wie damals.

Nichtsdestoweniger gab es noch viele Christen, die die Gleichsetzung von Kirche und Staat nicht nachvollziehen konnten. Stattdessen zogen sie sich lieber zurück und schufen in Anlehnung an heidnische Vorbilder das Mönchtum, das das mittelalterliche Leben so stark formen sollte. Außerdem löste Konstantins Beharren auf kirchlicher Einheit ein anderes Phänomen aus, das sich im späteren Europa als genauso dauerhaft erweisen sollte, nämlich die Verfolgung von Christen durch Christen. Diese Zwangsmaßnahmen richteten sich gegen Mitglieder nonkonformistischer, puritanischer Sekten. Da es ihm nicht gelang, diese Gruppen zu unterdrücken (die Gewalttätigkeiten bestärkten sie nur in ihrer Entschlossenheit), wurde so der Keim für die zukünftige Entzweiung zwischen Katholiken und Protestanten gelegt. Gleichzeitig unterstrich die Gründung von Konstantinopel eine andere Spaltung, die in der gesamten Geistesgeschichte jener Zeit schon latent vorhanden gewesen war und ebenfalls bis heute anhält, nämlich den Bruch zwischen Katholizismus und Orthodoxie.

Dies sind einige von den Ereignissen, die die Epoche zwischen Mark Aurel und Konstantin zu der bedeutendsten in der Geschichte des Römischen Reichs machen. Nicht einmal in der Augusteischen Zeit hatte es eine derartige Fülle kreativer Begabungen, origineller Ideen und folgenreicher Ereignisse gegeben. Obwohl Rom selbst nun einen Großteil seiner faktischen Bedeutung eingebüßt hatte und kaum noch einen der Hauptakteure des Weltgeschehens hervorbrachte, stellt diese Epoche des angeblichen Verfalls aufgrund eines bezeichnenden Paradoxes, das ich im Vorwort erwähnt habe, den Höhepunkt Roms dar.

Wie sah nun in der späteren Kaiserzeit die allgemeine Beziehungsstruktur zwischen kulturellem und religiösem Schaffen auf der einen und den zeitgenössischen politischen und sozialen Strömungen auf der anderen Seite aus, war sie parallel oder gegenläufig? Zuweilen stehen, wie im Zeitalter des Augustus oder des Perikles, literarische, künstlerische und religiöse Entwicklungen in harmonischem Einklang mit dem nationalen öffentlichen Leben. Aber in der Epoche, die mit Mark Aurel beginnt, herrschte intellektuelle Schizophrenie. Es gab Bereiche, in denen das späte Rom unmittelbar zu großartigen Leistungen inspirierte. Die Rechtsgelehrten schufen den größten Teil ihres unvergleichlichen Werkes im Dienst der Regierung, der sie zu ihrer autoritären Form verhalfen. Die Porträtbildhauer zogen nicht nur Nutzen aus dem Mäzenatentum ihrer kaiserlichen Modelle, sondern ließen sich von deren Extravaganz, Ängsten und brutaler Männlichkeit unmittelbar anregen. Sie bewegten sich eher mit dem Strom der Zeit als gegen ihn, genauso wie die kaiserlichen Architekten, die durch die erhabene Stellung des Kaisers und die Winzigkeit des Menschen zu Meisterwerken inspiriert wurden. Außerdem waren auch bestimmte heidnische religiöse Bewegungen, wie die traditionellen römischen Kulte und der Mithraskult, patriotisch ausgerichtet, und ganz am Ende der Epoche brachte Konstantin die herrschenden Strömungen des Christentums in Einklang mit der Politik des Staates.

Die größten und folgenreichsten Fortschritte des Geistes und der Seele in den 150 Jahren vorher sind jedoch für einen Bewunderer des klassischen Bürgersinnes zum größten Teil wenig erfreulich, denn es handelte sich bei ihnen oft um eskapistische Reaktionen auf das Elend der damaligen Zeit. Eine Brücke zwischen denen, die ihre Talente im Dienste des Staates einsetzten, und denen, die nach einem Weg suchten, ihm zu entfliehen, bildet die vielschichtige Persönlichkeit Mark Aurels. Obwohl er Kaiser war, fühlte er doch den für diese Epoche typischen Drang, ein Mensch zu bleiben, dem äußere Bedrängnisse nichts anhaben können, und gerade das ist die Spannung, die den ‹Selbstbetrachtungen› ihre bleibende Faszination und Modernität verleiht. Die für die damalige Zeit typischen Literaten, die Verfasser von Romanen, sahen und beschrieben zwar in symbolischer Form die Mühsal der Welt, erdichteten aber Phantasiegeschichten, die den Menschen halfen sie zu vergessen. Ihr großer Zeitgenosse, Plotin, predigt sogar noch unmißverständlicher, der Gemeinheit dieses Lebens zu entfliehen, und eben dieser Wunsch, dem Jammer der Welt zu entgehen, spiegelt sich in dem leidenschaftlichen Verlangen nach Unsterblichkeit, das aus unzähligen Denkmälern der verschiedenen heidnischen Bekenntnisse spricht. Auch der bedeutendste religiöse Führer der Zeit, Mani, wurde durch die Widrigkeiten des Lebens tief angerührt, was ihn allerdings nicht wie seine Zeitgenossen dazu brachte, den Rückzug aus der Welt zu predigen, sondern vielmehr zu einer einmaligen eindrucksvollen Analyse der grundlegenden Ursachen anregte. Schließlich wurden auch die Christen durch ihr unglückliches Leben zur Hinwendung zum Jenseits veranlaßt. Die Märtyrer führten diese Absage an die Welt bis zum Extrem, und nachdem die Kirche zu einem Werkzeug in Konstantins Händen geworden war, setzten Mönche und Puritaner diese Tradition der Weltentsagung fort.

Es gab also gleichzeitig zwei verschiedene Beziehungen zwischen dem Alltagsleben auf der einen Seite und dem kulturellen und religiösen Leben auf der anderen; einmal den direkten Impuls, wie er bei den Rechtsgelehrten, Bildhauern, Architekten und den offiziell gebilligten Fassungen der heidnischen und später dann der christlichen Religion erkennbar ist, und dann die mittelbare Reaktion, wie sie sich bei den Romanautoren und Philosophen und bei den meisten religiösen Gruppen einschließlich des Christentums vor Konstantin und später bei den nonkonformistischen Christen zeigt. Diesen zwei unterschiedlichen und entgegengesetzten Vorgängen ist es zu verdanken, daß die Leiden jener Zeit nicht Lethargie, sondern allenthalben Größe hervorbrachten. Die Unerbittlichkeit der Regierung vermochte bedeutende Denker und Gläubige nicht zum Schweigen zu bringen, sondern schenkte ihnen Kraftquellen. Hier liegt ein Gegensatz zu unserer Zeit. Auf dem Höhepunkt ihrer Macht haben die totalitären Regierungen des zwanzigsten Jahrhunderts nur verhältnismäßig wenig eigenständige Leistungen der Kultur und des Geistes evoziert, Künstler und Architekten, die mit ihnen sympathisieren, sind fast immer steril; es gibt nur wenige Rebellen, und sie bleiben meist ohne Wirkung oder ungehört. Das liegt daran, daß die heutigen Regierungen mit Hilfe der modernen Technik Menschen mit einer Gründlichkeit reglementieren können, wie sie dem römischen Staat und seinen Funktionären trotz aller ihrer Anstrengungen nicht zu Gebote stand. «Zuviel Böses und zuviel Leid», sagt Aldous Huxley, «kann den Menschen zu jeglicher Kreativität unfähig machen; aber innerhalb sehr weit gespannter Grenzen ist Größe durchaus vereinbar mit organisiertem Wahnsinn, mit der Billigung von Verbrechen und mit intensivem, chronischem Elend der Masse der Menschen.»

Trotz all ihrer nivellierenden Strömungen war die spätere Kaiserzeit sicher eine düstere Epoche für die Masse der Bevölkerung. Das war nichts Neues, aber die Nöte der Zeit hatten die Lage noch verschlimmert. In dieser letzten Phase der antiken Welt wurden wie schon früher große Leistungen (wenn man einmal vom reinen Ausharren und Überleben absieht) nicht von vielen, sondern von wenigen erbracht. Trotz aller egalitären Tendenzen blieb es eine undemokratische Zeit, und von einem eindeutig demokratischen Standpunkt aus ist es nicht möglich, ihre Geschichte mit Gewinn zu schreiben.[1] Es waren nur wenige, die die Kultur am Leben erhielten und weitergaben, und gerade während dieser Epoche schenkten sie späteren Zeitaltern überragende Schöpfungen des Geistes. Trotz aller Sorgen, Mühen und Gefahren schufen einzelne für sich selbst und für andere Menschen, die ähnlich wie sie empfanden, ihre eigene Gedanken- und Glaubenswelt, unübertroffene Denkmäler eines schrecklichen, aber dennoch großartigen Zeitalters.

Anhang

Stammtafeln

1. Die Familie Mark Aurels

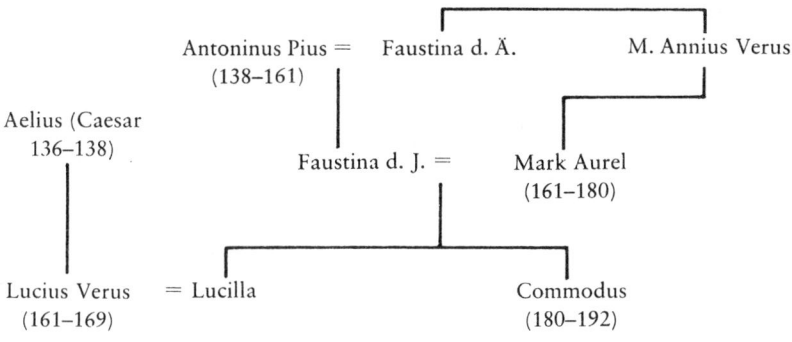

2. Das Haus der Severer

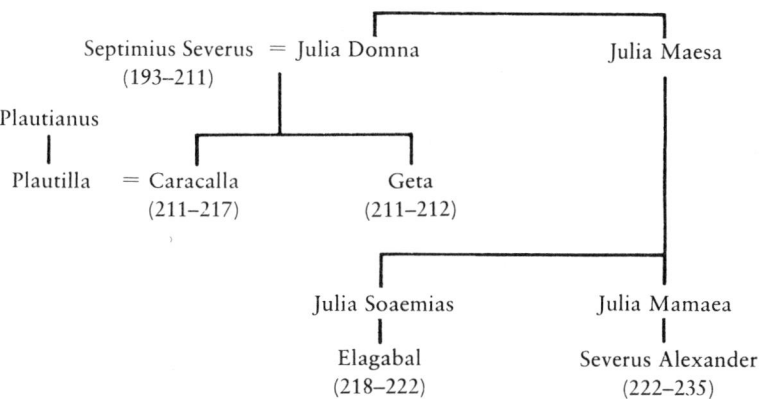

3. Das Haus des Diokletian und des Konstantin

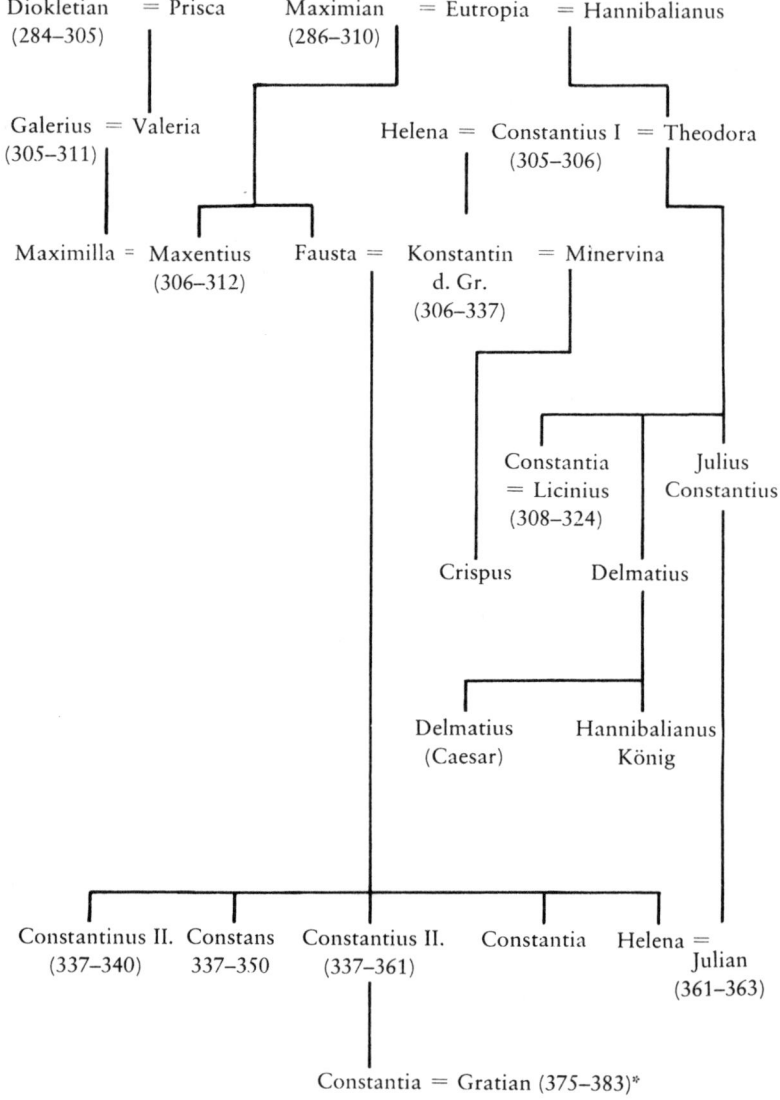

Diokletian   = Prisca   Maximian   = Eutropia   = Hannibalianus
(284–305)   (286–310)

Galerius = Valeria   Helena = Constantius I = Theodora
(305–311)   (305–306)

Maximilla = Maxentius   Fausta =   Konstantin   = Minervina
            (306–312)   d. Gr.
                                       (306–337)

                                Constantia   Julius
                                = Licinius   Constantius
                                (308–324)

                          Crispus   Delmatius

                          Delmatius   Hannibalianus
                          (Caesar)   König

Constantinus II. Constans Constantius II. Constantia Helena =
(337–340)   337–350   (337–361)   Julian
                                                        (361–363)

            Constantia = Gratian (375–383)*

* Sohn des Valentinian I. und Stiefbruder der Frau von Theodosius I.

Die späteren römischen Kaiser*

AD			
161–180	⎰Mark Aurel	253–259/60	⎰Valerian
161–169	⎱Lucius Verus	253–268	⎱Gallienus
180–192	Commodus	268–270	Claudius II. Gothicus
193	Pertinax	270	Quintillus
193	Didius Julianus	270–275	Aurelian
193–211	Septimius Severus	275–276	Tacitus
211–217	⎰Caracalla	276	Florianus
211–212	⎱Geta	276–282	Probus
217–218	Macrinus	282–283	Carus
218–222	Elagabal	283–284	⎰Carinus
222–235	Severus Alexander		⎱Numerianus
235–238	Maximinus Thrax	284–305	⎰Diokletian
238	⎰Gordian I.	286–305	⎱Maximianus (Herculius)
	⎱Gordian II.	305–306	⎰Constantius I. Chlorus
238	⎰Balbinus	305–311	⎱Galerius
	⎱Pupienus	306–312	Maxentius
238–244	Gordian III.	**308–313	Maximinus II. Daia
244–249	Philippus Arabs	312–324	⎰Konstantin d. Gr.
249–251	Trajanus Decius		⎱Licinius
251–253	Trebonianus Gallus	324–337	Konstantin d. Gr. als
253	Aemilian		Alleinherrscher

* Dieses Verzeichnis enthält nicht kurzlebige Prätendenten in den Provinzen oder jüngere Angehörige der Familie des Kaisers, die noch zu dessen Lebzeiten (mehr oder weniger ehrenhalber) zum Augustus ernannt wurden.

** In diese Zeit gehört auch die Regierung von Severus II. (306/7) und Maximian (306/8, 2. Regierungszeit). Konstantin d. Gr. und Licinius wurden 306 bzw. 308 zum Augustus ausgerufen.

Anmerkungen

Erstes Kapitel

1 Pertinax und Didiud Julianus (Rom, 193), Pescennius Niger (Osten), Clodius Albinus (Britannien und Gallien).
2 Maximinus Thrax und sein Sohn Maximus, Gordian I. und sein Sohn Gordian II. (Karthago), Balbinus und Pupienus (Rom).
3 Trebonianus Gallus regierte 251–253, Aemilius Aemilianus 253.
4 In dieser Zeit regierten außerdem die kurzlebigen Kaiser Quintillus (270), Tacitus (275–276) und Florianus (276).
5 Unter seine Söhne Carinus und Numerianus (283–284).
6 Darunter auch Constantius I. Chlorus (305–306, der Vater Konstantins d. Gr.), Severus (II., 306–307) und Maximianus (der 306–308 und 310 mehrmals versuchte, wieder an die Macht zu kommen).
7 Z.B. stammen unsere hauptsächlichen Informationen über Diokletian von Laktanz, der ihn haßte.
8 Des Johannes Xiphilinos.
9 Cassius Dio 73, 4, 2.
10 Die Konstantinvita des Eusebius enthält Dekrete und Briefe des Kaisers.
11 Darunter Protokolle von Stadtratssitzungen, amtliche Schreiben, militärische Vorgänge, Steueraufzeichnungen, Testamente, Unterlagen über Eheschließungen und -scheidungen, über Prozesse, Verkäufe und Verpachtungen, Privatbriefe und Rechnungsbücher.
12 Z.B. Uranius Antoninus, Dryantilla, Cornelia Supera.
13 H. Mattingly, Cambridge Ancient History XII, Cambridge 1939, S. 720.

Zweites Kapitel

1 Balbinus und Pupienus (238), Tacitus (275–276).
2 Pertinax und Didius Julianus.
3 Macrinus (217–218), Florianus (276).
4 Septimius Severus, Pescennius Niger und Clodius Albinus.
5 Pacatianus (248–249), Ingenuus (258 oder 259), Regalianus (259 oder 260).
6 Spanien und Südgallien kehrten möglicherweise unter einem der Nachfolger des Postumus (Marius, Victorinus, Tetricus) unter die Herrschaft der Zentralregierung zurück.
7 Aelianus und Amandus. Bis ins 5. Jh. n. Chr. kam es immer wieder zu Revolten dieser ‹Bagaudae›. Aufstände unter Probus: Proculus, Bonosus; unter Commodus: Maternus (Gallien und Spanien), um 186.

8 Der Auftrag des Carausius bestand in der Abwehr der Sachsen, die sich von der Unterelbe aus nach Westen ausbreiteten.

9 Iotapianus (um 248/49), Uranius Antoninus (253–254), Macrianus und Quietus (260–262).

10 Z.B. Quartinus (253).

11 Auch ein anderer Schützling Roms, der Herrscher des Kimmerischen Bosporus, nannte sich üblicherweise König der Könige.

12 Neuplatoniker aus Rom sammelten sich nach dem Tod des Gallienus in Palmyra.

13 Kyzikos dagegen prägte noch für die Zentralregierung.

14 A. Alföldi, Cambridge Ancient History XII, S. 178. Zenobias Sohn war Vaballathus.

15 Heidnische Märtyrerakten (zumeist aus dem späten 2. Jahrhundert n. Chr.). Caracallas Massaker in Alexandrien (215). Aufstände: Mussius Aemilianus (261/62), später Memor, Firmus (nach Zenobia – ausgedehnter Bürgerkrieg), Domitrius Domitianus (unter Diokletian).

16 Zu Kriegen kam es auch immer wieder an der Südgrenze des Reichs in Afrika, die unter Caracalla am weitesten nach Süden vorgeschoben wurde. Seit Mark Aurel drangen Wüstenstämme ein und plünderten sogar Spanien. Unter Severus Alexander rebellierten mauretanische Stämme, und zusammen mit den Blemmyern aus dem Sudan (wo es mächtige römische Klientelstaaten gab) suchten sie das Reich unter den Kaisern Diokletian und Maximianus heim, die die Grenze in Ägypten nach Norden zurücknahmen.

17 Macrinus, Severus Alexander, Gordian III.

18 Seleukidische Militärkolonie seit etwa 300 v. Chr. Inschriften auf Griechisch, Lateinisch, Pahlawi, Mittelpersisch, Safatenisch, Palmyrenisch, Syrisch und Aramäisch.

19 Dio 75, 3, 3. Die Besatzung von Dura wurde ungefähr um diese Zeit verstärkt (wahrscheinlich mit palmyrenischen Truppen). Das Lager diente als Ausgangspunkt für militärische Unternehmungen.

20 Allerdings waren sie durch die Unternehmungen des Septimius auch zu vielen geschickten Handwerkern gekommen, die nämlich über den Tigris geflohen waren.

21 Auch Artavasdes genannt; er regierte als Mit- oder Gegenkönig (?) seines Bruders Vologeses V.

22 Die griechischen Einflüsse auf Silberarbeiten und Steinschmuck werden allmählich iranisiert.

23 Sumer II, Teil 1, 1955, S. 39–43 (235–244 n. Chr.).

24 Auf arsakidisches Pahlawi, auf sassanidisches Mittelpersisch und auf Griechisch. In der Kaaba-i-Zerduscht.

25 Im Haus der Fresken werden die Perser gezeigt, wie sie die Römer oder die Palmyrener oder beide besiegen.

26 (253?, 259?, 260/61?). Schapur setzte den Marionettenkaiser Mareades ein.

27 Bischapur, Darabgird und Naksch-i-Rustam.

28 Pāikūlī-Inschrift: Triumph des Narses und Huldigung durch römische Gesandte und asiatische Vasallenkönige.

²⁹ Antiochia und Damaskus (auch Edessa). Straße Diokletians: Sura, Palmyra, Damaskus.

³⁰ Der Antoninus-Wall zwischen Forth und Clyde in Britannien war unter Commodus durchbrochen worden, und bald darauf war wahrscheinlich ein großer Teil Nordenglands überrannt worden. Septimius und seine Söhne kämpften persönlich in Schottland (201–211), und Caracalla zog offenbar alle römischen Besatzungen auf den Hadrianswall (zwischen Tyne und Solway) und dessen Vorfeld zurück.

³¹ Das frühe Mittelalter verdankte den ‹Barbaren› die Zellenschmelztechnik, die Kunst der Fellzubereitung, den Ski, die Seife, die Butter, die Küferei, den Roggen, den Hafer, den Dinkel und den Hopfen, Pelzmantel und Hosen sowie den schweren Pflug, Steigbügel und Hufeisen.

³² Die Jazygen.

³³ Die Kostoboken.

³⁴ Avidius Cassius.

³⁵ Die Quaden (im Osten der Markomannen).

³⁶ Z.B. die Karpen.

³⁷ Die Insel Gotland, der Mittelpunkt des Handels im Baltikum, blieb ihr Verbindungsglied zwischen Ostsee und Schwarzem Meer.

³⁸ Dexipp. frg. 6; 10; 25; 27; 29.

³⁹ Durch Pacatianus.

⁴⁰ Das wohlhabende Handelskönigreich am Kimmerischen Bosporus geriet in gotische Abhängigkeit.

⁴¹ Münze des Gallienus: *Cum exer (citu) suo.*

⁴² Vgl. den Schatzfund von Niederbieber: die vorderste Linie wurde aufgegeben.

⁴³ Syncell. 717ff.; vgl. SHA Gall. 13,9; Zon. 12,24. Gelegentlich wird der Sieg auch Claudius Gothicus zugeschrieben.

⁴⁴ Zos. 1,43,2. 45,1.

⁴⁵ Münzen von Dakien hatten mit 256 aufgehört. Aurelian bildete eine neue Provinz dieses Namens auf dem römischen Donauufer mit der Hauptstadt Serdica (Sofia).

⁴⁶ Die Ostgoten hatten unter Ermanarich große Gebiete erobert, waren aber zum größten Teil unter hunnische Herrschaft gekommen.

⁴⁷ Etwa durch Severus Alexander und Probus und ein Gesetz von 313 n. Chr. (Cod. Theod. 7,22,1).

⁴⁸ J. Keil – A.v. Premerstein, Bericht über eine dritte Reise in Lydien, Denkschr. d. Kaiserl. Akad. in Wien 57,1, Wien 1914, S. 87.

⁴⁹ 2 in Palästina, 1 in Ägypten, 1 in Arabien, je 1 in Spanien und Nordafrika.

⁵⁰ Dig. 50,10,6 (Mark Aurel): Erlaubnis des Kaisers ist nötig. Westfranzösische Gruppe von Stadtmauern, z.B. Le Mans, 285–315. Riesiger Torturm in Trier (Porta Nigra); vgl. Deutz (um 310). Aurelianische Mauer in Rom – von Probus fertiggestellt und von Maxentius verbessert.

⁵¹ Veget. 2,11. z.B. Xanten, Trennfurt, Carrawburgh.

⁵² Herod. 3,8,4–5. Septimius führte auch Vereine für jüngere Offiziere außerhalb des Dienstes ein.

⁵³ Man vgl. die Sicheln und Sensen, die in Pfünz, Weißenburg und Great Chesters gefunden worden sind.

⁵⁴ Z.B. Sitifis; Kaua (Mauretanien); Burgstall (Tschechoslowakei); um den Plattensee (Ungarn); in Thrakien, Kleinasien, Syrien.
⁵⁵ Aurelian bildete Auxiliareinheiten aus Wandalen, Juthungen und Alemannen.
⁵⁶ Arr. Tact. 33,2.
⁵⁷ Die Sarmaten beeinflußten die Quaden, die Alanen die Goten. Ähnliche Einflüsse trugen zur Bildung der chinesischen Panzerreiterei bei.
⁵⁸ Im Osten verwandte man nun schon das Hufeisen. Macrinus (217–218) stattete seine Infanterie mit langen germanischen zweischneidigen Schwertern und mit Lanzen aus, damit sie plötzliche Reitereiangriffe abwehren konnten.
⁵⁹ Später gehörten auch jüngere Offiziere dazu, und schließlich bildeten sie eine Art von Offizierskadettentruppe.
⁶⁰ Ingenuus, der bei Mursa fiel.
⁶¹ Galeriusbogen.
⁶² Nach Joh. Lyd. 435,266. Reiterei und Infanterie wurden nun getrennt, und die Zahl der – allerdings verkleinerten – Legionen stieg von 39 auf 65.
⁶³ Galater und Isaurier sowie Bataver und Tungrer.
⁶⁴ Unter Konstantins Söhnen wurde eine besondere Eliteeinheit, die sog. *palatini,* gebildet.

Drittes Kapitel

¹ Möglicherweise hatte Commodus den Betrag auf 375 erhöht, aber das ist aufs ganze gesehen unwahrscheinlich.
² Dio 77,10,4
³ Nachdem er die dakischen Goldbergwerke erobert hatte, trat möglicherweise eine Änderung im Wertverhältnis von Gold zu Silber ein.
⁴ Den freien Germanen fiel es schwer, an gute Denare zu kommen, und daher wandten sie sich in zunehmendem Maße dem Gold zu.
⁵ OGIS 515.
⁶ Wahrscheinlich nicht anderthalb Denare, wie ebenfalls angenommen worden ist.
⁷ *Moneta Augusti, Aequites Augusti, Moneta Restituta* (Severus Alexander).
⁸ P. Oxy. 1411 (Macrianus und Quietus).
⁹ Das Nominalzeichen XX.I bedeutet wahrscheinlich: 1 Nummus = 20 Sesterzen (5 Denare). Das alte Messing- und Kupferkreditgeld hatte aufgehört zu existieren.
¹⁰ Goldmünzen wurden zu 60, Silbermünzen zu 96 Stück auf das Pfund ausgebracht. In Britannien gab Carausius gutes Silbergeld aus.
¹¹ Die Bergwerke waren wahrscheinlich erschöpft; vgl. Cypr. ad Dem. 1.
¹² Vor kurzem erst wurde wieder ein Fragment bei Sulmo (Sulmona) gefunden.
¹³ Lact. mort. pers. 7. In einem Papyrus schreibt ein Staatsbeamter Diokletians an einen Freund mit der Bitte, sein gesamtes Geld ohne Rücksicht auf den Preis in Waren anzulegen.
¹⁴ Die Ansicht, dabei handle es sich um ein Verschreiben für 10000, ist wahrscheinlich falsch.

[15] P. Oxy. 1430. Möglicherweise war außerhalb Ägyptens die Steigerungsrate niedriger.

[16] Pertinax, Didius Julianus.

[17] Und zwar den dreifachen Satz; im 2. Jh. n. Chr. noch mehr.

[18] SHA Gall. 15,1–2.

[19] Dio 78,9,2.

[20] Caracalla ließ keine Befreiung der Angehörigen von der Erbschaftssteuer mehr zu. Die zweite wichtige indirekte Steuerquelle bildeten die Zölle *(portoria)*.

[21] Naturalzuteilungen gab es auch für Waffenhersteller, in Form von Reit- und Zugtieren sowie von Futter für die Reiterei und die Reichspost, von Lebensmitteln für die Ernährung der römischen Bevölkerung und von Baumaterial und Arbeitskräften für staatliche Bauunternehmungen.

[22] PSI 797.

[23] P. Ryl. 341.

[24] Chester Beatty Monographs 10, 1966 (Panopolis).

[25] Vielleicht aber auch schon Diokletian? Einige Gelehrte betrachten *caput* als Werteinheit (unité de compte), die verschiedenen Berechnungsarten zugrunde liegen kann. Die Steuer wurde auf die nicht Ackerbau treibende Bevölkerung Italiens und einiger westlicher Provinzen ausgedehnt. Das Diokletianische System arbeitete mit einjährigen und fünfjährigen Perioden.

[26] P. Cairo Isid. 1.

[27] P. Oxy. 2106.

[28] *Follis (gleba senatoria)* von Senatoren, *chrysargyron (collatio lustralis)* von Kaufleuten.

[29] Maximinus Daia und Licinius hatten die Städte gezwungen, ihre Vorräte an Münzmetall an den Staat zu verkaufen.

[30] Die Silberprägung Konstantins war nicht so umfang- und erfolgreich wie seine Goldprägung und wurde bald aufgegeben.

[31] Cod. Theod. 4,22.

[32] *Frumentarii, stationarii, colletiones, eirenarchoi, diogmitai.* Centurionen waren besonders häufig vertreten. Später besaß die Kirche eigene Beamte, die mit der Rechtsprechung und mit Polizeiaufgaben betraut waren.

[33] Eis. bas. 21 (62). Die städtischen Polizeikräfte der Aristokraten standen an der Spitze des Aufstands in Thysdrus (238 n. Chr.), der Gordian I. und II. an die Macht brachte.

[34] Lact. de mort. pers. 22.

[35] Keil – Premerstein, Dritte Reise 9; 28; 55.

[36] IGR I 674; Syll.³ 888.

[37] OGIS 519.

[38] P. Oxy. 1490; 1469 (298 n. Chr.); 1477.

[39] Auch die Terra Sigillata aus Gallien wurde zeitweilig von lokaler Ware aus Grenzstädten abgelöst (um 200 n. Chr.). Kleinasien führte nach wie vor Woll-, Purpur- und Leinenstoffe aus; vgl. die ägyptischen Textilien. Der Seetransport, der wesentlich billiger war als der Transport zu Lande (Preisedikt Diokletians), wurde in zunehmendem Maße von einigen wenigen syrischen und jüdischen Reedern beherrscht. Dem partiellen Niedergang und den Behinderungen (wie dem Verbot, militärisch interessante wertvolle Waren nach Parthien auszufüh-

ren) stehen gewisse Erfolge gegenüber, z. B. das reinweiße Glas, das in Colonia Agrippina (Köln) hergestellt wurde, die wasserradgetriebenen Mühlenanlagen von Barbegal (Provence), die 8mal so viel Mehl produzierten wie jene im benachbarten Arelate (Arles), möglicherweise auch der erste echte Stahl, der mittels verbesserter Gebläse hergestellt wurde.

40 ILS 6987 (201 n. Chr.).

41 Zuletzt: Bäcker, Fuhrleute, Flußschiffer, Schauerleute, Transportlistenprüfer (für Getreide), Schweine-, Rind- und Hammelfleischmetzger, Ölhändler, Schmiede.

42 Mitteis, Chrestomathie 375; vgl. P. Ryl. II 75 (2); PSI 292.

43 Petr. Patr. frg. 10,4.

44 Cod. Theod. 1,13.

45 Corp. Pap. Hermopolit. (250–275 n. Chr.).

46 Sklaven, die noch im 1. und 2. nachchristlichen Jahrhundert sehr teuer gewesen waren, wurden aufgrund der Wirren der Zeit zahlreicher und billiger. In der ägyptischen Landwirtschaft waren Sklaven unbekannt, in Italien verbreiteter.

47 Jedes zweite Jahr lag der Boden in der Regel brach, Wassermühlen waren selten, das meiste Getreide wurde in Handmühlen gemahlen, Stoffe wurden auf Handwebstühlen gewoben, und das Kummet war noch nicht erfunden.

48 Besonders 167 n. Chr., als sich eine Seuche (Pocken, Flecktyphus oder Beulenpest) von Seleucia am Tigris, und 250, als sie sich von Äthiopien ausbreitete (sie dauerte 13 bis 15 Jahre).

49 Mark Aurel, Pertinax, Aurelian, Probus. Bauern und Barbaren wurden u. a. zur Bebauung des Landes nach Afrika, Italien, Griechenland, Gallien und in die Donauländer geholt.

50 Mit den Härten der Zeit und den Summen, die für Freilassungen von Sklaven in Delphi gezahlt wurden, hat man ein Abnehmen der Bevölkerung begründen wollen. Die Geburts- und die Todesrate entsprach ungefähr derjenigen Indiens um 1900. Frauen hatten eine kürzere Lebenserwartung als Männer, und Landbewohner lebten länger als Städter.

51 Septimius unterschied noch zwischen Krongut und persönlichem Besitz aus Konfiszierungen; später verwischte sich dieser Unterschied.

52 Z. B. Mark Aurel und Septimius.

53 Z. B. Preisigke u. a., Sammelbuch griech. Urkunden aus Ägypten 4284 (207 n. Chr.). Dieser Prozeß begann schon im 2. Jh. n. Chr.

54 Anthée (Belgien): Gießereien, Brauereien, Bronze- und Emaillearbeiten, Töpferei, Zuggeschirr-Herstellung, Lederverarbeitung. Chiragan: 80 kleinere Gebäude.

55 Dig. 49,14.

56 Konstantins Anordnung galt schließlich nur noch für Nachkommen von Pächtern, die ursprünglich auf einem Gut registriert waren. Ende des 5. Jahrhunderts: freie Pächter sind auf 30 Jahre arbeitsverpflichtet.

57 Konstantin dehnte den von Diokletian eingeführten Berufszwang von Soldaten auf Beamte aus.

58 Unter Diokletian und Konstantin gab es 17 davon allein im Westen.

59 Tac. hist. 1, 16; vgl. dial. 40, 41.

Viertes Kapitel

1 Auch der kurzlebige Unter-Augustus des Licinius, Martinianus (324).
2 Ulp.dig. 1,4,1; vgl. Gaius 1,5.
3 Paul.sent. 5,12,9a, vgl. 4,5,3; dig. 22,23; 5,28,2; Cod. Just. 6,23,3.
4 Ulp.dig. 1,3,1.
5 Herodian 4,3,4ff.
6 Sie hatte sich bereits in der eigenen Verwaltung für den Osten unter Philipp angedeutet.
7 Paneg.Lat. 11,6,3.
8 In Istanbul.
9 SHA Sept. Sev. 11,8; vgl. 2. Könige 9,33.
10 Bischapur.
11 Cod. Just. 9,51,1.
12 Cassius Dio, Herodian und *Eis Basileian*.
13 Dio 73,17,3; Herodian 1,14,8.
14 Herodian 5,2,4–5.
15 *Toga picta, tunica palmata*.
16 Euseb.vit.Const. 3.
17 Etwa seit Mark Aurel führten sie den Titel *vir clarissimus* (Ritter hießen *vir egregius*).
18 Mark Aurel verbot Ehen zwischen Senatoren und freigelassenen Frauen, dig. 23,2,16.
19 Afrikaner waren immer stärker in den Vordergrund getreten, aber Septimius begünstigte sie nicht ausgesprochen. Caracalla gestattete dem ersten Alexandriner den Zutritt zum Senat.
20 Für die Zeit Elagabals und Severus Alexanders lauten die Zahlen: 113, 17, 33, 3, 72 (von 238); für den Rest des 3. Jh.: 116, 23, 34, 6, 86 (von 265).
21 Auch die Söhne von Centurionen gehörten zum Ritterstand.
22 Entweder unter Caracalla oder unter Severus Alexander.
23 Dio 52,14,5.
24 Die Bedeutung von Aurel.Vict. de Caes. 33,34 ist umstritten.
25 Nur noch Africa, Sizilien, Achaia und die italischen Provinzen.
26 2000 Mitglieder um 350 n. Chr. Ein Jahrhundert später waren zwei der drei senatorischen Rangklassen von der Anwesenheitspflicht in der Hauptstadt befreit.
27 Man vergleiche das Byzantinische Reich, wo auch unter einem schlechten Herrscher der Beamtenapparat aus eigener Kraft weiterarbeitete.
28 Konstantin schuf einige neue Stellen von Ministerrang.
29 Zu Spanien gehörte Mauretania Tingitana; Süditalien umfaßte auch Sardinien, Korsika und Sizilien; die Alpenprovinzen gehörten zu Norditalien. Konstantin teilte Mösien, und Valens trennte Ägypten-Libyen vom Orient.
30 Es hatte auch schon früher außerordentliche Vizepräfekten gegeben.
31 Commodus, Pertinax; Didius Julianus.
32 Der Prätorianerpräfekt war die letzte Instanz, gegen sein Urteil gab es keine Berufung. In Rom wurde diese Gerichtsgewalt dem Stadtpräfekten übertragen.

[33] Tullius Crispinus hatte für Didius Julianus, den Kandidaten der Prätorianer, den Befehl geführt.

[34] Konstantins bedeutendster Präfekt war Ablabius, ein Christ, dessen Vater Provinzialbeamter in Kreta war.

[35] Dig. 1,1,10.

[36] Ulpian betonte unzeitgemäßerweise die Legislativfunktion des Senats.

[37] Der Kaiser Macrinus (217–218) war ebenfalls Jurist und war als solcher Prätorianerpräfekt geworden.

[38] H. Mattingly, Roman Imperial Civilization, 1957, S. 56.

[39] Ulpian und Paulus reicherten den Text Papinians großzügig mit Zusätzen an, die Konstantin dann als entstellend verwarf.

[40] Den *Sententiae* des Paulus (in den *Digesten* nicht behandelt) verlieh Konstantin ganz besondere Autorität. Ein Gelehrter hat in ihnen sechs Schichten unterscheiden wollen; andere bestreiten, daß Paulus ihr Verfasser ist.

[41] Der letzte war Modestinus (unter Gordian III.; von ihm existieren 300 Reskripten).

[42] Coll. Lib. Iur. Anteiust., ed. P. Krueger, III, 1890, 187 f.

[43] *Codex Gregorianus* (291 n. Chr., Konstitutionen von Hadrian bis Diokletian) und *Hermogenianus* (wahrscheinlich von 294, fast ausschließlich Diokletian). Beide sind nur aus späteren Zitierungen bekannt.

[44] Um 300 n. Chr. war die Buchrolle *(volumen)* bereits vom Buch *(codex)* verdrängt worden, und Gesetzeswerke, die in dieser neuen Form wieder aufgezeichnet wurden, erhielten kanonische Geltung.

[45] Außer den *Institutiones* des Gaius.

[46] Die Änderungen (höchst umstritten) gehen häufig auf schlampige Kürzungen von Kompilatoren zurück, nicht selten lange vor Justinian. Die *Digesten* (50 Bücher mit 432 Titeln) sind eine Auswahl aus 2000 Werken. Weitere Ergebnisse jener Kodifizierung sind der *Codex* (Kaisergesetze), die *Institutiones* (Lehrbuch) und die *Novellae* (neue Gesetze).

[47] Florentinus, dig. 1,5,4 (Ende 2. oder Anfang 3. Jh. n. Chr.). Noch für Ulpian und Paulus gehörten Sklaven zum Hausrat, obwohl Ulpian erklärt hatte, alle Menschen seien von Natur aus gleich.

[48] Dig. 35,2,89. Septimius ließ unter Galens Aufsicht unentgeltlich Arzneien an die Kranken verteilen (de antidot. 1,3; de Theriac. 1,2).

[49] Ulp. dig. 1,18,6,2.

[50] Z. B. Philippus, Valerian und Carus.

[51] M. Aurel, Selbstbetr. 1,14.

[52] Cass. Dio 52,19,6.

[53] Cass. Dio 78,9,4 f.

[54] Ausnahmen: *dediticii* (P. Giss. 40), Bedeutung sehr umstritten; vorbestrafte Freigelassene; Personen, die nicht zu einem Gemeindeverband gehörten; frühere Landesfeinde (barbarische Siedler oder Soldaten?).

[55] Aber Neubürger wurden auf Kosten der Altbürger gefördert (Dmeir; Syria 23, 1942/43,173 ff.).

[56] Freilich wurde das örtliche Volksrecht vom Reichsrecht weder schlagartig noch vollständig abgelöst, und Ulpian und Paulus gestanden auch lokalen Rechtsfor-

men Gesetzeskraft zu. Erst unter Konstantin drang dann lokales griechisches Recht zum Teil auch ins Reichsrecht ein.

[57] Aem. Macer, dig. 48,19,10 pr. Bereits im 2. Jh. n. Chr. hatten Statthalter römische Bürger gelegentlich zum Tode verurteilt und hinrichten lassen, ohne ihnen die Möglichkeit der Berufung zu geben.

[58] Dig. 49,1,25; P. Oxy. 2104. Die *humiliores* konnten auch jetzt noch Berufung einlegen, aber erst nach der Urteilsverkündung.

[59] Z. B. dig. 50,4: Aufzählung und Bewertung der Dienste und Pflichten gegenüber dem Staat.

[60] Er verbot Ehemännern, Nebenfrauen zu halten.

[61] Siehe R. MacMullen, Soldier and Civilian in the Later Roman Empire, 1963, Kap. III, und A. H. M. Jones, The Decline of the Ancient World, 1966, 191 ff.

[62] Dig. 1,16,6,3; vgl. die Bemühungen Konstantins. Die Möglichkeit der Berufung wurde übermäßig in Anspruch genommen.

Fünftes Kapitel

[1] Herodian 3,9,12.

[2] Vgl. den Tempel der palmyrenischen Gottheiten in Dura Europus (85 n. Chr.) oder die Statue des Königs Uthal von Hatra (Mosul Mus., 2. Jh. n. Chr.).

[3] Z. B. die Luristan-Bronzen, 8.–7. Jh. v. Chr.

[4] Gandhara, Surkh Kotal, Mathura, Bharhut, Sanchi. Vermittlung durch das hellenisierte Baktrien?

[5] Z. B. Schapur I. (indischer Triumph), Bahram II. (Frontalansicht, auf Thron sitzend), Münzen Ardaschirs I. und das Bild eines Statthalters aus Doktar-e-Nushirvan.

[6] Septimius (Mandela), Caracalla (Tarsus), Severus Alexander und Gordian III. (Medaillons). Völlig stilisiert bei Aurelian und Probus; vgl. das *opus-sectile*-Mosaik aus dem 4. Jh. n. Chr. in der Basilika des Junius Bassus (Rom, Pal. del Drago).

[7] Gipfel dieser Entwicklung im Flachrelief Bahrams I., Bischapur (um 273–276).

[8] Etwa der umfangreiche Schatzfund von Chaourse (Aisne) im hellenisierenden Stil des Gallienus und Postumus.

[9] Aus der Praetextatus-Katakombe. Die Gestalt auf dem Acilia-Sarkophag ist wahrscheinlich nicht Gordian III., sondern stammt aus der Zeit um 250–260 n. Chr.

[10] Ein früher Schlachtensarkophag: Portonaccio (um 190–200 n. Chr.). Auch auf Münz- und Medaillonbildern trifft man diese drangvolle Enge, etwa bei Caracalla oder auf der *Victoria Germanica* des Maximinus Thrax.

[11] Andere Deutungen nennen Timesitheus, Volusian (Sohn des Trebonianus Gallus) oder Claudius Gothicus.

[12] Z. B. in der Casa degli Arraldi, Via dei Cerchi, Rom.

[13] Z. B. S. Apollinare Nuovo.

[14] Diokletian hatte Bildhauer, Maler und Mosaikleger zu den Spitzenkräften unter den Handwerkern gerechnet.

15 Besonders wichtig: junge Frau (Kansas City, W. Rockhill Nelson Gall., um
   175 n. Chr.); Kosmeten-Porträts von Athen; alte Frau (Tripolis, Castello
   Mus.); Philosophenbüsten; Christus-ähnlicher Kopf von Athen, wahrscheinlich gallienisch; Kopf aus Miletopolis (Berlin, um 260–270 n. Chr.); Bronzekopf (Allard Pierson Mus., gallienisch?); stilisierter Kopf aus Ostia (um 280
   n. Chr.); Sarkophagporträts (Acilia, Balbinus, Ludovisi); Büsten aus lokalen
   Werkstätten, etwa Noviomagus (Bauer), Palmyra, Petra, Hatra.

16 Herodian 10,5.

17 Etwa die Münzen des gallischen Usurpators Marius (um 267/8).

18 Etwa Büsten aus Gerasa (Domin. Mus., Jerusalem) oder Ostia (Indiana Univ.,
   Bloomington). Ein Porträt in Gold wurde in Plotinoupolis (Didymoteichos,
   Thrakien) gefunden.

19 Der nach oben gerichtete Blick und der üppige Haarstil finden sich bereits
   an Büsten Mark Aurels (von etwa 169 n. Chr.). Septimius trägt die Stirnlocken
   des ägyptischen Gottes Serapis.

20 Vgl. etwa die Büste im Cincinnati Art Museum (Didia Clara [† 193], Tochter
   des Didius Julianus? Eher Julia Domna).

21 Z.B. eine Büste von Prusias ad Hypium; vgl. Severus Alexander, Edessa.

22 Venedig (Mus. Arch); vgl. Philostr. v. Apoll. 8,7.

23 Vgl. Münzen des Diadumenianus (Sohn des Macrinus); des Severus Alexander
   von Apollonia Salbake. Kurzes Haar mit langem Antoninenbart: Pupienus
   (Vatikan, Braccio Nuovo).

24 Spiegel der Seele: Polemo in Script. Physiogn. I, 106–20, ed. Förster. Porträts:
   Plut. Alex. 1. Rollende Augen: Kopf von der Via dell'Impero (Mus. Nuovo
   Cap., um 240 n. Chr.); Büste der Otacilia Severa (?), Frau des Philippus Arabs
   (Walters Art Gall.). Ikonenartig weitgeöffnete Augen: Caracalla auf Münzen
   von Hierapolis.

25 Vatikan, Braccio Nuovo. Die realistische Detailausführung erinnert an Arbeiten der späten Republik.

26 Plot. enn. 1,6,1; vgl. Philostr. v.Apoll. 6,19; Plin. nat. hist. 35,98.

27 Decius: Oslo (Privatslg.); Trebonianus Gallus: Florenz, New York.

28 Diese Tendenzen zeigen sich auch auf Kameen, etwa mit seiner Frau Salonina,
   fehlen aber in der Malerei und in der Architektur.

29 ‹Plotin› (Ostia, Vatikan); Acilia-Sarkophag (Rom, Mus. Naz., um 260–270
   n. Chr.); Manisa (Sardis, um 260–284 n. Chr.); Gestalten auf dem Lateran-
   Sarkophag, später auch Christen.

30 Vgl. einen Lapislazuli (Brit. Mus.), der möglicherweise Laelianus (um 268
   n. Chr.) darstellt.

31 Etwa Mithridates III. (57–54 v. Chr.), Ardaschir I., römische *imagines clipeati*
   (Münzen von Augustus und Tiberius), Medaillon des Commodus; vgl. die
   Frontalansichten von Gottheiten auf griechischen Münzen der klassischen
   Zeit.

32 Rom (Mus. Conserv.); vgl. Büste des Probus (Rom, Mus. Cap.).

33 Vgl. den zu einer Kolossalstatue gehörigen Kopf aus Nikomedia und die frühen
   Münzen Diokletians; den Bronzekopf Konstantins von Belgrad; ausgezeich-
   nete Frauenbüsten aus konstantinischer Zeit; die frühesten Elfenbeindiptycha.

34 Aus Athribis (Kairo, roter Porphyr) und Alexandria (Darstellung des Maximinus Daia?). Man vgl. Arbeiten von Palmyra.
35 Venedig (vor der Markuskirche); Vatikan, Chalzedon-Kamee mit Diokletian und Maximianus (Dumbarton Oaks Coll., Washington); Medaillons des Licinius u. a.
36 Paneg. lat. 11,11 (Mamert. f. Maxim. 291 n. Chr.).
37 Konstantin (wahrscheinlich): Rom, Mus. Conserv. Der Barletta-Kopf stellt einen nicht näher bestimmbaren Nachfolger dar.
38 Etwa die Statue Schapurs I. (an einem Steinpfeiler) bei Bischapur.
39 Acta SS. Abramii et Mariae, Acta Sanctorum II, 933.
40 Vgl. die Konstantinstatue mit der traditionellen augusteischen Befehlsgeste (früher im Lateran).
41 Synes. de regno 6 (10).
42 Münzstätten der Severer: Rom, Laodicea ad Mare (später Antiochia), Emesa oder Samosata, Nikomedia. Bis in die zweite Hälfte des 3. Jh. n. Chr. gab es außerdem noch städtische Bronzemünzen und einige Provinzialprägungen.
43 Münzstätten 238–284 (ohne Sonderreiche): Rom, Mediolanum, Verona oder Aquileia(?), Viminacium(?), Colonia Agrippina(?), Arelate, Siscia, Antiochia, Cyzicus, Ephesus(?), Samosata(?), Serdica, Tripolis, Ticinum, Lugdunum(?) und Augusta Treverorum(?). Die beiden letztgenannten sowie Moguntiacum und Bonna (?) waren Münzstätten des Postumus und seiner Nachfolger.
44 Colonia Agrippina, Lugdunum, Arelate, Siscia.
45 Neue Münzstätten befanden sich in Nikomedia, Heraclea (Perinth), Thessalonike, Karthago, Londinium; Ostia unter Maxentius; Sirmium und Konstantinopel unter Konstantin.
46 FHG IV 199.
47 Zos. 2,30,1; doch vgl. man aus früherer Zeit die Gerüchte, die ähnliches auch Julius Caesar nachsagten. Von Konstantin hieß es, er habe auch Thessalonike und seinen eigenen Geburtsort Naissus (Nis) in Betracht gezogen. Im 5. Jh. n. Chr. kam die Legende auf, auch Troja sei zur Debatte gestanden.
48 Ab 332 n. Chr. war dieses Getreide für Konstantinopel bestimmt, und Afrika mußte Rom versorgen.
49 Socr. 1,16. Septimius hatte mit einem umfangreichen Neubauprogramm begonnen.
50 Botticelli, Sixtinische Kapelle (Vatikan).
51 Lambaesis, Sabratha (Bühne), Lepcis Magna.
52 SHA Sev. 24,3. Besser ‹Septizodium› als ‹Septizonium›.
53 Michelangelo (Paläste auf dem Kapitol), Palladio (Loggia del Capitano, Vicenza).
54 Man denke an den mit Säulengängen geschmückten Park Gordians III. (Pincio –Campus Martius).
55 Im Caldarium der Caracalla-Thermen waren Hohlgefäße in die Kuppel eingelassen, um das Gewicht zu reduzieren.
56 Etwa die Thermen des Severus Alexander (eine Rekonstruktion derjenigen des Agrippa), des Decius oder Gordians III. (Volubilis).
57 Etwa die Backsteinbögen in der Casa di Amore e Psiche.
58 Frühe Mosaiken an Gewölben usw.: hadrianische Nische im Bad der Sieben

Weisen, Ostia; Nische des späten 2. Jh. n. Chr. aus Ostia (Lateran). An Wänden: Pompeji, Herculaneum.

59 Die Kirche S. Maria degli Angeli umfaßt trotz ihrer Größe lediglich etwa die Hälfte dieses Saales.

60 Z. B. Shaqqa im Hauran (spätes 2. Jh. n. Chr.); ungewöhnliches Steindach.

61 Jetzt im Louvre und im Museum von Teheran.

62 Liban. or. 11, 203–207; vgl. die Reliefs auf dem Galeriusbogen in Thessalonike. Lagerähnliche Anlage auch in Philippopolis (Dschebel Druse).

63 Marmorverkleidung und Mosaiken sowie das Atrium und die Säulenhallen an den Seiten sind verschwunden.

64 Severerzeit (violett und weiß herrschen vor): Häuser in der Via dei Cerchi und SS. Giovanni e Paolo, Rom; Bad der Sieben Weisen und Pharos, Ostia. Dura Europus. Um 250–280 n. Chr. (rot, orange, grün; gebrochen, asymmetrisch): Caseggiato degli Aurighe usw. Carterius ließ zum Andenken an Plotin dessen Bild malen (Porph.). Ende 3. Jh. n. Chr. (bedeutende figürliche Darstellungen): Trebius-Grab, Via Latina; Haus des Nymphaeums, Ostia. Neue Mode der Marmorimitation. Konstantin d. Gr. und später (blau, gelb): Via Livenza; Barberini-Roma; Durostorum (Silistra). ‹Neu-attischer› Stil, vor allem in Alexandria. Ägyptische Mumienporträts gehen weiter.

65 Z. B. in Antiochia (1.–6. Jh. n. Chr., Einfluß auf sassanidische Kunst), Edessa, Zliten (um 200 n. Chr.). Lepcis Magna (Übergang zu größeren Mosaiksteinen), Hippodrom von Thysdrus (Mischung von räumlicher und flächiger Darstellung), Britannien, Ostia (Schiffe auf der severischen Piazzale delle Corporazioni).

66 Ausnahme: die in klassischer Manier ausgeführte Gruppe der Sportlerinnen im Bikini.

67 Z. B. das Haus der Dioskuren.

68 Doch andere Gelehrte datieren die Entstehung auf die Mitte oder das Ende des 4. oder gar auf das 5. Jh. n. Chr.

69 Z. B. der Palast des Dux Ripae in Dura Europus (frühes 3. Jh. n. Chr.).

70 Sich nach innen öffnende Häuser (vgl. die spätere arabische Bauweise) finden sich auch in Ostia, etwa das Haus des Rundtempels.

71 Paneg. lat. 2, 3 (Mamert. f. Maxim. v. 289).

72 Haus der Fortuna, Pompeji; Villa Hadriani, Tibur; severisches Forum in Lepcis Magna.

73 Vgl. die Säulen am Goldenen Tor, die jetzt verschwunden sind. Konsolen erscheinen auch an den Pfeilern eines Gasthauses (Thermopolion) an der Via di Diana in Ostia. Dort auch noch andere Experimente mit Säulen: Casa di Amore e Psiche, Fortuna Annonaria.

74 Z. B. das Pantheon; man vergleiche die zentralisierten Tempel des römisch-keltischen Typs in Perigueux, Silchester oder Caerwent.

75 Etwa ein Grab des 2. Jh. n. Chr. an der Via Nomentana, Rom; außerdem Philadelphia (Kasr-el-Nueijis, Amman), Gerasa, Petra, Sebaste. – (Strebe-)Bögen in den Ecken an Stelle von Gewölbezwickeln: Firuzabad (?).

76 S. Ivo della Sapienza, Rom (Laterne).

77 Etwa Münzen Gordians III. (Victoria ‹Hoplophoros›), des Gallus und Volusian

(Juno Martialis). Man vergleiche das quadratische, überkuppelte parthische Gebäude auf dem Bogen des Septimius Severus.

78 Vgl. Telesphoros-Tempel (Asklepieion, Pergamon, 2. Jh. n. Chr.); Grabmal am Tor de Schiavi, Via Praenestina, Rom.

79 Etwa Märtyrerschreine mit kreuzförmigem Grundriß (Bin Bir Kilise); in den Felsen gehauene Gräber und Rundkirchen. Bestes noch erhaltenes Beispiel von etwa 350 n. Chr.: Mausoleum der Constantia in Rom (S. Costanza), möglicherweise geschaffen in Anlehnung an die Grabeskirche in Jerusalem (Golgatha) – die Kuppel ruht auf einer gemauerten Trommel wie später bei byzantinischen Kirchen.

80 Die Zuschreibung der Kirche an Constantius II. ist weniger wahrscheinlich. Justinian setzte einen Neubau an ihre Stelle. Auf Konstantin geht möglicherweise auch die Anlage des achteckigen Baptisteriums im Lateran zurück.

81 Euseb. v. Const. 3, 50 u. a.

82 Hll. Sergius und Bacchus; Pfalzkapelle, Aachen; man denke auch an die Rundkathedralen in Bosra und Gerasa.

83 *Mechanici* und *geometrae* (Vermesser) rangierten noch vor den Architekten. Konstantin gewährte Steuerbefreiungen und Stipendien und legte Wert auf eine umfassende Ausbildung.

84 Vor-konstantinische Haus-Kirchen hat man in Dura und Lullingstone identifizieren können.

85 Ein Tempel des 3. Jh. n. Chr. in Rusucurru (Tigzirt, Nordafrika) besaß eine massive Innenwand, die – ähnlich wie in christlichen Basiliken – ohne Architrave unmittelbar von den Säulen emporstieg.

86 Später Johannes dem Täufer und Johannes dem Evangelisten geweiht. Ob der Lateran tatsächlich die Kathedrale des Papstes war, ist letzthin wieder in Frage gestellt worden. Andere frühe Basiliken befinden sich in Tyrus, Orléansville und Aquileia.

87 R. Krautheimer, Early Christian and Byzantine Architecture, 1965, 26.

88 S. Paolo fuori le Mura (385 n. Chr.), Manastirine (Dalmatien, um 400), S. Denis (775), Centula (S. Riquier, 791–799), Fulda (802).

Sechstes Kapitel

1 Frag. Vat. 204; vgl. Cass. Dio 77, Herodian 4, 17, 6.

2 Die Erziehung sollte christlichen Normen folgen, doch förderte er auch Heiden wie Nicagoras und Sopater.

3 Priscian hält Apollonius für den größten Grammatiker. Von seinen 29 Werken sind nur 4 erhalten, darunter auch geringe Reste von seinem Sohn.

4 Pseudo-Dionysius, *Techne;* vgl. die 2 *Technai* aus dem 2. Jh. n. Chr. (Pseudo-Aristides), von verschiedenen Autoren. ‹Longinus›, *Über das Erhabene,* ist wahrscheinlich augusteisch, und nicht das Werk des gleichnamigen Ministers der Zenobia.

5 Greg. Thaum. orat. paneg. ad Orig. 5.

⁶ Pergamon (das jetzt Kos den Rang abgelaufen hatte), Smyrna, Laodicea ad Lycum, Ephesus.

⁷ Galen. de fac. nat. 3, 10.

⁸ Ders. de usu partium (zur Hand).

⁹ Die Sieben Freien Künste *(Trivium, Quadrivium,* vgl. Martianus Capella, 4. Jh. n. Chr.); Name geht wahrscheinlich auf das 3. Jh. n. Chr. zurück. Als das Christentum staatlich anerkannt wurde, war bald das Ende der Leibeserziehung gekommen.

¹⁰ P. Oxy. 12, 1467; Ulp. dig. 50, 5, 2, 8; JHS 29, 1909, 29 ff.

¹¹ *Hermeneumata Pseudo-Dositheana* (ein Teil datiert auf 207 n. Chr.), Corp. Gloss. III.

¹² Auch die Fabeln des Babrius (2. Jh. n. Chr.?) waren beliebt.

¹³ Eumenes wurde nach Augustodunum gesandt: Paneg. lat. 9, 14, 15.

¹⁴ Commodus-Herkules wurde mit keltischen Göttern identifiziert. Man vergleiche die weitverbreiteten Kulte des Belenus, der Epona und der Atargatis, der ‹syrischen Göttin›.

¹⁵ Syria 23, 1942/43, 178 f. (216 n. Chr.).

¹⁶ Aug. civ. dei 18, 18; ep. 136, 1. 138.

¹⁷ Apul. apol. 55. Apuleius war ein Vertreter des Mittleren Platonismus.

¹⁸ ‹Milesische Geschichten› – die Geschichte vom Faß, von der Müllersfrau, von den vergessenen Sandalen und von der Frau des Walkers.

¹⁹ Vgl. die Malereien von Cupido und Psyche beim Blumensammeln aus der Domitilla-Katakombe in Rom.

²⁰ Apul. met. 1, 1.

²¹ Eine Identifizierung mit Lukian, wie sie gelegentlich vorgeschlagen wurde, ist unwahrscheinlich.

²² Vgl. A. Lesky, Geschichte der griechischen Literatur², Bern-München 1957/58, 913 ff.

²³ P. Berlin 2041 f.

²⁴ In den erhaltenen Fragmenten erscheint der Name des Mädchens nicht.

²⁵ P. Michaelidae, Aberdeen (1955), Nr. 1; vgl. 156 P.

²⁶ Aigialeus und Thelxinoe.

²⁷ Anklänge finden sich auch in der *Geschichte des Apollonius, König von Tyrus* (die lateinische Fassung aus frühbyzantinischer Zeit bildete die Vorlage für Shakespeares *Pericles*); das griechische Original stammte wahrscheinlich aus dem frühen 2. Jh. n. Chr.

²⁸ A. Vogliano, Stud. Ital. Fil. Class. 25, 1938, 121.

²⁹ Ach. Tat. 3, 21.

³⁰ Ebd. 1, 9, 3–4.

³¹ Ebd. 2, 14, 9–10.

³² Ebd. 4, 4, 7.

³³ Lukian. ver. hist. 2, 39–40.

³⁴ Longus 1, 10.

³⁵ Ebd. 4, 38.

³⁶ G. Thornley (1657).

³⁷ Xenophon von Ephesus hatte anfangs angedeutet, daß sich Habrokomes über Eros erheben wollte.

38 Longus 2, 6f.
39 Michael Psellos (11. Jh. n. Chr.). Der heidnische Kaiser Julian hatte seinen Priestern verboten, Romane zu lesen.
40 Übersetzungen ins Französische durch Amyot (1559), ins Englische durch Day (1587). Vgl. Shakespeares *Ein Wintermärchen,* Corot, Ravel.
41 Heliod. Aith. 1, 1ff.
42 Heliod. Aith. 1, 5f.
43 Die Ägypter erhoben auch Anspruch auf Äsop. Nach Meleager war Homer syrischer Abkunft.
44 Heliod. Aith. 4, 3.
45 Ebd. 6, 9.
46 Aphrodite bei Chariton, Pan und die Nymphen bei Longus, Artemis und Isis bei Xenophon, Serapis bei Achilles Tatios; vgl. Isis bei Apuleius.
47 *Acta Pauli et Theclae, Acta Xanthippes et Polyxenae* (3. oder 4. Jh. n. Chr.?). Der französische höfische Roman verdankte den byzantinischen romanzenhaften Romanen sehr viel.
48 Shakespeare kannte Heliodor *(Was ihr wollt* 5, 1, 121ff.).

Siebentes Kapitel

1 M. Aurel, Selbstbetr. 6, 30; 1, 16.
2 Ebd. 2, 5; 3, 12; vgl. 8, 41.
3 Ebd. 12, 26; 2, 17.
4 Ebd. 12, 28.
5 Ebd. 7, 69.
6 Ebd. 10, 5.
7 Epikt. encheir. 1, 13f.; 1, 1.
8 M. Aurel, Selbstbetr. 6, 30.
9 Ebd. 2, 11; vgl. 6, 13.
10 Ebd. 7, 69; 4, 49.
11 Fronto ad M.C. 3, 13, 2 = Haines I 216.
12 M. Aurel, Selbstbetr. 8, 24; 6, 28.
13 Epikt. encheir. 3, 13.
14 M. Aurel, Selbstbetr. 6, 48; 2, 17; 7, 3.
15 Ebd. 2, 17.
16 Ebd. 4, 3.
17 Ebd. 7, 28. 59.
18 Ebd. 9, 20.
19 Ebd. 8, 59.
20 Ebd. 9, 1; 11, 21; vgl. 12, 20.
21 Ebd. 11, 9 u.a.
22 Ebd. 4, 29.
23 Ebd. 1, 17.
24 Ebd. 6, 30.
25 Ebd. 10, 10.

[26] Ebd. 9, 36.

[27] Ebd. 2, 17 u.a.

[28] Ebd. 1, 14 – «von meinem Bruder Severus».

[29] Ebd. 4, 4.

[30] Ebd. 6, 30 u.a.

[31] Ebd. 11, 3.

[32] Porph. v. Plot. 3.

[33] Plot. enn. 6, 5; 4, 23.

[34] Ebd. 3, 8.

[35] Porph. v. Plot. 2, 9.

[36] Maximus von Tyrus (um 125–185 n. Chr.) verschmolz alle philosophischen Systeme miteinander, mit Ausnahme des epikureischen. Albinus sah wie Aristoteles die Platonische höchste Gottheit als unbewegt an, aber nicht als Beweger; Platons Gestalten (Ideen) nannte er «Gedanken Gottes».

[37] Plot. enn. 5, 5, 6.

[38] Ebd. 5, 2, 1.

[39] Ebd. 6, 9, 6.

[40] Ebd. 6, 7, 36; 6, 8, 15 u.a.

[41] Ebd. 1, 6, 3; vgl. 4, 5, 6–7.

[42] Ebd. 1, 6, 9; 1, 7, 1.

[43] Ebd. 6, 9, 4.

[44] Platons Idee vom Guten wird immanent in Plotins Weltvernunft, die die Ideen denkt und enthält.

[45] Plot. enn. 3, 1, 4. Aus der Betrachtung der Weltseele entstehen die Einzelseelen, die Platons Ideenlehre noch nicht kannte.

[46] Gelegentlich deutet Plotin tatsächlich an, daß der Mensch sich sogar bis zur Ebene der Vernunft erheben kann. In Plotins Seele sind Platons Seele und Welthandwerker und noch anderes enthalten.

[47] Plot. enn. 4, 8, 9.

[48] Ebd. 2, 3, 9.

[49] Ebd. 4, 8, 14; vgl. Numenius von Apamea (vernünftige und nicht vernünftige Seele), Plutarch.

[50] Plot. enn. 1, 8, 3; vgl. Aristoteles: Materie ist eine bloße Potentialität und ein Behältnis der Form. Der bedeutendste Kommentator des Aristoteles, Alexander von Aphrodisias, wirkte zu Beginn des 3. Jh. n.Chr.

[51] Plot. enn. 1, 8, 8.

[52] Ebd. 2, 3, 17 f. Vgl. den Widerspruch zwischen Platons *Phaidon* und *Timaios-Gesetze*.

[53] Vgl. Aristot. Eth. Nik. 10, 7, 8: Aufgrund der ihm innewohnenden Göttlichkeit kann der Mensch leben, als sei er nicht sterblich.

[54] Plot. enn. 3, 8, 4.

[55] Aristot. Eth. Nik. 10, 8, 7; vgl. Plat. Symp. 211, Phaidr. 249–251, Phaidon 67c, 79c, 81A.

[56] Plot. enn. 6, 9, 11.

[57] Ebd. 6, 7, 34; vgl. 6, 9, 10. 11.

[58] Porph. v. Plot. 23. Porphyrius gab an, einmal selbst die gleiche Erfahrung gemacht zu haben.

59 Plot. enn. 6, 7, 34.
60 Ebd. 1, 6, 8.
61 Ebd. 6, 9, 11.
62 Ebd. 6, 9, 11.
63 Ebd. 5, 3, 17.
63a Ebd. 6, 9, 11.
64 Ebd. 6, 7, 34. Vgl. P. Hadot, Plotin ou la Simplicité du Regard, 63 ff,
65 Ebd. 6, 7, 21. 30 ff.; vgl. Platons *Phaidon, Symposion.*
66 Ebd. 6, 7, 34.
67 Ebd. 6, 7, 19. 24 ff.
68 Ebd. 2, 9, 1. Plotin leugnete nicht die Möglichkeit von Zauberei, hielt ihre Ausübung jedoch für eine eigennützige Anwendung der universalen Sympathie. Die Sterne konnten nach seiner Ansicht die Zukunft möglicherweise vorhersehen lassen, konnten sie aber nicht vorherbestimmen.
69 Ebd. 1, 6, 9.
70 Ebd. 1, 6, 9.
71 Etwa das aus dem Peyote-Kaktus gewonnene Mescalin (Aldous Huxley).
72 Plot. enn. 5, 3, 17.
73 Ebd. 3, 2, 9; vgl. 2, 9, 9.
74 Das Schicksal eines Menschen hängt auch von seinen früheren Existenzformen ab (vgl. die Pythagoreer).
75 Plot. enn. 3, 2, 9.
76 Ebd. 3, 8, 4.
77 Ebd. 6, 9, 11.
78 Ebd. 3, 2, 5.
79 Ebd. 1, 4, 7; vgl. 6, 7, 34.
80 Vertreter des Mittleren Platonismus wie Celsus hatten nicht diesen Rückzug vom öffentlichen Leben gepredigt. Vgl. auch Angela von Foligno und den Zen-Buddhismus.
81 Plot. enn. 5, 3, 17.
82 Justin, dial. Tryph. 2, 3–6.
83 Man denke an Platons Schüler Speusippos.
84 Die Merkabah-(Wagen-)Lenker-Rabbis; vgl. das spätere *Buch der Schöpfung* (Sefer Jezira).
85 Gal. 1, 12.
86 II Kor. 12, 9.
87 Manuel of Discipline. 11, 5, 7.
88 Epiphanius, haer. 26, 3, 1. Dieses *Evangelium* geht auf die Sekte der Ophiten zurück (Dualisten mit starker Betonung des Schlangensymbols).
89 *Evangelium d. Wahrheit* 22, 3 Grobel; *Offenbarung des Dositheus.* Beide aus Chenoboskion.
90 *Hymnus der Seele (Thomasakten).*
91 Corp. Herm. 10, 4–6; 11, 20. Philostrat deutet an, daß Apollonius von Tyana mystische Erlebnisse hatte.
92 Numenius, frag. 11 Leemans.
93 Maitryana-Upanischad 6, 21.
94 Briharadaranyaka-Upanischad 2, 4, 14.

95 Für die Buddhisten ist das Nirwana bereits in diesem Leben erreichbar, aber die ekstatische Vereinigung und die Metaphysik werden abgelehnt.
96 Philostr. v. Apoll. 3, 18.
97 Jambl. 27 (86, 4). Plotin sah in der Mathematik ein Mittel zur Überwindung der Unbestimmtheit der Materie.
98 Augustin. de ver. rel. 4, 7.
99 Augustin. c. Acad. 3, 20, 43; vgl. 3, 19, 42. 18, 41: aus der lateinischen Plotin-Übersetzung des Marius Victorinus.
100 Augustin. de quant. anim. 76.
101 Augustin. conf. 7, 10, 17. Er identifizierte in irreführender Weise die Plotinsche Weltvernunft mit dem Wort des Johannesevangeliums.
102 Neuplatonisches Ideengut war sowohl im Osten (Basilius d. Gr. und Gregor von Nyssa) wie im Westen (durch Boethius) in die Theologie eingegangen.
103 *Theologia Aristotelis* = Passagen aus Plot. enn. 4–6; vgl. Alfarabi von Bagdad († 950, Erleuchtung des Geistes durch die Ideen, Verschmelzung mit aristotelischen Gedanken), Avicebron (Gabirol, Lehre von der schöpferischen Vernunft).
104 Vor allem Proklos von Konstantinopel († 484).
105 Tauler und Seuse ließen seinen Neuplatonismus stillschweigend fallen. Eckarts Mystik ähnelt derjenigen Sankaras.
106 Henry Vaughan, The World, Str. 1.
107 Francis Thompson (1859–1907).

Achtes Kapitel

1 Arnob. adv. nat. 1, 24.
2 Vor allem die Quinquatrien, die Neptunalien und die Saturnalien.
3 Es handelt sich um die Arvalbrüder.
4 Julian. ad Theodor. 362.
5 Maximus von Tyrus 39,5; vgl. Plutarch.
6 M. Grant, Roman Imperial Money, 1954, 229.
7 Cass. Dio 52,35 f.; vgl. 40,47,3.
8 ILS 157.
9 Das Fest wurde an den Parilien begangen (21. April).
10 CIL VI 30738; Porta Argentariorum.
11 CRAI 1930, 208 ff. (Susa, Phraates IV.?).
12 Venus Victrix und Fausta Felicitas (9. Oktober).
13 Cn. Cornelius Lentulus Marcellinus, um 76–74 v. Chr.
14 Porta Argentariorum. Münzen von 68/69 n. Chr.; medaillonartiges Stück Hadrians.
15 Die ebenfalls erwogene Zuweisung an Aurelian ist aus stilistischen Gründen weniger wahrscheinlich.
16 Barberini-Roma (um 326–330 n. Chr.?).
17 Zosim. 2,31.

[18] Pervigil. Veneris. Die Entstehungszeit ist umstritten (um 307 n. Chr.?, frühes 2. Jh.?, um 283/84?, Mitte 4. Jh.?).

[19] Die große Goldmünze des Gallienus mit *Deo Augusto* bildet dabei eine Ausnahme.

[20] Das Grabmal der Secundini (Igel) zeigt den Aufstieg des Herakles zum Himmel.

[21] Funde aus Ungarn haben an eine ebenfalls mögliche Zuweisung an Gallus (251–253) denken lassen.

[22] ILS 1638.

[23] Dittenberger, Syll.³ 881.

[24] Cass. Dio 76,16,3.

[25] Dio Chrys. de regn. 3,125.

[26] Inschrift von Behistun.

[27] Hom. Il. 2,205; Plut. Num. 6; Sen. clem. 1,1,2; Corp. Herm. 18; Orig. c. Cels. 8,63.

[28] Stat. silv. 3,3,48ff.

[29] Etwa der Kopf im Mus. Naz. in Rom; Medaillon in Mailand (mit Diadem).

[30] Xen. mem. 1,4; Münzdarstellungen des Scipio Africanus (?) und des Pompejus; Medaillons mit Alexander d. Gr. aus dem 3. Jh. n. Chr.

[31] FHG IV 197.

[32] Obgleich ILS 629 sie als Götter und Erzeuger von Göttern bezeichnet.

[33] Corp. Herm. 9 (um 300 n. Chr.).

[34] Z. B. die Atarantes in Äthiopien (Mela 1,43).

[35] Cens. de die nat. 8.

[36] II Kön. 23,11. Ähnlich die Opferung von Schimmeln für den Sonnengott in Heliod. Aith. 10,36.

[37] Malach. 4,2; vgl. Zach. 3,8; 6,12.

[38] Pseudo-Kall. hist. Alex. Magni 1,36,2. 38,2. Im Avesta heißt der Terminus *hvareno.* Der hethitische König Suppuliumas nannte sich selbst «meine Sonne».

[39] Ein später Feuertempel wurde jetzt in Tang-i Chak-Chak entdeckt.

[40] Plot. enn. 6,4,3 (kritisiert in 6,5,8).

[41] Augustin. c. Faust. 14,11; vgl. de haer. 46.

[42] Hom. Il. 3, 277.

[43] Vgl. Soph. Ter. frag. 582 Pearson: Die Thraker beteten zur Sonne.

[44] CIL VI 29954. Doch hatte bereits Anaxagoras in der Sonne einen Stein gesehen.

[45] Plat. Symp. 220D; vgl. Gesetze 887E.

[46] Der Bruder des Kassander; er gründete die Himmelstadt (Uranopolis).

[47] Ptolemaios III. Euergetes, Antiochos IV.

[48] Hom. Hymn. 31.

[49] Vgl. Plut. de Os. et Is. 6.

[50] Seleukos von Seleucia am Tigris (um 150 v. Chr.) war sein Schüler.

[51] Synkretismus durch Angleichung, durch Überlagerung und durch pantheistische Verschmelzung.

[52] Vgl. Tert. apol. 16.

[53] Vgl. Cic. somn. Scip. 4; Plin. nat. hist. 2,5.

[54] Baehrens, Poet. Lat. Min. IV, p. 543.

[55] Etwa ein Text von Talmis (Kalabsha), Preisigke, Sammelb. 4127.

[56] Jul. or. 4,155 D.

[57] M. Antonius, Augustus; vgl. Vespasian, Trajan.

[58] Cass. Dio 62,6,2 (Bedeutung umstritten).

[59] Tac. hist. 3,24.

[60] P. Giss. 20.

[61] Wien; vgl. E. Kornemann, Klio 7, 1907, 278 (Trajan); Münzen.

[62] *Invictus* und Entdecker des Lichtes: M. Guarducci, Rend. Pont. Accad. Rom. di Arch. 1957/59, 161 ff.

[63] Der Sonnengott wird mit dem Bart des Septimius dargestellt (197 n. Chr.).

[64] Man vgl. den Arringatore (Mus. Arch., Florenz).

[65] Cass. Dio 78,10,3.

[66] O. Brendel, Die Antike 1936, 275 (Berlin).

[67] *Sacerd. Dei Solis Elagab.*

[68] Herodian 5,6,6–8.

[69] SHA Gallien. 23,18.

[70] ILS 210 u. a.

[71] ‹Callicrates von Tyrus› in SHA Aurelian. 4,2.

[72] Orac. Sib. 14.

[73] Zosim. 1,61.

[74] Da Aurelian nicht nur den Osten, sondern auch Gallien zurückerobert hatte, mag eine Verbindung zwischen seinem Sonnen-Apollon-Kult und der in Gallien üblichen Verehrung von Licht- und Heilgöttern, die man mit Apollon identifizierte, bestehen.

[75] Kantorowicz, Proc. Amer. Phil. Soc. 1961, 379 (Hatra); vgl. Palmyra.

[76] Euseb. v. Const. 1,17.

[77] Maximinus Daia imitierte diese Prägung im Osten.

[78] Zur Datierung vgl. den Schatzfund von Montbouy. Auch Licinius rühmte sich der Abstammung von Philippus.

[79] Paneg. Lat. VI (VII), 21 (salutifer).

[80] Euseb. v. Const. 3,10.

[81] Lact. de mort. pers. 46; zu Konstantin vgl. Euseb. v. Const. 4,20.

[82] Melito von Sardes. Clemens von Alexandria nannte Christus mit den Worten des Malachias Sonne der Gerechtigkeit.

[83] Orig. in libr. Ind. hom. 8,1,2.

[84] Tert. adv. nat. 1,13; apol. 16; Eusebius, Zeno von Verona.

[85] Jul. or. 4,13 Oc; 131 c; 134 D; 135 D; 137 D. Als Vermittler ist die Sonne «Sproß des Zeus».

[86] Macrob. sat. 1,19,9 (ein Neuplatoniker wie Julian).

[87] Prokypsis-Hymnen. Vgl. Ephraim den Syrer († 373 n. Chr.); Fest. Epiph. 2,1: gemeinsame Herrschaft von Semha (Claritas?) und Denha (Sonnenaufgang).

[88] Wahrscheinlich der zweite von drei oder sogar vier Schriftstellern des gleichen Namens (um 170–244/49 n. Chr.?). Er stammte möglicherweise aus Lemnos. Andere Besucher ihres Salons waren Oppian (vielleicht zwei Männer dieses Namens), Aelian, der spätere Kaiser Gordian I., Sammonicus Serenus und Galen.

[89] Philostr. v. Apoll. 6,11; vgl. 1,10.

[90] Ebd. 6,11; 7,12. Vgl. Pythagoras.

91 Cass. Dio 78,18,4; SHA Alex. 2.
92 Etwa Porphyrius und Hierokles. Soterichus schrieb ein Epos über ihn.
93 Euseb. vs. v. apol. 31.
94 Stat. Theb. 1,719. Möglicherweise kam die Religion über Aquileia nach dem Westen.
95 M. J. Vermaseren, Corp. Inscr. et Mon. Rel. Mithr. 206 Nr. 518 (Tiber).
96 ILS 659.
97 Plut. Pomp. 24 (nicht eindeutig). Einige Prägungen von Städten am Schwarzen Meer zeigen einen Reitergott, den man mit Mithras identifiziert.
98 Nero, Commodus, Diokletian, Julian.
99 Orig. c. Cels. 1,9 u. ö.
100 Firm. Mat. de err. prof. rel. 22 ff.
101 ILS 4271; vgl. 4152 *(taurobolium, criobolium)*.
102 Mit Ausnahme der *gens Cornelia*.
103 Melfi (Pal. Pubblico), gefunden in Alberi.
104 Etwa die Sarkophage von Sidamara und Seleucia ad Calycadnum (Silifke), jetzt Istanbul Mus.
105 Z. B. Sarkophage von Attaleia (Antalya) und Xanthus.
106 Vgl. das Mausoleum Diokletians in Salonae.
107 Vatikan.
108 Badminton-Sarkophag (New York); vgl. Münzen Caracallas.
109 Mus. Cap., Rom.
110 Alex. Aphrod. de an. mant. p. 182,18 Bruns.
111 Etwa Favorinus von Arelate, s. Gell. noct. Att. 14,1.
112 Tert. de an. 47,2.
113 Cypr. ep. 16,4; vgl. Min. Fel. Oct. 27.
114 Vgl. das *Totenbuch*.
115 Lukian, *Philopseudes* – eine nicht ernst gemeinte Sammlung von Geister- und Zaubereigeschichten.
116 Lukian, *Bis Accusatus 27*.
117 A. Lesky, Geschichte der griechischen Literatur[2], Bern–München 1957/58, 894.
118 Lukian, *Ikaromenippus; Juppiter Confutatus; Mortuorum Dialogi; Juppiter Tragoedus; Deorum Concilium*.
119 Lukian, *De Morte Peregrini*; vgl. adv. indoct. 14; Athenagoras, leg. 26.
120 Lukian, *Alexander*. Durch den Mund der Schlange sprach Asklepios (Aesculapius).
121 I Chron. 21; vgl. Zach. 3,1–5.
122 Etwa im *Farvardin Yast*.
123 Plat. Staat 379c; vgl. Theait. 176A; Polit. 269E; Tim. 28c.
124 Aufstände: 66–70, 115/16, 132–135 n. Chr.
125 Eudemius Rhodius (Damascius, de prim. princ., ed Ruelle, I, p. 322).
126 Sext. Emp. math. 7,159–165.
127 Sext. Emp. Pyrrh. 2,218–238.
128 G. I. Gurdzi'ev und seine Anhänger sind die modernen Nachfolger der Gnostiker.
129 Hippol. *Philosophumena*, Buch V u. VI; Epiphanius.

[130] Apostelgeschichte 8,9 ff. Auch Faust verdankt Simon dem Zauberer gewisse Züge.

[131] Iren. adv. haer. 1,35,6 (Mitte des 2. Jh. n. Chr.); hervorgegangen aus den Sektierern um Carpocrates.

[132] Seine Anhänger setzten vergröbernd das Alte Testament mit dem Bösen gleich.

[133] Aus Chenoboskion; Übersetzung aus dem Griechischen in den achmimischen Dialekt des Koptischen.

[134] Z. B. das *Nicodemusevangelium* (enthält auch die *Pilatusakten*). Bekannt auch als Agathodaimon, Baal, Typhon.

[135] Aus Zuqnîn; vgl. ein weitverbreitetes *Buch der Schatzhöhle*. Seth überlebte im schiitischen Volksglauben.

[136] Er kannte die Neuausgabe des Avesta und den laufenden Kommentar auf Pahlavi.

[137] Auch Manis Konzept vom Sündenfall geht auf Bardesanes zurück. Die Überwindung des Urmenschen erzählt das in einem türkischen Dialekt abgefaßte Buch *Khuastuanift (Bekenntnis)*.

[138] F. C. Burkitt, Cambridge Ancient History XII, 505.

[139] Nach 1468 Jahren.

[140] Theodore bar Konai, in: Pognon, Inscr. Mandaites, S. 193.

[141] Dualisten waren allerdings auch als *bougres* (Sodomiten) bekannt, da sie glaubten, es wäre besser, wenn die Menschen sich nicht fortpflanzten.

[142] P. Cair. Isid. 62 (Domitius Domitianus).

[143] Aug. in Man. 24,26; vgl. conf. 5,10; 6,5.

[144] Der Begriff *manda* steht halbwegs zwischen Vernunft und Offenbarung. Die Jesiden Nordpersiens sehen im Teufel das schöpferische Agens des höchsten Gottes.

[145] Byzantinische Dualisten: Messalianer oder Euchiten. Armenier am Euphrat: Paulizianer. Bosnien: Patarener.

[146] S. Runciman, The Medieval Manichee, 1947, 171.

Neuntes Kapitel

[1] Aus Chenoboskion; dazu drei Textstreifen aus Oxyrhynchus.

[2] Clemens I. von Rom; Polykarp.

[3] Vgl. Irenaeus: so natürlich wie die vier Windrichtungen oder die vier Weltgegenden.

[4] Aber der Streit (Euseb. eccl. hist. 3,25,2) ging weiter bis Athanasius.

[5] Tert. de praescr. her. 8. Vgl. den Sieg über das Böse auf den christlichen Sarkophagen (Löwen- und Bärenjagden).

[6] Etwa die Tradition, wonach Jesus sein geheimes Wissen an Jakob, Johannes und Petrus weitergegeben hätte – oder an Philipp, Matthäus und Thomas, den Zwillingsbruder Jesu. Vgl. *Pistis Sophia* (apokryphe *Johannesakten*, P. Berlin 8502) u. das syrische *Philippusevangelium*.

[7] Vgl. Hebr. 2,10. Nach Ansicht der Irenäer widersprach die Vorstellung einer ewigen Höllenstrafe der christlichen Erklärung des Bösen.

⁸ Vgl. Gen. 3; 6,1,8; Paulus. Augustinus teilte nicht Platons hohe Meinung vom menschlichen Verstand.

⁹ J. Arminius und den Remonstranten war mit ihrem Widerstand in den Niederlanden des 17. Jh. kein Erfolg beschieden.

¹⁰ Frühere Apologeten: Quadratus, der sich an Hadrian, und Marcianus Aristides, der sich an Antoninus Pius wandte.

¹¹ Just. apol. I (er schrieb zwei *Apologien*). Nach seiner Auffassung wären die Propheten überflüssig gewesen. Er setzte das Wort des Johannesevangeliums mit dem stoischen Weltgeist gleich.

¹² Clem. paid. 1,62. 70.

¹³ II. Kor. 4,7; vgl. Orig. DCB 4,119 (und Metrodoros von Lampsakos, 5. Jh. v. Chr., zu Homer).

¹⁴ Das Böse erklärte er mit der platonischen und pythagoreischen Vorstellung einer vorgeburtlichen Existenz der Seele, die das Schicksal des Menschen bestimmte. Er teilte die esoterische Haltung des Clemens, bestritt jedoch, daß es diese Elite auch im Jenseits gebe.

¹⁵ Clemens von Alexandria wurde 1748 von der Liste der Heiligen gestrichen. Nahezu alle Werke des Origenes wurden von Justinian indiziert (543 n. Chr.), und noch im 10. und 11. Jh. n. Chr. schreckte er byzantinische Gelehrte vom Platonismus ab.

¹⁶ Synoden von Arelate (Arles) und Mediolanum (Mailand) – 355 bzw. 357 n. Chr. Arius, der seinen Gegnern dualistisches Denken vorwarf, hatte sich gegen die nicänische Formel der Homousie (Wesenseinheit von Vater und Sohn) gewandt, da aus ihr die Identität der beiden Personen folge. Nach etwa 350 n. Chr. vertrat der Arianismus die Anschauung, der Heilige Geist sei ein geschaffenes Wesen (Tertullian hatte in Anlehnung an Justin gelehrt, daß die Dreifaltigkeit ein Wesen in drei Gestalten sei).

¹⁷ Tertullian verurteilte Philosophen (außer Seneca) und Lehrer; vgl. apol. 46,18; de test. anim. 1. Dagegen verbietet Hippolytus in seiner *Ägyptischen Kirchenordnung* den Lehrerberuf nicht (um 215 n. Chr.).

¹⁸ Lact. inst. div. 4,22,30.

¹⁹ Hippol. *Philosophumena* 9,12.

²⁰ Joh. 11,43 ff.

²¹ Arnob. 1,65.

²² Symbolisiert durch Pfau und Phönix (etwa auf heidnischen Mosaiken in Edessa von 235/6 n. Chr.). Die Dinge des persönlichen Bedarfs, die dem Toten gehörten und auf Sarkophagen dargestellt sind, wird der Tote bei seiner eigenen Auferstehung brauchen.

²³ Sarkophag von der Via Salaria; Coemeterium Maius (weiblich, etwa 270–75 n. Chr.). Vgl. den *Pietas*-Typ auf den Reichsmünzen.

²⁴ Cypr. ep. 69,15; Tert. apol. 46; Min. Fel. 27; Euseb. eccl. hist. 6,43; Lact. inst. div. 4,27,1.

²⁵ Orig. c. Cels. 7,4.

²⁶ Just. apol. II 6.

²⁷ Joh. 14,17. 26; 15,26; 16,7–14.

²⁸ Orig. hom. in Cant. 1,7 (GCS VIII 38,16); Wegbereiter für die Mystik Gregors von Nyssa.

[29] Tert. de bapt. 1; vgl. Paul. Nol. ep. 13,11.

[30] Cypr. ad Donat. 3.

[31] Justin beschreibt die Messe. Origenes sah in ihr eine symbolische Handlung.

[32] Etwa in der Praetextatus-Katakombe (3. Jh. n. Chr.).

[33] Die Große Verfolgung sah ein Wiederaufleben dieser Vorstellung, aber Eusebius und Hieronymus behandelten sie zurückhaltend. Die phantastische, apokalyptische Dichtung Commodians, die Huysmans so sehr bewunderte, kann aus dem 3., 4. oder auch 5. Jh. n. Chr. stammen.

[34] Essenischer Herkunft (?). Vgl. Parallelen mit Herakles.

[35] Starken Widerstand leisteten die Ikonoklasten. Auf einer Reihe von kunstlosen Sarkophagen von etwa 290 n. Chr. finden sich Szenen aus dem Leben Jesu und Petri.

[36] Etwa in der Priscilla-Katakombe, Mitte 2. Jh. n. Chr. *Protevangelium:* spätes 2. oder frühes 3. Jh. n. Chr. Gelegentlich zusammen mit Bileam (4. Mos. 24, 17) dargestellt, der die Jungfrauengeburt prophezeit haben sollte und so das Alte mit dem Neuen Testament verband.

[37] Hermes-Katakombe.

[38] Noah mit seiner Arche erscheint auch auf Münzen des 3. Jh. n. Chr. von Apameia in Phrygien.

[39] Jon. 1,17.

[40] Vgl. Sen. ep. 10,1 u. ö. zu den Segnungen der Einsamkeit. Vgl. Papyri des 3. Jh. n. Chr.: «Das Reich ist in euch.»

[41] Serapiskult (Ptolemäus VI. Philometor).

[42] Von dem hellenisierten Juden Philo wohlwollend geschildert.

[43] Jos. bell. Ind. 2,119–21.

[44] *Thomasevangelium.*

[45] Migne, PG 26,84.

[46] Bei Pispir.

[47] Drei Zentren bei Memphis und Arsinoe können als Ursprung des gemeinschaftlich organisierten (koinobitischen) Mönchstums gelten.

[48] Ath. v. Ant. 44.

[49] Im Gebiet von Nitria (Wadi Natrun), Ägypten.

[50] Apophth. Amun II, p. 128.

[51] Auch aus früherer Zeit hören wir von Jungfrauen, die ein Leben des Dienens und Betens führten (vgl. die heidnischen Vestalinnen): Methodius von Olympus, *Gastmahl der zwölf Jungfrauen* (Ende 3. Jh. n. Chr.). Gelegentlich trifft man die Ansicht, daß Frauenklöster bereits vor Männerklöstern existierten.

[52] In Pabau (Fau-kebli).

[53] Etwa 10 Kilometer von Majoma.

[54] Etwa Sulpicius Severus.

[55] Hist. mon. 8,56.

[56] Martin stammte aus Pavia und wurde später Bischof von Tours. Das Frauen- und Männerkloster, das Cassian in Marseille gründete (Anfang 5. Jh. n. Chr.), diente zahlreichen anderen als Vorbild.

[57] So Rabbi Hezekiah und Rabbi Abbahu nach Rabbi Eleazar. Die Mischna enthält eine Sammlung von Bibelvorschriften.

[58] Gegründet von Abba Arika (175–247 n. Chr.). Auch Nehardea unter Samuel

(180–250 n. Chr.), 258 n. Chr. geplündert.; weiterhin Pumbeditha unter Juda ben Ezekiel († 299 n. Chr.). Die alexandrinische Judengemeinde scheint 115–117 n. Chr. nahezu völlig vernichtet worden zu sein.

59 Vgl. auch die hellenistischen Themen in Kahane, Avigad. In Beth She'arim kommen griechische neben hebräischen Inschriften vor. Der David aus der Synagoge von Dura Europus trägt die Züge des Orpheus.

60 Philostr. v. Apoll. 5,33.

61 In Asien beachteten Christen noch um 170 n. Chr. das Passa-Fest.

62 Vgl. Orig. c. Cels. 3,55. Die frühchristliche *Didache* rät Sklaven jedoch, ihren Herren als Ebenbildern Gottes untertan zu sein. Aber Calixtus (217–222 n. Chr.) vertrat die Anschauung, daß nach dem göttlichen Gesetz Ehen zwischen Angehörigen verschiedener Klassen, die in Rom nicht gesetzlich anerkannt wurden, gültig seien.

63 Pont. v. Cypr. 11; Pion. v. Polyc. 6; Cypr. de mort. 26; ep. Diogn. 5,5.

64 Plin. ep. 10,97.

65 Der Bar-Kochba-Aufstand unter Hadrian hatte die Regierung ernsthaft schokkiert.

66 155/6(?); 165–168(?); 177(?).

67 Mart. 10,2; vgl. 1. Clem. 60.61.

68 Mel. in Euseb. eccl. hist. 4,26,7 ff.

69 Orig. c. Cels. 8,68; vgl. 2.

70 Min. Fel. 9,1 ff.

71 Tert. apol. 23,14 ff.

72 Ebd. 31,4 f.

73 Tert. de idol. (um 211 n. Chr.); de cor. mil.; vgl. ad ux. 2,4,9; ad Scap. 2.

73a Orig. c. Cels. 2, 30.

74 Ebd. 3,29. 30.

75 Library of Christian Classics, Philadelphia 1954. Zum «königlichen Priestertum» s. Off. 1,6; 1. Petr. 2,9. Mit der Anerkennung der Kirche durch Konstantin endete die Zeit des Laientums als eigenen Standes.

76 Ignat. ad Smyrn. 6,2. Die Pfarrorganisation in Rom entwickelte sich unter Dionysius (259–268 n. Chr.) weiter.

77 Jul. ep. 84a; vgl. Luk. Peregr. 12. 13.

77a T. Ruinart, Acta Martyrum, ²1859, S. V.

78 S. etwa die *libelli* von Theadelphia (Fayûm).

79 Seit den *Acta Martyrum Scillitanorum* (180 n. Chr.).

80 Tert. apol. 50,12 ff.

81 Cypr. ad Nem.; ep. 76.

82 Johannes Chrysostomus. Soldaten Christi: Lact. de mort. pers. 31. Darstellungen des Martyriums in der Kunst sind selten: Isaiah in Bagawat, Kufra, 4. Jh. n. Chr. (vgl. die Geißelung der Aelia Afanasia in der Praetextatus-Katakombe, um 270–280 n. Chr.). Wallfahrten zu Martyrien: Itin Bordigalense (333 n. Chr.).

83 Euseb. eccl. hist. 7,13,1.

84 Tert. apol. 37,4; ad Scap. 2.

85 Euseb. eccl. hist. 8,1,2.

86 Etwa die Verehrer der syrischen Göttin Atargatis. Missionsbischof von Antio-

chia: Serapion. Erster Bischof von Edessa: Palut. Der König war Abgar IX.
Die syrische Sprache von Edessa wird auch heute noch von den Nestorianern
verwendet.

[87] Ephraim, Brit. Mus. palimpsest add. 14623 (C.W. Mitschell, St.
Ephraim's Prose Refutations of Mani, Marcion and Bardaisan, 1912, 21).

[88] Athenag. leg. 1; Tert. apol. 24; Just. apol. I 24, hatten alle versucht, das
Christentum mit dem Argument der Verschiedenheit der Kulturen zu rechtfertigen.

[89] Jakob von Sarug. Der Bekehrer Armeniens war König Tiridates III.

[90] Porph. de regress. frag. 10. Er äußerte auch heftige Zweifel daran, daß Moses
der Autor des Pentateuch sei, sowie an der Echtheit des Buches Daniel.

[91] Lact. inst. div. 8,15,11, scheute entsetzt vor dem Gedanken zurück, daß das
Reich nicht von ewiger Dauer sein könnte.

[92] Lact. de mort. pers. 16.

[93] W.H.C. Frend, Martyrdom and Persecution in the Early Church, 1965.

[94] Euseb. de mart. Pal. 9,3.

[95] Euseb. eccl. hist. 8,17; Lact. de mort. pers. 34.

[96] Euseb. eccl. hist. 9,7.

[97] Euseb. v. Const. 1,28; 3,3; Lact. de mort. pers. 45. Vgl. das kosmische Chi
bei Plat. Tim. und den Baum im Garten Eden mit den vier Flüssen der Fruchtbarkeit. Möglicherweise legte Ossius von Corduba, der Ratgeber Konstantins
in religiösen Dingen, ihm diese Interpretation nahe.

[98] Lact. de mort. pers. 46.

[99] Konstantins Frau Fausta hatte ihn von ihrem Vater Maximian geerbt.

[100] Cod. Theod. 16,2,4; vgl. 1,27,1 zur Rechtsprechung. Konstantin gewährte
Bischöfen das Recht, Sklaven freizulassen.

[101] Die drei Söhne Konstantins ließen Eusebius (v. Const. 4,40) an die Dreifaltigkeit denken. Aber nach offizieller Anschauung stand Konstantin lediglich unter göttlichem Schutz und war nicht selbst göttlich (Firm. Mat. de err. prof.
rel. 29,4): vgl. den zum Himmel gerichteten Blick auf Münzen (ähnlich bereits
Alexander, Gallienus), nach Julian (Caes. 329) das lüsterne Hochschauen
der Sonne nach dem Mond. Die Grundlage der Regierung Konstantins war
die Vorstellung, daß Gott ihm die irdische Herrschaft übertragen hatte (Opt.
Milev. app. III).

[102] Euseb. v. Const. 4,24.

[103] Opt. Milev. app. III (an Aelafius).

[104] Vgl. auch Joh. Chrysost. ep. ad Eph. hom. 11,5.

[105] Kanon 3 (Heer) bleibt dunkel. Noch Päpste des 4. und 5. Jh. n. Chr. nahmen
gegenüber christlichen Soldaten, Beamten und Anwälten eine kritische Haltung ein.

[106] Jer. v. Malchi, init.

[107] Tat. or. 25; vgl. *Didache*.

[108] Tert. de praescr. her.; vgl. apol. 46.

[109] Anon, in Euseb. eccl. hist. 5,16,10.

[110] Tert. de pall. 2. Vgl. Apul. apol. 98 zur Abneigung gegenüber dem Lateinischen.

[111] Tert. de cult. fem. 2,2.

[112] Das Verbot der Novatianer wurde ein Jahr später wieder aufgehoben.

[113] Constans verfolgte die Donatisten (345 n. Chr.). Bei einem Streitgespräch, das 411 n. Chr. auf kaiserlichen Befehl in Karthago stattfand, bekannten sich 279 von 565 anwesenden Bischöfen zum Donatismus. Vier Jahre darauf wurde er unter Todesstrafe verboten. Eine ägyptische Sekte, die den Donatisten vergleichbar wäre, sind die Melitianer.

[114] 1. Clem. (um 95 n. Chr.). Der Titel *pappas* oder *papa,* ursprünglich für alle Bischöfe verwendet, wurde im Westen allmählich auf den Bischof von Rom beschränkt (Entwicklung im 5. Jh. n. Chr. abgeschlossen), während er in der Ostkirche noch heute für alle Priester gebräuchlich ist.

[115] Iren. adv. haer. 3,2,3; vgl. Tert. de praescr. haer. 36.

[116] Cypr. ep. 75; vgl. de cath. eccl. un.; ep. 45,3; 55,4.

[117] Nach Auseinandersetzungen zwischen Basilius († 379 n. Chr.) und Papst Damasus I. setzte Rom den priesterlichen Zölibat durch (385 n. Chr.) – im Gegensatz zu Konstantinopel. Mit dem J. 484 n. Chr. begann praktisch ein 40jähriges Schisma. Gleichzeitig standen sich die Anschauungen über den Ausgang immer unversöhnlicher gegenüber: Ging der Heilige Geist vom Vater allein aus (Anschauung der Ostkirche – einzige und unteilbare höchste Gottheit) oder vom Vater und vom Sohn (Anschauung der Westkirche – Betonung der Göttlichkeit Jesu)?

Epilog

[1] Vgl. V. Ehrenberg, Society and Civilization in Greece and Rome, 1964, 3: «Für unsere Zwecke wird es genügen, wenn wir unter Gesellschaft denjenigen Teil der Bevölkerung sehen, der zu einer gegebenen Zeit als notwendiger Hintergrund für das schöpferische Individuum betrachtet werden kann.»

Register

Beck'sche Sonderausgaben

Eine Auswahl

Beck'sche Sonderausgaben

Eine Auswahl

Anthony Birley: Mark Aurel

Kaiser und Philosoph. Aus dem Englischen von Armin Stylow. 468 Seiten mit 2 Karten im Text und 8 Tafeln. Leinen DM 19,80

«Birley gibt eine Biographie Mark Aurels, der von 161 bis 180 n. Chr. regiert hat, vernachlässigt aber daneben auch seine Vorgänger auf dem Kaiserthron, Hadrian und Antoninus Pius, nicht, so daß ein abgerundetes Bild einer langen Friedensepoche bis zur ihrem abrupten Ende durch die Markomannenkriege entsteht. In der Fülle des dargebotenen Materials sind die Kapitel über die Erziehung dieses Philosophen auf dem Kaiserthron besonders gewichtig, da Birley den aufschlußreichen Briefwechsel zwischen Mark Aurel und seinem Lehrer Fronto heranzieht. Birley schließt mit diesem Buch eine Lücke in der Geschichtsschreibung.»

Schweizer Monatshefte

Ernst Kornemann
Weltgeschichte des Mittelmeerraumes

Von Philipp II. von Makedonien bis Muhammed. Herausgegeben von Hermann Bengtson. XVI, 1069 Seiten mit 22 Karten. Leinen DM 35,–

«Das Neue an Kornemanns Werk ist die Darstellung der Zusammenhänge, die Einordnung der verschiedenen Machtbereiche in eine Universalgeschichte der Alten Welt. Der Leser erlebt hier das Zusammenwirken und die Entfaltung politischer, wirtschaftlicher, sozialer und kultureller Motive über den ganzen zu jener Zeit bekannten Erdteil hinweg.» *Der Tagesspiegel*

«Die Verbindung von weitgespannter Vision und sorgfältiger Detailschilderung macht das Buch besonders für den Nicht-Fachmann äußerst lesenswert.»

Wissenschaftlicher Literaturanzeiger

Verlag C. H. Beck

Beck'sche Sonderausgaben

Eine Auswahl

Herbert J. Rose: Griechische Mythologie

Ein Handbuch. Aus dem Englischen von Anna Elisabeth Berve-Glauning. 3., durchgesehene Auflage. 1969. XII, 441 Seiten. Leinen DM 19,80

Herbert J. Roses Handbuch über die griechische Mythologie ist ein Standardwerk. Der Band bietet bei angemessenem Umfang eine den Ergebnissen der modernen Forschung entsprechende, übersichtliche und erklärende Zusammenfassung. Aus der kaum übersehbaren Fülle griechischer Sagen hat Rose eine Auswahl getroffen, die alles Wesentliche enthält. Das Buch gilt als unentbehrliches Hilfsmittel für Lehrer und Studenten der Altertumswissenschaft und vermag überdies dank seiner Anschaulichkeit auch den fachlich nicht vorgebildeten Leser zu fesseln.

Hermann Bengtson: Griechische Geschichte

Von den Anfängen bis in die römische Kaiserzeit. Vollständiger Text ohne Quellen- und Literaturangaben. 2., durchgesehene und ergänzte Auflage. 1969. XI, 588 Seiten mit 4 Karten im Text sowie 8 zweifarbigen Kartenbeilagen. Leinen DM 24,–

«Dieses Meisterwerk gibt einen Überblick über die zweieinhalb Jahrtausende griechischer Geschichte von den ersten Anfängen bis hin zu Kaiser Justinian, unter dem ein neues Zeitalter, das byzantinische, beginnt. Man kann dieses Buch zu den klassischen Geschichtswerken rechnen, dessen Lektüre für jeden, der als gebildet gelten möchte, Pflichtlektüre wäre.» *Rhein-Neckar-Zeitung*

«Das Buch berücksichtigt alle neuen Funde und Forschungsergebnisse, vor allem auch des Auslandes – eine klare und flüssige Darstellung.» *Gymnasium*

Verlag C. H. Beck